汽车维修
从入门到精通

周晓飞　主编

化学工业出版社
·北京·

内容简介

这是一本适合汽车维修技术人员入门与提高的书籍，内容涵盖汽车维修的方方面面。

全书分上下两篇，共10章进行介绍。上篇为汽车基本构造与原理，以全彩图解的形式，重点介绍汽车各大组成部件和系统，如发动机、底盘、车身及电气系统的原理与构造相关知识点。下篇为汽车诊断维修与故障排除，结合视频教学的形式，重点介绍汽车维修基本知识和操作技能，包括汽车维修基础知识、汽车电路图识读与分析、汽车维护与保养、汽车维修操作、汽车故障诊断与排除等。

本书内容以行业规范为依据，注重知识性、系统性、实操性的结合，且通俗易懂，特别适合汽车维修初学者使用，也可作为职业院校、培训学校相关专业的培训教材，私家车主及汽车驾驶员也可参阅。

图书在版编目（CIP）数据

汽车维修从入门到精通 / 周晓飞主编. —北京：化学工业出版社，2024.5

ISBN 978-7-122-45285-6

Ⅰ. ①汽…　Ⅱ. ①周…　Ⅲ. ①汽车 - 车辆修理　Ⅳ. ① U472.4

中国国家版本馆CIP数据核字（2024）第057537号

责任编辑：黄　滢　　　　装帧设计：张　辉
责任校对：王　静

出版发行：化学工业出版社（北京市东城区青年湖南街13号　邮政编码100011）
印　　装：北京瑞禾彩色印刷有限公司
787mm×1092mm　1/16　印张14　字数362千字　2024年6月北京第1版第1次印刷

购书咨询：010-64518888　　　　售后服务：010-64518899
网　　址：http://www.cip.com.cn
凡购买本书，如有缺损质量问题，本社销售中心负责调换。

定　　价：99.00元

前言

PREFACE

随着我国汽车产业的快速发展和私家车保有量的逐年增加，汽车维修技术人才日益紧缺。然而，与其他的就业岗位不同，汽车维修领域的很多工作都需要一定程度的实践经验，需要从业者不仅具备专业的理论知识，还要知晓实践作业过程中的操作规范、掌握技能要点，以及处理常见故障甚至是解决疑难故障的能力。因此，对于作为理论指导的汽车维修技能培训类图书而言，不单单要讲授专业知识，更要注重技能的培养和提高。鉴于此，在化学工业出版社的组织下，我们团队特编写了本书。

本书内容涉及汽车维修技术的方方面面，可以说是汽车维修相关从业者的“充电宝”。全书分上下两篇，共10章。上篇为汽车基本构造与原理，讲解过程中充分发挥了图解的特色，以“全彩图解”的形式向读者传授汽车维修的基础知识，真正做到用“图”说话，以“图”代“解”，以“解”说“图”，一目了然。下篇为汽车维修与故障排除，重点介绍汽车维修的操作步骤和要领，以及汽车故障诊断排除的策略和技巧。书中对于难度较大的知识点，还专门配备了“操作视频”讲解，扫描书内二维码即可同步、实时地浏览对应知识点的操作视频资源。操作视频与图文内容相互衔接、互为补充，可充分调动读者的主观能动性，确保读者在短时间内获得最佳的学习效果。

为了确保专业品质，本书由微共享汽车学院具有数十年汽车维修经验的专家团队编写，其中周晓飞任主编，参编人员有万建才、董小龙、宋东兴、郝建庄、赵朋、李新亮、刘振友、赵小斌、江珍旺、梁志全、樊志刚、温云、宋亚东、石晓东、彭飞、边先锋、宇雅慧、赵义坤、刘文瑞、李立强、张建军、李飞云、李飞霞。编写团队中有一线汽车维修高手、高级工程师、高级技师，还有院校教师，读者在阅读本书的过程中如同有一群汽车维修专家在身边指导，将学习和实践中需要注意的重点、难点一一化解，学习效率事半功倍。

本书在编写过程中参考了相关的图书、多媒体资料及原车维修手册，在此一并表示衷心的感谢！

限于笔者水平，书中疏漏之处在所难免，恳请广大读者批评指正。

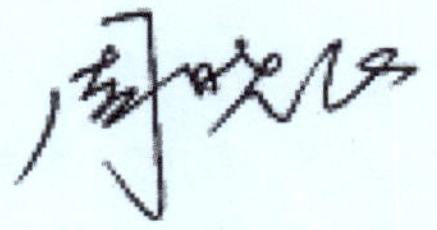

目录

CONTENTS

上篇 汽车基本构造与原理

01 第1章 认识汽车

02 第2章 发动机

03 第3章 底盘

04 第4章 车身

05 第5章 电气系统

下篇 汽车维修与故障排除

06 第6章 汽车维修基础知识

07 第7章 汽车电路图识读与分析

08 第8章 汽车维护与保养

09 第9章 汽车维修操作

10 第10章 汽车故障诊断与排除

上篇配套视频

下篇配套视频

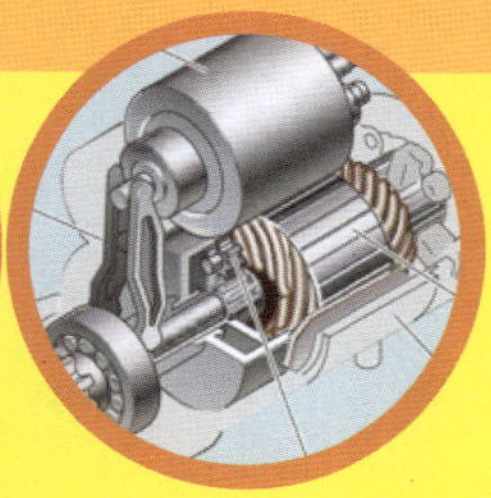

上篇

汽车基本构造与原理

第1章 认识汽车

第2章 发动机

第3章 底盘

第4章 车身

第5章 电气系统

01 第1章 认识汽车

1.1 汽车组成

汽车由发动机、底盘（包括变速器）、车身、电气设备四个基本部分组成，如图 1.1-1 所示。汽车的组成部件见图 1.1-2。

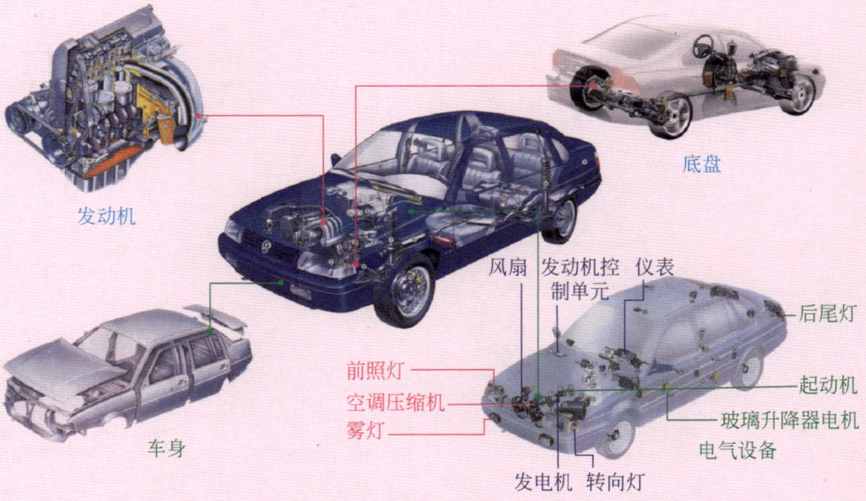

图 1.1-1　汽车基本组成

1.1.1　发动机

汽车发动机是汽车的动力装置，有汽车的心脏之称，它决定着汽车的动力性、经济性、稳定性和环保性，如图 1.1-3 所示。发动机零部件如图 1.1-4 所示。

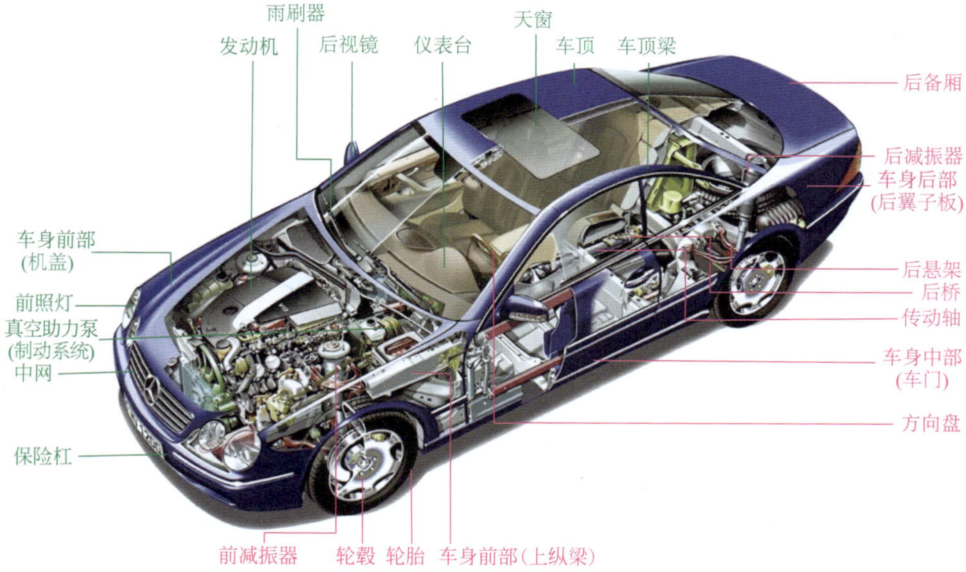

图 1.1-2　汽车组成部件

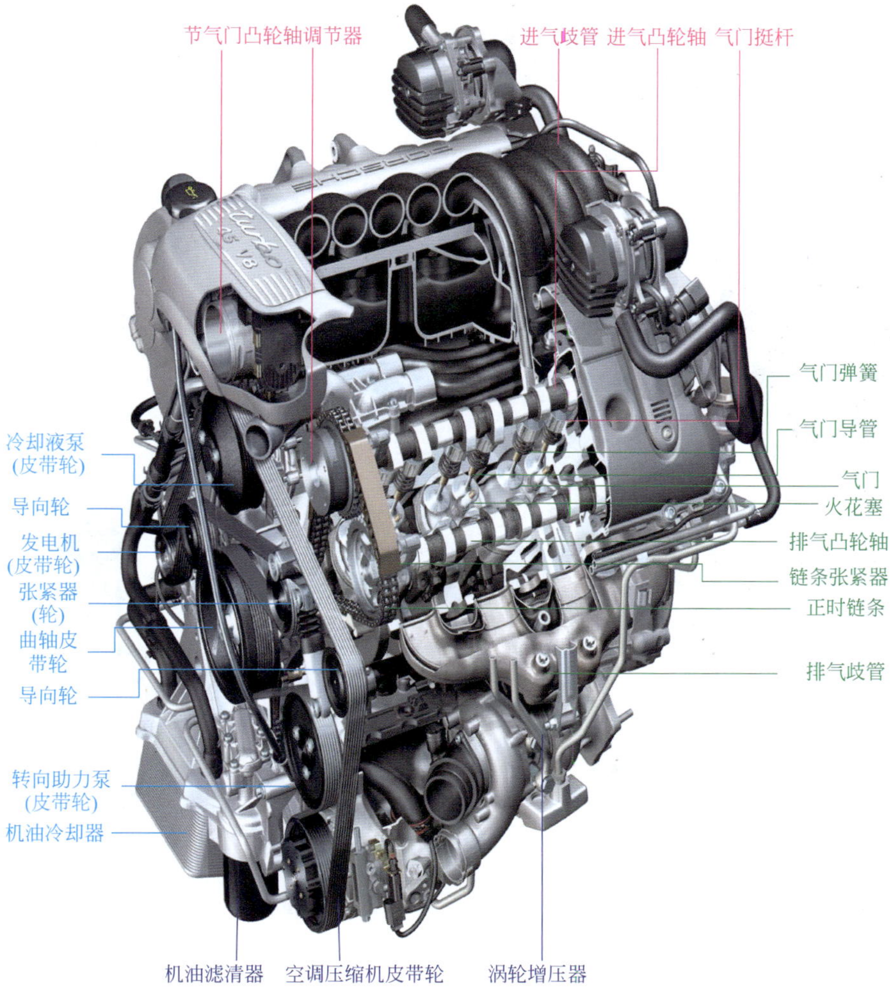

图 1.1-3　发动机

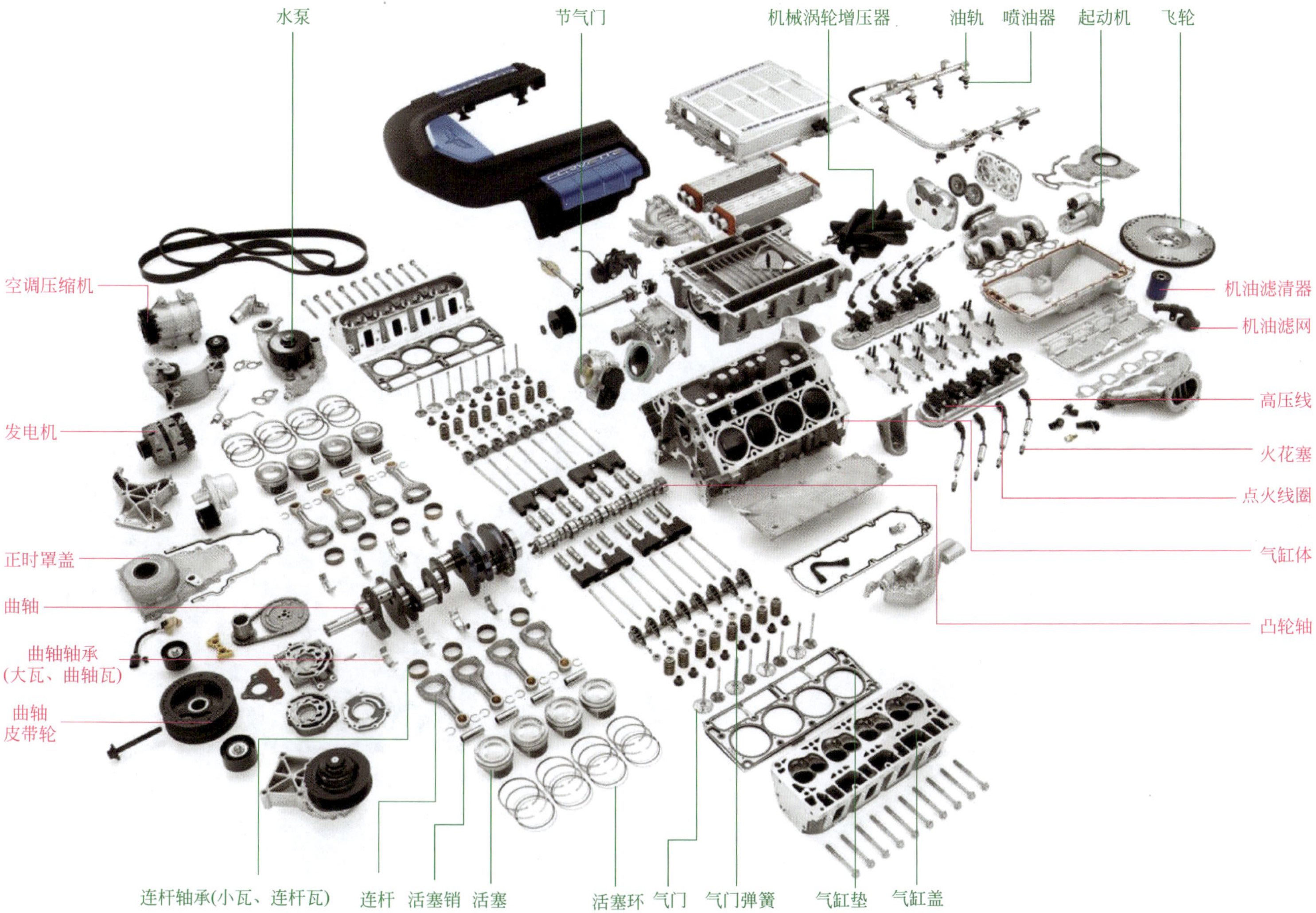
水泵
节气门
机械涡轮增压器
油轨
喷油器
起动机
飞轮
空调压缩机
机油滤清器
机油滤网
高压线
发电机
火花塞
点火线圈
气缸体
正时罩盖
曲轴
凸轮轴
曲轴轴承
(大瓦、曲轴瓦)
曲轴
皮带轮
连杆轴承(小瓦、连杆瓦)
连杆
活塞销
活塞
活塞环
气门
气门弹簧
气缸垫
气缸盖

图 1.1-4　发动机零部件

1.1.2 底盘

底盘的作用是支承、安装汽车发动机及其各部件、总成，形成汽车的整体造型，并接收发动机的动力，使汽车产生运动，保证正常行驶。汽车底盘由传动系统（包括变速器）、行驶系统、转向系统和制动系统四部分组成，如图 1.1-5 所示。

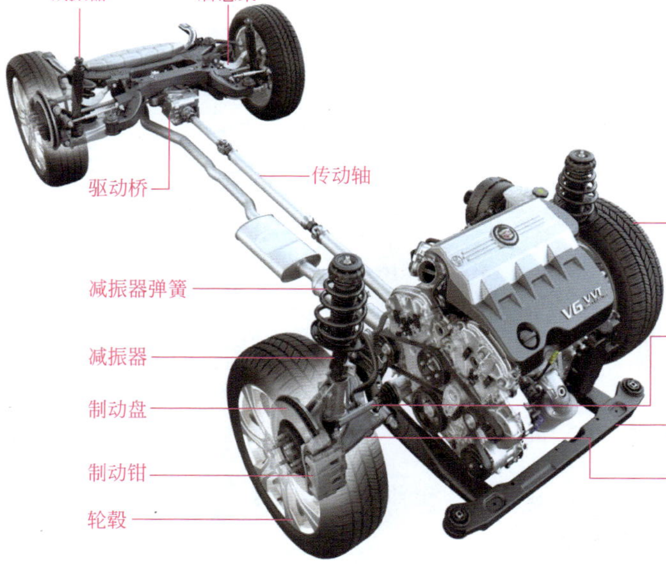

图 1.1-5 底盘

1.1.3 电气设备

电气设备主要由电源系统、启动系统、空调系统、仪表、照明装置、音响装置、雨刷器等用电设备和电气系统组成，如图 1.1-6 所示。

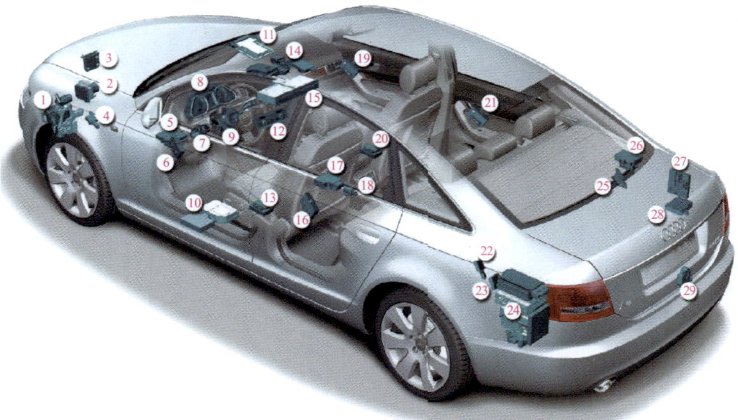

图 1.1-6 汽车电气

1—辅助加热控制单元；2—带 EDS 的 ABS 控制单元；3—车距调节控制单元；4—左前轮轮胎压力监控发射元件；5—供电控制单元；6—驾驶员车门控制单元；7—使用和启动授权控制单元；8—组合仪表内控制单元；9—转向柱电气控制单元；10—电话、网络通信控制单元、电话发送和接收器；11—发动机控制单元；12—全自动空调控制单元；13—有记忆功能的座椅调节 / 转向柱调节控制单元；14—水平调节控制单元、大灯照程调节控制单元、轮胎压力监控控制单元；15—CD 换碟机、R41CD 播放机；16—左后车门控制单元；17—安全气囊控制单元；18—车身转动速率传感器；19—副驾驶员车门控制单元；20—副驾驶员带记忆功能的座椅调节控制单元；21—右后车门控制单元；22—左后轮轮胎压力监控发射元件；23—驻车加热无线电接收器；24—带有 CD 播放机的导航控制单元、语音输入控制单元、数字音响包控制单元；25—右后轮轮胎压力监控发射元件；26—停车辅助系统控制单元；27—舒适系统中央控制单元；28—电动驻车 / 手制动器控制单元；29—电能管理控制单元

1.1.4 车身

车身结构主要包括车身壳体、车门、车窗、车身内外装饰件和车身附件等，如图 1.1-7 所示。车身壳体是一切车身部件的安装基础，通常是指梁和支柱等主要承力元件以及与它们相连接的钣制制件共同组成的刚性空间结构。车身壳体通常还包括在其上敷设的隔音、隔热、防振、防腐、密封等材料及涂层。这些钣制制件形成了容纳发动机、车轮、车架等部件的空间。

图 1.1-7　汽车车身

1.2 汽车参数和概念

1.2.1 车身参数

车身参数对车身长度、车身宽度、车身高度、轴距、轮距以及车门数等给出了标定，如图 1.2-1 和图 1.2-2 所示。

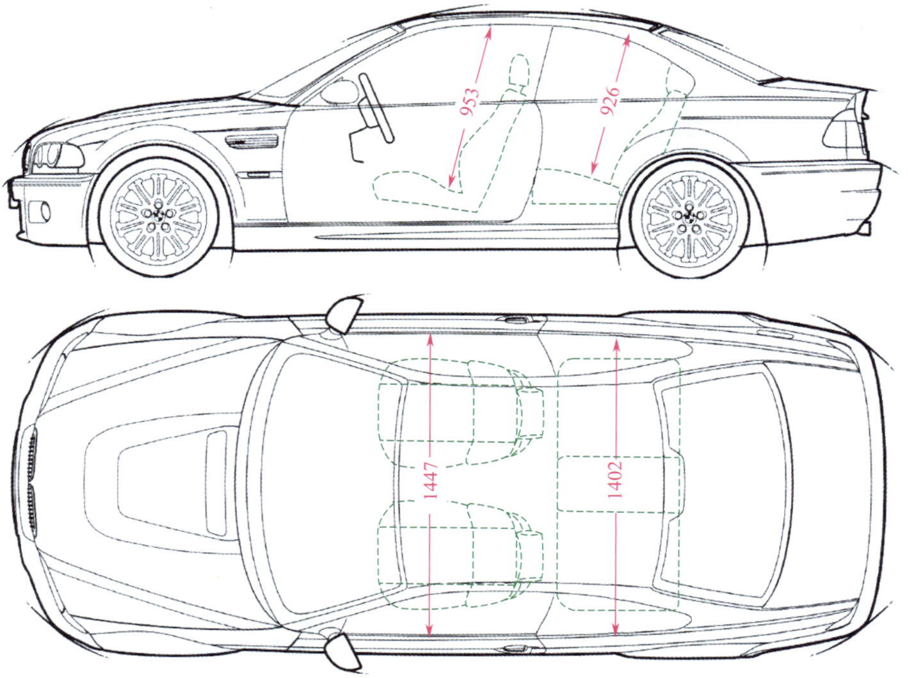

图 1.2-1　车身参数（一）

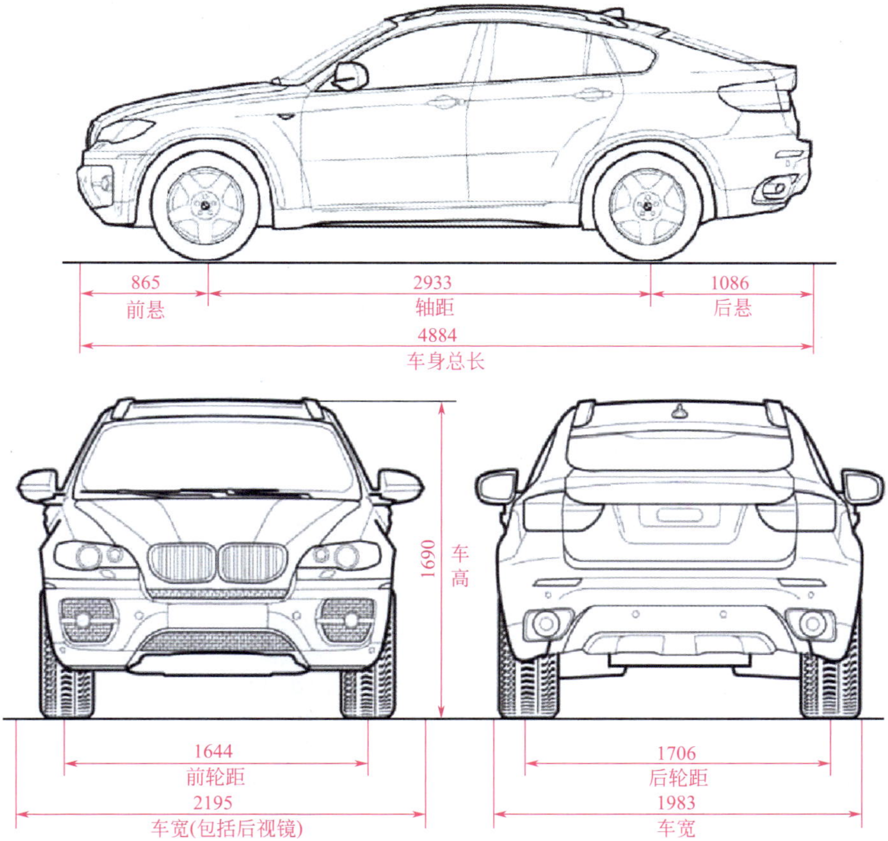

图 1.2-2　车身参数（二）

1.2.2 发动机的基本概念

下述发动机基本概念适用于活塞式发动机。

（1）排量 一个气缸的排量指的是活塞在一个行程过程中经过的空间。或者称，活塞上止点与下止点位置之间的气缸空间。在发动机的技术数据中，排量通常指的是发动机的总排量。总排量即所有气缸的排量之和。发动机基本参数定义如图1.2-3所示。

（2）压缩比 压缩比指的是工作室容积（排量）和压缩室（又称燃烧室）容积之和与压缩室容积之比，如图1.2-4所示。即

$$压缩比=\frac{总容积}{压缩室容积}=\frac{压缩室容积+工作室容积}{压缩室容积}=1+\frac{工作室容积}{压缩室容积}$$

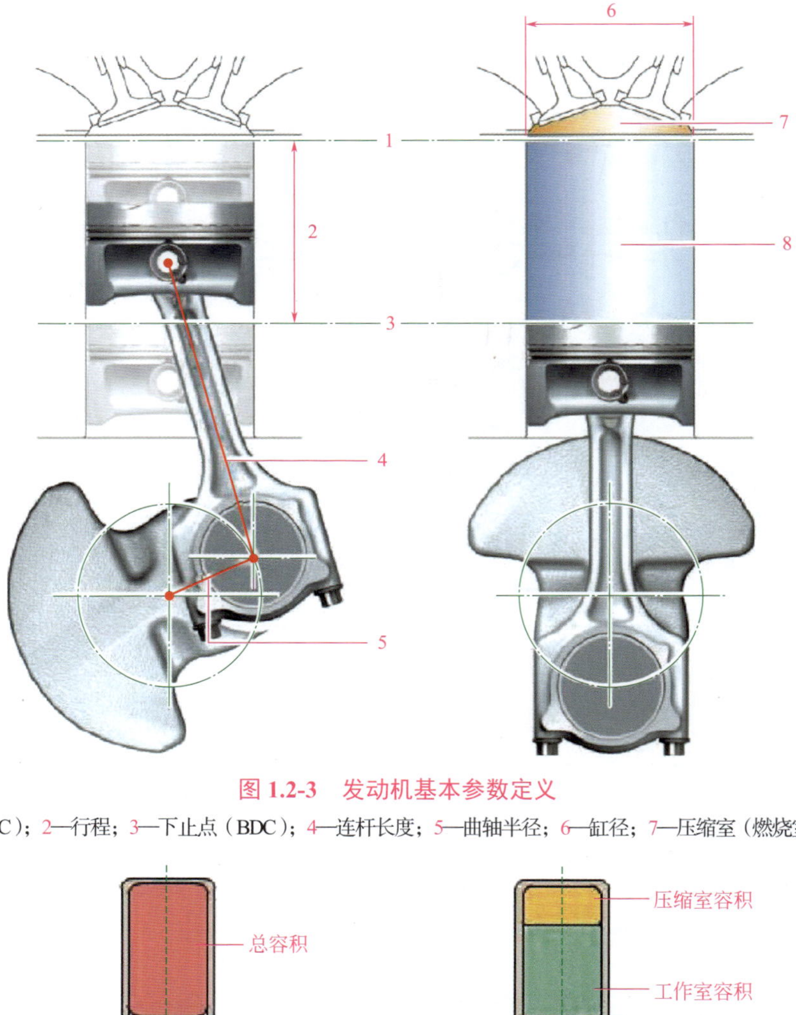

图 1.2-3 发动机基本参数定义

1—上止点（TDC）；2—行程；3—下止点（BDC）；4—连杆长度；5—曲轴半径；6—缸径；7—压缩室（燃烧室）；8—工作室

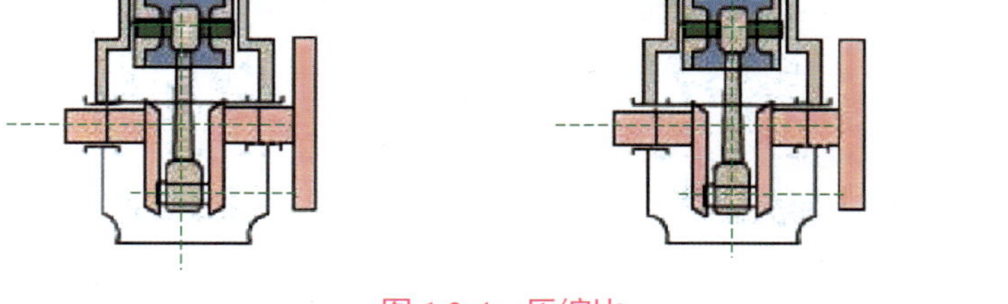

图 1.2-4 压缩比

1.2.3　发动机气缸编号顺序

为了能够准确标识各个气缸，规定了气缸编号顺序，如图 1.2-5 所示。该顺序并不表示气缸点火顺序，只是对气缸位置的规定。

小贴士

在确定发动机旋转方向的相同位置，距离最近的是气缸 1，随后各气缸向动力输出端依次编号。

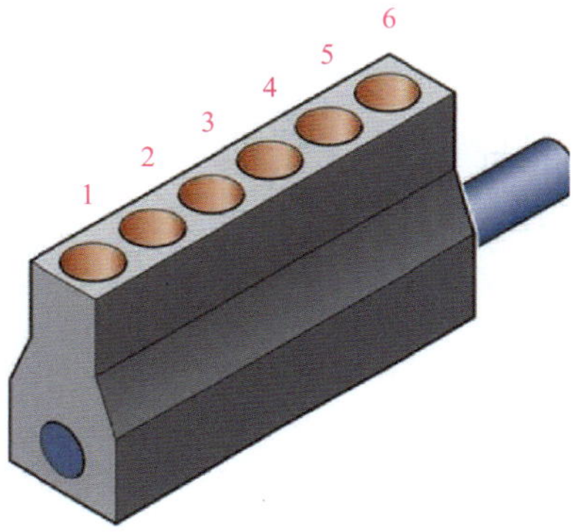

(a) 直列发动机的气缸编号顺序

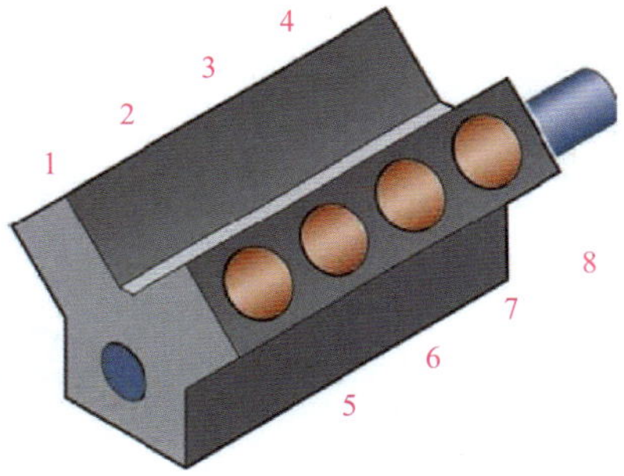

(b) V型发动机的气缸编号顺序

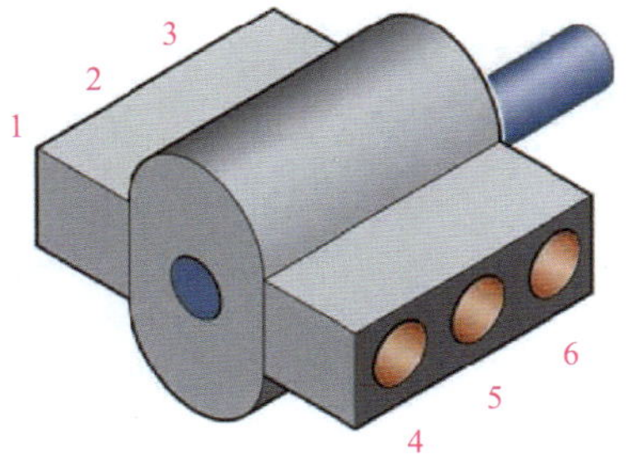

(c) 水平对置发动机的气缸编号顺序

图 1.2-5　气缸编号顺序

02

第2章 发动机

2.1 发动机的基本类型

2.1.1 汽油发动机

汽油发动机以汽油作为燃料，将化学能转化成机械能如图 2.1-1 所示。汽油喷射系统将汽油喷入气缸，经过压缩达到一定的温度和压力后，用火花塞点燃，使气体膨胀做功，即经历进气、压缩、做功、排气四个冲程。通过传动系统驱动汽车行驶。汽油发动机工作如图 2.1-2 所示。

图 2.1-1　汽油发动机

图 2.1-2　汽油发动机工作

2.1.2　柴油发动机

柴油发动机（图 2.1-3）与汽油发动机的工作原理基本相同，每个工作循环也经历进气、压缩、做功、排气四个冲程。汽油发动机吸入燃料与空气的混合物并将其压缩，然后通过火花塞将混合物点燃；而柴油发动机只吸入空气并将其压缩，然后再将柴油喷入压缩空气中，压缩空气产生的热量就能将柴油点燃，无需火花塞。

图 2.1-3　柴油发动机

2.2 发动机的总体构造

一台完全正常运转的汽油发动机由两大机构八个系统组成。两大机构：连杆机构和配气机构。八个系统：燃料供给系统、冷却系统、润滑系统、点火系统、启动系统、电子控制系统、进气系统和排气系统。柴油发动机靠压燃，没有点火系统。

2.2.1 曲柄连杆机构

曲柄连杆机构安装在机体组内，主要由活塞连杆组、曲轴飞轮组两大部分组成。如图 2.2-1 所示。

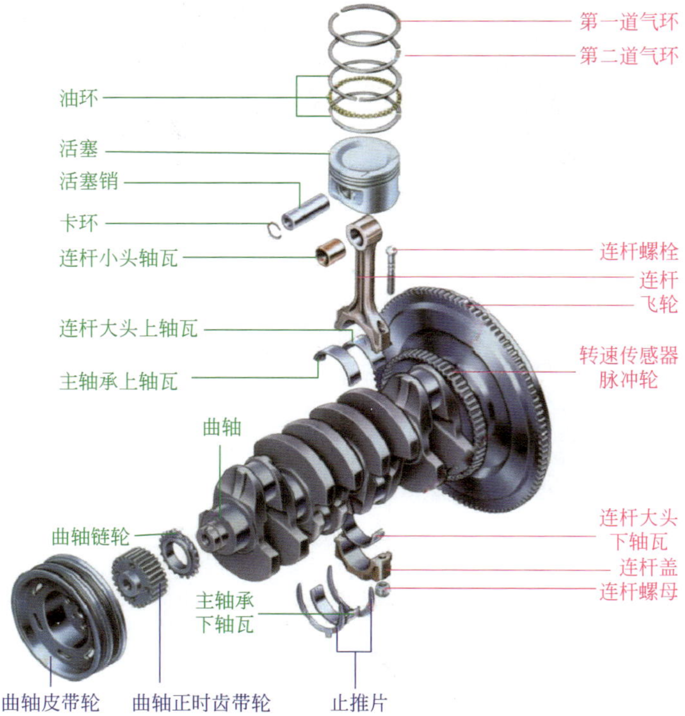

图 2.2-1　曲柄连杆机构

（1）机体组　如图 2.2-2 所示，机体组由气缸体、气缸垫、气缸盖、曲轴箱、气缸套（图中未示出，参见下文）及油底壳等组成。

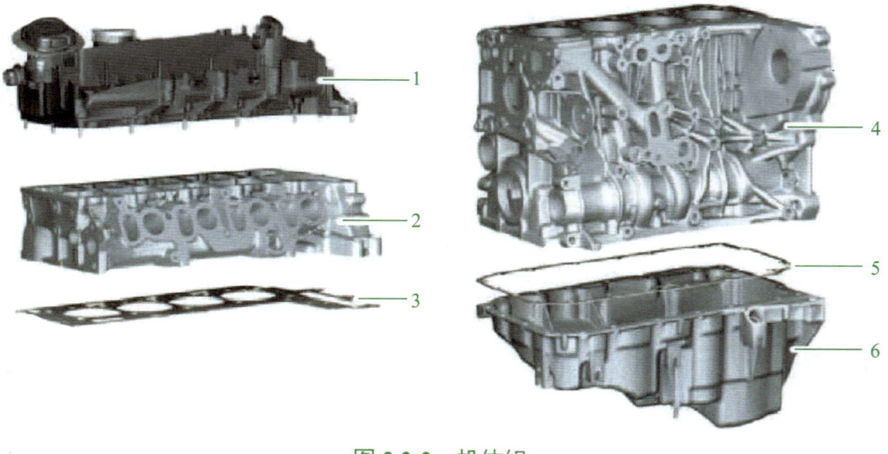

图 2.2-2　机体组

1—气缸盖罩盖；2—气缸盖；3—气缸垫；4—气缸体（含曲轴箱）；5—油底壳密封垫；6—油底壳

❶ 气缸体。气缸体包括气缸、冷却水套和曲轴传动机构壳体，如图 2.2-3 所示。

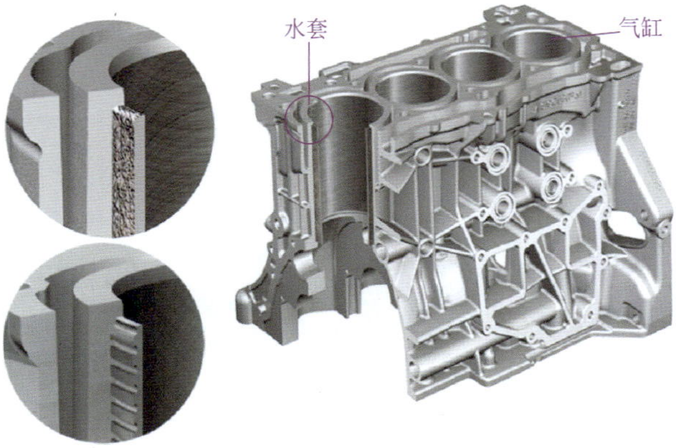

图 2.2-3　气缸体

❷ 气缸垫。气缸垫有金属密封垫和软材料密封垫两种。金属密封垫应用于高负荷发动机，这种密封垫主要由多层钢板垫片制成。金属密封垫的主要特点是，密封作用基本由弹簧钢层内的集成式凸起和填充层决定。软材料密封垫主要是在液体通道处通过弹性橡胶层增强密封效果。如图 2.2-4 和图 2.2-5 所示。

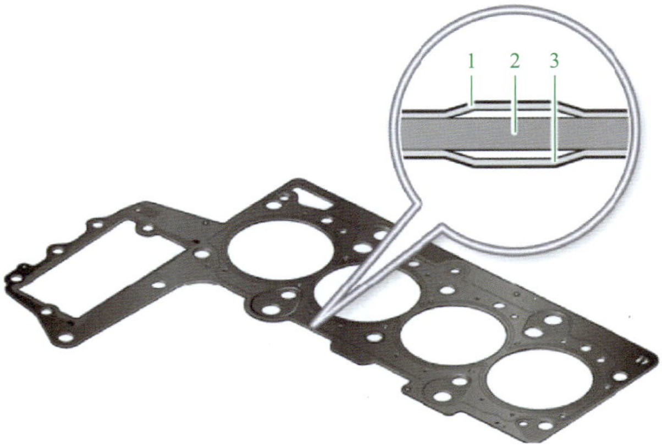

图 2.2-4　气缸垫

1，3—弹簧钢层；2—中间层

图 2.2-5　气缸垫的密封唇

❸ 气缸盖。气缸盖（图 2.2-6）是由铸铁或铝合金铸制的。

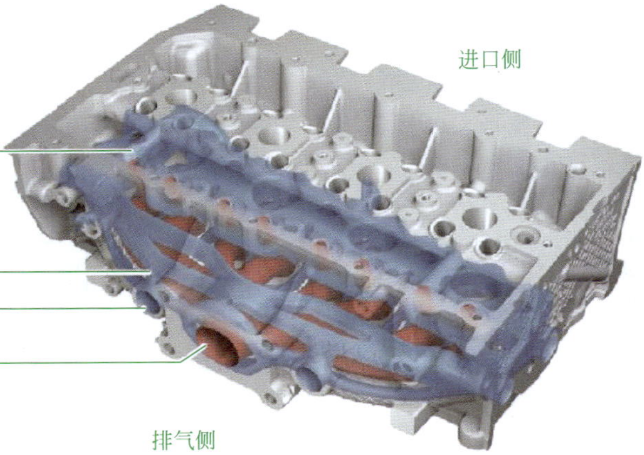

图 2.2-6　气缸盖

❹ 曲轴箱。气缸体下部用来安装曲轴的部位称为曲轴箱（图 2.2-7），曲轴箱分上曲轴箱和下曲轴箱。曲轴箱下部件称为底板。

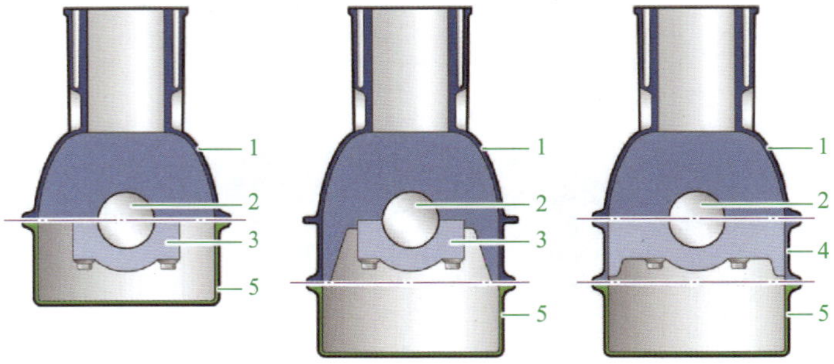

(a) 曲轴箱的分界面在曲轴中心上　(b) 曲轴的侧壁向下延伸　(c) 分为上下部件的曲轴箱

图 2.2-7　曲轴箱

1—上曲轴箱；2—用于曲轴的开孔；3—主轴承盖板；4—下曲轴箱（底板）；5—油底壳

❺ 气缸套。气缸套（图 2.2-8）构成了活塞和活塞环的工作面及密封面。

小贴士

气缸套的表面特性决定了气缸套与活塞及活塞环之间油膜的结构和分布情况。因此，气缸套的粗糙度在很大程度上决定着耗油量和发动机磨损度。

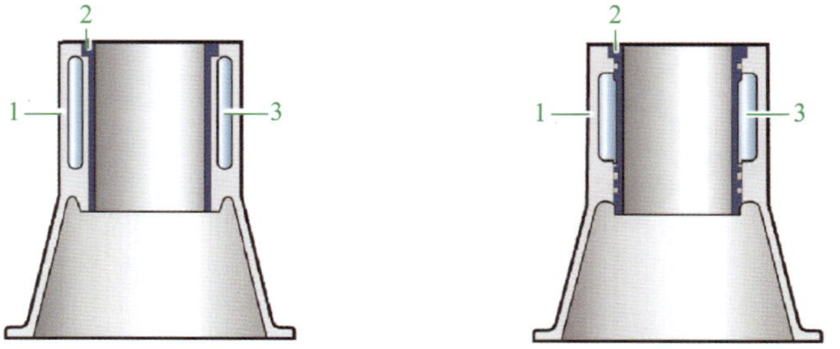

(a) 使用干式气缸套的气缸　(b) 使用湿式气缸套的气缸

图 2.2-8　气缸套

1—曲轴箱；2—气缸套；3—冷却液室

❻ 油底壳。油底壳（图 2.2-9）在发动机最底部，有以下作用：收集发动机油；加固发动机和变速箱；固定相关传感器；固定机油尺导管；固定放油螺塞；隔音。

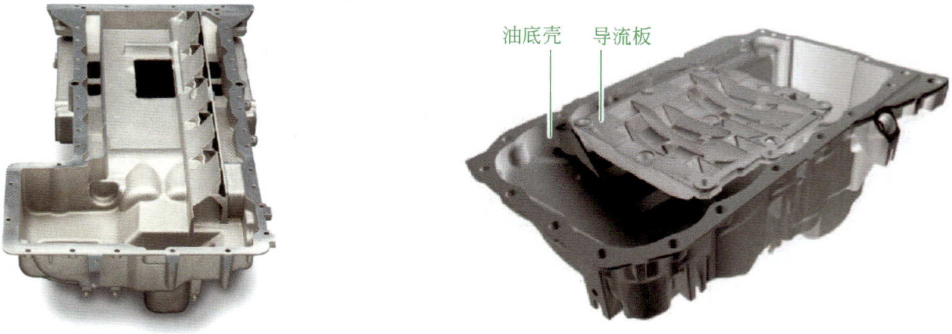

图 2.2-9　油底壳及导流板

❼ 气缸盖罩盖。气缸盖罩盖（图 2.2-10）通常也称作气门盖或气门室罩盖。它构成了发动机机体（发动机壳体）的顶部，使气缸盖顶端与外部隔离、隔音，固定曲轴箱通风系统，固定安装件。

（2）活塞连杆组

❶ 活塞连杆组作用。活塞连杆组将活塞的往复运动变为曲轴的旋转运动，同时将作用于活塞上的力转变为曲轴对外输出转矩，以驱动汽车车轮转动。

❷ 活塞连杆组结构组成。活塞连杆组由活塞、活塞环、活塞销、连杆等组成（图 2.2-11）。

图 2.2-10　气缸盖罩盖

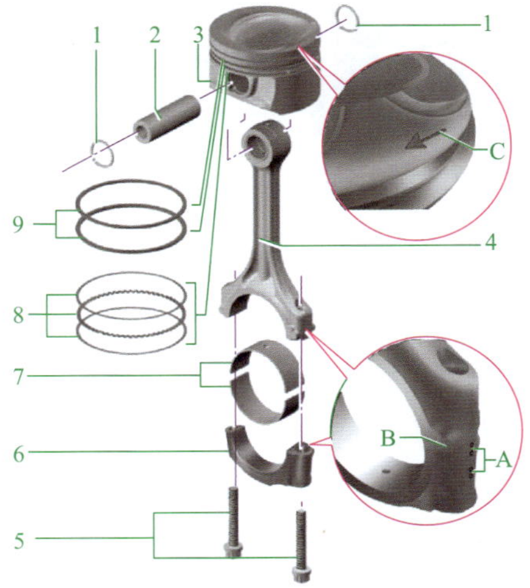

图 2.2-11　活塞连杆组

1—活塞环；2—活塞销；3—活塞；4—连杆；5—连杆螺栓；6—连杆盖；7—连杆轴瓦（俗称小瓦）；8—活塞环油环；9—活塞环气环；A—气缸位标记（表示属于哪个气缸的）；B—朝向标记（朝正时机构方向）；C—活塞朝向标记（朝正时机构方向）

a. 活塞。活塞（图 2.2-12）的基本结构可分为顶部、头部和裙部。活塞顶部是组成燃烧室的主要部分，其形状与所选用的燃烧室形式有关。活塞裙部用来保证活塞在气缸内直线运行。活塞类型如图 2.2-13 所示。

图 2.2-12　活塞

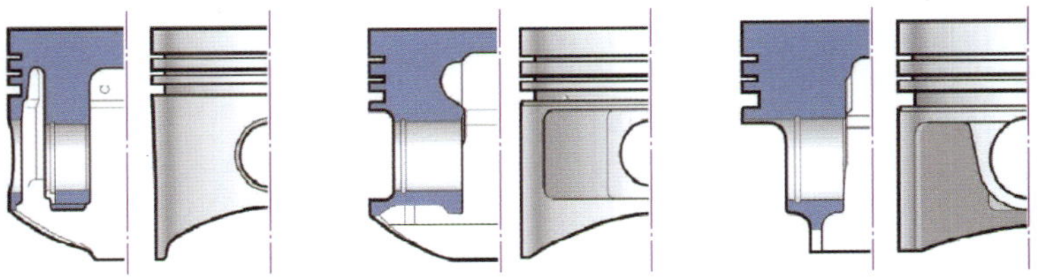

(a) 全裙式活塞　(b) 封闭式活塞　(c) 窗式活塞

图 2.2-13　活塞类型

b. 活塞环。活塞环是用于嵌入活塞槽沟内部的金属环。活塞环必须紧靠在气缸壁和活塞环形槽的侧沿上。活塞环的径向弹簧力使活塞环靠在气缸壁上。活塞上的活塞环如图 2.2-14 所示。活塞环截面形状如图 2.2-15 所示。

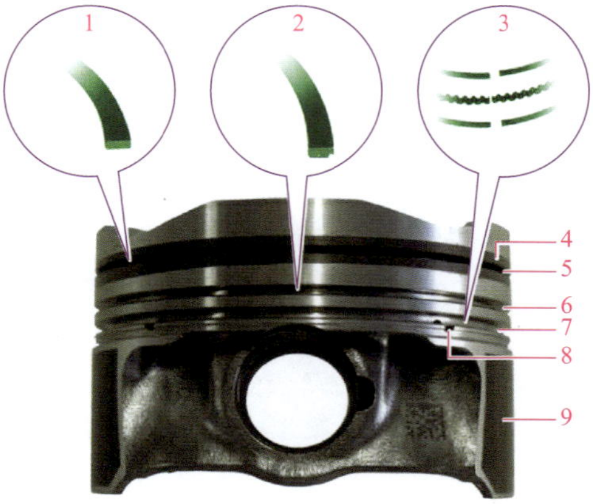

图 2.2-14 活塞上的活塞环

1，2—气环；3—油环；4—第一活塞环钢制环岸；5—第一活塞环槽；6—第二活塞环槽；7—刮油环槽；8—润滑油排出孔；9—石墨涂层

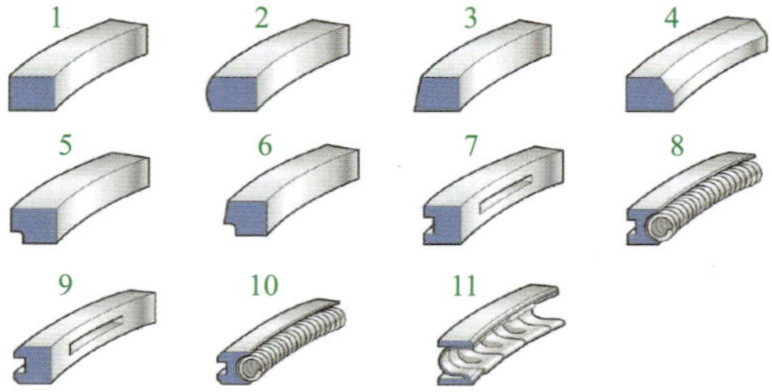

图 2.2-15 活塞环截面形状

1—矩形环；2—桶面环；3—锥面环；4—内倒角矩形环；5—鼻形环；6—鼻形锥面环；7—开槽油环；8—带有管状弹簧的开槽油环；9—双倒角环；10—带有管状弹簧的双倒角环；11—VF 系统油环

c. 活塞销。活塞销（图 2.2-16）是装在活塞裙部的圆柱形销子。它的中部穿过连杆小头孔，用来连接活塞和连杆，其作用是把活塞承受的气体作用力传给连杆，或使连杆小头带动活塞一起运动。

图 2.2-16 活塞销

d. 连杆。连杆（图 2.2-17）用于连接活塞和曲轴，并将活塞所受作用力传给曲轴，将活塞的往复运动转变为曲轴的旋转运动。连杆大端有两种结构：平分式和斜切式。在 V 型发动机中大连杆头通常采用斜切式结构［图 2.2-17(c)］。

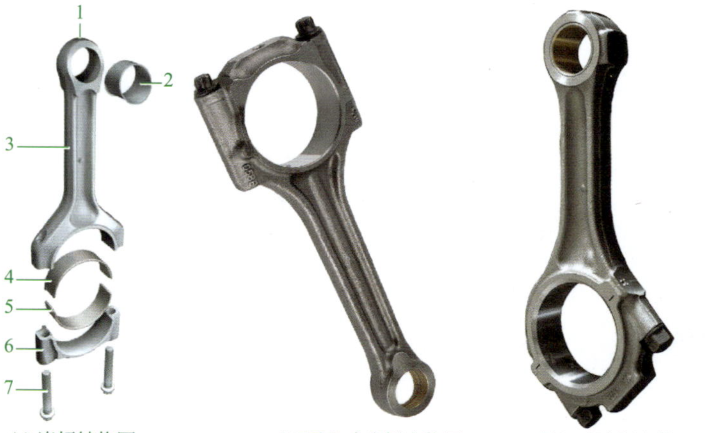

(a) 连杆结构图 (b) 平分式连杆实物图 (c) 斜切式连杆实物图

图 2.2-17 连杆

1—油孔；2—滑动轴承；3—连杆；4，5—轴瓦；6—连杆轴承盖；7—连杆螺栓

（3）曲轴飞轮组

❶ 工作原理。曲轴飞轮组的作用是把活塞的往复运动转变为曲轴的旋转运动（图 2.2-18），为汽车的行驶和其他需要动力的机构输出扭矩。同时还储存能量，用以克服非做功行程的阻

力，使发动机运转平稳。

❷ 结构组成。曲轴飞轮组主要由曲轴、飞轮、扭转减振器等组成。

a. 曲轴（图 2.2-19）。曲轴承受连杆传来的力，将其转变为转矩，通过曲轴输出并驱动发动机上其他附件工作。

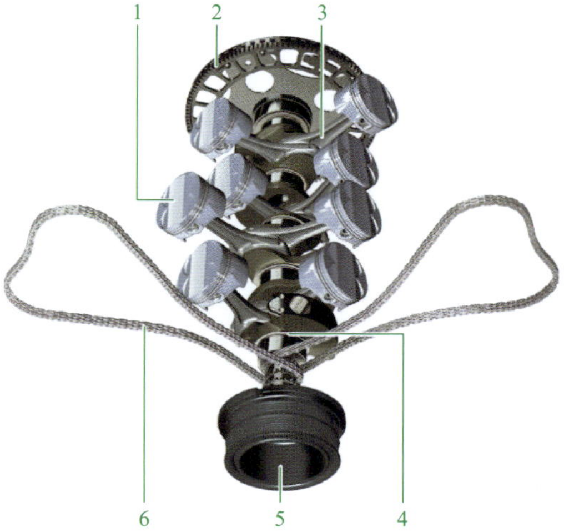

图 2.2-18　曲轴的旋转运动

1—活塞；2—飞轮；3—连杆；4—曲轴；5—扭转减振器；6—正时链

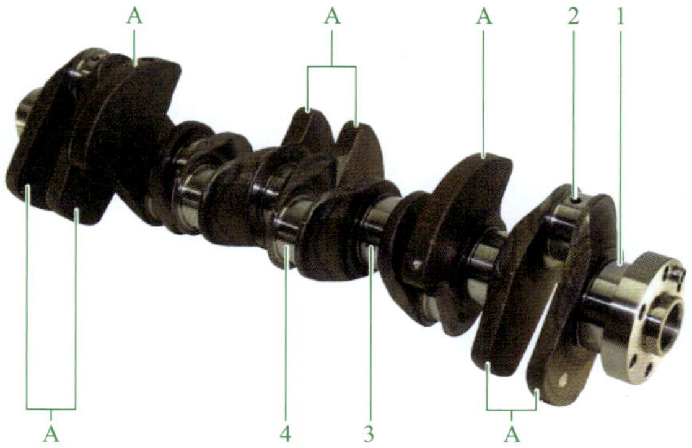

图 2.2-19　曲轴（四缸发动机）

A—平衡重；1—主轴颈；2—从连杆轴承至主轴承的机油孔；3—从主轴承至连杆轴承的机油孔；4—连杆轴颈

b. 飞轮。飞轮通常位于曲轴后端，即发动机与变速箱之间。它可以在做功行程期间存储能量并于稍后释放能量（图 2.2-20）。

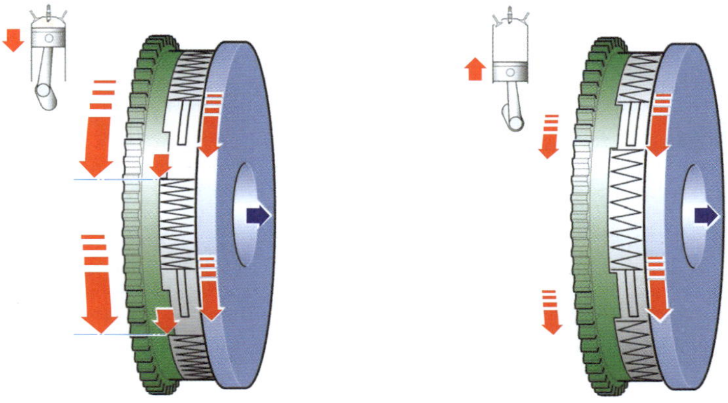

图 2.2-20　飞轮作用示意图

小贴士

为了行驶的稳定和舒适性，很多车辆采用双质飞轮（图 2.2-21）。双质飞轮将传统飞轮的质量块一分为二，一部分继续用于补偿发动机惯量；另一部分负责提高变速器的惯量，从而使共振范围明显低于正常运行转速。

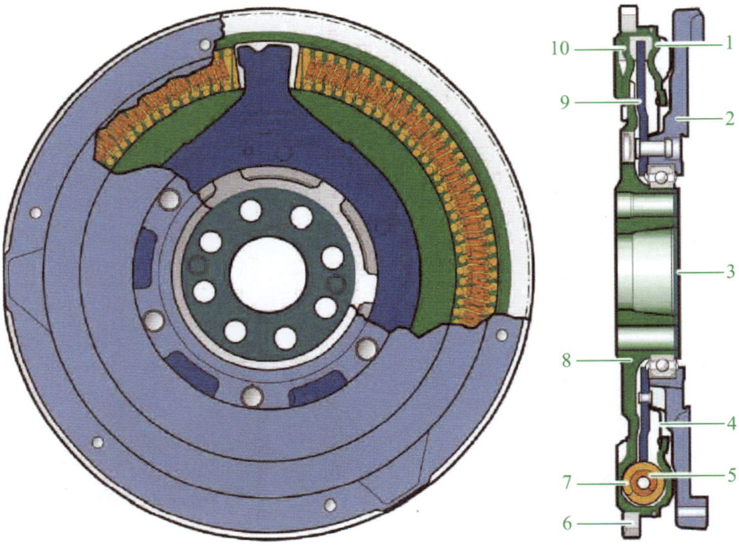

图 2.2-21　双质飞轮的结构

1—盖罩；2—次级飞轮；3—盖板；4—密封隔膜；5—弧形减振弹簧；6—齿圈；7—弧形减振弹簧；8—主飞轮；9—轮毂凸缘；10—挡板

c. 扭转减振器。扭转减振器用于补偿曲轴的扭转振动。突然加速时飞轮齿圈的转动比曲轴慢几度，松开加速踏板时则正好相反。扭转减振器实物图见图 2.2-22。

d. 平衡轴。平衡轴用于改善发动机的运行平稳性和噪声。通过装有平衡重且朝相反方向旋转的两个轴来实现。图 2.2-23 中，平衡轴箱通过螺栓与机油泵连接在一起构成一体。维修时，平衡轴和机油泵只允许作为一个单元整体更换。

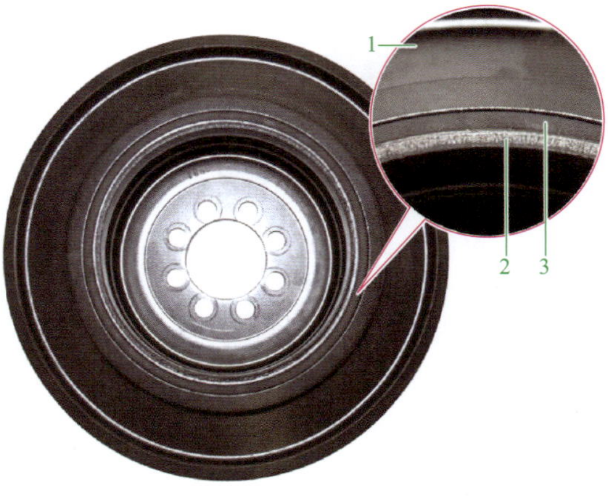

图 2.2-22　扭转减振器实物图

1—带减振质量的次级皮带轮；2—法兰；3—硫化层

图 2.2-23　平衡轴

1—用于驱动第二个平衡轴的齿轮；2—平衡轴箱；3—平衡轴；4—机油泵壳体

2.2.2　配气机构

配气机构的作用是根据发动机发火顺序和各缸工作循环的要求，定时开启和关闭进、排气门，使新鲜气体及时进入气缸，使废气及时排出气缸。

2.2.2.1 结构组成

配气机构一般由气门组件和气门传动组件组成。气门组件主要包括气门、气门导管、气门座及气门弹簧等零部件；气门传动组件主要包括凸轮轴、正时及其传动机构、气门挺杆、气门压杆和摇臂等零部件。如图 2.2-24 ～图 2.2-26 所示。

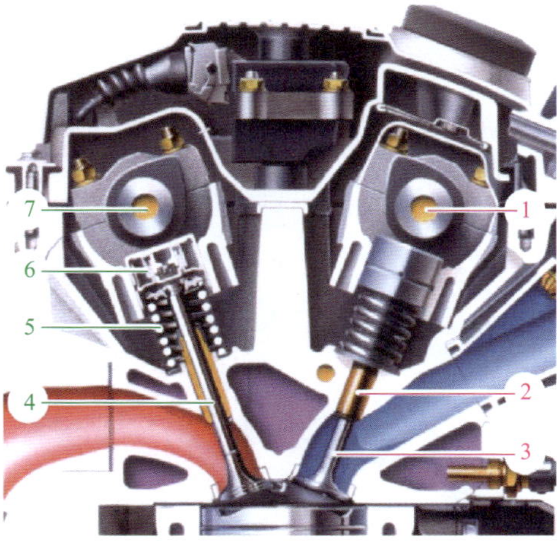

图 2.2-24　气缸盖上安装的气门组件和凸轮轴（一）

1—进气凸轮轴；2—气门导管；3—进气门；4—排气门；5—气门弹簧；6—液压挺杆；7—排气凸轮轴

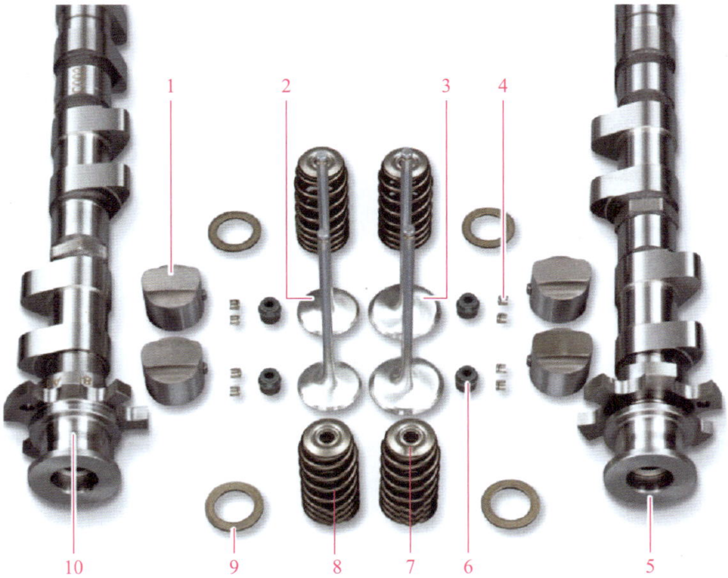

图 2.2-25　气缸盖上安装的气门组件和凸轮轴（二）

1—挺杆；2—排气门；3—进气门；4—气门锁夹；5—进气凸轮轴；6—气门杆密封件（气门油封）；7—上部气门弹簧座；8—气门弹簧；9—气门弹簧座；10—排气凸轮轴

（1）凸轮轴（图 2.2-27）

❶ 凸轮轴的作用。凸轮轴的作用是控制换气过程和燃烧过程。其主要任务是开启和关闭进气门及排气门。

❷ 凸轮的形状。凸轮的形状决定了气门行程的运行轨迹（图 2.2-28）。接触到凸轮工作面时，气门开启或关闭。

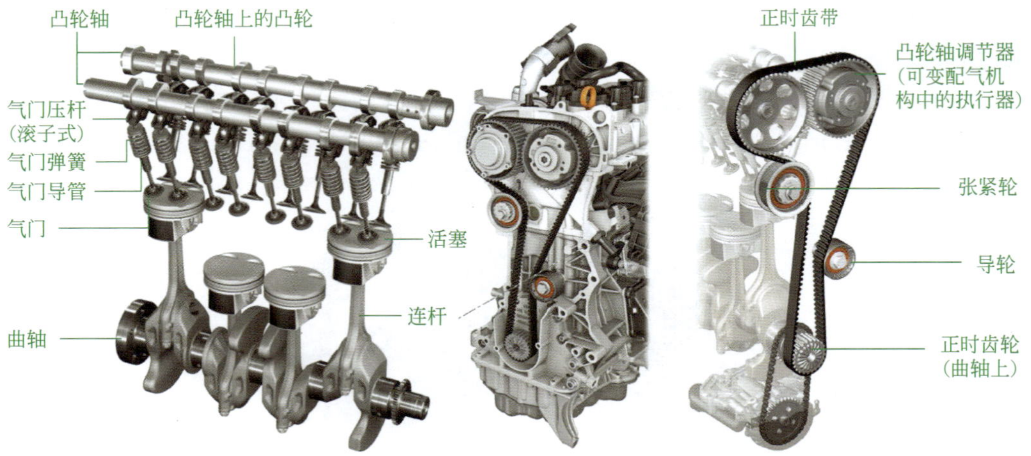

图 2.2-26　气门传动组件

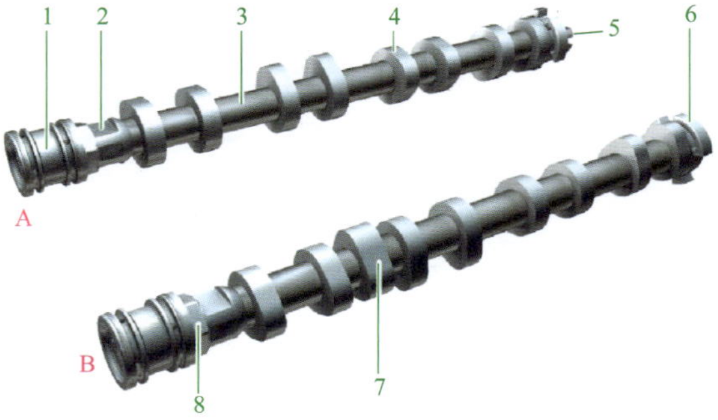

图 2.2-27　凸轮轴

1—输入法兰；2—用于专用工具的双平面段；3—轴管；4—凸轮；5—真空泵的输出法兰；6—凸轮轴传感器的参考基准；7—高压泵传动装置的三段凸轮；8—扳手宽度面；A—进气凸轮轴；B—排气凸轮轴

(2) 气门　气门与气门导管和气门弹簧共同构成一个总成，安装在缸盖上（图 2.2-29）。气门由气门头、气门座和气门杆三部分组成（图 2.2-30）。图 2.2-31 所示为空心气门。

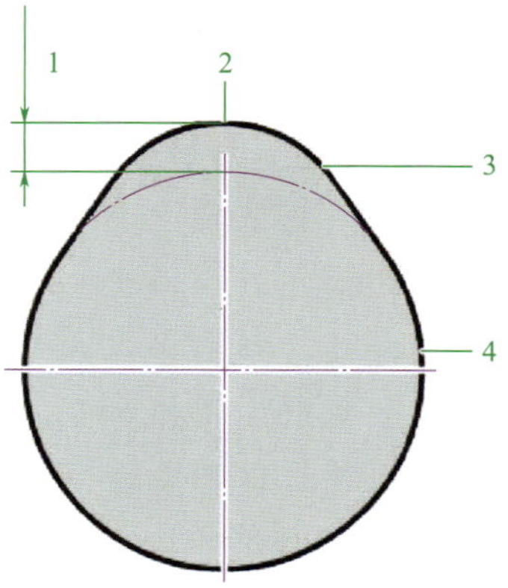

图 2.2-28　凸轮横截面

1—凸轮行程；2—凸轮顶部；3—凸轮工作面；4—基圆

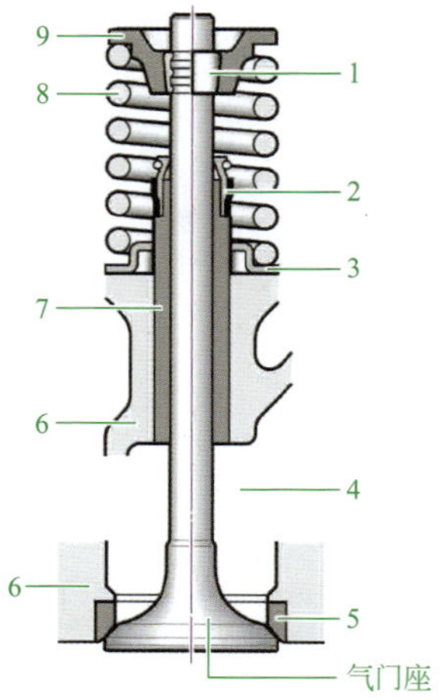

图 2.2-29　处于安装状态下的气门

1—气门锁夹；2—气门杆密封件；3—下部气门弹簧座；4—换气通道；5—气门座圈；6—气缸盖；7—气门导管；8—气门弹簧；9—上部气门弹簧座

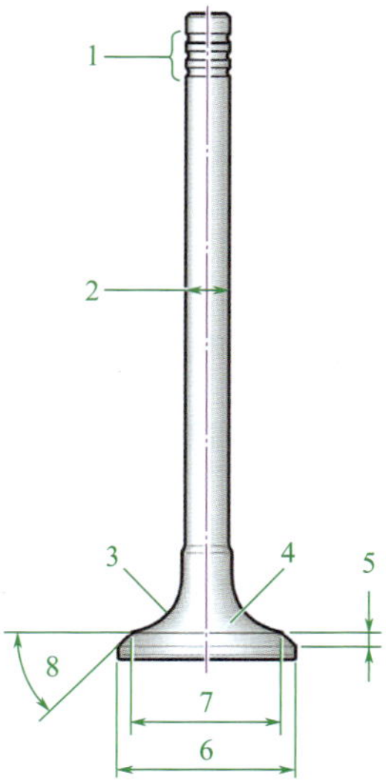

图 2.2-30　气门结构

1—凹槽；2—气门杆直径；3—内圆角；4—气门头；5—气门座高；6—气门头直径；7—气门座直径；8—气门座角度

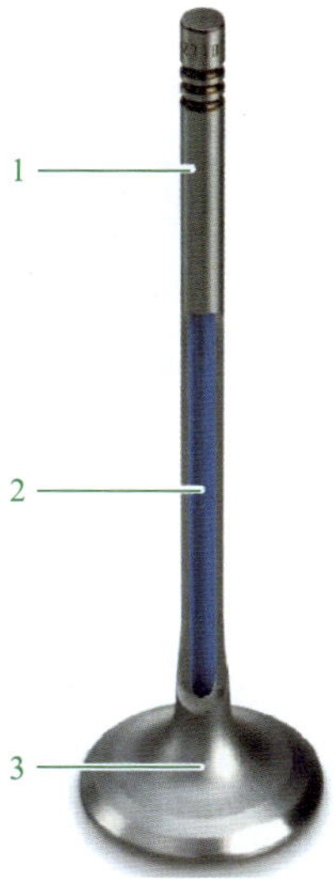

图 2.2-31　空心气门

1—气门杆；2—空腔；3—气门头

气门座承担隔开燃烧室与气道的作用。此外，热量也通过此处从气门传至气缸盖。气门处于关闭状态时，气门座表面与气缸盖气门座圈靠在一起。

小贴士

通常情况下，承受较小负荷的进气门座比承受高负荷的排气门座窄。气门座宽度为 1.2 ~ 2.0mm。确保气门座位置正确非常重要。

（3）气门导管　气门导管是汽车发动机气门的导向装置，对气门起导向作用，以确保气门位于气门座的中心，并通过气门杆将气门头处的热量传至气缸盖。气门导管及其安装位置如图 2.2-29 所示。

（4）气门锁夹　气门锁夹（图 2.2-32）负责连接气门弹簧座和气门。

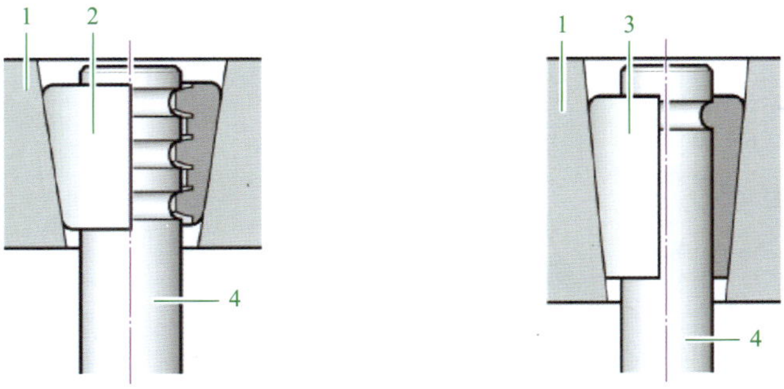

(a) 非夹紧式连接　(b) 夹紧式连接

图 2.2-32　气门锁夹

1—气门弹簧座；2—非夹紧式气门锁夹；3—夹紧式气门锁夹；4—气门杆

（5）气门弹簧　气门弹簧必须确保气门随凸轮一起运动，以使其即使在最高转速时也能及时关闭。如图 2.2-33 所示。

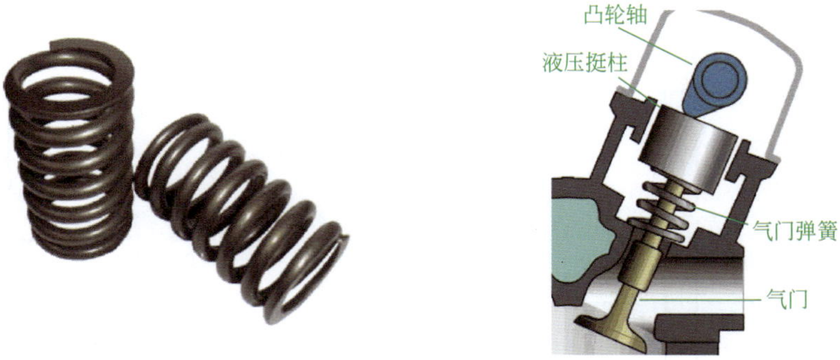

图 2.2-33　气门弹簧安装位置

（6）摇臂、液压式气门间隙调节器、气门压杆、气门挺杆　摇臂、液压式气门间隙调节器、气门压杆、气门挺杆负责将凸轮运动传给气门，因此这些部件也称作传动元件。摇臂、液压式气门间隙调节器、气门压杆、气门挺杆安装位置见图 2.2-34。

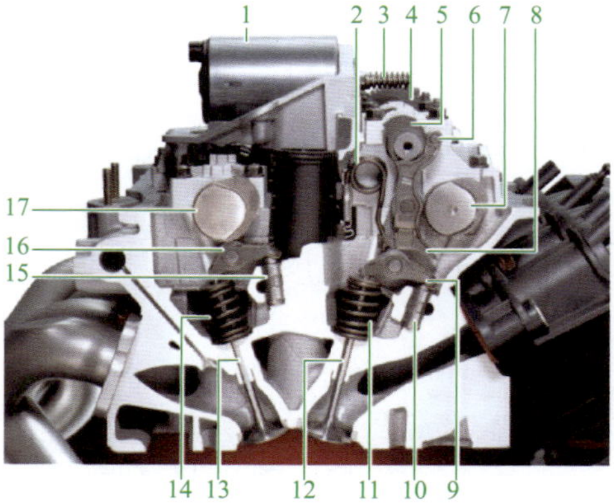

图 2.2-34　气缸盖上的部件安装位置

1—伺服电动机；2—扭转弹簧；3—蜗杆；4—蜗轮；5—偏心轴；6—气门挺杆；7—进气凸轮轴；8—斜台；9,16—滚子式气门压杆 10,15—液压式气门间隙调节器（摇臂）；11,14—气门弹簧；12—进气门；13—排气门；17—排气凸轮轴

❶ 气门压杆。滚子式气门压杆（图 2.2-35）是采用间接传动方式的气门传动组件。

❷ 气门挺杆。气门挺杆（图 2.2-36）是进气门和排气门的直接传动装置，用于传递直线运动，其导向部件位于气缸盖内。

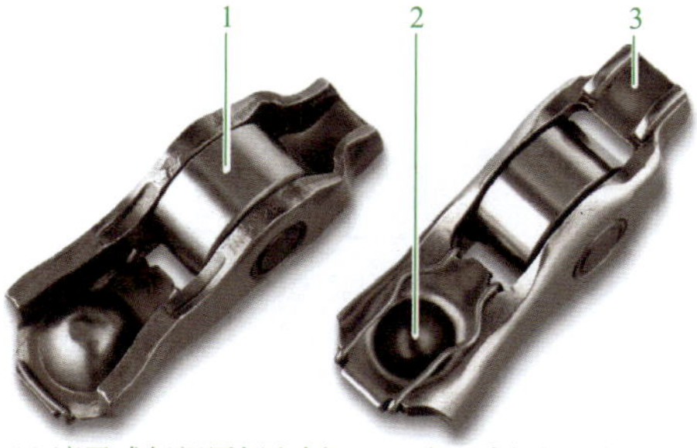

(a) 滚子式气门压杆上侧　(b) 滚子式气门压杆下侧

图 2.2-35　滚子式气门压杆

1—用于随凸轮移动的滚针轴承滚子；2—用于支撑液压补偿元件的半球；3—压在气门上的操作面

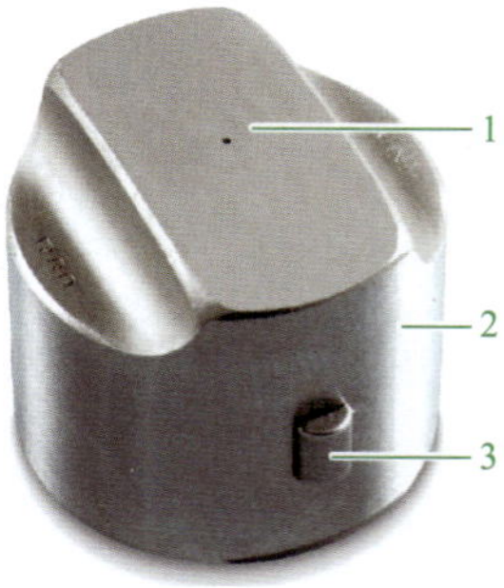

图 2.2-36　气门挺杆

1—球形接触面；2—室式挺杆；3—导向凸台

③ 液压式气门间隙调节器（图 2.2-34 和图 2.2-37）。气门和传动元件之间必须保持规定的气门间隙。该间隙可以通过机械方式（摇臂见图 2.2-38）或通过一个液压式气门间隙调节器来调节。

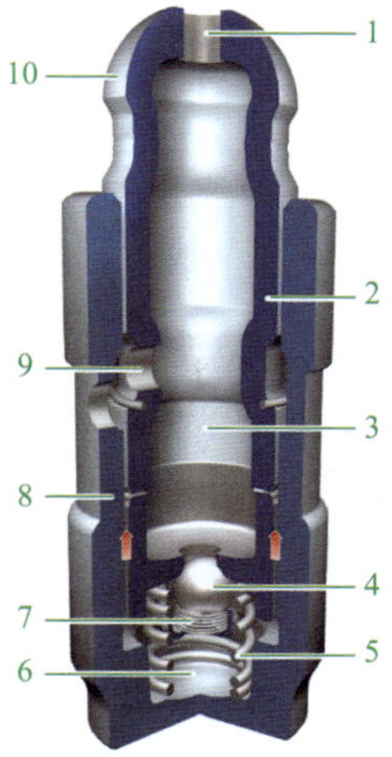

图 2.2-37　液压式气门间隙调节器

1—通风孔；2—活塞；3—储油室；4—阀球；5—活塞弹簧；6—压力室；7—阀球弹簧；8—压力缸；9—供油孔；10—球头

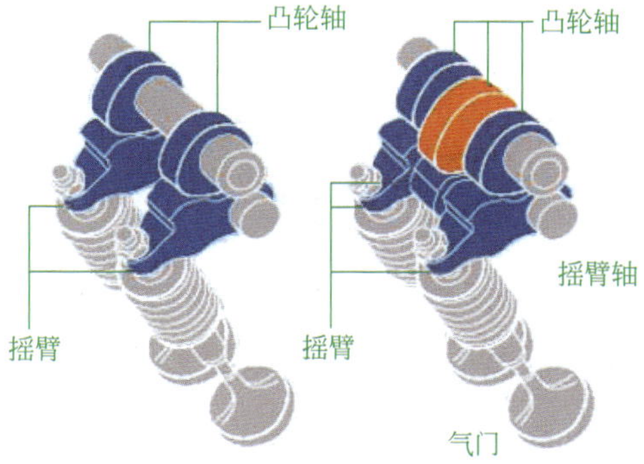

图 2.2-38　摇臂安装位置

扫一扫

看视频

小贴士

气门间隙影响发动机正时时间，从而影响发动机功率、行驶性能、耗油量和废气排放量。

气门间隙过大会缩短正时时间，即气门延迟开启、提前关闭；气门间隙过小会延长正时时间，即气门提前开启、延迟关闭。

凸轮通过气门压杆开启气门时，还会通过球头对液压式气门间隙调节器内的活塞施加作用力。活塞通过压力室内的机油支撑在固定式压力缸内。见图 2.2-34。

（7）链条传动机构　不同链条传动机构的主要区别通常仅在于链条的结构形式和布置方式不同，图 2.2-39 所示为某 V 型发动机的链条传动机构。无论采用何种结构形式，每个链条传动机构一般都包括一个曲轴链轮、链条导轨、带有张紧导轨的链条张紧器、一个供油装置、至少一个凸轮轴上一个链轮以及正时链自身。

2.2.2.2　配气相位

发动机吸入新鲜汽油 - 空气混合气和排出废气的过程称为换气。通过进气门和排气门控制换气，气门的开启和关闭时刻取决于曲轴转角。这些时刻又称为正时时间。

正时的目的其实在实际的发动机工作中，是为了增大气缸内的进气量，进气门需要提前开启、延迟关闭；同样，为了使气缸内的废气排得更干净，排气门也需要提前开启、延迟关闭，这样才能保证发动机有效的运作。配气相位如图 2.2-40 所示。

2.2.2.3　凸轮轴可变配气调节装置（可变正时）

（1）链条张紧器式　链条张紧器式（图 2.2-41）只能对进气凸轮轴进行调整。这种调节方式不能实现无级调节，调节角度约为 20°（曲轴转角）。按调节方式不同，又可分为功率调节和扭矩调节。

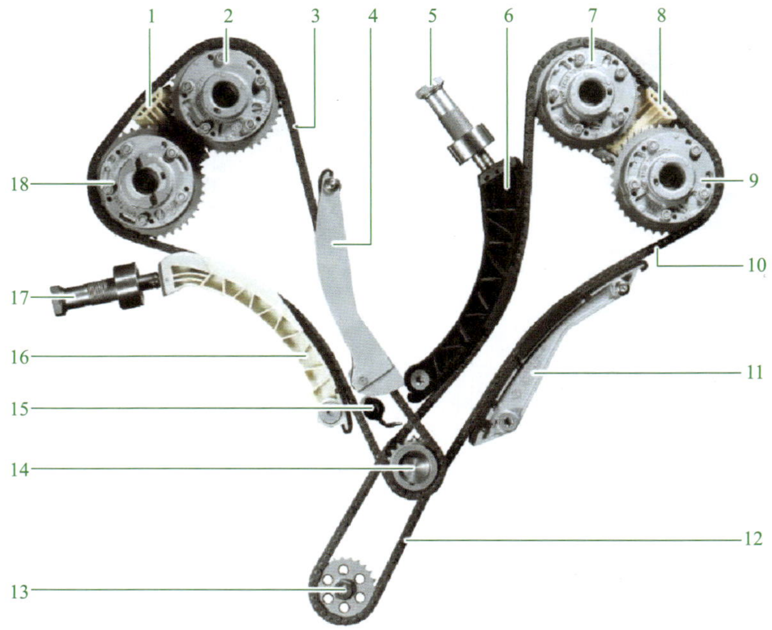

图 2.2-39　某 V 型发动机链条传动机构

1—气缸列 1 的上部导轨；2—气缸列 1 进气凸轮轴的 VANOS 单元（可变凸轮轴正时控制单元）；3—气缸列 1 的正时链；4—气缸列 1 的导轨；5—气缸列 2 的链条张紧器；6—气缸列 2 的导轨；7—气缸列 2 进气凸轮轴的 VANOS 单元；8—气缸列 2 的上部导轨；9—气缸列 2 排气凸轮轴的 VANOS 单元；10—气缸列 2 的正时链；11—气缸列 2 的导轨；12—机油泵传动链条；13—机油泵链轮；14—曲轴链轮；15—喷油嘴；16—气缸列 1 的张紧导轨；17—气缸列 1 的链条张紧器；18—气缸列 1 排气凸轮轴的 VANOS 单元

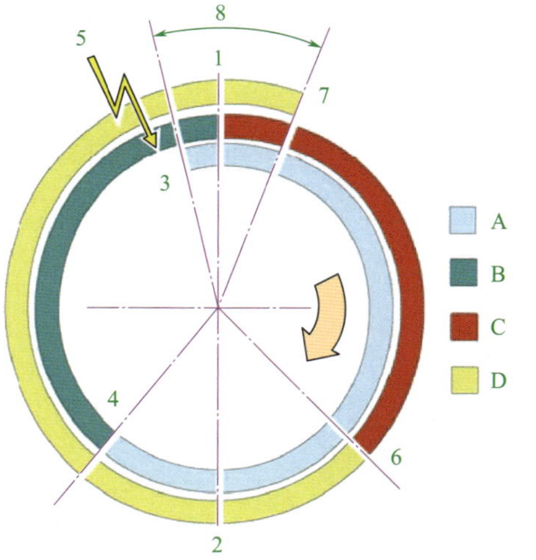

图 2.2-40　配气相位

A—进气；B—压缩；C—做功；D—排气；
1—上止点（TDC）；2—下止点（BDC）；3—进气门打开；
4—进气门关闭；5—点火时刻；
6—排气门打开；7—排气门关闭；8—气门重叠

扫一扫

看视频

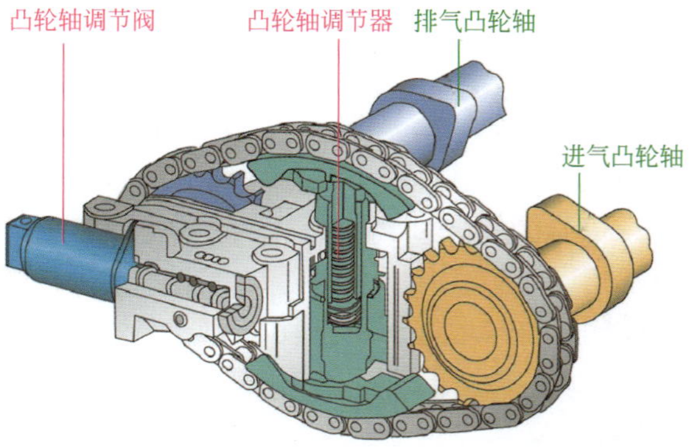

图 2.2-41　链条张紧器式

❶ 功率调节（图 2.2-42）。链条下部短，上部长，进气门延迟关闭。高速时，充气量充足，功率大。

❷ 扭矩调节（图 2.2-43）。凸轮轴调节器向下拉长，链条上部变短，下部变长，进气门提前关闭。中、低转速时，可获得大扭矩输出。

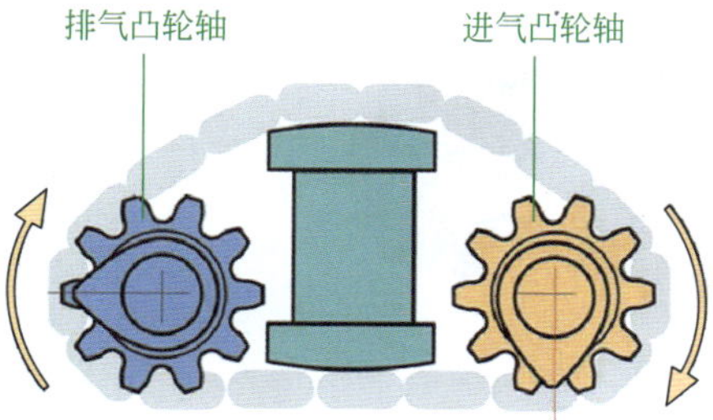

图 2.2-42　功率调节

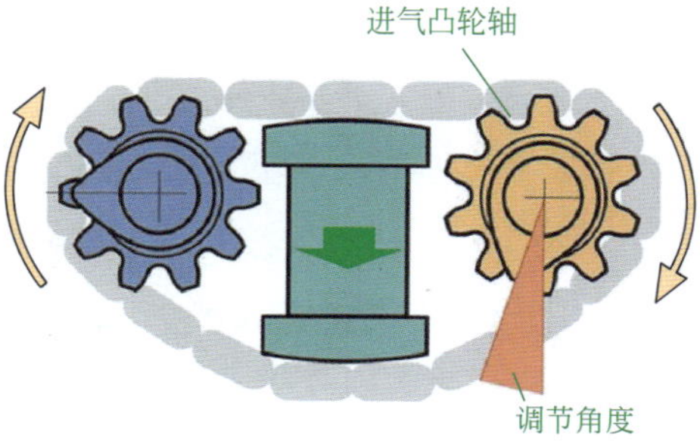

图 2.2-43　扭矩调节

（2）斜齿啮合式　同样，斜齿啮合式（图 2.2-44）只能对进气凸轮轴进行调整。凸轮轴调整是通过液压活塞在斜齿啮合处轴向移动来实现的无级调节，其调节角度约为 40°（曲轴转角）。

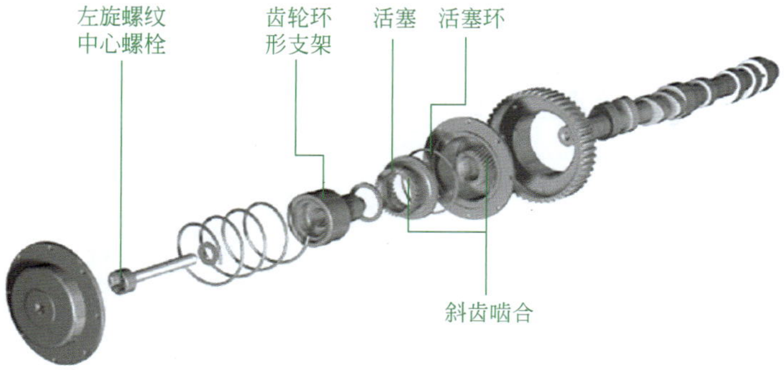

图 2.2-44　斜齿啮合式

（3）叶片调节器式　叶片调节器式（图 2.2-45）正时调节装置，有时也简称叶片调节器或回转电动机。每个需要调节的凸轮上面各有一个调节元件（进气凸轮轴叶片调节器和排气凸轮轴叶片调节器）。每个调节元件通过一个电动液压式电磁阀进行控制。进气凸轮轴因调节角度有多种，所以可实现无级调节。

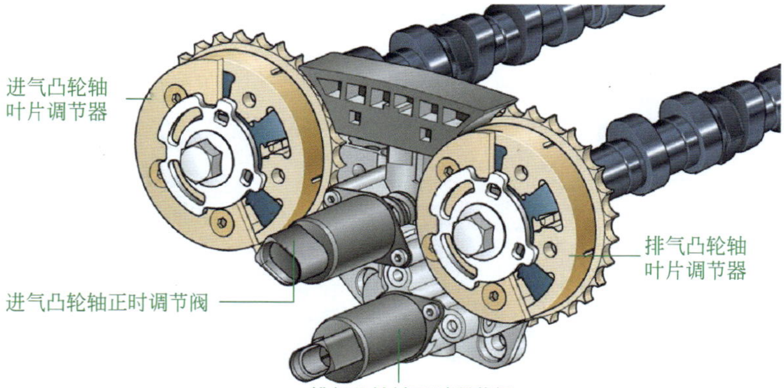

图 2.2-45　叶片调节器式

扫一扫
看视频

2.2.2.4 凸轮轴调节单元

凸轮轴调节单元（图 2.2-46）是通过凸轮轴调节阀借助于发动机的机油压力来实现调节功能的。两个凸轮轴一起调节，可以实现较大的气门重叠，有利于改善尾气排放。

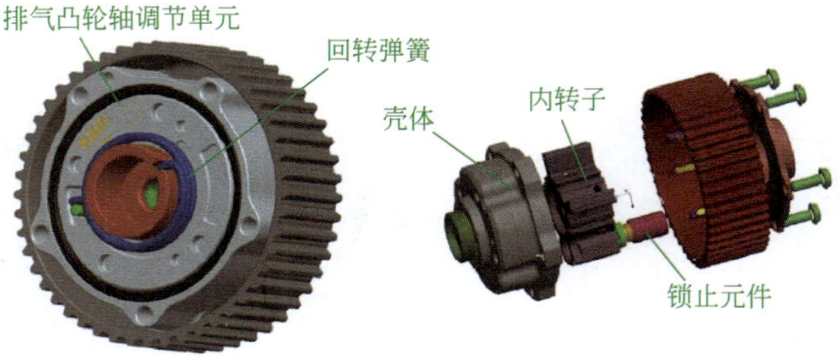

图 2.2-46　凸轮轴调节单元

凸轮轴调节单元调节机构的工作原理如图 2.2-47 ～图 2.2-49 所示。

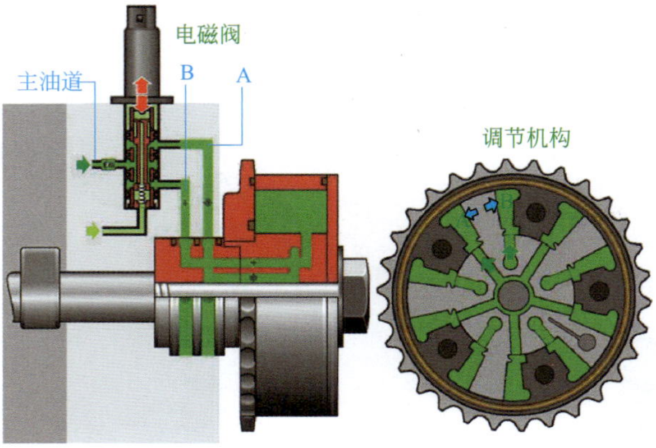

图 2.2-47　调节机构工作原理

A，B—油道

（1）滞后调节　如图 2.2-48 所示，电磁阀通电，阀芯顶出，油道 B 与主油道接通，建立压力。凸轮轴向延迟关闭方向调整，进气门“晚”关，以增加进气量。

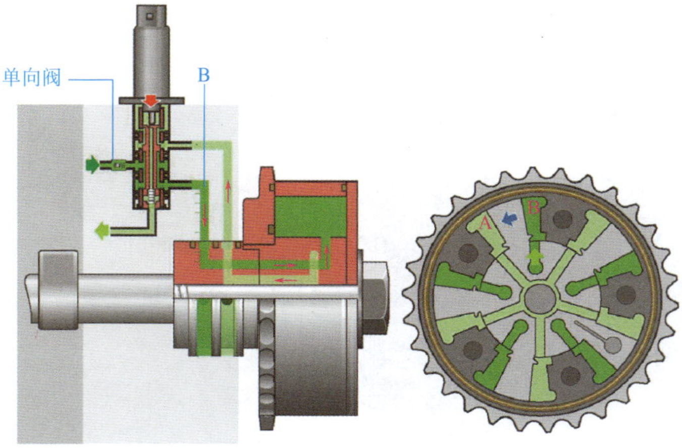

图 2.2-48　滞后调节

A，B—油道

（2）提前调节 如图 2.2-49 所示，电磁阀断电，阀芯回缩，油道 A 与主油道接通，建立压力。凸轮轴向提前关闭方向调整，进气门“早”关，避免进气回流。

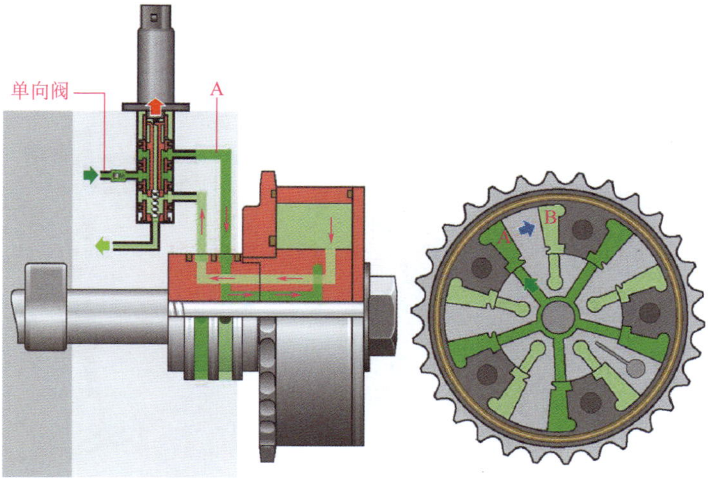

图 2.2-49 提前调节

A，B—油道

2.2.2.5 电子气门调节系统

宝马汽车中的可变配气系统称为电子气门调节系统，由全可变气门行程控制装置和可变凸轮轴控制装置构成（图 2.2-50），因此可以任意选择进气门关闭时刻。仅在进气侧控制气门行程，而凸轮轴控制则在进气和排气侧进行。

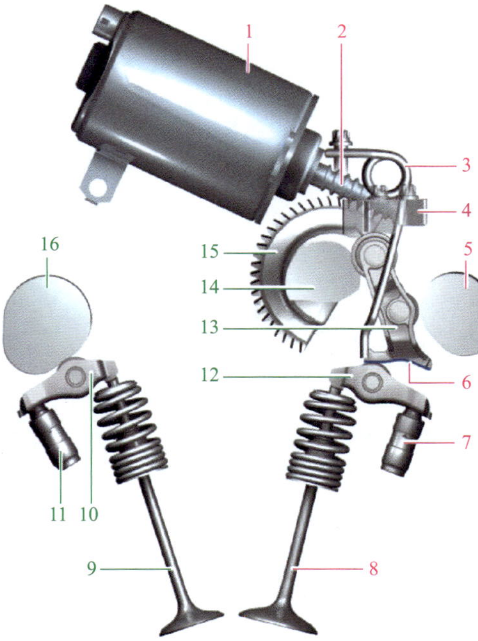

图 2.2-50 宝马电子气门调节系统

1—伺服电动机；2—蜗杆；3—扭转弹簧；4—固定架；5—进气凸轮轴；6—斜台；7,11—液压式气门间隙调节器；8—进气门；9—排气门；10,12—滚子式气门压杆；13—气门挺杆；14—偏心轴；15—蜗轮；16—排气凸轮轴

伺服电动机负责调节偏心轴。通过改变电动机转动方向和节拍控制时间可对偏心轴进行相应调节，进行气门升程控制。偏心轮旋转的角度不同，凸轮轴通过气门挺杆和摇臂推动气门的升程不同。当高速时，通过伺服电动机控制机构，以增加气门开度，获得更多进气量；反之，同理（图 2.2-51）。

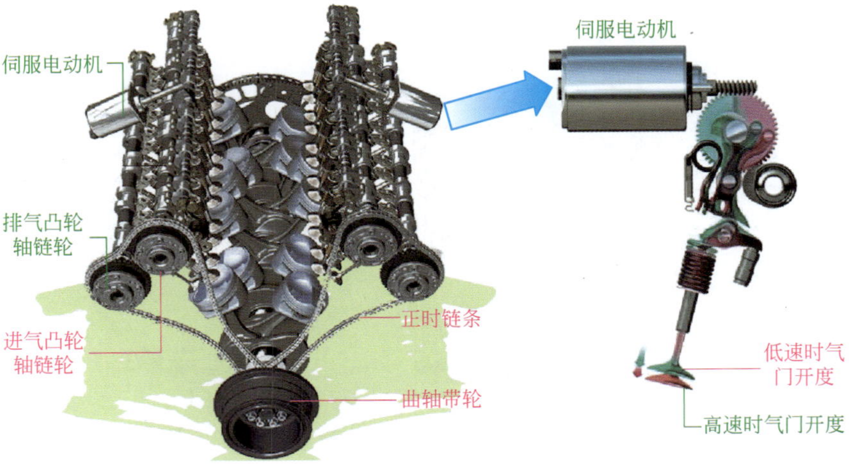

图 2.2-51　伺服电动机在机构中的位置

进气侧和排气侧各有一个紧凑型无级叶片式凸轮轴单元。凸轮轴单元作为链条传动机构的集成式组件，用一个中央螺栓固定在相应凸轮轴上（图 2.2-52）。螺旋弹簧将凸轮轴单元固定在基本位置，如图 2.2-53 所示。

小贴士

由于进气和排气凸轮轴单元的交错角不同，因此不允许进行互换（混淆）。如果安装了不正确的凸轮轴单元，则可能导致发动机严重损坏。

图 2.2-52　（双）凸轮轴单元

图 2.2-53　螺旋弹簧将凸轮轴单元固定在基本位置

进气门的气门行程和气门关闭时刻通过电子气门调节系统来控制，从而使“进气门关闭”时燃烧室内到达理想的混合气质量。

2.2.2.6 VVT-i 可变气门正时系统

VVT-i 可变气门正时系统（图 2.2-54），基本原理是：在凸轮轴上加装一套液力机构，通过发动机控制单元，在一定角度范围内对气门开启、关闭的时间进行调节，或提前，或延迟，或保持不变。凸轮轴正时齿轮的外转子与正时驱动相连，内转子与凸轮轴相连。外转子可以通过液压油间接带动内转子，从而实现一定范围内的角度提前或延迟。

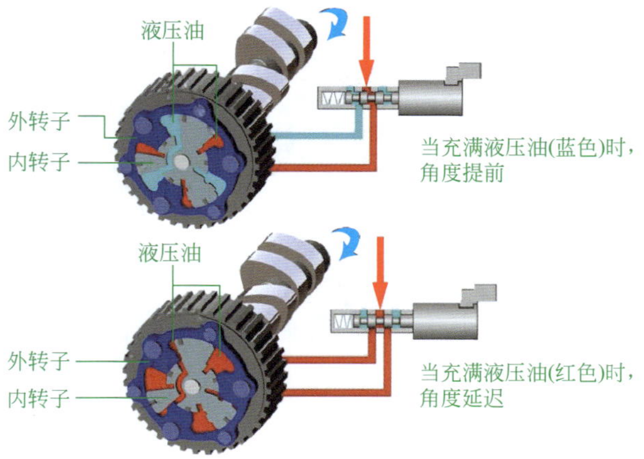

图 2.2-54 丰田 VVT-i 可变气门正时系统

2.2.2.7 i-VTEC 可变气门升程系统

i-VTEC 可变气门升程系统（图 2.2-55）基本原理是：在普通气门调节系统的基础上增加了第三根摇臂和第三个凸轮轴。通过三根摇臂的动作，来实现高低升程凸轮轴的切换，从而改变气门的升程。

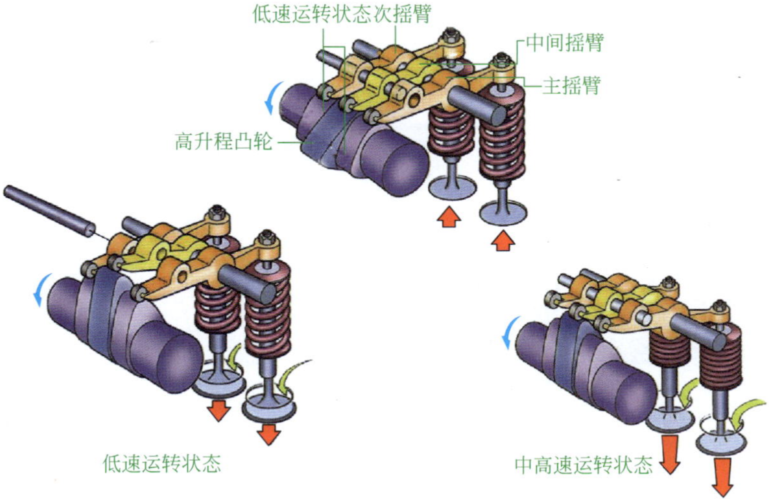

图 2.2-55 本田 i-VTEC 可变气门升程系统

当发动机处于低负荷时，三根摇臂处于分离状态，低升程凸轮驱动两侧摇臂来压开气门，气门升程量小；当发动机处于高负荷时，三根摇臂通过卡销结合为一体，由升程凸轮驱动中间摇臂压开气门，气门升程量大。

2.2.2.8 AVS 可变气门升程系统

AVS 可变气门升程系统（图 2.2-56）基本原理是：通过切换凸轮轴上两组高度不同的凸轮来实现改变气门的升程，AVS 系统通过安装在凸轮轴上的螺旋沟槽套筒，来实现凸轮轴的左右移动，进而切换凸轮轴上的高低凸轮。

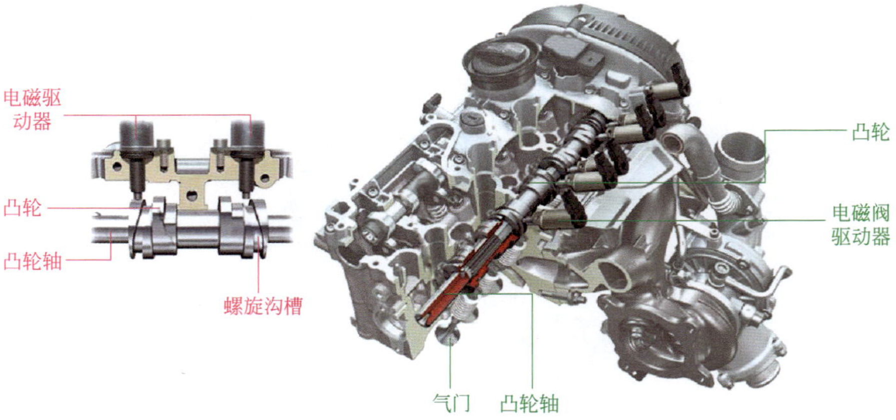

图 2.2-56　AVS 可变气门升程系统

（1）凸轮轴结构　为了使排气凸轮轴上两个不同的气门升程之间能相互切换，排气凸轮轴（带外花键）上有 4 个可移动凸轮件（带内花键）。每个凸轮件上都装有两对凸轮，通过两个电动执行器对两种升程进行切换。电动执行器接合每个凸轮件上的滑动槽，并移动凸轮轴上的凸轮件（图 2.2-57）。

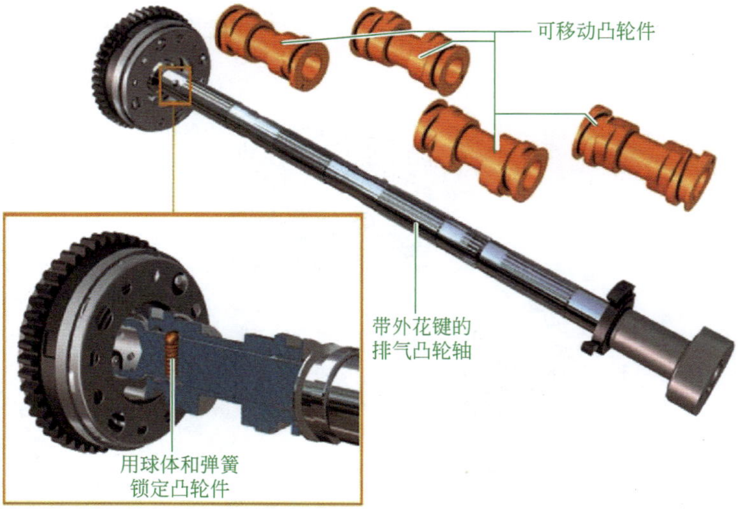

图 2.2-57　AVS 可变气门升程系统凸轮轴结构

（2）凸轮轴调节器（图 2.2-58）　通电后电磁线圈使金属销向外移动，插入凸轮件调节槽，进行调节。

（3）凸轮件调整及锁止（图 2.2-59）　每个凸轮段使用两个执行器。一个执行器使凸轮件从大凸轮调节到小凸轮；另一个执行器以相反方向调节。调节槽的轮廓迫使凸轮段移动到另一个位置，通过弹簧加压球（锁紧钢球）来进行锁紧。

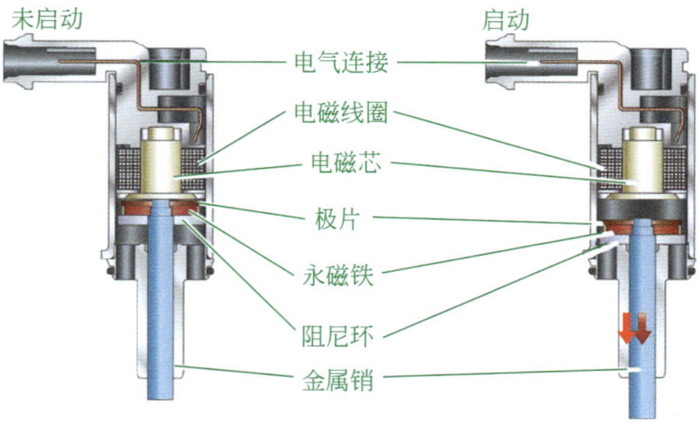

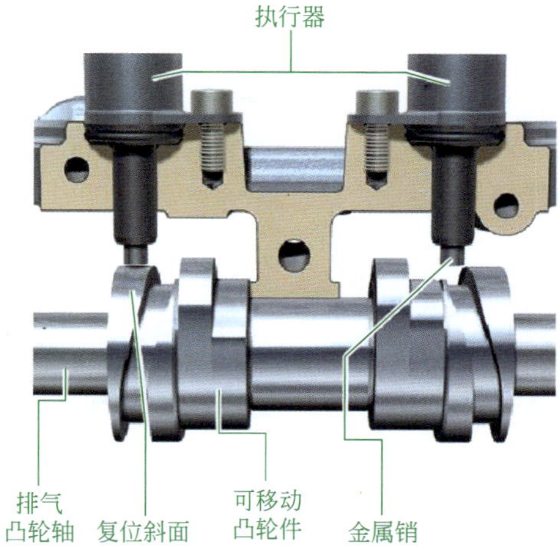

图 2.2-58　凸轮轴调节器

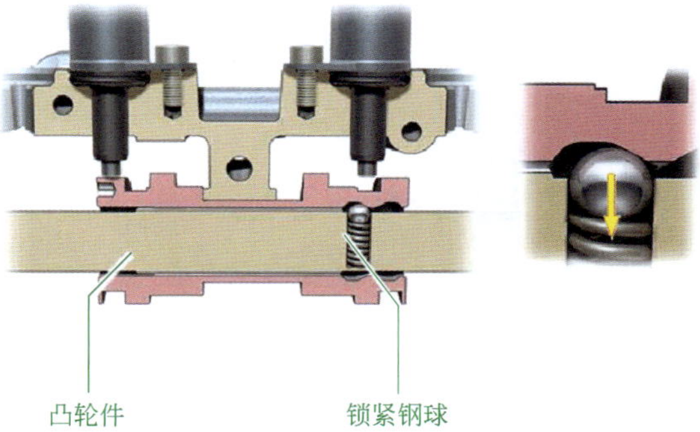

图 2.2-59　凸轮件调整及锁止

（4）AVS工作状态

❶ 高负荷时。当发动机处于高负荷时，电磁驱动器使凸轮轴向右移动，切换到高角度凸轮，从而增大气门的升程（图 2.2-60 和图 2.2-61）。

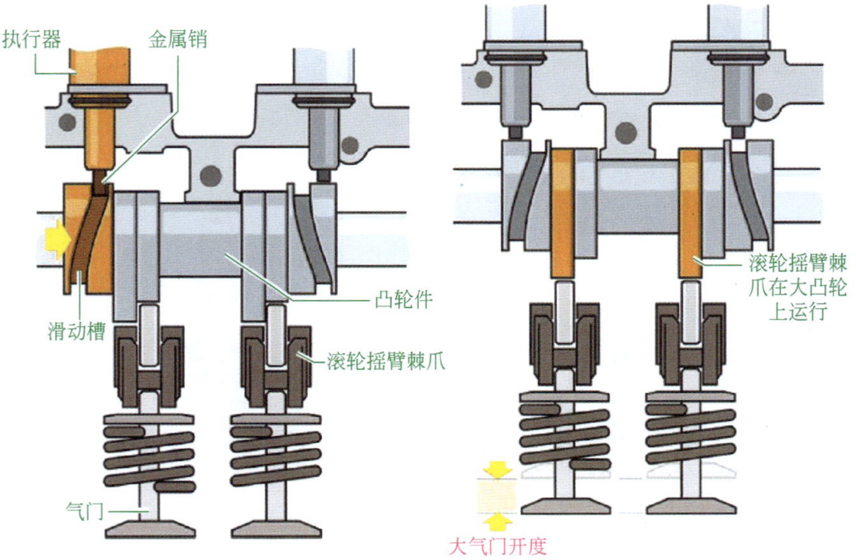

图 2.2-60　发动机高负荷时 AVS 工作状态（一）

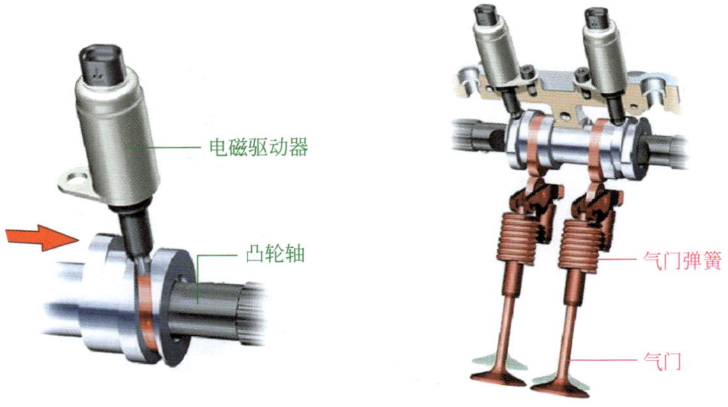

图 2.2-61　发动机高负荷时 AVS 工作状态（二）

❷ 低负荷时。当发动机处于低负荷时，电磁驱动器使凸轮轴向左移动，切换到低角度凸轮，以减少气门的升程（图 2.2-62 和图 2.2-63）。

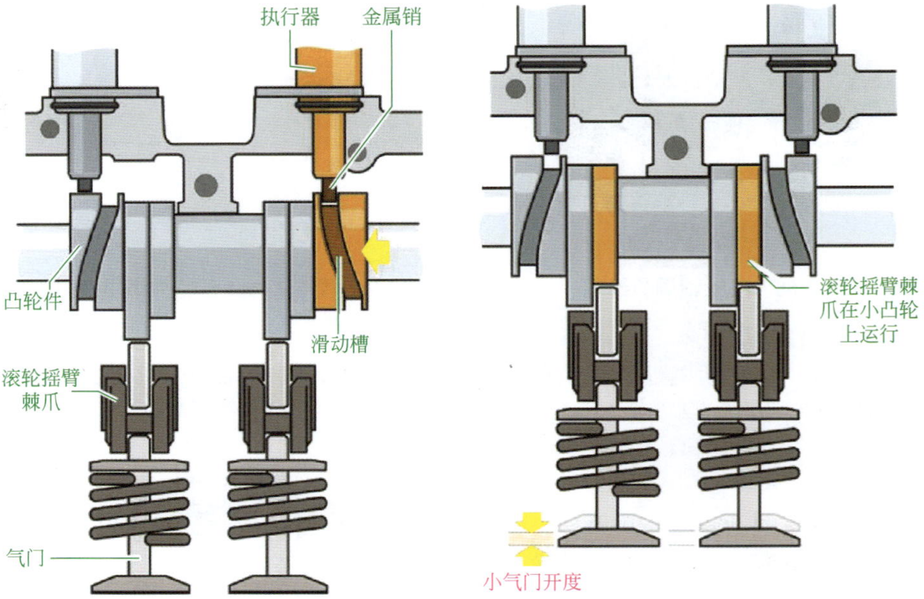

图 2.2-62　发动机低负荷时 AVS 工作状态（一）

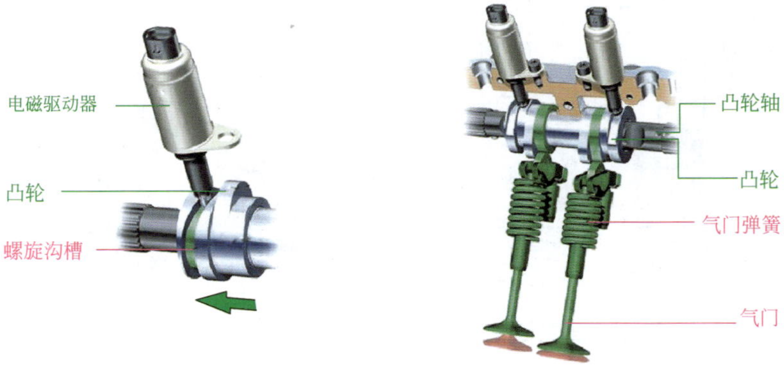

图 2.2-63　发动机低负荷时 AVS 工作状态（二）

2.2.3 冷却系统

（1）冷却系统构造（图 2.2-64） 汽车冷却系统将受热零件吸收的部分热量及时散发出去，保证发动机在最适宜的温度状态下工作。

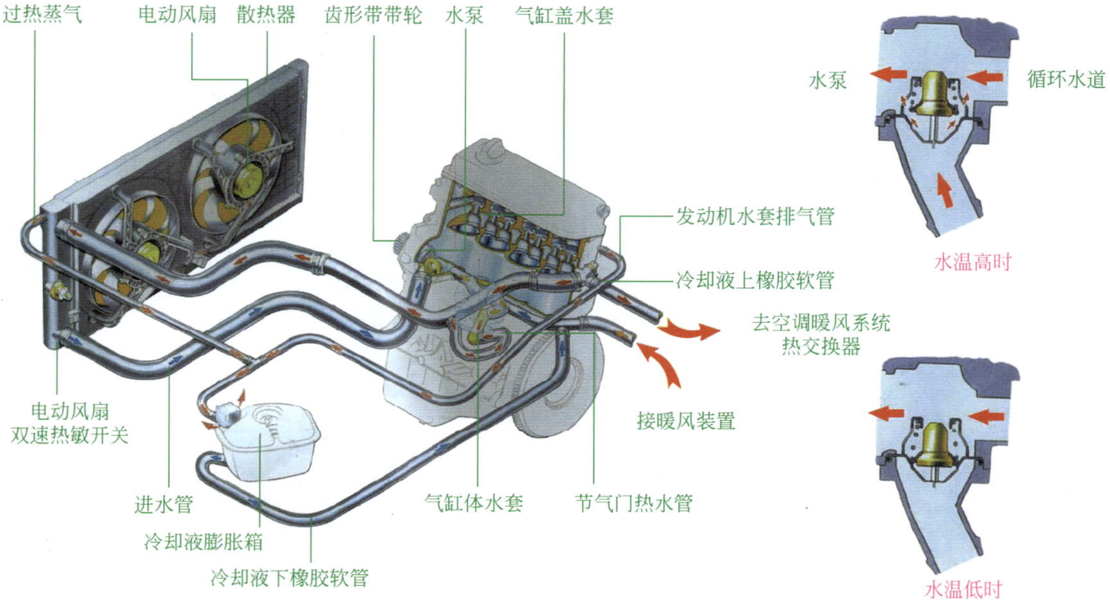

图 2.2-64 发动机冷却系统基本构造

（2）冷却系统循环 冷却系统通过节温器实现大小循环的切换。如图 2.2-65 所示，节温器关闭时，冷却液流不通过散热器，系统为小循环；如图 2.2-66 所示，节温器打开时，冷却液流通过散热器，系统为大循环。节温器见图 2.2-67。

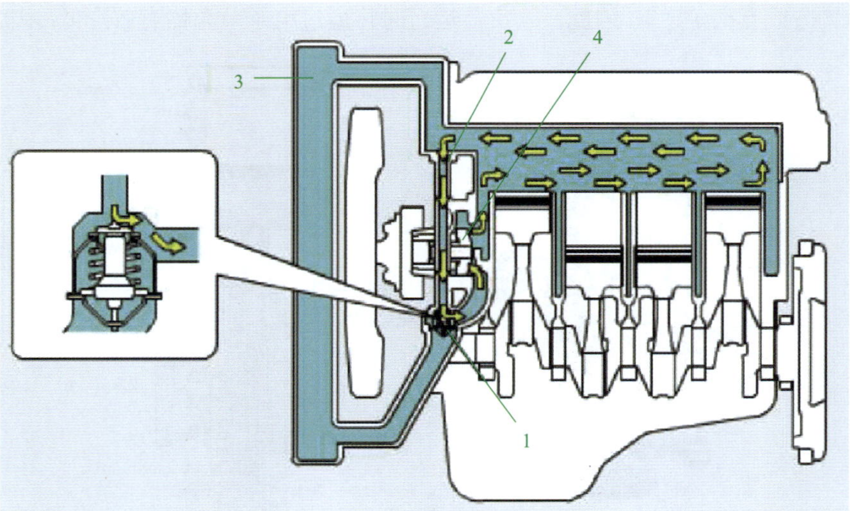

图 2.2-65 冷却系统小循环

1—节温器；2—旁路；3—散热器；4—水泵

第2章 发动机

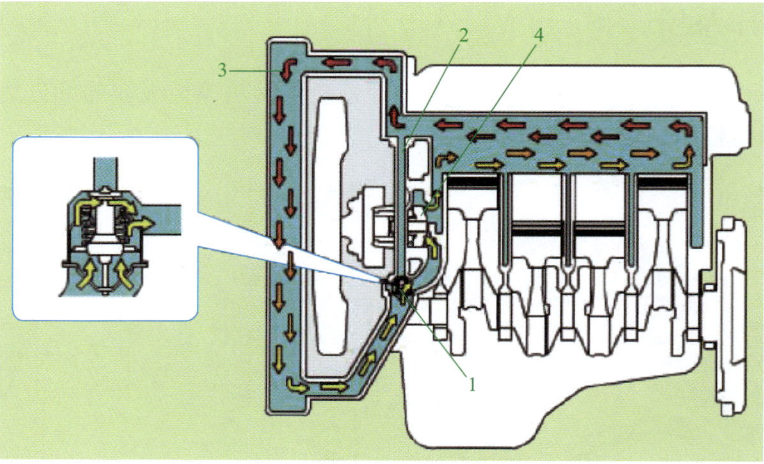

图 2.2-66　冷却系统大循环

1—节温器；2—旁路；3—散热器；4—水泵

图 2.2-67　节温器实物图

电子节温器如图 2.2-68 所示。发动机满负荷运行时，较高的运行温度会带来不利影响（例如因爆震趋势造成点火延迟）。因此，满负荷运行时将通过电子节温器有效降低冷却液温度。

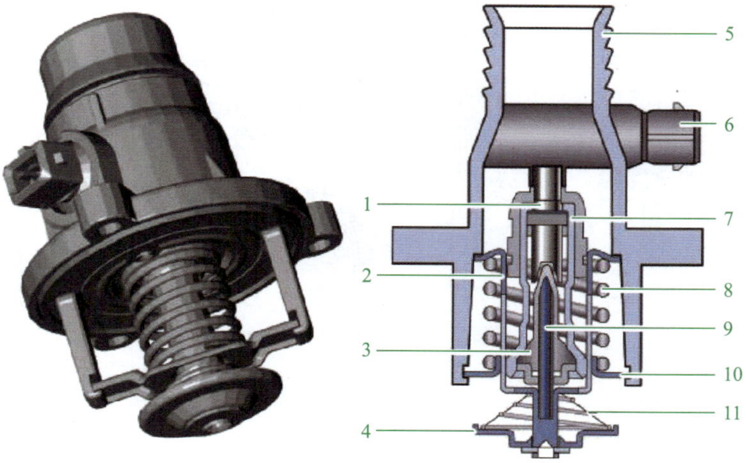

图 2.2-68　电子节温器

1—加热电阻；2—主阀；3—橡胶嵌入件；4—旁通阀；5—壳体；6—插头；7—工作元件壳体；8—主弹簧；9—工作活塞；10—横杆；11—旁通

（3）**散热器**（图2.2-69） 散热器是换热装置，也就是水箱，通过强制水循环对发动机进行冷却，释放冷却液热量，保证发动机在正常温度范围内连续工作。

（4）**补液罐盖** 补液罐盖用于确保产生压力并使冷却循环回路内的压力不受环境压力影响，这样可以避免空气压力较低时冷却液沸点较低。

如图 2.2-70 所示，在端盖顶部和底部都注有相应开启压力，表示开启压力（表压）为 1.4bar 力（1bar=10^5Pa）。

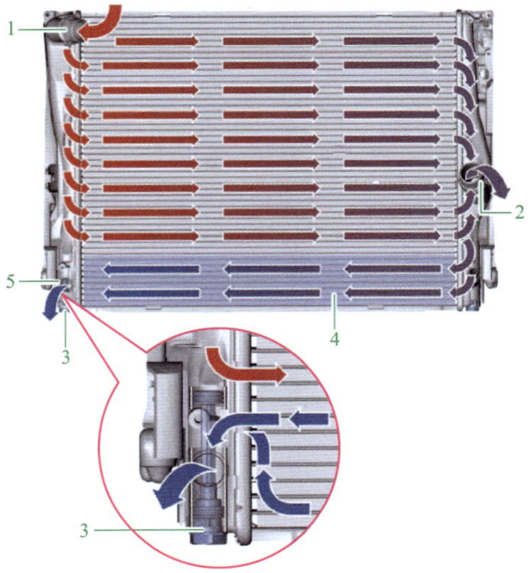

图 2.2-69 散热器

1—冷却液进口；2—冷却液出口；3—调节套管；4—低温区域；5—连接变速箱油 / 冷却液热交换器

图 2.2-70 补液罐盖

2.2.4 润滑系统

润滑系统（图 2.2-71）有润滑、清洁、冷却、密封、防蚀、传力六大功能。

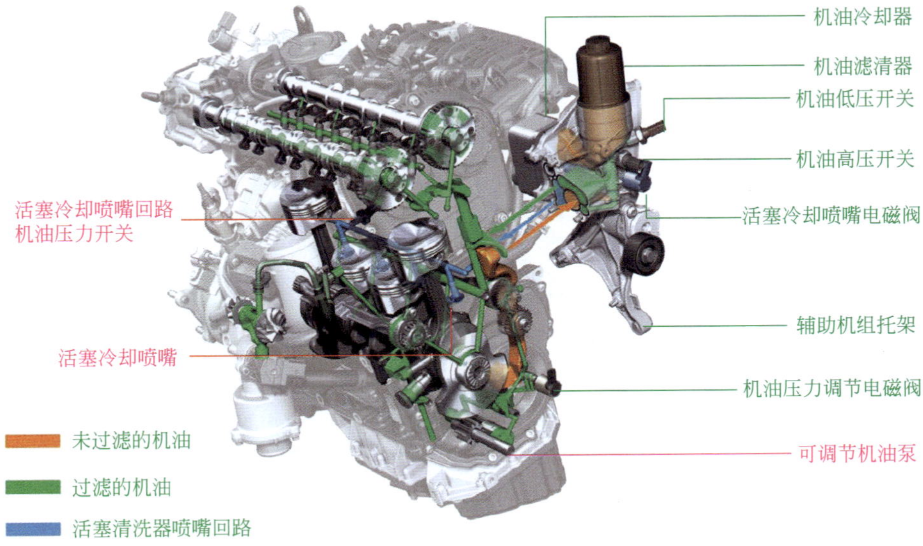

图 2.2-71 润滑系统

(1) 机油泵 机油泵的任务是在机油回路内输送机油。输送量较高时，机油泵必须确保机油压力充足。机油泵通常由曲轴通过一个链条或一个齿轮进行驱动。在这种机油泵中两个外啮合齿轮相互啮合在一起，其中一个是驱动齿轮。未啮合轮齿的齿顶沿机油泵壳体滑动，并将机油从抽吸室输送至压力室。机油泵原理示意如图 2.2-72 所示。

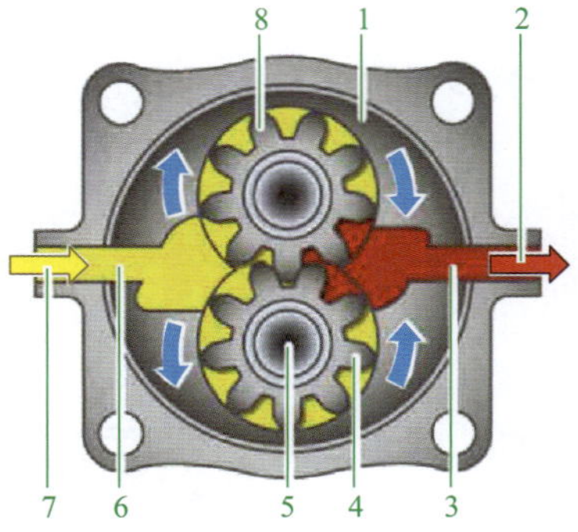

图 2.2-72 机油泵原理示意

1—机油泵壳体；2—压力油；3—压力室；4—齿轮；5—驱动轴；6—抽吸室；7—抽吸油；8—齿轮

❶ 双级调节机油泵。又称可变排量机油泵，主要是通过调节泵齿轮的供油量来实现机油压力的调节，它是通过机油泵内部两个泵齿轮相对移动来实现的。两个泵齿轮无位移（正对着），供油能力最大；两个泵齿轮最大轴向位移（偏移），供油量最小（图 2.2-73）。

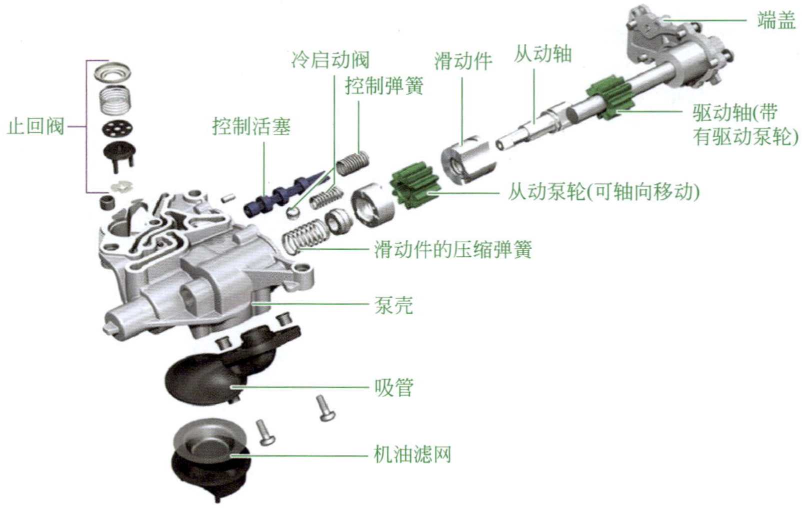

图 2.2-73 双级调节机油泵拆解

❷ 带平衡轴的机油泵。机油泵连接在平衡轴箱上（图 2.2-74），位于发动机飞轮侧，但在发动机正面通过一个链条由曲轴驱动。为此链轮通过一根轴将力矩传输给机油泵。

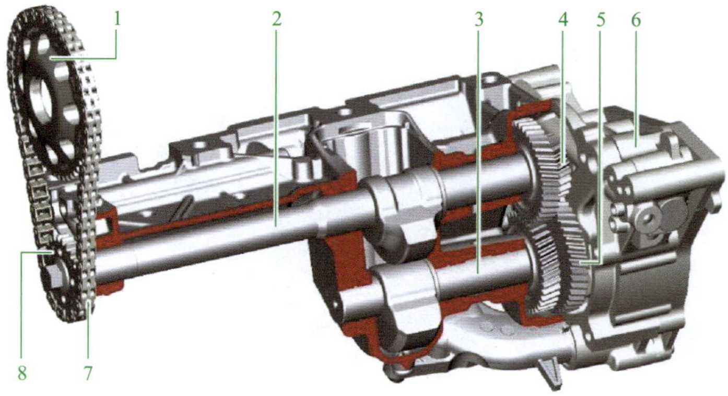

图 2.2.-74 带平衡轴的机油泵

1—曲轴链轮；2—上部平衡轴；3—下部平衡轴；4—上部平衡轴齿轮；5—机油泵齿轮；6—机油泵；7—平衡轴和机油泵传动齿形链；8—平衡轴链轮

(2) 机油滤清器 机油滤清器用于清洁机油，防止污物颗粒进入机油回路而损害发动机。它位于机油泵与发动机润滑部位之间的主机油流内。也就是说，机油泵输送的全部机油在到达润滑部位前都要通过该滤清器，因此润滑部位只获得经过清洁的机油。

(3) 机油冷却器（图 2.2-75） 机油回路有一个外部机油滤清器与冷却器模块。在功率较大且热负荷较高的发动机上，使用机油冷却器可避免行驶过程中润滑油有过热的危险。

(4) 机油喷嘴（图 2.2-76 和图 2.2-77） 机油喷嘴用于将机油输送到移动部件的指定部位（通过机油通道无法到达这些部位），以便进行润滑和冷却。

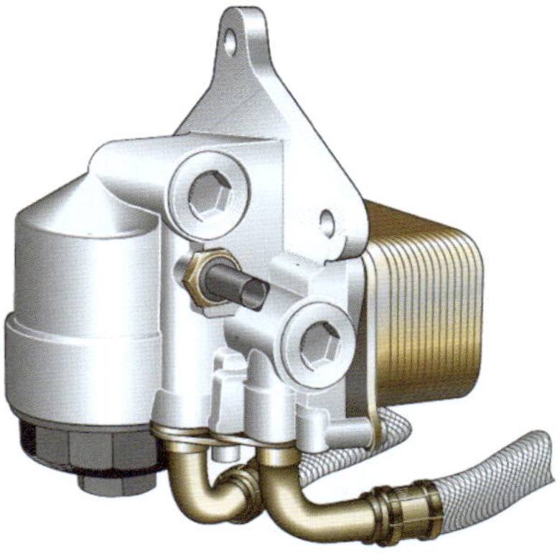

图 2.2-75 机油冷却器

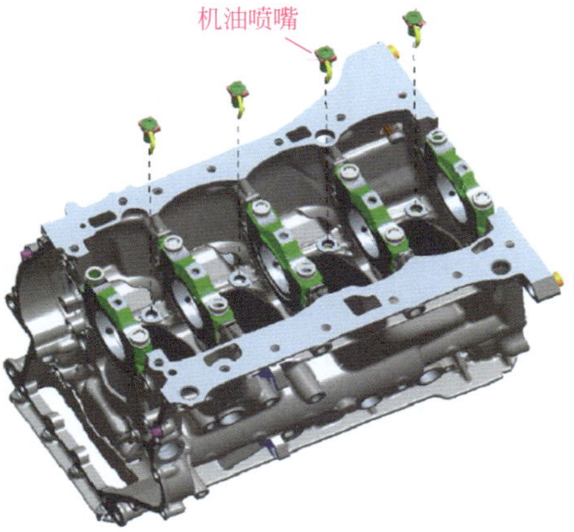

图 2.2-76 机油喷嘴

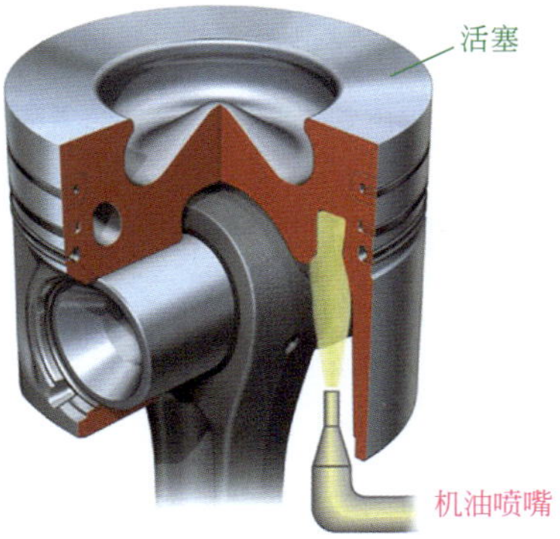

图 2.2-77 机油喷嘴作用示意图

(5) 连杆轴承润滑 连杆轴承润滑（图 2.2-78），也就是维修中所谓的小瓦润滑。机油从外环槽通过孔流入上轴瓦的内槽，这些孔可以保证形成均匀的油膜。通向下轴瓦的整体式过渡油腔可以保证机油稳定地从曲轴上的小孔供给连杆轴承。

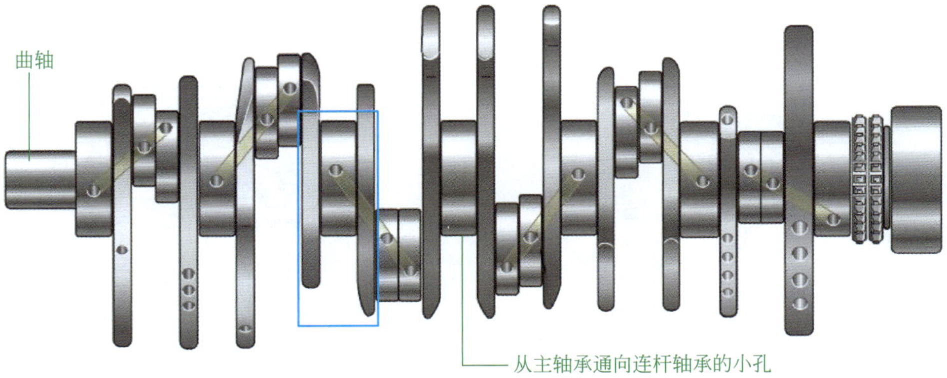

图 2.2-78 曲轴连杆油道

(6) 曲轴轴承润滑 曲轴轴承润滑（图 2.2-78），也就是维修中所谓的大瓦润滑。机油经过缸孔从主油道进入曲轴，然后通过轴瓦背面的油槽进入上轴瓦。

（7）气缸盖润滑 见图 2.2-79。

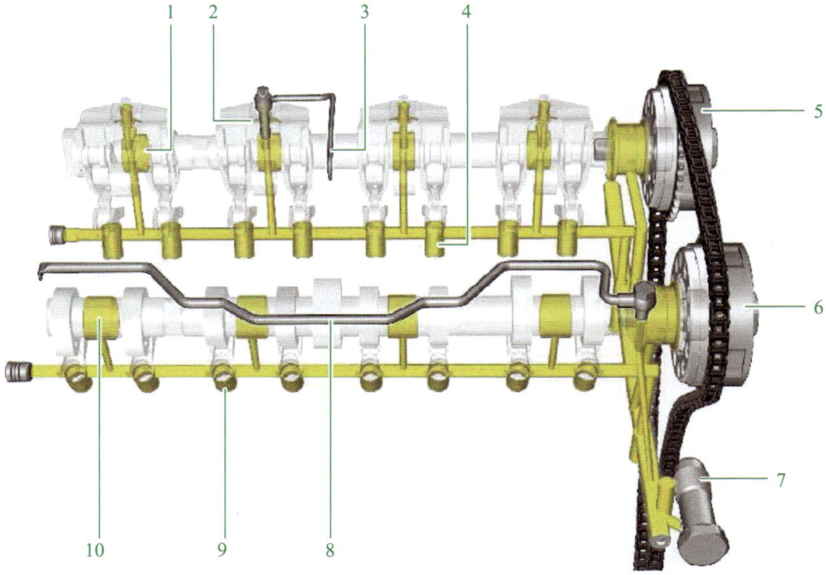

图 2.2-79 气缸盖润滑

1—进气凸轮轴轴承润滑部位；2—用于气门挺杆和进气凸轮的月牙板内的机油喷嘴；3—伺服电动机花键机油喷嘴；4—进气门挺杆；5—进气凸轮轴调节单元；6—排气凸轮轴调节单元；7—正时链链条张紧器；8—用于排气凸轮机油喷嘴的机油管；9—排气门挺杆；10—排气凸轮轴轴承润滑部位

（8）机油压力开关（图 2.2-80） 机油压力开关用于监控润滑系统。发动机处于静止状态且点火开关打开时，机油压力指示灯通过机油压力开关接地，指示灯亮起。启动发动机后，机油压力使接地触点克服弹簧力打开，指示灯熄灭。机油压力降至某一限值以下时，弹簧力就会关闭触点且机油压力指示灯再次亮起。

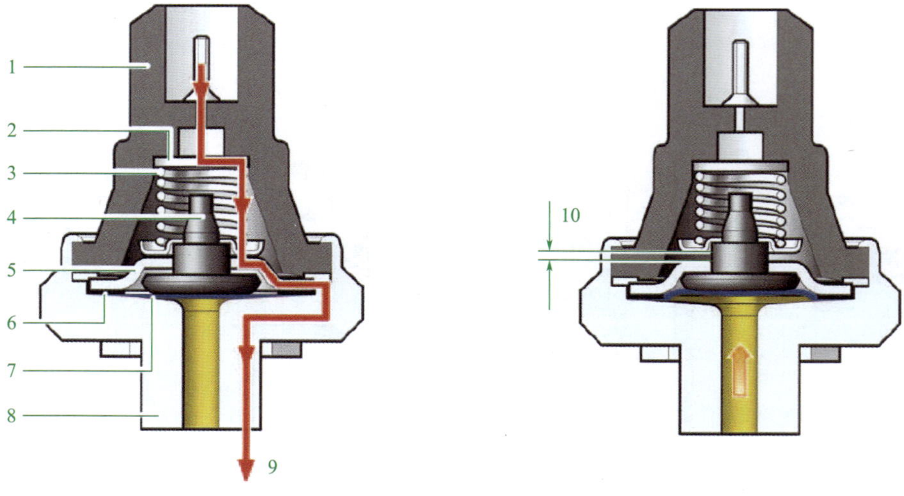

图 2.2-80 机油压力开关

1—由塑料制成的壳体上部件；2—触点顶端；3—弹簧；4—压板；5—隔板；6—密封环；7—隔膜；8—由金属制成的壳体；9—触点闭合时的电流；10—触点打开时的间隙

2.2.5 燃油供给系统

燃油供给系统为发动机提供合适的燃油量，通过燃油喷射器将燃油喷射到发动机中。基本的燃油供给系统包括燃油箱、燃油泵（电动燃油泵在燃油箱内）、燃油滤清器、燃油压力调节器以及燃油分配管路（图 2.2-81）。

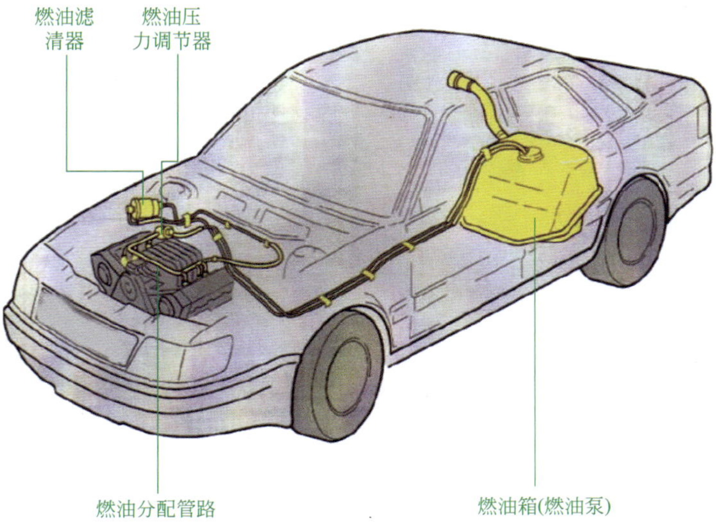

图 2.2-81　燃油供给系统

按需供给的燃油供给系统（图 2.2-82）中，燃油箱里的电动燃油泵和高压燃油泵在任何时候仅按发动机实际需求供给燃油。因此，燃油泵的电驱动功率和机械驱动功率会保持在最低水平，从而节省了燃油。

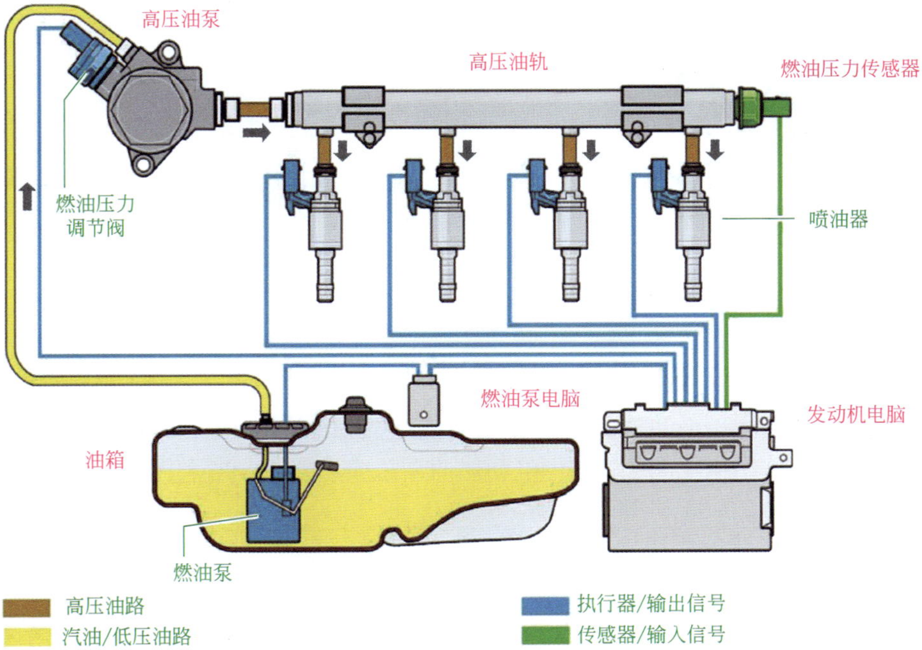

图 2.2-82　按需供给的燃油供给系统

(1) 燃油供给高压端 见图 2.2-83。

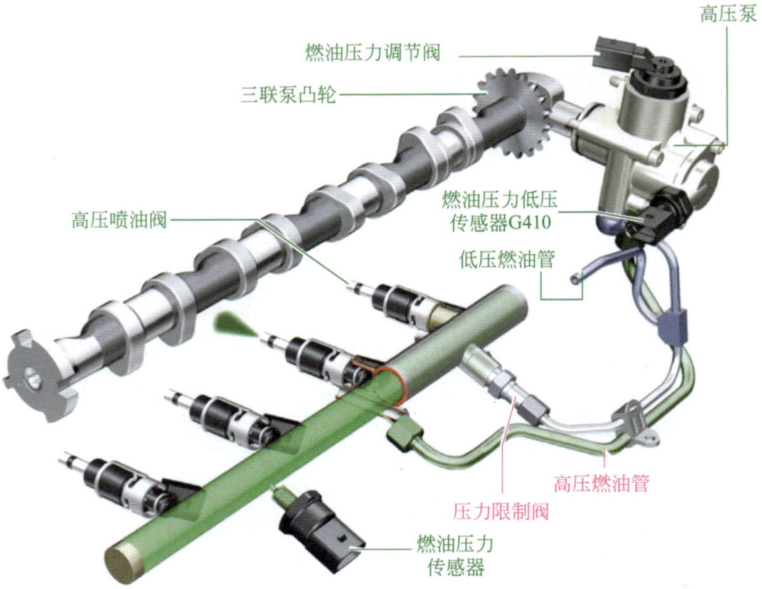

图 2.2-83 燃油供给高压端

限压阀与油量控制阀都集成在高压燃油泵上，限压阀能限制系统压力过高。

(2) 喷油器和高压喷射阀（图 2.2-84） 发动机上每个气缸都有一个独立喷油器（喷射阀）。它们安装在进气装置内或气缸盖内（缸内直喷）。

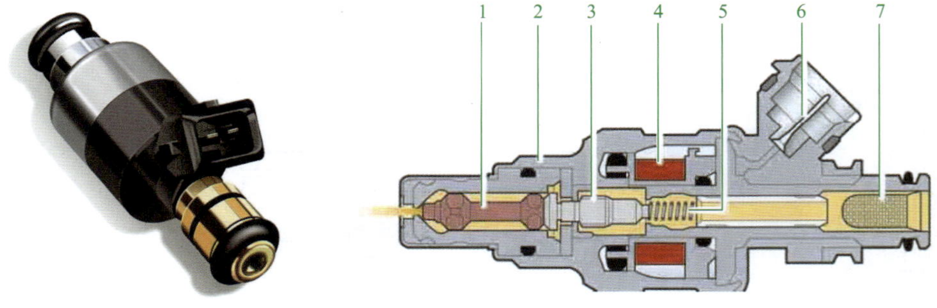

图 2.2-84 喷油器

1—喷嘴针；2—壳体；3—磁铁电枢；4—磁铁绕组；

5—闭锁弹簧；6—电气接口；7—燃油供给管路

(3) 电动燃油泵（图 2.2-85） 电动燃油泵的作用是把燃油从燃油箱中吸出、加压后输送到供油管中，和燃油压力调节器配合建立一定的燃油压力。

电动燃油泵泵体结构见图 2.2-85，电动燃油泵总成见图 2.2-86 和图 2.2-87。

(4) 燃油箱（图 2.2-88 和图 2.2-89）

翻车防漏阀具有浮球式压力保持功能，该阀可在翻车时封住油箱，防止燃油漏出。两个阀向油箱上部的膨胀腔内排气。

(5) 燃油压力调节器（图 2.2-90 ～图 2.2-92） 燃油压力调节器是指根据进气歧管真空度的变化来调节进入喷油器的燃油压力，使燃油压力与进气歧管压力之差保持不变，让喷油压力在不同的节气门开度下保持定值的装置。

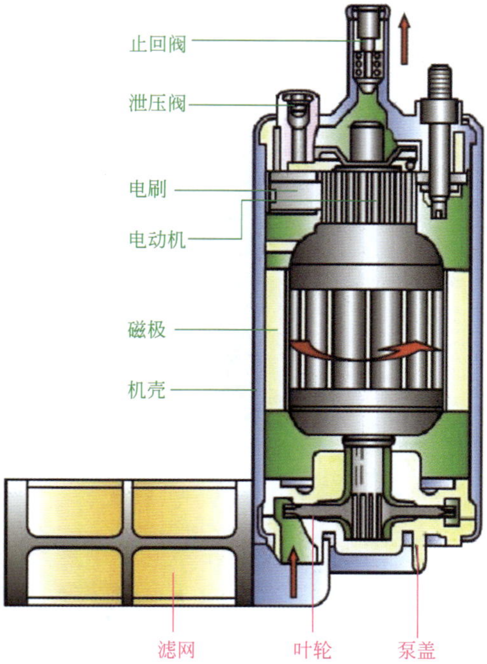

图 2.2-85　电动燃油泵

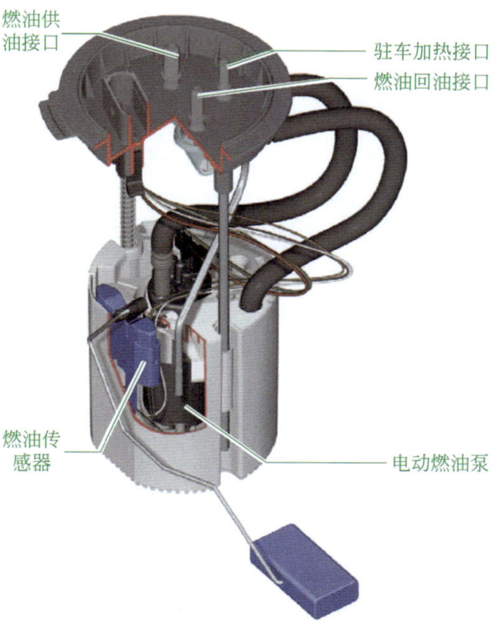

图 2.2-86　没带一体式燃油滤清器的电动燃油泵总成

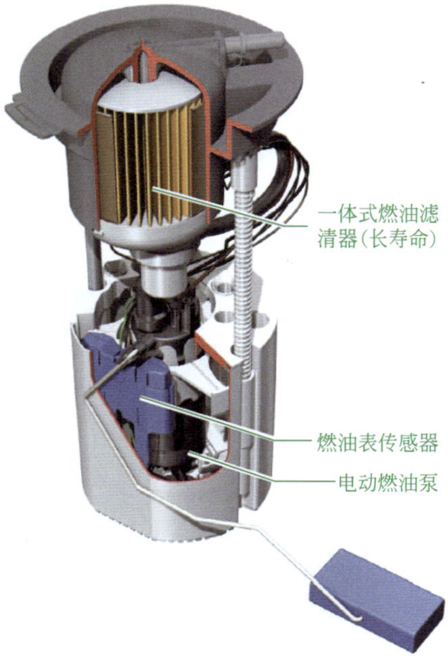

图 2.2-87　带一体式燃油滤清器的电动燃油泵总成

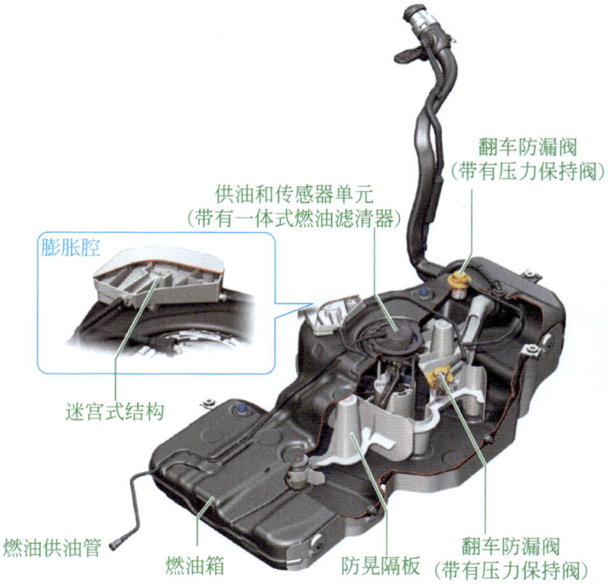

图 2.2-88　燃油箱（带翻车防漏阀）

燃油压力调节器内部有一个膜片，起到控制压力阀打开或关闭的作用，油压低于一定值时，压力阀关闭，由油泵加压使油路内压力增加；当增加到超过规定压力后，膜片打开，过压的燃油通过回油管路流回油箱，起到减压的作用。

（6）燃油滤清器（图 2.2-93 和图 2.2-94）　燃油滤清器串联在燃油泵和节流阀体进油口之间的管路上，用于过滤固体杂物，防止燃油系统，特别是喷油器堵塞。

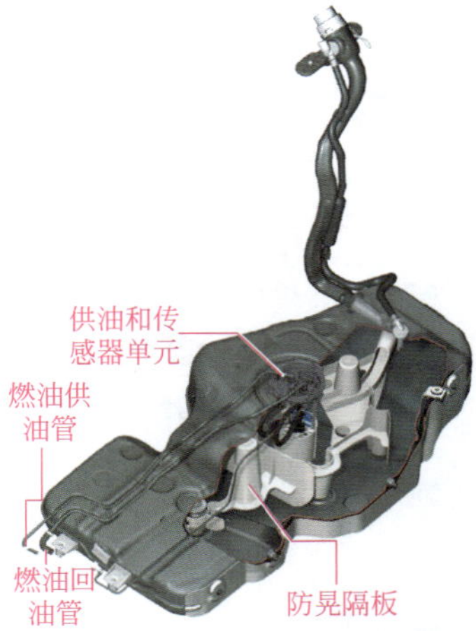

图 2.2-89　燃油箱（无翻车防漏阀）

图 2.2-90　燃油压力调节器实物图
（外置于油轨上）

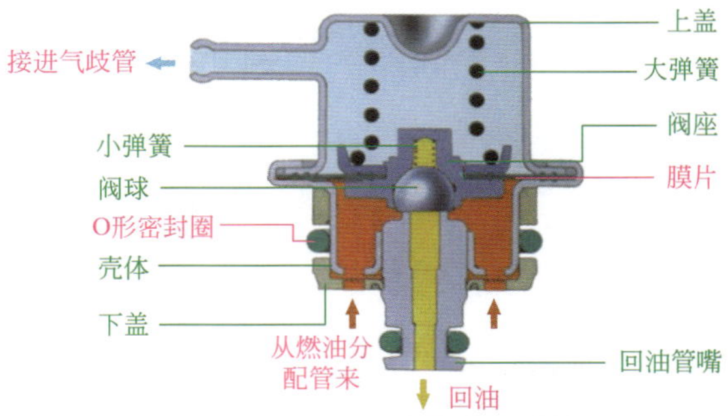

图 2.2-91　燃油压力调节器结构

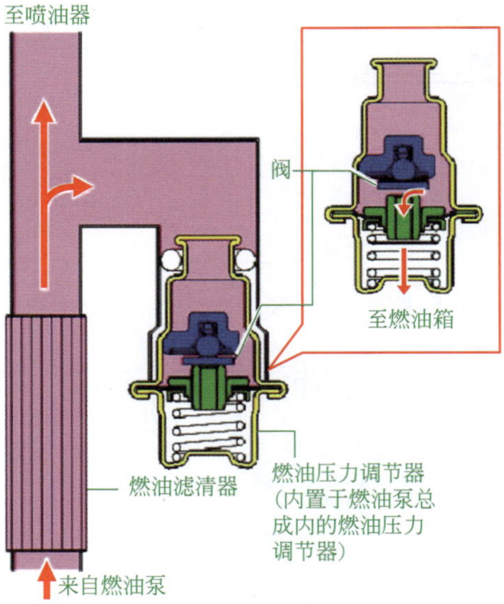

图 2.2-92　燃油压力调节器
（内置于燃油泵总成内）原理

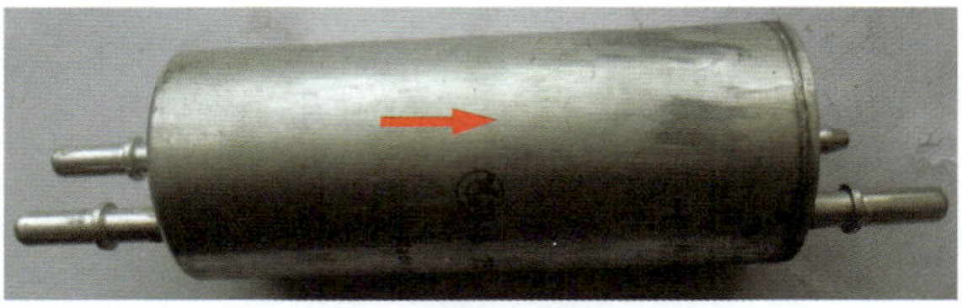
图 2.2-93　燃油滤清器（外置）

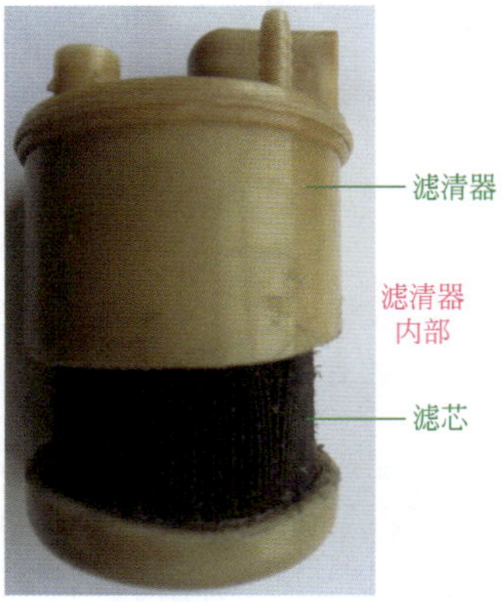

图 2.2-94　集成式燃油滤清器（内置于燃油泵总成内）

2.2.6 点火系统

汽车点火系统是汽油发动机为了正常工作，按照各缸点火次序，定时地供给火花塞以足够高能量的高压电，使火花塞产生足够强的火花，点燃可燃混合气。

（1）直接点火系统 直接点火系统（DIS）也是电子点火，其控制方式按点火线圈应用数量的不同，可分为独立点火控制和分组同时点火控制两种，见图 2.2-95。如四缸发动机，独立点火控制是线圈直接安装在火花塞上，即一个气缸分配一个独立线圈，见图 2.2-96。而分组同时点火控制是四缸分为两组，每组共用一个闭磁路式点火线圈，即双缸共用一个点火线圈。

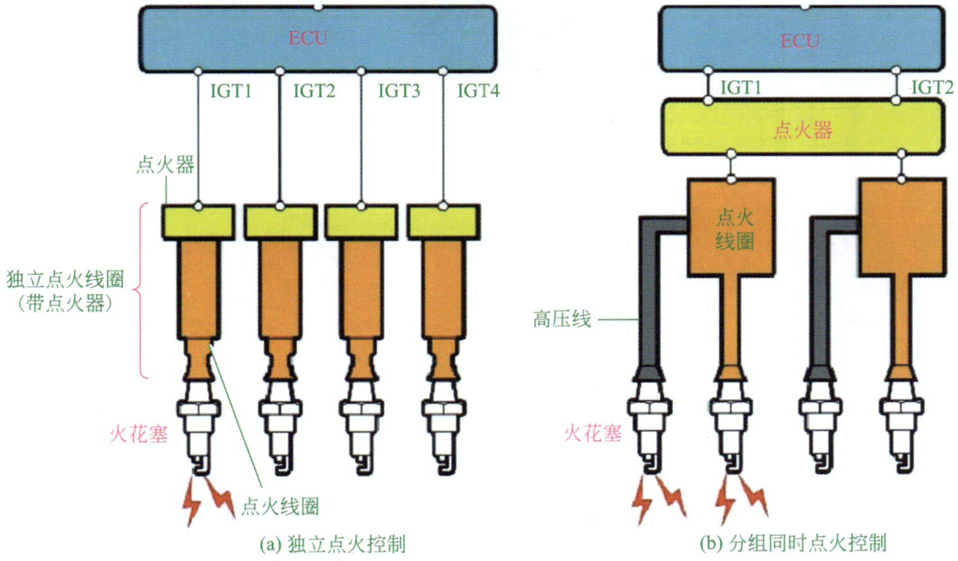

图 2.2-95 直接点火系统（DIS）

（2）火花塞

❶ 火花塞结构（图 2.2-97），汽油发动机点火系统中将高压电流引入气缸产生电火花，以点燃可燃混合气体。

图 2.2-96 独立点火线圈实物图

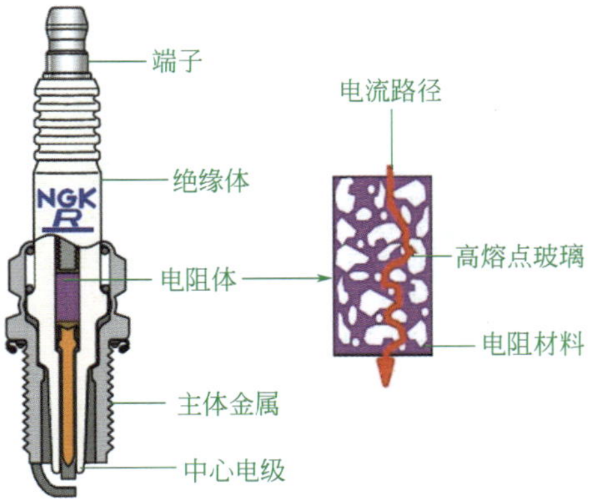

图 2.2-97 带电阻的火花塞结构

❷ 火花塞热值。火花塞热值是指火花塞受热和散热能力的一个指标，其自身所受热量的散发量称为热值。

冷型火花塞：能够大量散热的称为冷型火花塞，也就是高热值火花塞，绝缘体裙部相对较短，由于散热途径比较短，散热相对较多，所以不易造成中心电极温度的上升（图 2.2-98）。

热型火花塞：热型火花塞（低热值）的绝缘体裙部较长，当气缸内温度布置均匀时，裙部越长，受热面积就越大，传导热量的距离就越长，所以散热少，中心电极温度上升较高（图 2.2-99）。

扫一扫

看视频

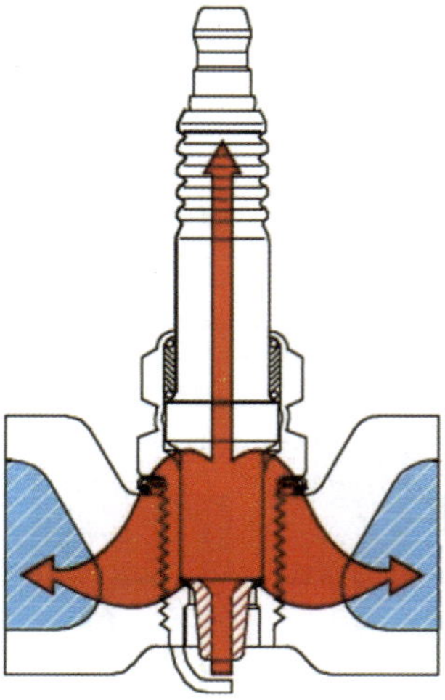

图 2.2-98　冷型火花塞

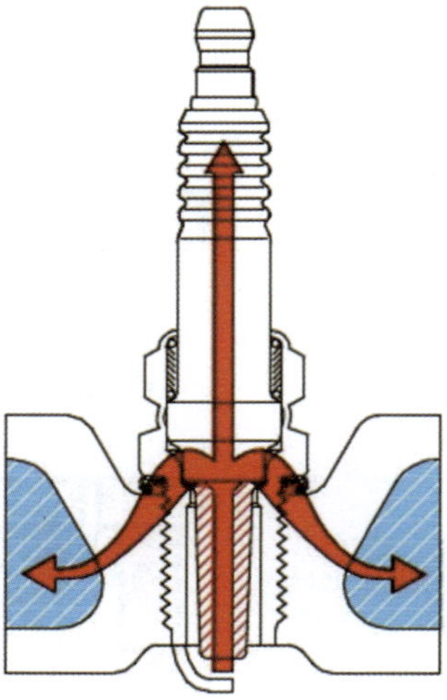

图 2.2-99　热型火花塞

小贴士

一般来说低热值火花塞更适用于低速、低压缩比的小功率发动机，而高热值火花塞则适用于高速、高压缩比的大功率发动机。

2.2.7　启动系统

所谓发动机启动就是用外力转动静止的曲轴，直至曲轴达到能保证混合气形成、压缩和燃烧并顺利运行的转速，使发动机自行运转的过程。启动系统由蓄电池、起动机、点火开关等组成，如图 2.2-100 所示。

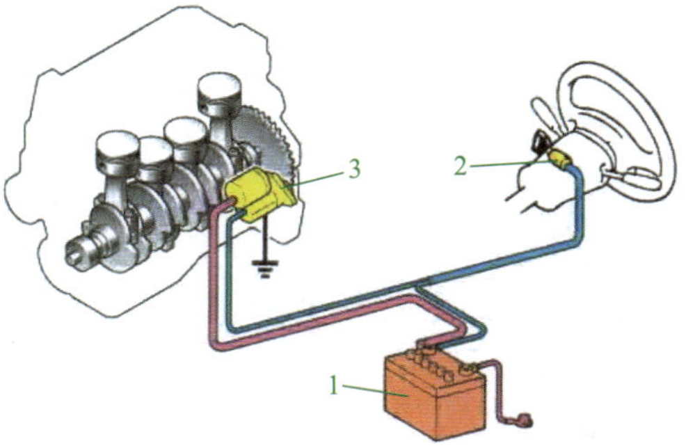

图 2.2-100　启动系统的组成

1—蓄电池；2—点火开关；3—起动机

（1）蓄电池　蓄电池是汽车的基本电源，可分为传统的铅酸蓄电池和免维护型蓄电池。汽车常用的蓄电池为铅酸蓄电池，12V的蓄电池由6个单格蓄电池串联而成，每个单格蓄电池的标称电压为2V，充满电时为2.1V。蓄电池的结构如图2.2-101所示。

（2）起动机　启动系统的功用是通过起动机将蓄电池的电能转换成机械能，启动发动机运转。起动机结构类型见图2.2-102～图2.2-105。

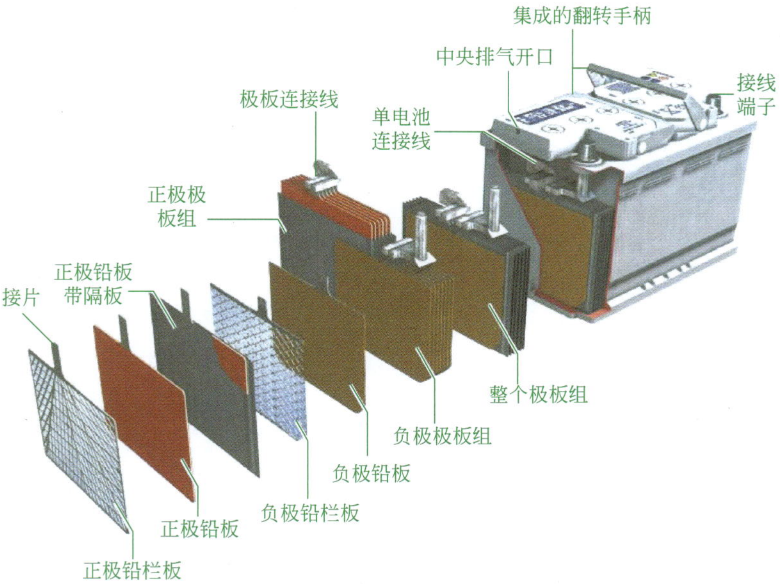

图 2.2-101　蓄电池的结构

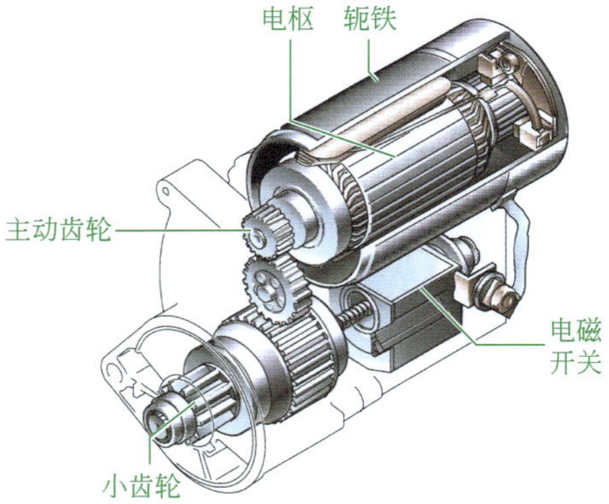

图 2.2-102　减速型起动机

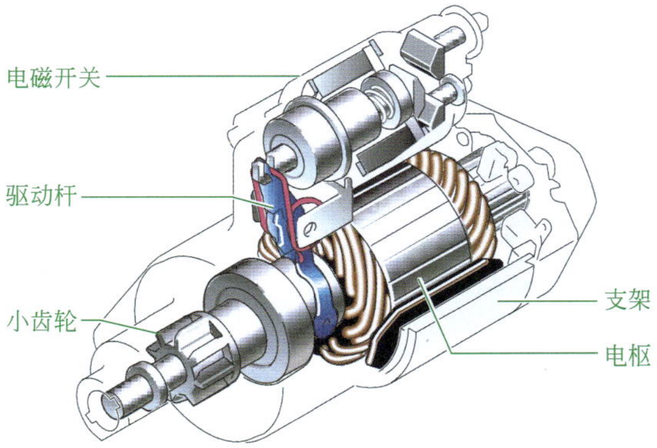

图 2.2-103　传统型起动机

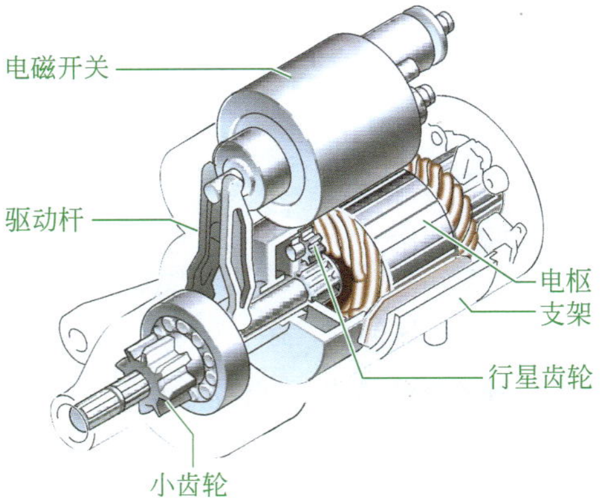

图 2.2-104　行星齿轮型起动机

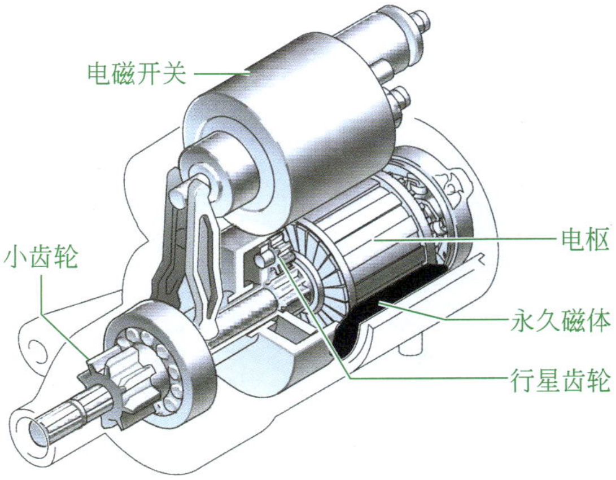

图 2.2-105　行星减速整流导体型起动机

2.2.8　控制系统

（1）发动机电子控制系统的组成　发动机电子控制系统也称发动机管理系统。发动机电子控制系统由发动机控制单元（或者称为发动机控制模块）、传感器和执行器三部分构成，如图 2.2-106 所示。

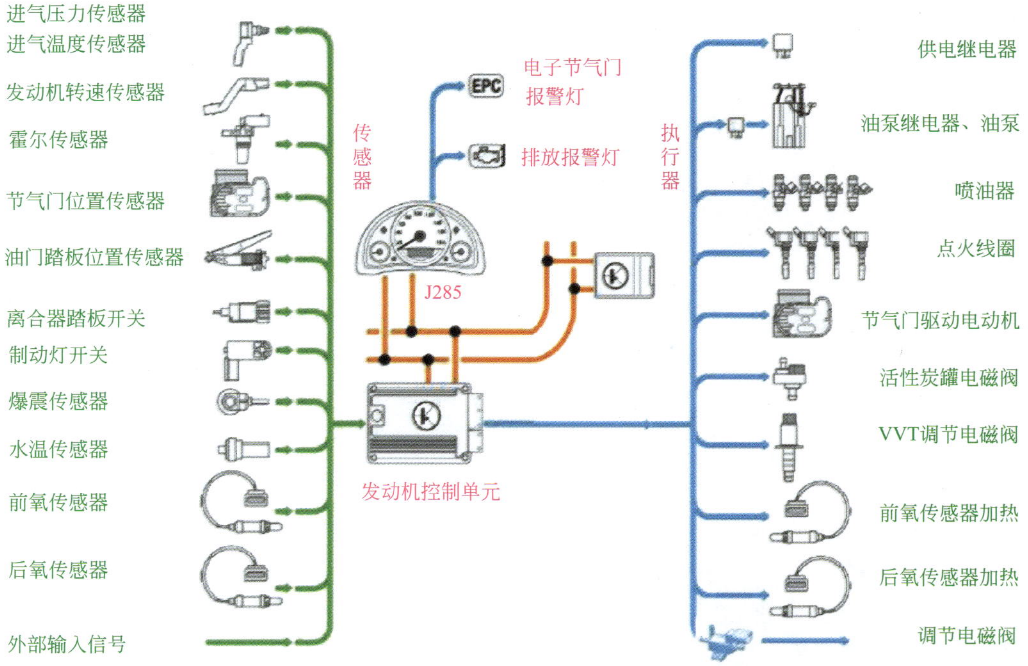

图 2.2-106　发动机电子控制系统的组成

（2）发动机控制单元　发动机控制单元（图 2.2-107 和图 2.2-108）执行下列功能：点火控制、喷射控制、凸轮轴相位调节、发动机温度调节、电动冷却液泵控制、爆震控制、空气系数调节、燃油箱通风控制、针对空调压缩机向空调控制单元提出负荷要求、电动燃油泵模块控制、定速巡航控制、加热式曲轴箱通风、电子燃油监控和油位监控、能量管理系统、监控输入和输出信号、计算备用信号和应急运行功能、自诊断等。

图 2.2-107　发动机控制单元外观

图 2.2-108　发动机控制单元内部结构

1—燃油信号处理模块；2—节气门控制信号模块；3—中央处理器；4—喷油控制驱动器；5—活性炭罐驱动器；6—氧传感器驱动器；7—S+M 片式磁珠

2.2.9 进气系统

进气系统（图 2.2-109）可以分为两部分：进气歧管和空气进入系统。空气进入系统包括进气软管（波纹管）、空气滤清器及其他辅助系统。

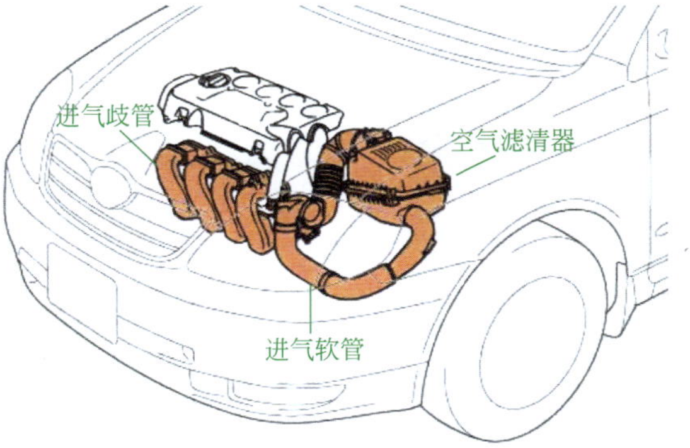

图 2.2-109 进气系统

2.2.10 排气系统

排气系统（图 2.2-110）是收集且排放废气的系统，包括排气歧管、排气管、消声器，以及三元催化器、涡轮增压器等。

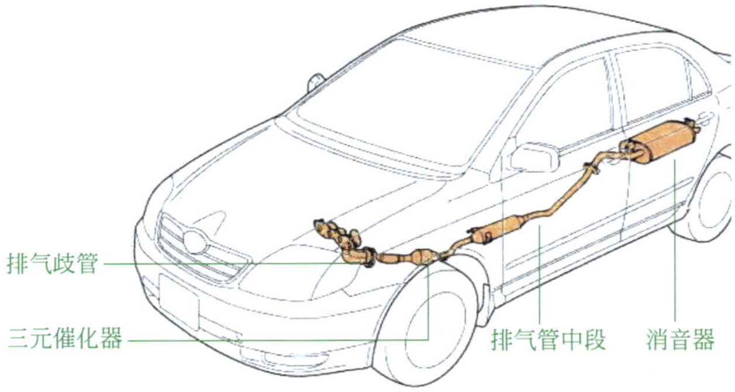

图 2.2-110 排气系统

2.2.10.1 三元催化器

三元催化器（图 2.2-111）是安装在汽车排气系统中最重要的机外净化装置，它可将汽车尾气排出的 CO、HC 和 NO_x 等有害气体通过氧化和还原作用转变为无害的二氧化碳、水和氮气。催化器内有一个或者两个陶瓷载体，不同的车型陶瓷载体也带有不同的涂层。三元催化器功能原理示意图如图 2.2-112 所示。

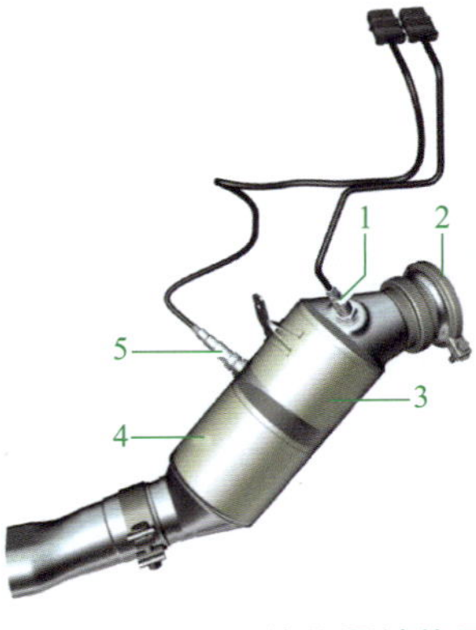

图 2.2-111 三元催化器结构图

1—前氧传感器；2—废气涡轮增压器上的接口；3—陶瓷载体 1；4—陶瓷载体 2；5—后氧传感器

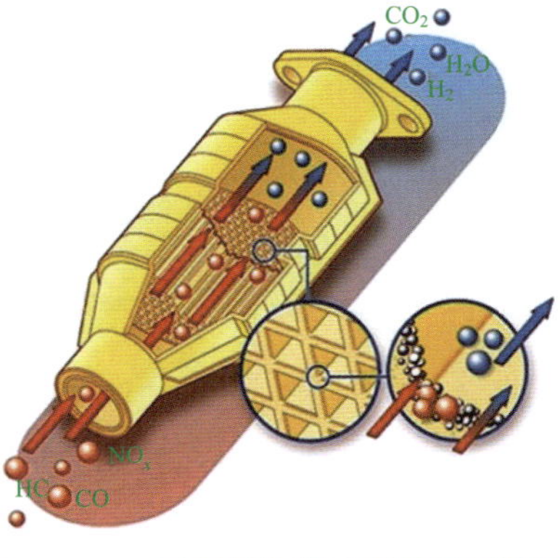

图 2.2-112 三元催化器功能原理示意图

2.2.10.2 涡轮增压器

（1）涡轮增压器结构（图2.2-113）。涡轮增压器使发动机能将更多的燃料和空气注入气缸，从而使发动机能够燃烧更多的燃料和空气。

扫一扫

看视频

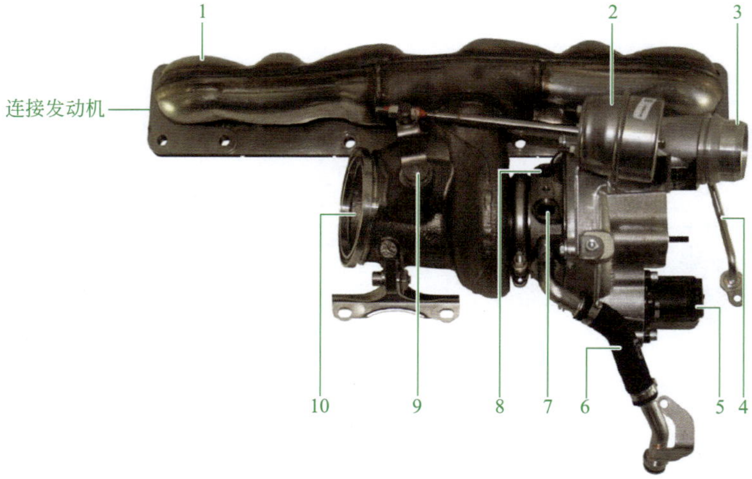

图 2.2-113　与排气歧管连接的涡轮增压器结构

1—排气歧管；2—真空罐；3—至增压空气冷却器的接口；4—机油供给管路；5—循环空气减压阀；6—机油回流管路；7—冷却液供给管路；8—冷却液回流管路；9—废气旁通阀轴；10—至排气装置的接口

带双涡管涡轮壳体的涡轮增压器可以分别将两个气缸的废气引导至涡轮处，将气缸 1 和 4、气缸 2 和 3 集成在一起，这样可以更高效地利用脉冲增压效果，其结构如图 2.2-114 所示。

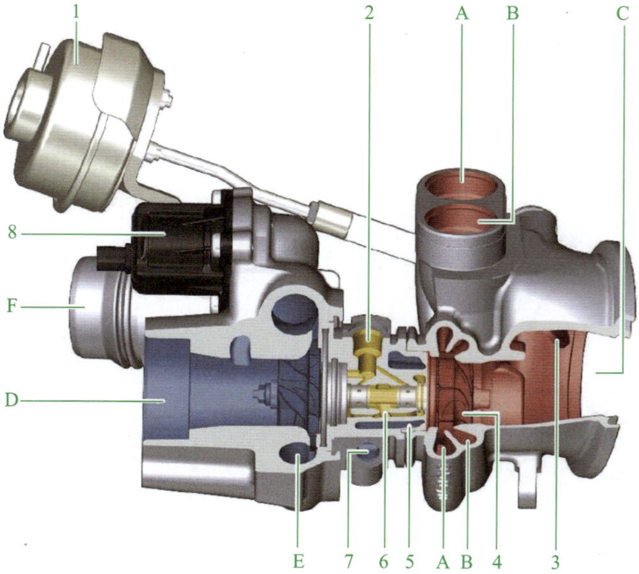

图 2.2-114　带双涡管涡轮壳体的涡轮增压器结构

A—气缸 2 和 3 的废气通道；B—气缸 1 和 4 的废气通道；C—排气至催化转换器；D—进气消声器输入端；E—环形通道；F—排气至增压空气冷却器；1—废气旁通阀真空罐；2—机油供给管路；3—废气旁通阀；4—涡轮；5—冷却通道；6—机油通道；7—冷却液回流管路；8—循环空气减压阀

(2) 涡轮增压器原理 涡轮增压器主要由涡轮机和压缩机两部分组成，之间通过一根传动轴连接。涡轮的进气口与发动机排气歧管相连，排气口与排气管相连；压缩机的进气口与进气管相连，排气口则接在进气歧管上。

涡轮增压器主要是通过发动机排出的废气冲击涡轮高速运转，从而带动同轴的压缩机高速转动，强制地将增压后的空气压送到气缸，提高发动机功率，其结构和工作原理如图 2.2-115 所示。

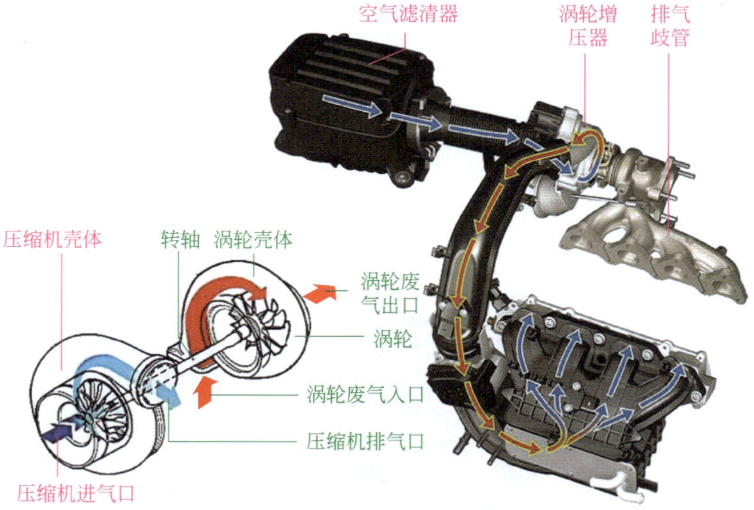

图 2.2-115 涡轮增压器结构原理（空气流动）

(3) 机械增压器（图2.2-116和图2.2-117） 相对于涡轮增压，机械增压的原理则有所不同。机械增压主要是通过曲轴的动力带动一个机械式的空气压缩机旋转来压缩空气的。与涡轮增压不同的是，机械增压工作过程中会对发动机输出的动力造成一定程度的损耗，发动机高速运转动力提升不明显。

图 2.2-116 机械增压器安装位置

机械增压器工作原理见图 2.2-118。

(4) 双涡轮增压器 使两种增压器的作用效果互补，有些车就既安装了机械增压器，又安装了涡轮增压器，称为双涡轮增压器（图 2.2-119）。

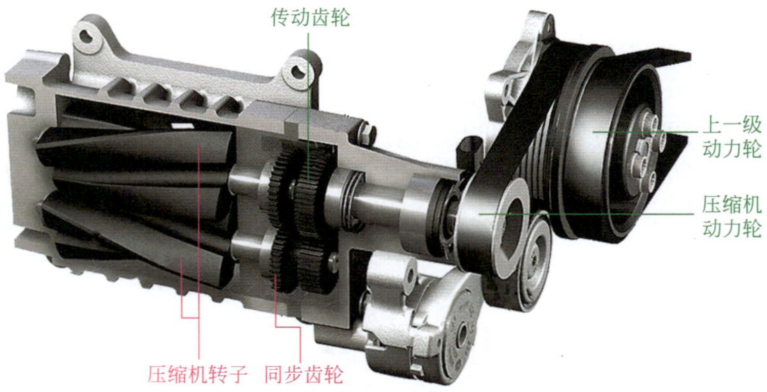

图 2.2-117　机械增压器结构

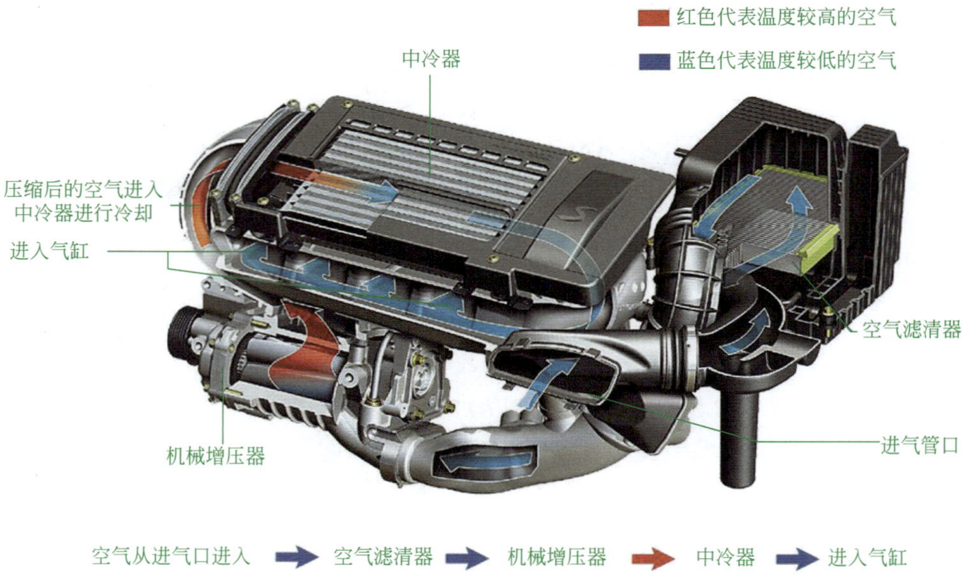

图 2.2-118　机械增压器工作原理

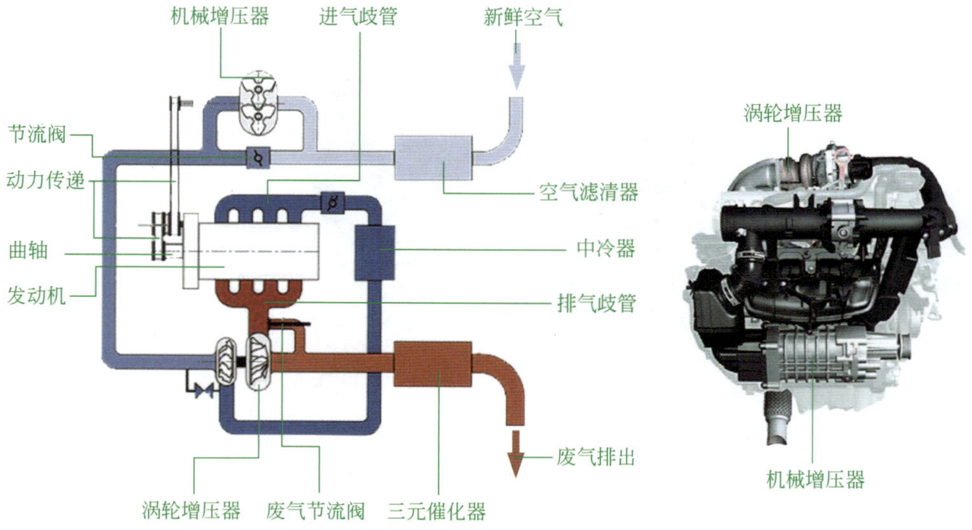

图 2.2-119　双涡轮增压器

2.3 发动机的工作原理

2.3.1 发动机的行程

发动机之所以能源源不断地提供动力，是因为气缸内的进气、压缩、做功、排气这四个行程的往复循环运动，为了完成这一工作循环，需要有配气机构配合实现气门的定时打开和关闭。

汽油发动机采用火花点火方式，即混合气通过电火花塞点燃。发动机通过循环燃烧汽油 - 空气混合气产生热能。在密封气缸燃烧室内，火花塞将一定比例的汽油 - 空气混合气体在合适的时刻里瞬间点燃，就会产生巨大的爆炸力，而燃烧室顶部是固定的，巨大的压力迫使活塞向下运动，通过连杆推动曲轴，在此过程中将活塞的直线运动转化为曲轴的转动，发动机就是这样往复循环运转，再通过一系列机构把动力传到驱动轮上，最终推动汽车（图 2.3-1）。

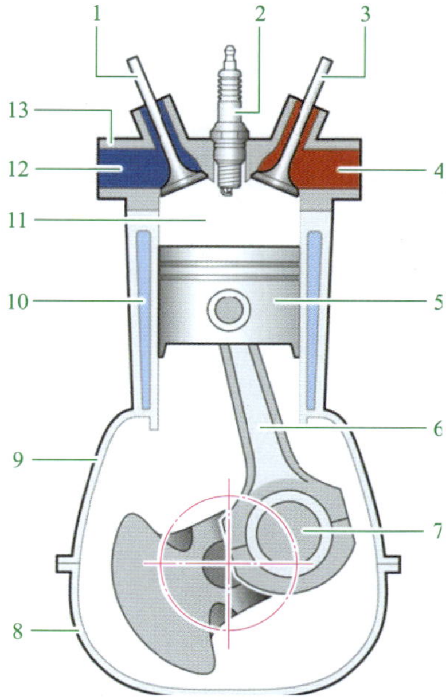

图 2.3-1　汽油发动机运行原理

1—进气门；2—火花塞；3—排气门；4—排气通道；5—活塞；6—连杆；7—曲轴；8—油底壳；9—曲轴箱；10—水套；11—燃烧室；12—进气通道；13—气缸盖

（1）第一冲程——进气行程　进气行程（图2.3-2）是指汽油-空气混合气被吸入燃烧室内。

进气行程开始时，活塞位于上止点。进气门打开。活塞向下移动时，燃烧室容积增大。此时产生轻微真空压力，从而使新鲜汽油 - 空气混合气通过打开的进气门吸入燃烧室内。活塞到达下止点时，燃烧室内充满汽油 - 空气混合气，进气门关闭。

（2）第二冲程——压缩行程　压缩行程（图2.3-3）是指吸入的汽油-空气混合气被活塞压缩。

压缩行程开始时，气门都关闭，活塞从下止点向上止点移动。由于燃烧室容积减小且汽油 - 空气混合气无法排出，因此混合气经过高度压缩，燃烧室内的压力明显增大。

进行快速压缩时，燃烧室内的温度也随之升高。活塞即将到达上止点前，混合气被火花塞的火花点燃，此时称为点火时刻。汽油 - 空气混合气开始燃烧并释放出热能，温度升高时气体迅速膨胀。但燃烧室是一个封闭空间，气体无法快速膨胀，因此燃烧室内的压力急剧增大。

（3）第三冲程——做功行程　做功行程（图2.3-4）是指汽油-空气混合气开始燃烧。产生的压力促使活塞向下移动。

做功行程开始时，燃烧室内的高压向其边界面（燃烧室壁、燃烧室顶和活塞）施加作用力。活塞在作用力下向下止点方向移动。此时容积增大，气体能够膨胀，燃烧室内的压力减小。因此，进行做功，燃油内存储的化学能转化为机械功。气体膨胀还导致燃烧室内的温度下降。活塞到达下止点时排气门打开，压力值降至环境压力。

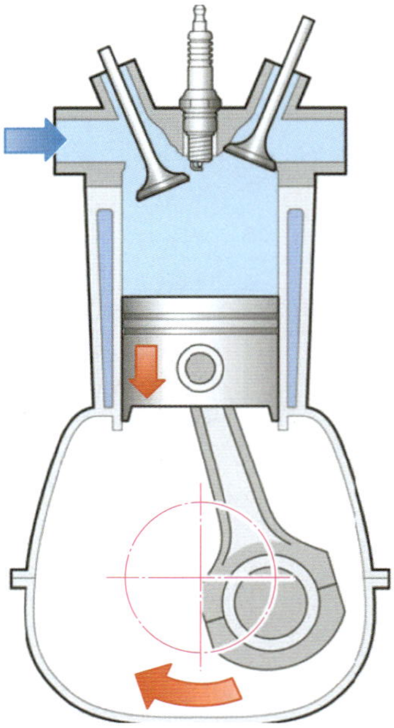

图 2.3-2　进气行程

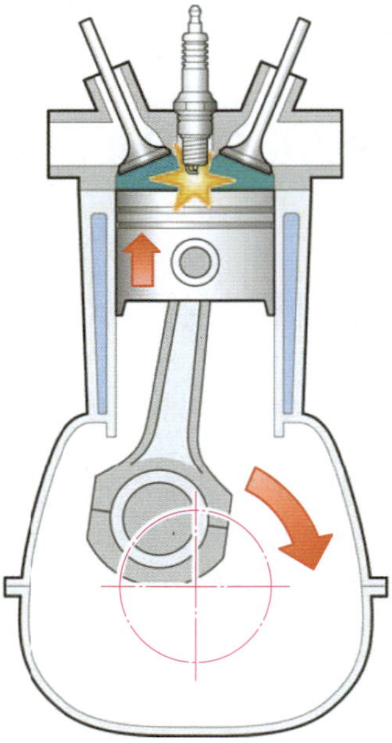

图 2.3-3　压缩行程

（4）第四冲程——排气行程　排气行程（图2.3-5）是指排出燃烧室内的废气。

排气行程开始时，活塞从下止点向上止点移动。燃烧室容积减小，通过打开的排气门排出燃烧废气。燃烧室内的压力短时稍稍增大，最后重新降至环境压力。第四冲程结束且活塞到达上止点时，排气门关闭。排气行程结束，进气行程开始。四冲程过程重新开始循环作业。

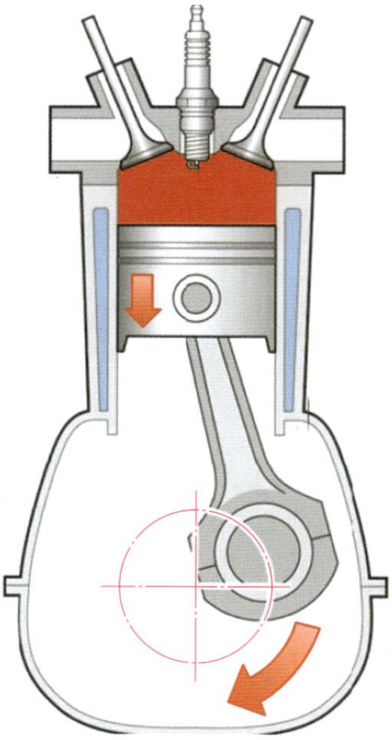

图 2.3-4　做功行程

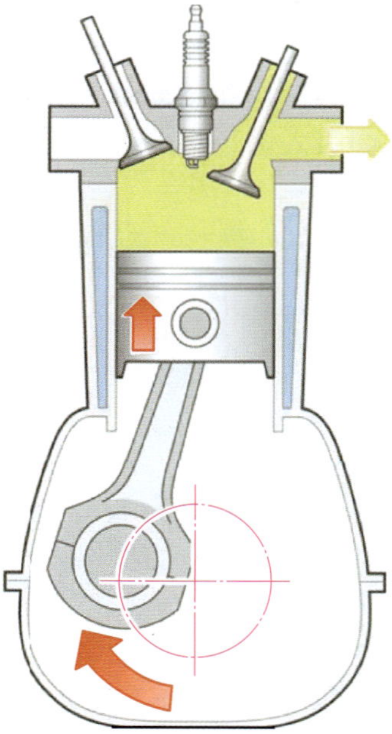

图 2.3-5　排气行程

2.3.2 发动机的喷射原理

（1）进气管喷射式发动机 这种发动机每个气缸都配有一个喷油嘴，在进气门前将汽油喷入进气管（道）内。在进气管中吸入的空气形成涡流，因而空气流动速度加快，这是汽油与空气可靠混合的最佳条件。汽油与空气充分混合后形成的混合气，也被称为均匀混合气。进气管喷射原理如图2.3-6所示。

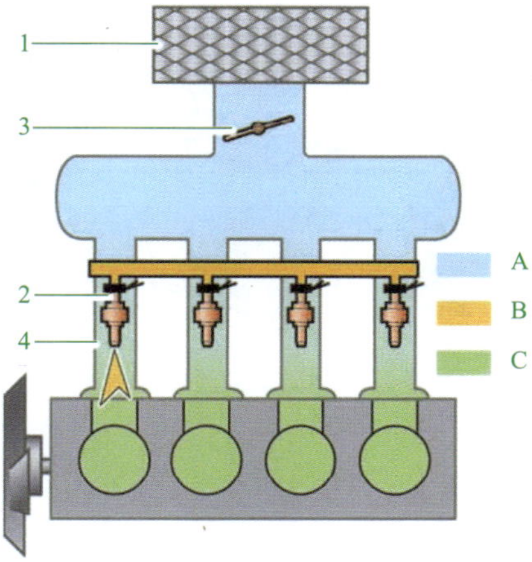

图 2.3-6 进气管喷射

1—空气滤清器；2—喷射器；3—节气门；4—进气歧管；

A—空气；B—汽油；C—汽油-空气混合气

（2）直接喷射式发动机 对于直接喷射式发动机，汽油-空气混合气在燃烧室内才产生，即只吸入空气，而汽油被直接单独喷射到燃烧室中。直接喷射原理如图2.3-7和图2.3-8所示。

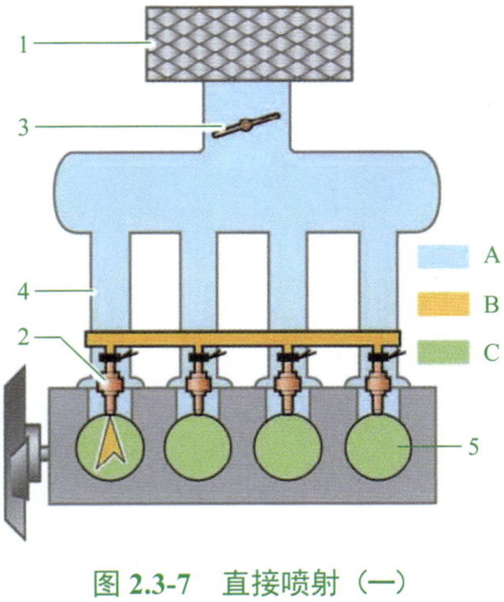

图 2.3-7 直接喷射（一）

1—空气滤清器；2—喷射器；3—节气门；4—进气歧管；

5—气缸；A—空气；B—汽油；C—汽油-空气混合气

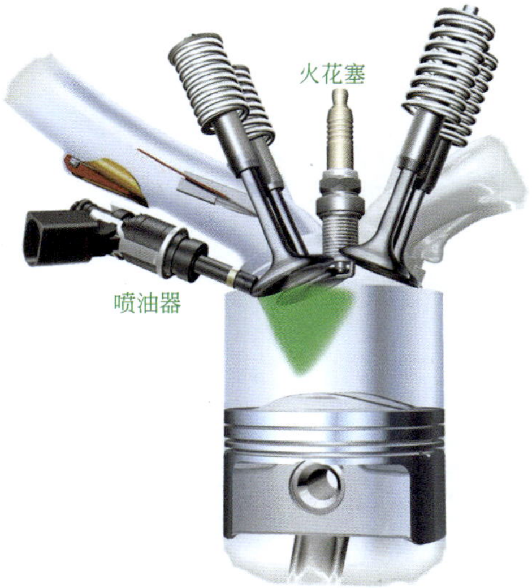

图 2.3-8 直接喷射（二）

03 第3章 底盘

3.1 底盘的总体构造

底盘是指汽车上由传动系统、行驶系统、转向系统和制动系统四部分组成的组合，支承、安装汽车发动机及其各部件、总成，形成汽车的整体造型，承受发动机动力，保证正常行驶（图 3.1-1）。

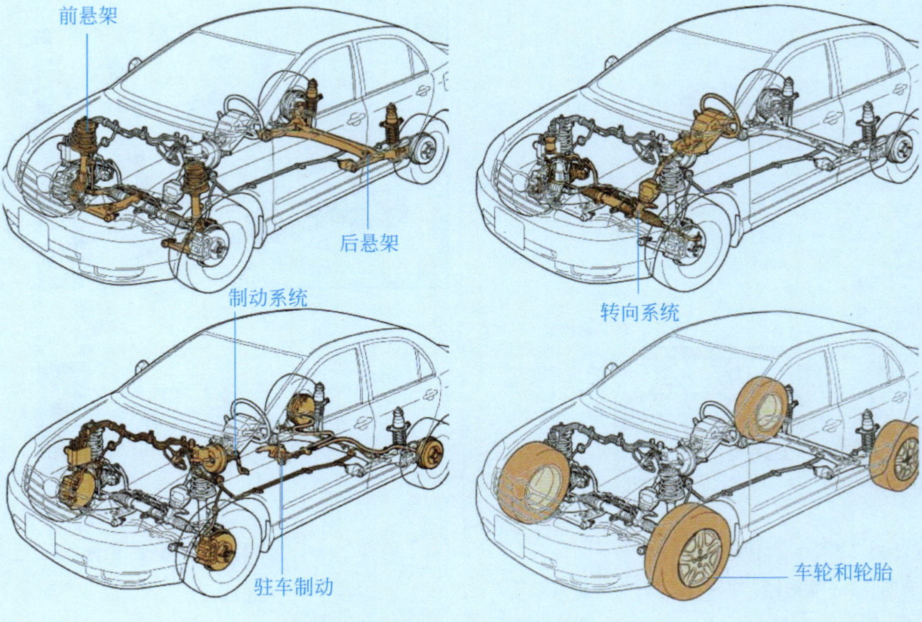

图 3.1-1 汽车底盘

3.1.1 传动系统

汽车发动机与驱动轮之间的动力传递装置称为汽车的传动系统，传动系统包括离合器、变速器、传动轴、主减速器、差速器及半轴等部分（图 3.1-2）。

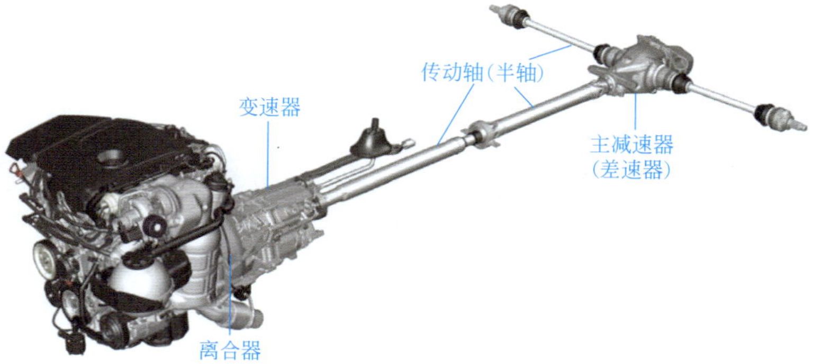

图 3.1-2　传动系统的组成

汽车传动系统用于将动力总成产生的作用力转换为可供使用的驱动力（图 3.1-3 中的 F_A）。

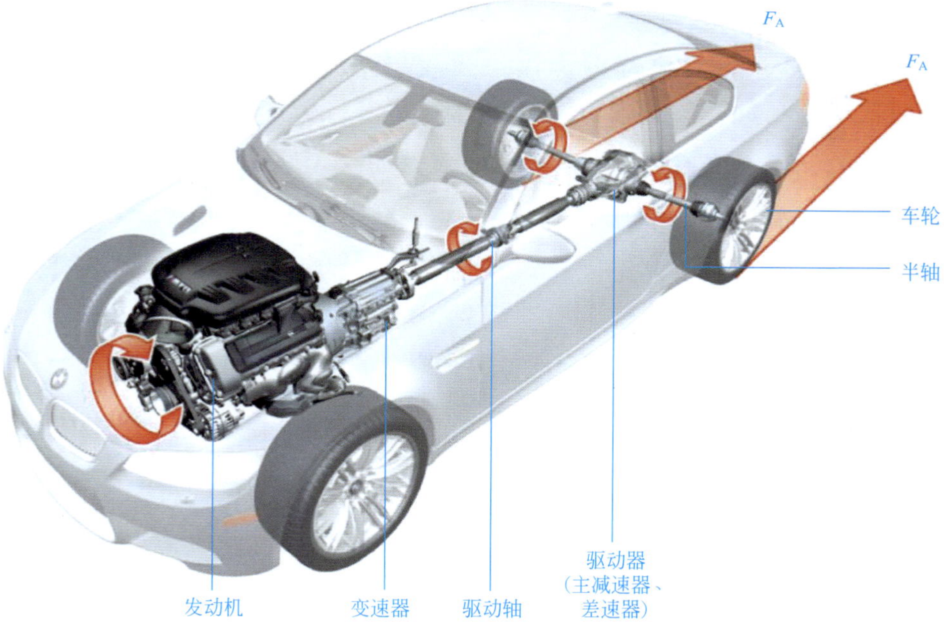

图 3.1-3　传动系统的动力传动

3.1.2 行驶系统

汽车行驶系统由车架、车桥、车轮和悬架等组成。行驶系统缓和冲击，减小振动，保证汽车的行驶平顺性。行驶系统还与转向系统配合保证汽车的操纵稳定性。轿车前桥和后桥如图 3.1-4 和图 3.1-5 所示。

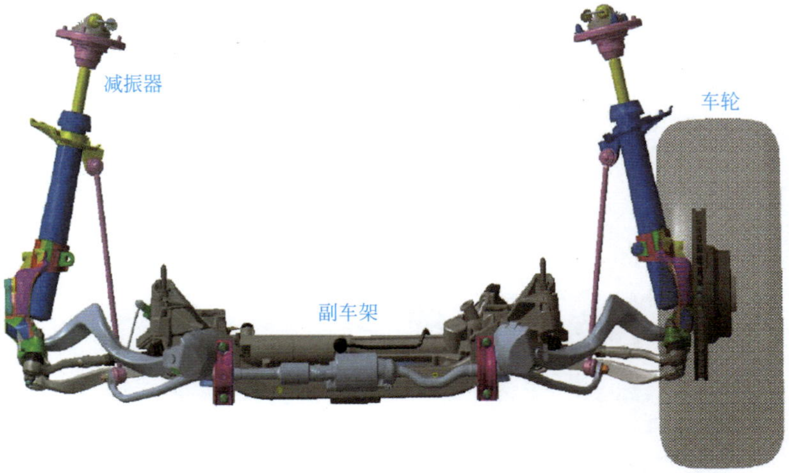

图 3.1-4 轿车前桥

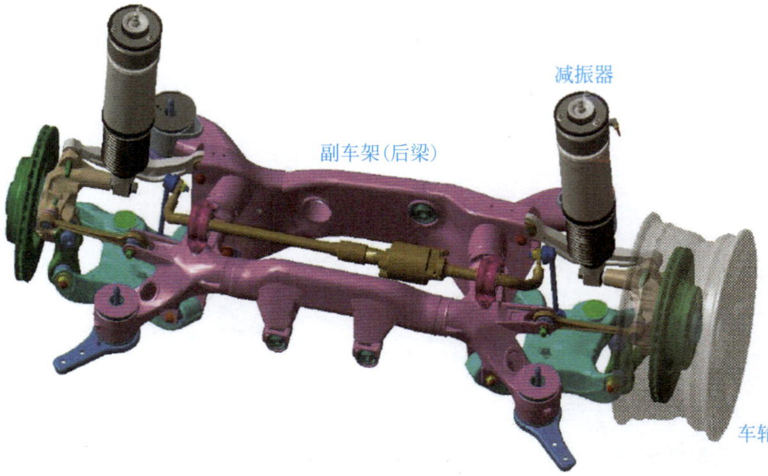

图 3.1-5 轿车后桥（俯视）

3.1.3 转向系统

转向系统的功用是保证汽车能够按照驾驶员选定的方向行驶，主要由转向操纵机构、转向机、转向传动机构等组成。转向系统具体零部件组成见图 3.1-6。

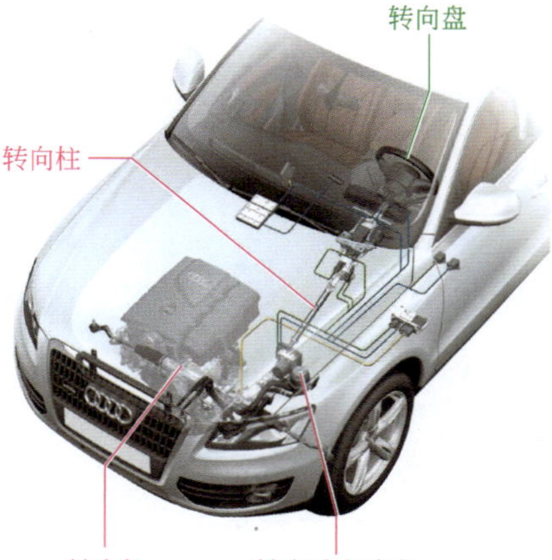

图 3.1-6 转向系统具体零部件组成

3.1.4 制动系统

制动系统包括行车制动装置和停（驻）车制动装置两套独立的装置。其中行车制动装置是由驾驶员用脚来操纵的，停车制动装置是由驾驶员用手操纵的，也分为电子驻车制动系统和手制动系统。制动系统见图 3.1-17。

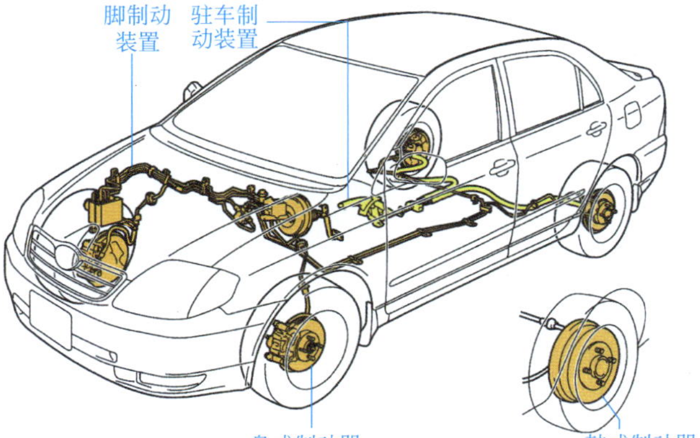

图 3.1-7　制动系统

3.2 总成和零部件

3.2.1　离合器

（1）作用　能够切断或接通发动机与变速器之间的动力传递。切断和结合应该平缓进行，防止发动机转速剧烈变化；能够打滑，防止发动机和传动系统过载。

（2）结构　离合器主要包括飞轮、离合器摩擦片（也称离合器从动盘）、离合器压盘、分离轴承（图3.2-1），以及外部的液压或机械操纵机构。

❶ 离合器液压操纵机构。离合器液压操纵机构中作用力以纯液压方式传递，基本结构与液压制动系统非常相似。液压离合器操纵机构可自动调节。

离合器液压操纵机构见图 3.2-2。

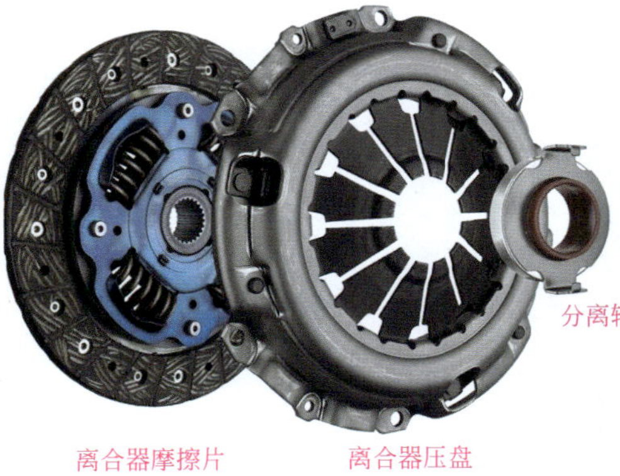

图 3.2-1　离合器压盘、离合器摩擦片和分离轴承

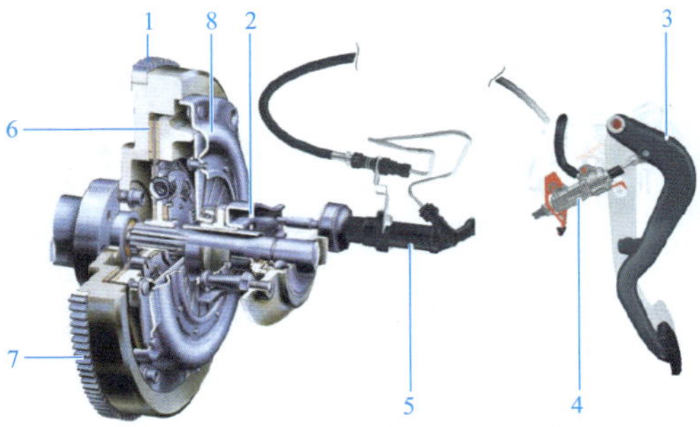

图 3.2-2　离合器液压操纵机构

1—离合器；2—分离拨叉；3—离合器踏板；4—主缸；5—工作缸；6—离合器片；7—飞轮；8—离合器压盘

❷ 离合器压盘。离合器压盘带有一个盘形弹簧，盘形弹簧产生压紧力。离合器压盘通过该压紧力将离合器从动盘压到飞轮上。离合器的压紧力通过这个盘形弹簧确定。

（3）离合器工作原理 离合器工作原理见图3.2-3。

❶ 离合器接合。盘形弹簧将离合器压盘压在离合器从动盘上。离合器从动盘以轴向移动方式支撑在离合器轴上。因此离合器压盘可将离合器从动盘压在飞轮的摩擦面上，从而使飞轮以摩擦方式通过离合器从动盘与变速箱输入轴连接。

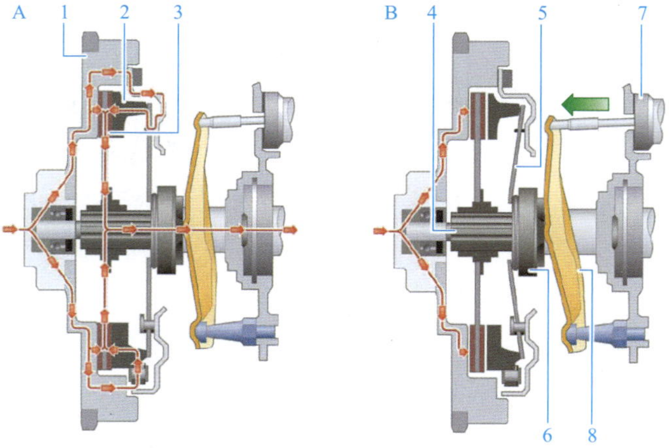

图3.2-3 离合器工作原理

A—离合器接合；B—离合器分离；1—飞轮；2—离合器压盘；3—离合器从动盘（离合器片）；4—离合器轴；5—盘形弹簧；6—分离轴承；7—工作缸；8—分离拨叉

❷ 离合器分离。踩下离合器踏板时，通过工作缸和分离拨叉将分离轴承压在盘形弹簧上。盘形弹簧克服压紧力使离合器压盘从离合器从动盘上抬起。因此离合器从动盘离开飞轮摩擦面并位于飞轮与离合器压盘之间，此时至变速箱的作用力传递中断。

3.2.2 手动变速器

（1）手动变速器总体结构 手动变速器内有多个不同的齿轮，通过不同大小的齿轮组合一起（图3.2-4），就能实现对发动机转矩和转速的调整。

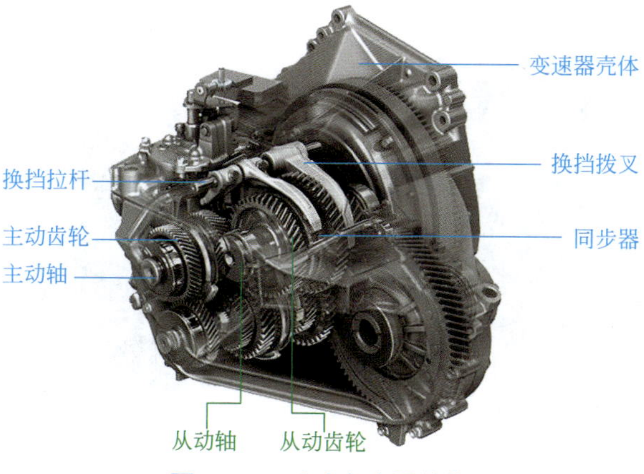

图3.2-4 手动变速器结构

（2）变速原理　手动变速器蕴含了齿轮机械和杠杆的原理，就是变换不同大小的被动齿轮（图 3.2-5）。当降挡时，实际上是将被动齿轮切换成了更大的齿轮，根据杠杆原理，此时变速器输出的转速就会相对降低，但转矩增大；反之，如果是升挡，则实际上是被动齿轮切换为小齿轮，此时变速器输出的转速就会提高，但转矩会减小。

(a) 转速A>B；驱动力A<B　　(b) 转速A<B；驱动力A>B

图 3.2-5　变速原理

小贴士

转动时，齿数少的 A 转速必然比齿数多的 B 的转速要高，通过不同大小齿轮的组合，可以实现增速或减速。

不同大小齿轮间的传动，传动扭矩之所以能增大或减小，其实与杠杆原理是一样的。

五挡手动变速器原理如图 3.2-6 所示，当挂上 1 挡时，实际上是将 1、2 挡同步器向左移动使同步器与 1 挡从动齿轮（图中 1 挡）接合，将动力传递到输出轴。R 挡（倒挡）的主动齿轮和从动齿轮中夹了一个中间齿轮，就是通过这个齿轮实现汽车的倒退行驶。在空挡位置，没有齿轮通过对应的同步器总成与输入轴或者输出轴相连接，没有转矩传送到差速器。

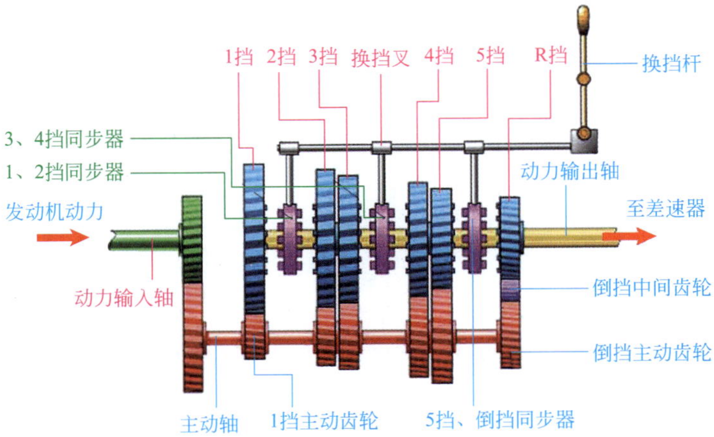

图 3.2-6　五挡手动变速器原理

3.2.3　自动变速器

所有自动变速器都有共同的特点，即自动变速器的电控系统包括执行器、传感器和电控单元。自动变速器包括自动机械式变速器（AMT）、双离合变速器（DCT）、无级自动变速器（CVT）和电子液压式多挡位自动变速器（AT）。

3.2.3.1 自动机械式变速器（AMT）

AMT（图 3.2-7）是在传统的手动齿轮式变速器基础上改进而来的，它是综合了 AT 和 MT 两者优点的机电液一体化自动变速器。它将手动变速器的离合器分离及换挡拨叉等靠人力操纵的部件实现了自动操纵，即通过电动或液压动力实现。驾驶员操纵起来和自动变速器是一样的，这样就实现了手动变速器的自动化，即汽车电控机械式自动变速器。

图 3.2-7 自动机械式变速器（AMT）

3.2.3.2 双离合变速器（DCT）

（1）总体结构 双离合变速器（图3.2-8和图3.2-9）大众公司称为DSG。双离合变速器可以形象地设想为将两台变速箱的功能合二为一，并建立在单一的系统内。

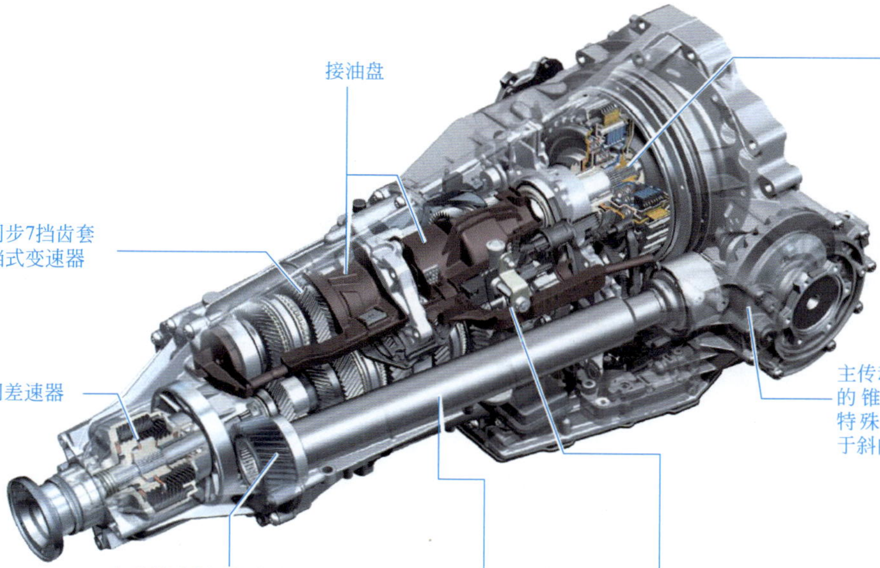

图 3.2-8 双离合变速器（DCT）

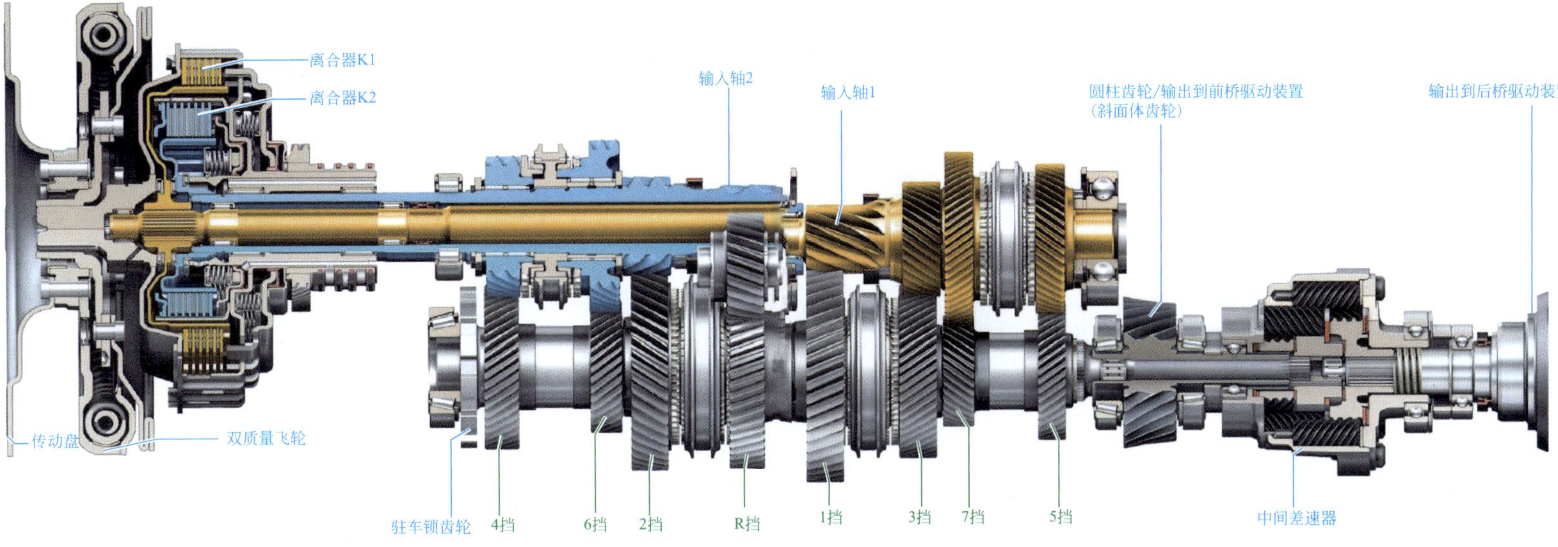

图 3.2-9　双离合变速器内部结构

飞轮和离合器如图3.2-10及图3.2-11所示。离合器K1（图3.2-12）将扭矩传到驱动轴1上的1挡、3挡、5挡和7挡上。离合器K2（图3.2-13）将扭矩传到驱动轴2的2挡、4挡、6挡和R挡上。

图 3.2-10　双离合变速器的飞轮和离合器

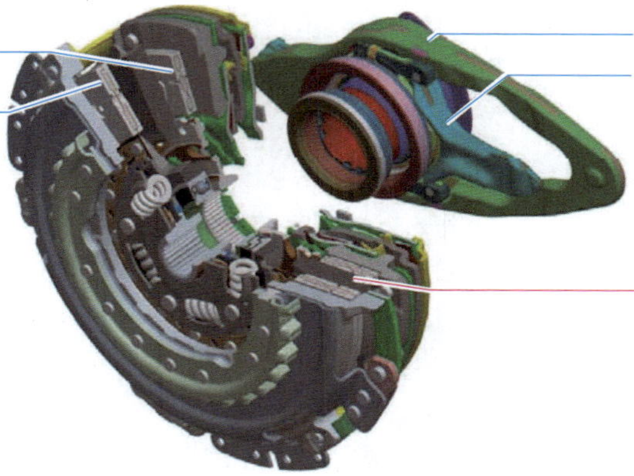

扫一扫

看视频

图 3.2-11　双离合器

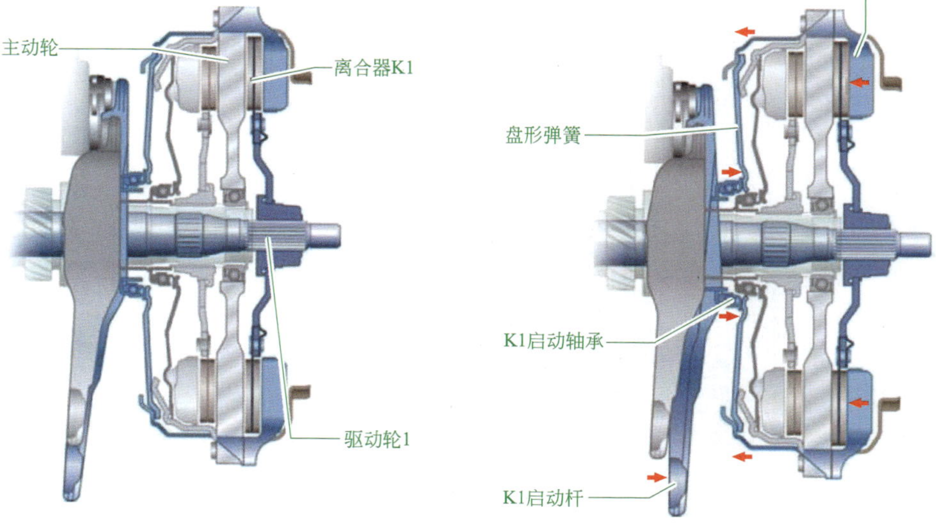

图 3.2-12　离合器 K1

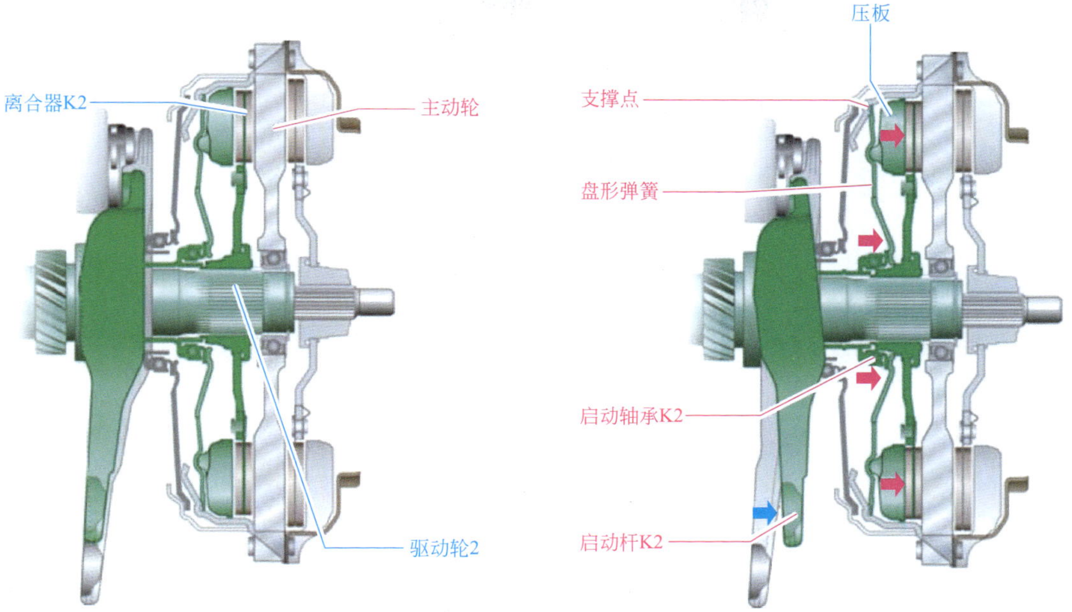

图 3.2-13　离合器 K2

（2）工作原理　双离合变速器内含两个自动控制的离合器、两个输入轴和两个输出轴。七速双离合变速器原理如图 3.2-14 所示。

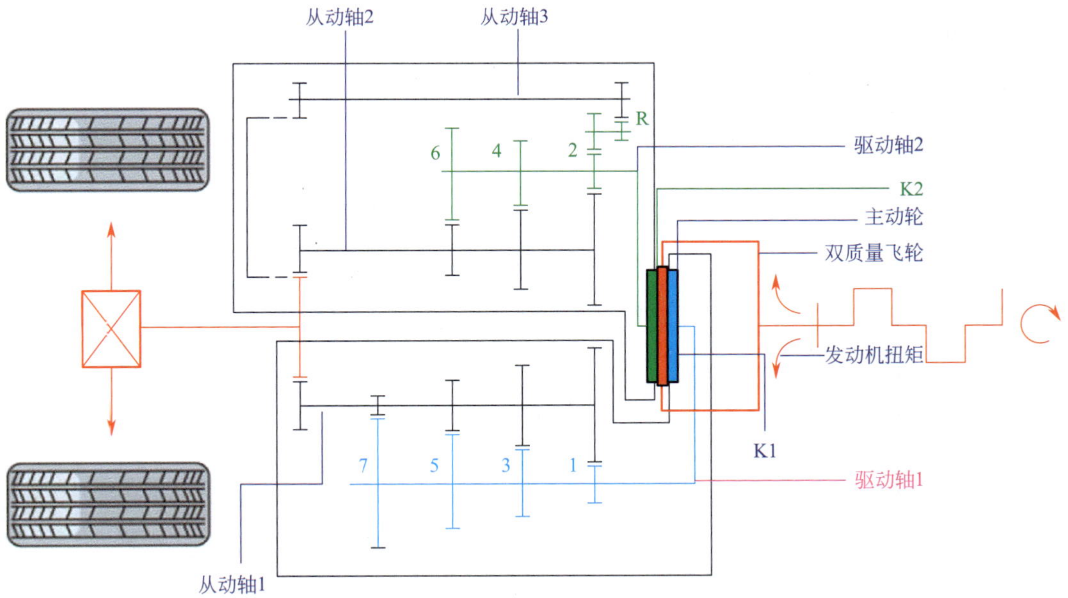

图 3.2-14　七速双离合变速器原理

以七速双离合变速器为列，罗列驱动轴、从动轴以及齿轮的分工传递，如图 3.2-15 所示。

离合器 K1 在接合的时候分离叉压向膜片弹簧的分离轴承。经过多个转弯点将压力运动转变为拉力运动。这样摩擦片上的压盘就被拉向从动盘。扭矩就这样传到了驱动轴上。离合器 K2 动作：压下分离叉，分离轴承将膜片弹簧压向摩擦片。由于膜片弹簧受到离合器壳体的支撑力，压盘被压向从动盘，扭矩传到驱动轴 2 上。

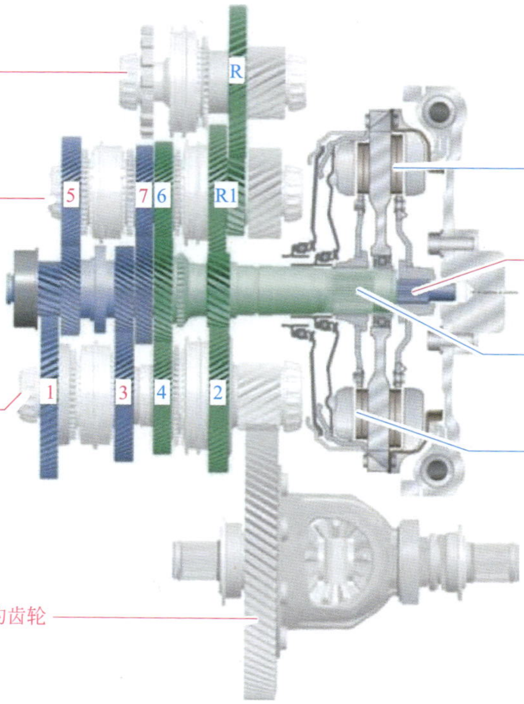

图 3.2-15　七速双离合变速器内部结构及分工

3.2.3.3 无级自动变速器（CVT）

无级自动变速器（CVT）（图 3.2-16）是一种采用主动与从动带轮以及钢带的电控自动变速器，它具有无级前进挡变速和二级倒挡变速功能。

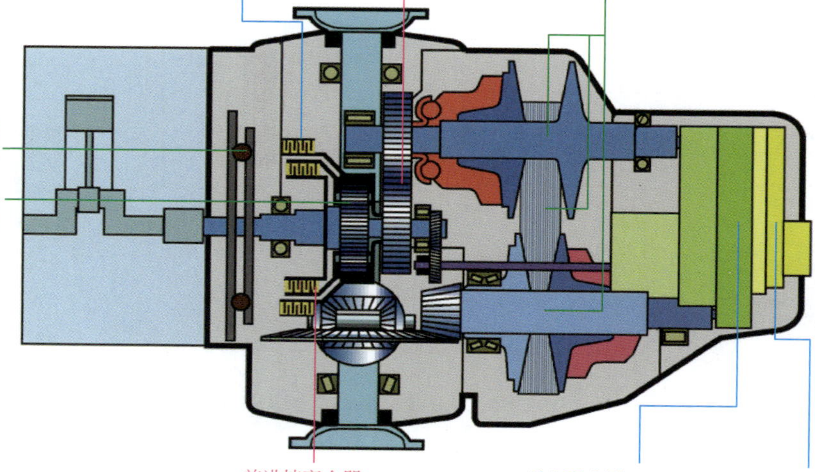

图 3.2-16　无级自动变速器的结构

CVT 变速箱的主要部件是两个滑轮和一条金属带，金属带套在两个滑轮上。滑轮由两片轮盘组成，这两片轮盘中间的凹槽形成一个 V 形，其中一边的轮盘由液压控制机构控制，可以视不同的发动机转速，进行分开与拉近的动作，V 形凹槽也随之变宽或变窄，将金属带升高或降低，从而改变金属带与滑轮接触的直径，相当于齿轮变速中切换不同直径的齿轮。两个滑轮呈反向调节，即其中一个带轮凹槽逐渐变宽时，另一个带轮凹槽就会逐渐变窄，从而迅速加大传动比的变化。无级自动变速器工作原理如图 3.2-17 和图 3.2-18 所示。

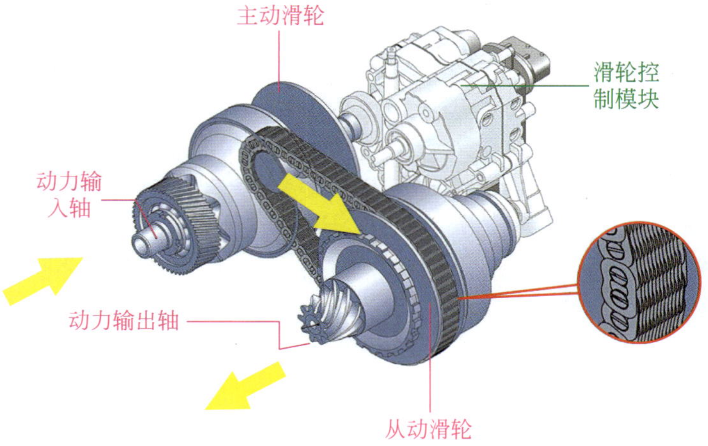

图 3.2-17　无级自动变速器的工作原理（一）

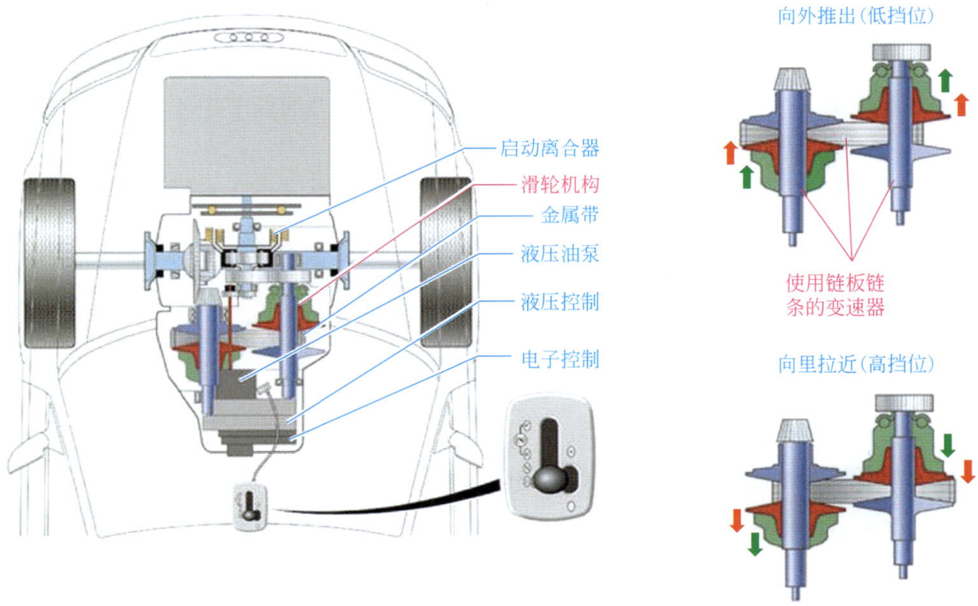

图 3.2-18　无级自动变速器的工作原理（二）

3.2.3.4 电子液压式多挡位自动变速器（AT）

（1）总体结构　液力自动变速器可以分为液控液力自动变速器和电控液力自动变速器，目前轿车上都是采用电控液力自动变速器。自动变速器由复杂的行星齿轮组和诸多的换挡执行元件组成，自动变速器虽然速比变化是自动实现的，但各挡速比也是固定不变的（图 3.2-19）。

（2）组成系统

❶ 动力传递系统。动力传递系统（液力变矩器）起到连接发动机与自动变速器的作用。

图 3.2-19　电子液压式多挡位自动变速器（AT）的组成

1—带涡轮扭转减振器（TTD）和变矩器锁止离合器的液力变矩器；2—机油泵；3—单行星齿轮组；4—驱动离合器 A；5—驱动离合器 B；6—驱动离合器 E；7—制动离合器 C；8—制动离合器 D；9—双行星齿轮组；10—输出轴法兰

❷ 齿轮变速系统。齿轮变速系统（行星齿轮机构）主要用来改变汽车的行驶速度和行驶方向。

❸ 液压控制系统。液压控制系统则是把油泵输出的压力油调节出不同的压力并输送至不同的部位以达到不同的液压控制目的。

❹ 电子控制系统。电子控制系统通过监控汽车的整体运行工况实现自动变速器不同功能的控制。

❺ 冷却控制系统。冷却控制系统是为了使自动变速器始终保持在一个合理的工作温度。

（3）液力变矩器　液力变矩器由泵轮、涡轮、导轮等组成（图3.2-20）。液力变矩器位于自动变速器的最前端，安装在发动机的飞轮上，其作用与采用手动变速器的汽车中的离合器相似。

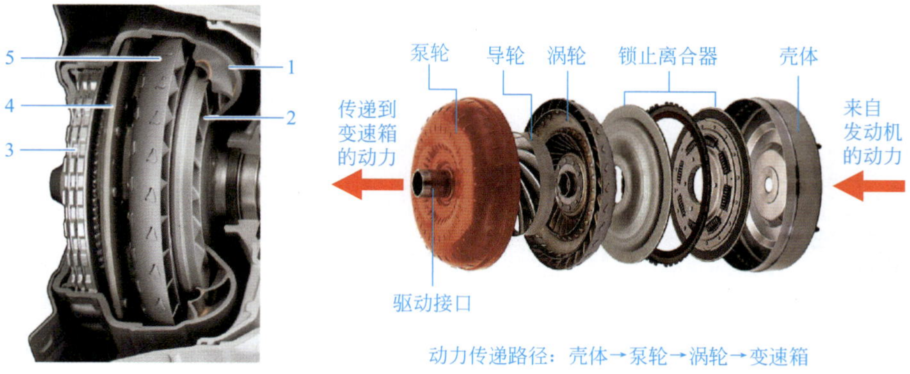

图 3.2-20　液力变矩器的组成

1—泵轮；2—导轮；3—液力变矩器锁止离合器；4—扭转减振器（涡轮扭转减振器或双减振器系统）；5—涡轮

（4）齿轮机构 齿轮机构（图 3.2-21）是由一个太阳轮、一个齿圈、一个行星架和支承在行星架上的几个行星齿轮组成的，称为一个行星排。齿轮机构三元件：太阳轮、齿圈、行星架。

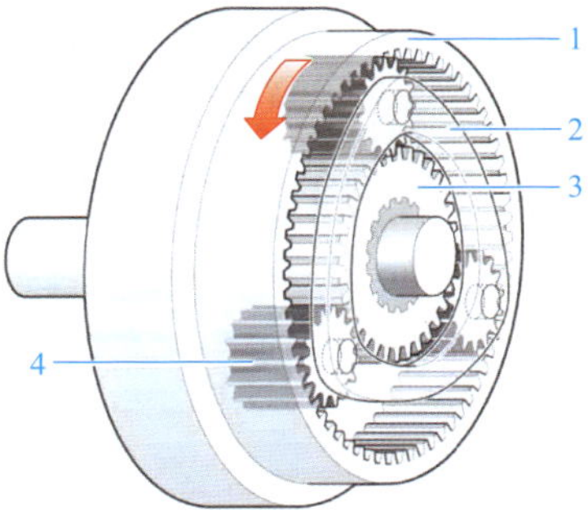

图 3.2-21 齿轮机构

1—齿圈；2—行星齿轮架；3—太阳轮；4—行星齿轮

3.2.4 传动轴和万向节

（1）传动轴 传动轴（图 3.2-22）是汽车传动系统中传递动力的重要部件，它的作用是与变速器、驱动桥一起将发动机的动力传递给车轮，使汽车产生驱动力。

（2）等角速万向节 由于目前大多数车辆都采用弹簧行程较大的独立悬架，因此半轴尤其需要在差速器侧和车轮侧分别安装能够在相同交角时传输扭矩的万向节。

采用前轮驱动时，根据转向角情况所需最大交角为 50°，因此只能使用等角速万向节（图 3.2-23）。等角速万向节可在交角较大的情况下均匀传输转速。

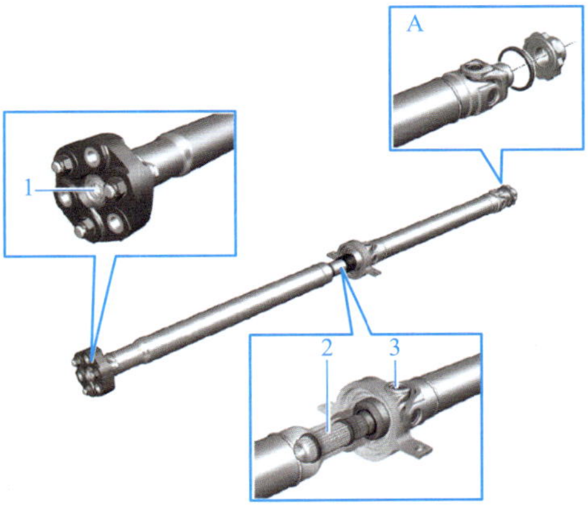

图 3.2-22 传动轴

A—连接在后桥主减速器上；1—万向节盘；2—滑块；3—十字轴万向节

图 3.2-23 等角速万向节（球轮）

3.2.5 差速器

（1）总体结构 差速器（图 3.2-24 和图 3.2-25）主要包括两个侧齿轮（通过半轴与车轮相连）、两个行星齿轮（行星架与环形齿轮连接）、一个环形齿轮（与动力输入轴相连）。它的两个输出轴可以在不同转速下运动，但又保持两个轴输出的转矩相同。

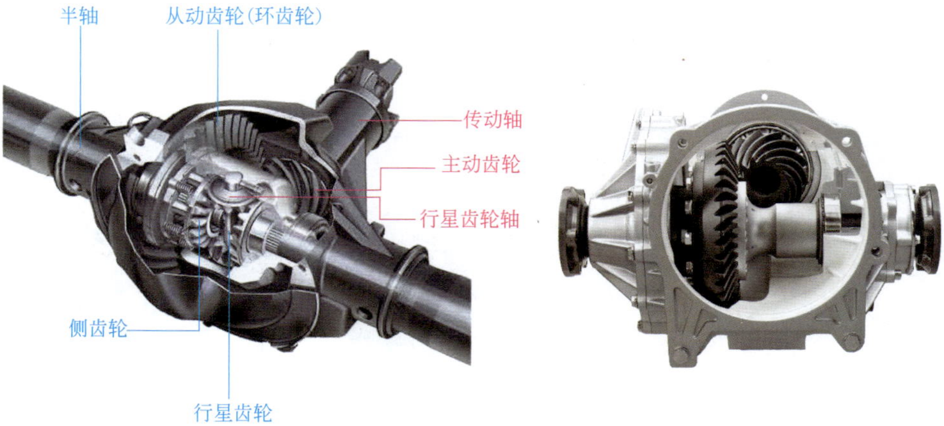

图 3.2-24　差速器（后桥上的）

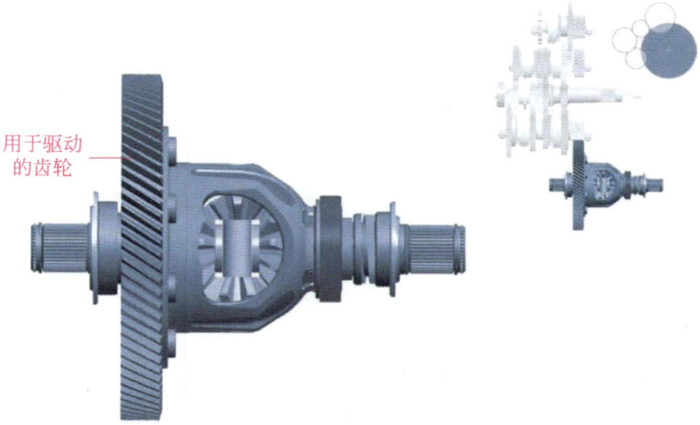

图 3.2-25　差速器（横置发动机变速器内的差速器结构）

（2）工作原理　差速器的工作原理如图 3.2-26 所示。差速器可在向两侧车轮传输相同

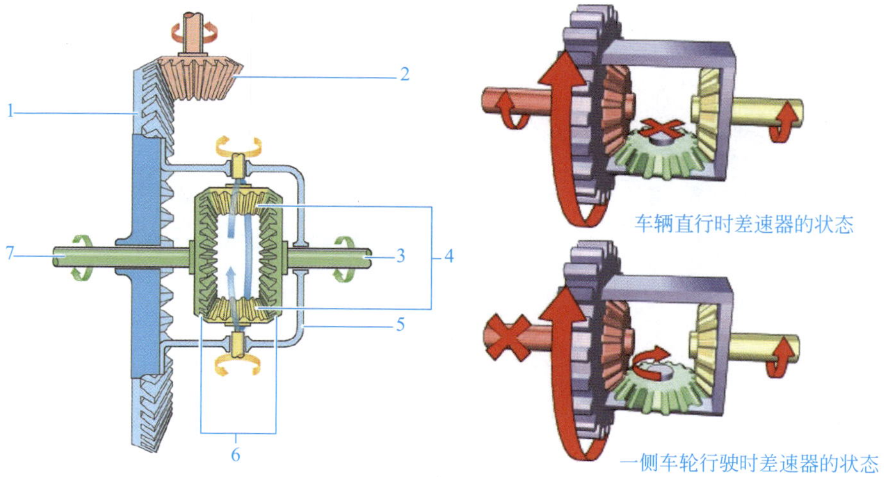

图 3.2-26　差速器的工作原理

1—被动齿轮；2—主动齿轮；3—右侧半轴；4—行星齿轮；5—差速器壳；6—半轴齿轮；7—左侧半轴

作用力的情况下进行转速补偿。差速器内装有行星齿轮和半轴齿轮，两者相互啮合。扭矩通过行星齿轮传输至半轴齿轮，每一个锥齿轮都获得可传输扭矩的 1/2。通过行星齿轮实现的这项功能可在不受不同车轮作用力的影响下自然转弯。

小贴士

在汽车转弯时，左右轮的转速不同，而发动机给左右驱动轮的力量是一样的，这样就需要一个装置来协调左右驱动轮的转速，这就是差速器的作用。它可以将变速器输出的转矩合理地分配给左右驱动轮。在前置前驱车上，差速器布置在前轴上；在前置后驱车上，差速器布置在后轴上；在中置后驱车上，差速器也布置在后轴上。示意图见图 3.2-27。

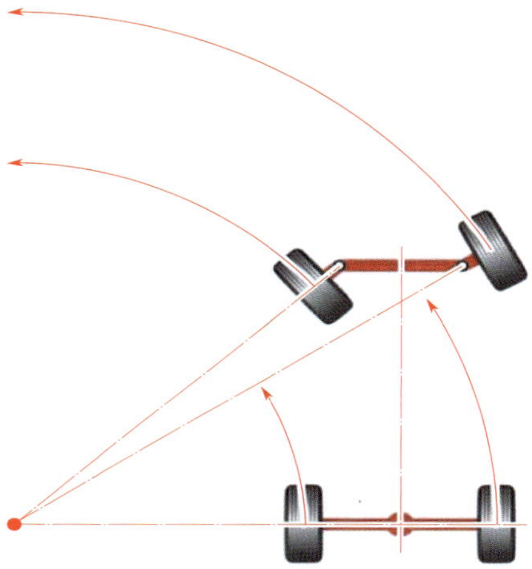

图 3.2-27　车辆转弯差速器工作示意图

3.2.6　主减速器

主减速器（图 3.2-28 和图 3.2-29）的作用将变速器输出的动力再次减速，以增加转矩，之后将动力传递给差速器。

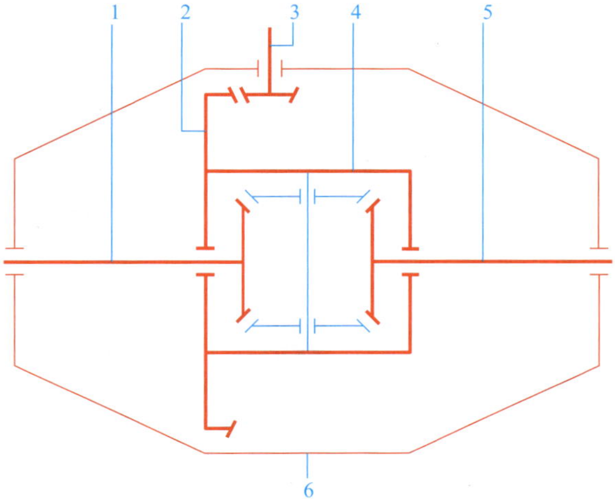

图 3.2-28　主减速器（一）

1—左侧半轴；2—被动齿轮；3—主动锥齿轮；4—差速器及壳体；5—右侧半轴；6—壳体

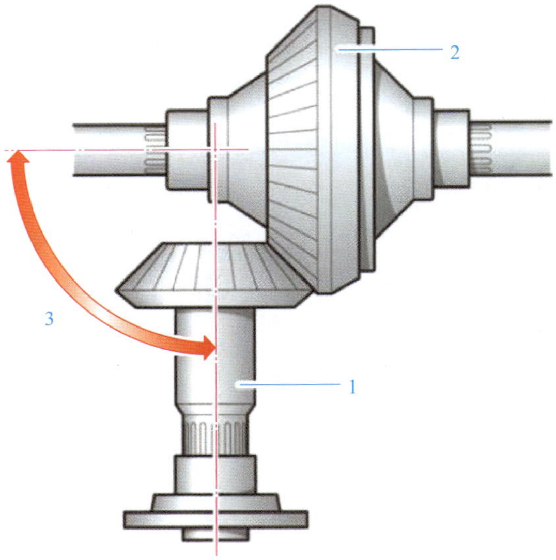

锥齿轮传动装置

图 3.2-29　主减速器（二）

1—主动齿轮；2—被动齿轮；3—改变作用力方向

后轮驱动车辆的主减速器位于后桥中部，四轮驱动车辆在发动机侧面前部还通过法兰安装了第二个主减速器。主减速器内装有一个锥齿轮传动装置，该装置可改变作用力方向并再次降低传动轴转速。

动态驱动力分配系统采用的后桥主减速器与传统后桥主减速器（差速器）基本相同，只是在左右两侧各增加了一个叠加单元。两个叠加单元的结构基本相同，但在细节上有所不同。例如，左右两侧的电动机和行星齿轮组不同。后桥主减速器也有三个储油室，但它们通过一个共用通道通风。如图 3.2-30 所示为带有叠加单元后桥主减速器的结构。

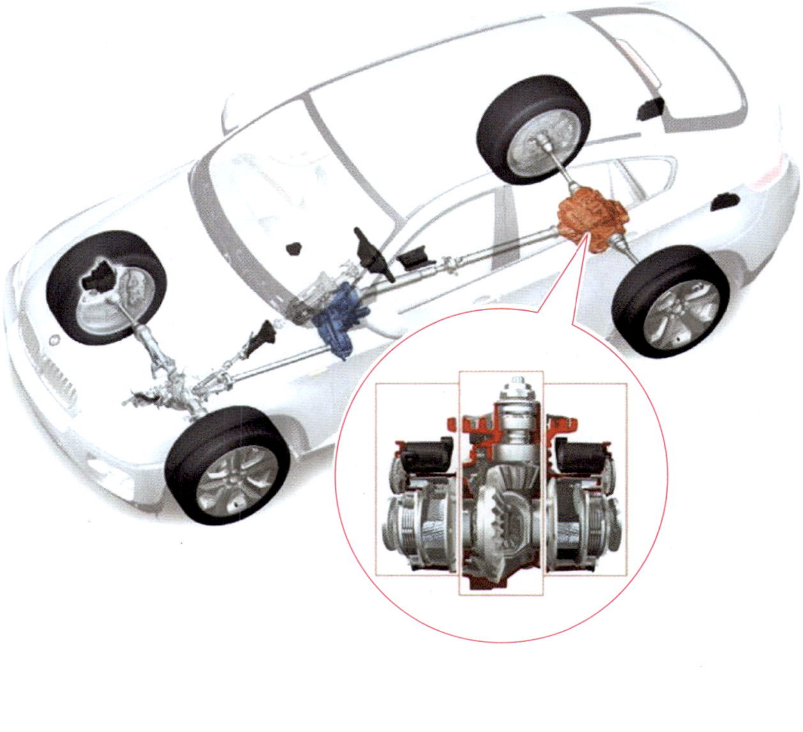

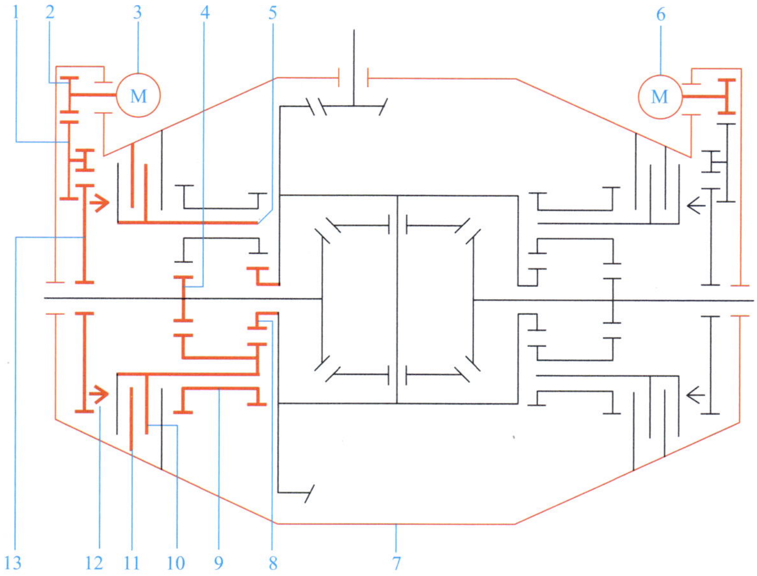

图 3.2-30　带有叠加单元后桥主减速器的结构

1—传动齿轮；2—电动机小齿轮；3—左侧电动机；4—外侧太阳轮；5—行星齿轮架；6—右侧电动机；7—壳体；8—内侧太阳轮；9—行星齿轮；10—摩擦片；11—摩擦片支架；12—球道；13—球道驱动齿轮

3.2.7 悬架系统

汽车的悬架系统分为非独立悬架和独立悬架两种，非独立悬架在轿车上已逐渐被淘汰。

3.2.7.1 钢板弹簧式非独立悬架

钢板弹簧式非独立悬架如图 3.2-31 所示。钢板弹簧中部通过 U 形螺栓固定在前桥上。钢板弹簧的前端卷耳用弹簧销与前支架相连，形成固定式铰链支点，起传力和导向作用；而后端卷耳则用吊耳销与可在车架上摆动的吊耳相连，形成摆动式铰链支点，从而保证了弹簧变形时两卷耳中心线间的距离有改变的可能。

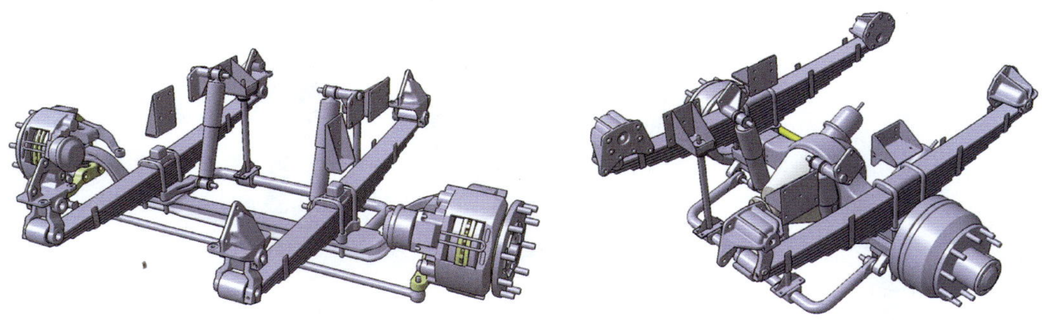

图 3.2-31　钢板弹簧式非独立悬架

减振器的上、下两个吊环通过橡胶衬套和连接销分别与车架上的上支架和车桥上的下支架相连接。盖板上装有橡胶缓冲块，以限制弹簧的最大变形，并防止弹簧直接碰撞车架。

3.2.7.2 螺旋弹簧式非独立悬架

螺旋弹簧式非独立悬架（图 3.2-32）一般只用于轿车的后悬架。两根纵向推力杆的中部与后桥焊接为一体，前端通过带橡胶的支承座与车身做铰链连接，后端与轮毂相连接。

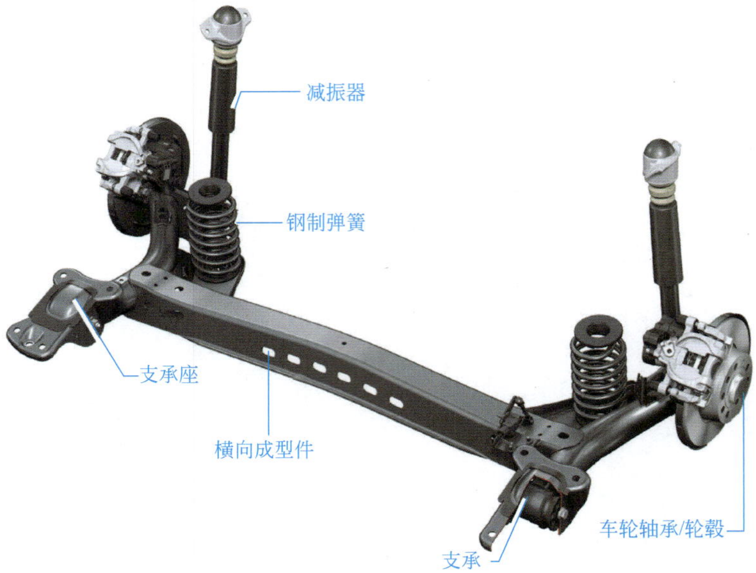

图 3.2-32　螺旋弹簧式非独立悬架

3.2.7.3 麦弗逊式独立悬架

麦弗逊式独立悬架（图 3.2-33 和图 3.2-34）目前在轿车中应用很广泛。麦弗逊式独立悬架结构较简单，布置紧凑，用于前悬架时能增大两前轮内侧的空间，故多用于发动机前置前轮驱动的轿车上。前轮采用麦弗逊式独立悬架时，前轮定位各参数的变化较小，除前束可调整外，其他参数有的车型规定不可调整，有的车型规定可以调整。

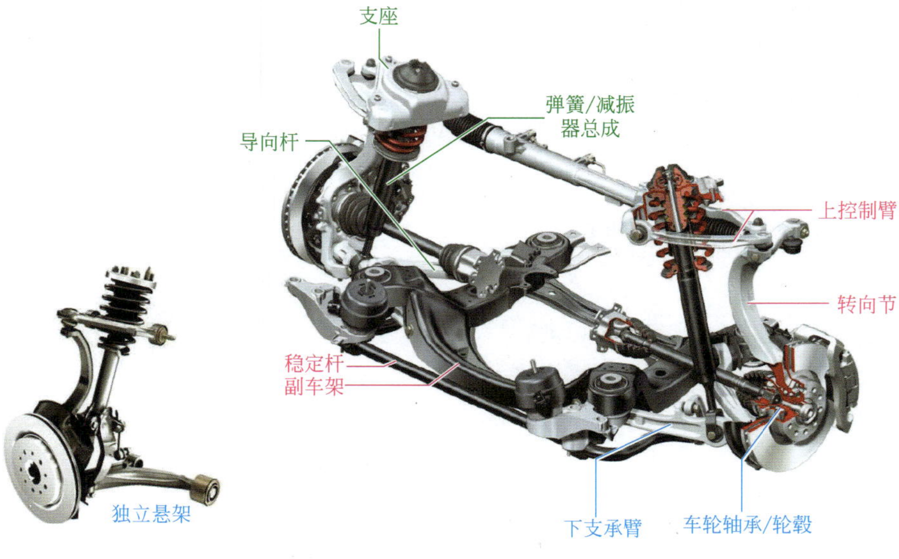

图 3.2-33　麦弗逊式独立悬架（一）

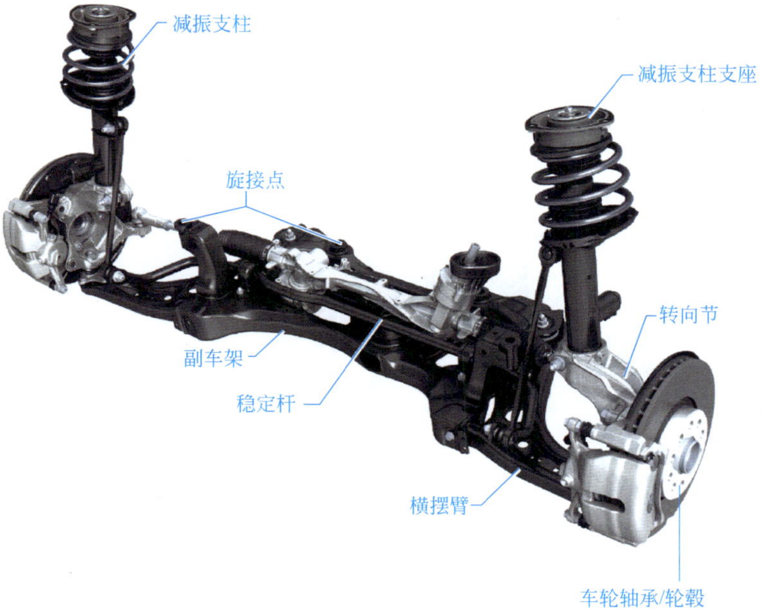

图 3.2-34　麦弗逊式独立悬架（二）

3.2.7.4 多连杆式独立悬架

从结构上看，多连杆式独立悬架（图 3.4-35）仅由一些杆、筒以及弹簧等简单构件组成。多连杆悬架，就是通过各种连杆配置把车轮与车身相连的一套悬架机构，其连杆数比普通的悬架要多一些，一般把连杆数为 3 或以上的悬架称为多连杆悬架。前悬架一般为 3 连杆或 4 连杆式独立悬架（图 3.2-36）；后悬架一般为 4 连杆或 5 连杆式。

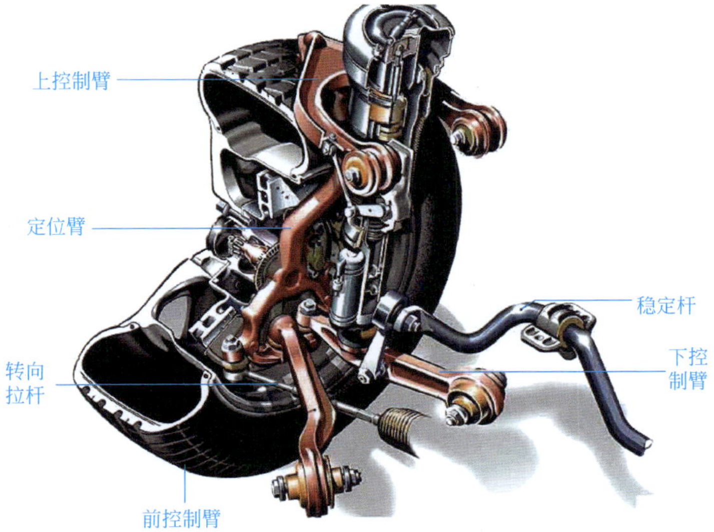

图 3.2-35　多连杆式独立悬架

3.2.7.5 双横臂式独立悬架

双横臂式独立悬架（图 3.2-37）是指有两根横臂的悬架系统。双横臂式独立悬架按上下横臂是否等长，又分为等长双横臂式和不等长双横臂式两种悬架。等长双横臂式独立悬架在车轮上下跳动时，能保持主销倾角不变，但轮距变化大（与单横臂式相类似），对轮胎磨损影响较大，现在逐步在淘汰。

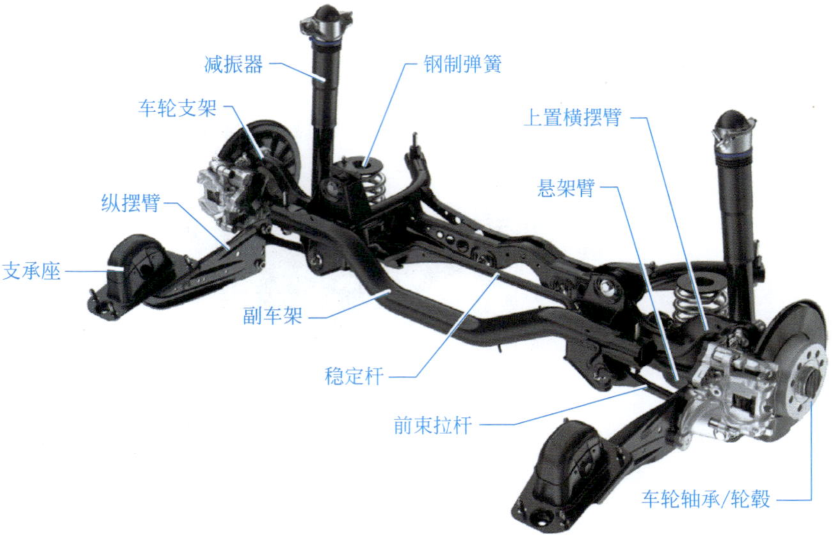

图 3.2-36　4 连杆式独立悬架（后悬架）

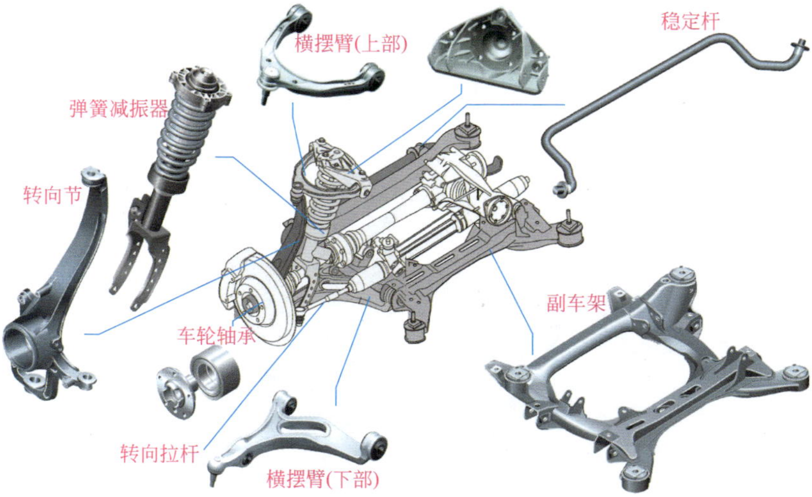

图 3.2-37　双横臂式独立悬架

3.2.7.6 后悬架

后悬架如图 3.2-38 所示。

扫一扫

看视频

3.2.7.7 空气悬架

(1) 空气悬架结构　空气悬架（图 3.2-39）是采用空气减振器的悬架结构。空气减振器不像传统减振器那样充满油液，而是用一个空气泵向其充入空气，通过控制空气泵，便可以调整空气减振器中的空气量或压力，因此，空气减振器的硬度和弹性系数是可调的，空气被压缩得越多，弹性系数越大，它能大大提高行驶舒适性和稳定性（图 3.2-40）。

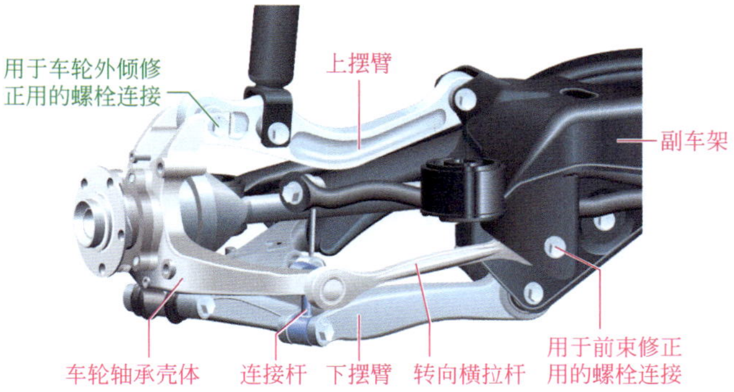

图 3.2-38 后悬架（四轮驱动后桥）

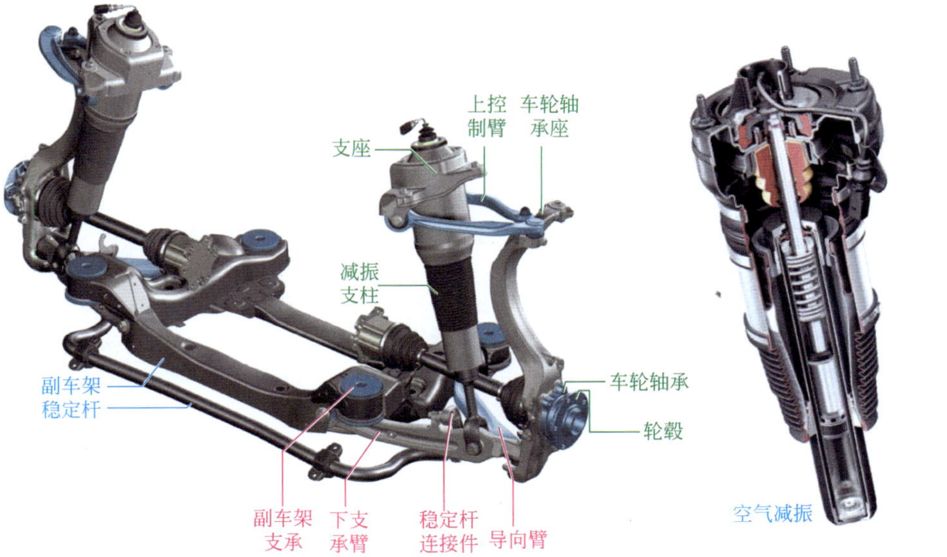

图 3.2-39 空气悬架（前悬架）

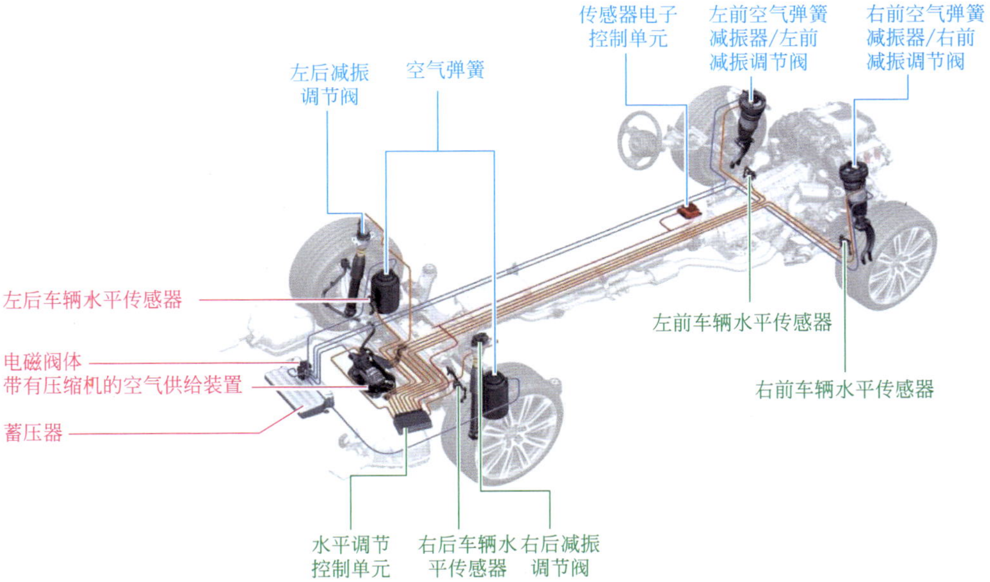

图 3.2-40 空气悬架组成和结构布局（电气）

图 3.2-41　空气悬架（后悬架）

后桥上，空气弹簧和减振器是分开布置的（图 3.2-41）。

（2）空气供给装置　空气供给装置包括干式电动空气压缩机、空气干燥器、吸气口及相应的空气管（图 3.2-42）。

（3）空气弹簧　空气弹簧（图 3.2-43）主要包括带有外部导套的上部壳体、空气弹簧气囊、起伏活塞（下部壳体）、一个辅助储压器（在需要时才用）以及一个集成的减振器。

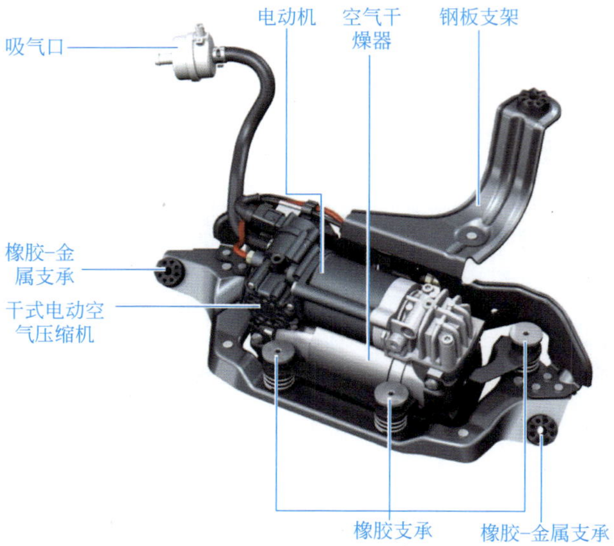

图 3.2-42　空气悬架的空气供给装置

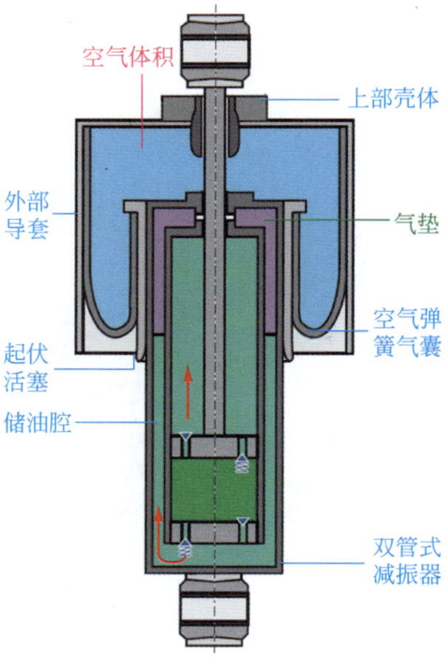

图 3.2-43　空气弹簧示意图

（4）减振器　见图 3.2-44 和图 3.2-45。

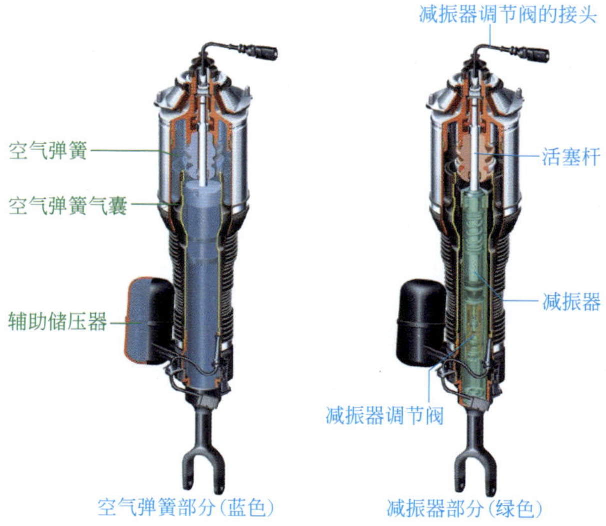

图 3.2-44　空气弹簧和减振器（前桥）

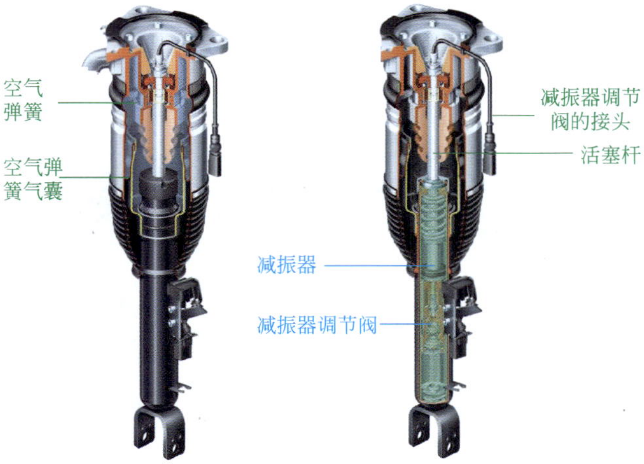

图 3.2-45　空气弹簧和减振器（后桥）

扫一扫

看视频

3.2.8　制动系统

3.2.8.1　制动助力器和制动总泵

制动助力器和制动总泵如图 3.2-46 所示。

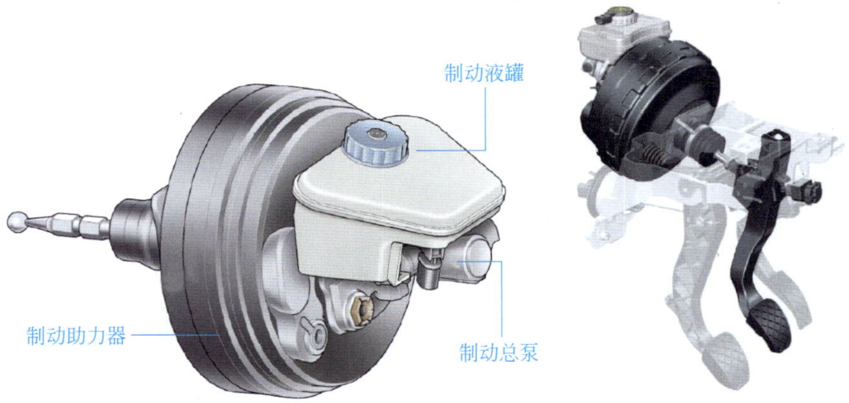

图 3.2-46　制动助力器和制动总泵

（1）制动助力器　制动助力器以气动方式将驾驶员通过制动踏板施加的作用力增大。在制动助力器输出端装有一个压杆。该压杆操纵总泵（主缸）内的两个活塞（分别用于两个制动回路）并由此产生液压系统内的压力。由于带有两个活塞，因此又称为串联制动总泵（主缸）。

（2）制动总泵　制动总泵将驾驶员踩踏板的力转换成液压，然后液压作用在前后轮的盘式制动卡钳上并传给鼓式制动器的制动分泵。

3.2.8.2　盘式制动器

盘式制动器（图 3.2-47）也叫碟式制动器，主要由制动盘、制动钳、摩擦片、分泵、油管等部分构成。盘式制动器中的制动盘是一个与车轮一起转动的圆盘，一般为金属盘，也有陶瓷的。制动盘可以是实心的，也可以是空心的。空心型制动盘又称为通风式制动盘。

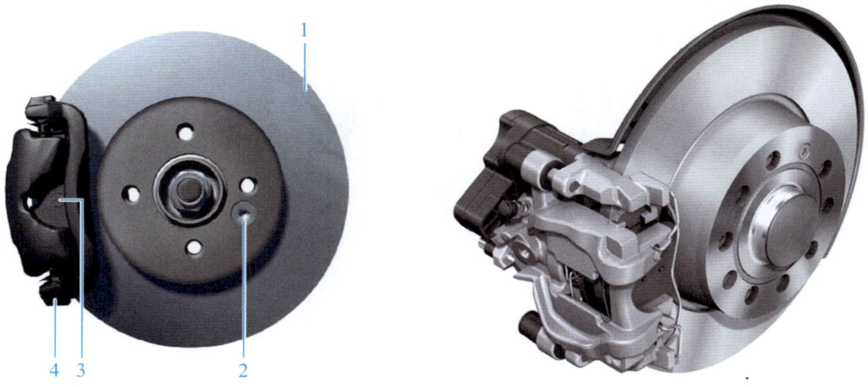

图 3.2-47　盘式制动器

1—制动盘；2—制动盘的固定螺栓；3—制动摩擦片；4—制动钳

盘式制动器的工作原理：盘式制动器通过液压系统把压力施加到制动钳（图 3.2-48）上，使制动摩擦片与随车轮转动的制动盘发生摩擦，从而达到制动的目的。

在制动钳上带有制动管路接口。踩下制动器时，制动管路内的液压压力就会作用到制动钳内的活塞上，所产生的压力将制动摩擦片压到制动盘上。通过该压紧力使制动摩擦片与制动盘之间产生摩擦，随即产生的摩擦力阻止车轮移动并对其进行制动。

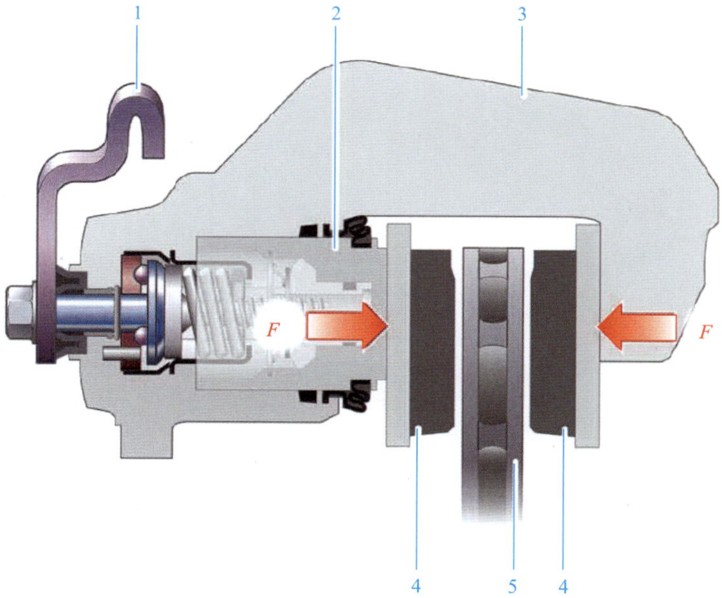

图 3.2-48　制动钳

1—拉线固定杆；2—活塞；3—制动钳壳体；4—制动摩擦片；5—制动盘；F—压紧力

3.2.8.3　鼓式制动器

鼓式制动器主要包括制动轮缸、制动鼓、摩擦片、回位簧等部分（图 3.2-49）。主要是通过液压装置使摩擦片与随车轮转动的制动鼓内侧面发生摩擦，从而起到制动的效果。

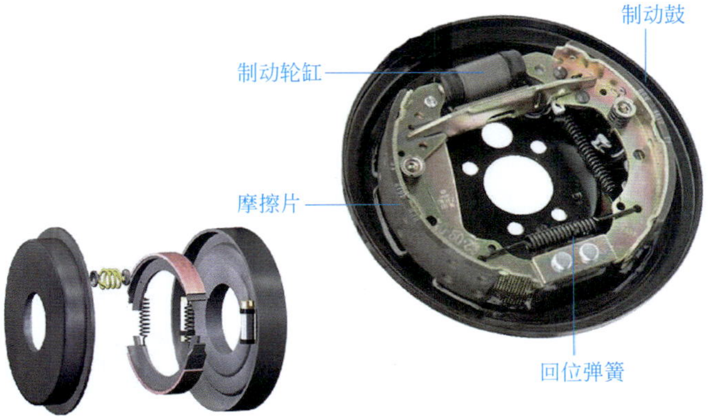

图 3.2-49　鼓式制动器

鼓式制动器的工作原理（图 3.2-50）：在踩下刹车踏板时，系统油路中产生很大的压力，这样，鼓式制动器制动分泵的活塞推动制动蹄向外运动，进而使得摩擦片与制动鼓发生摩擦，从而产生制动力。

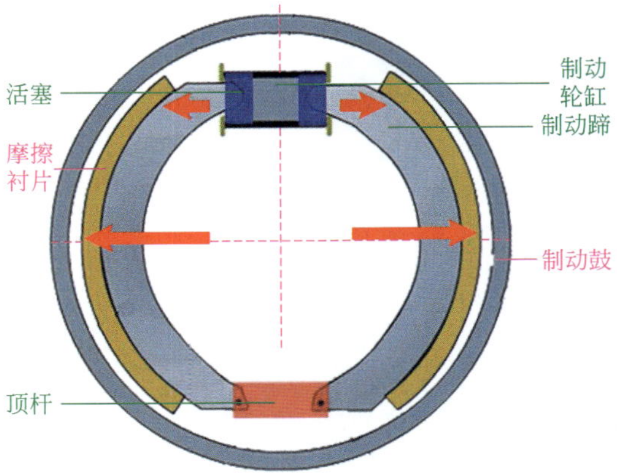

图 3.2-50　鼓式制动器的工作原理

3.2.8.4　驻车制动电动机

驻车制动电动机如图 3.2-51 所示。制动摩擦衬块的收紧是通过一根螺杆的带动来实现的，这根螺杆上的螺纹是可以自锁的，它是由斜轴轮盘机构来驱动的。斜轴轮盘机构是由一个直流电动机来驱动的，它和直流电动机通过法兰固定在制动钳上。

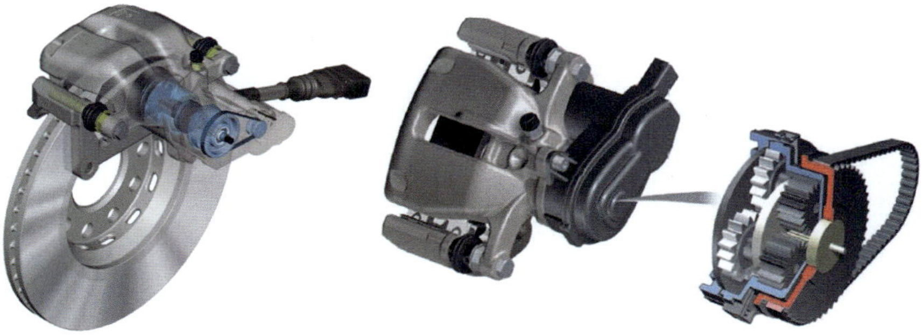
图 3.2-51　驻车制动电动机

工作原理：驻车制动电动机由一个两级蜗轮蜗杆传动装置产生减速比，在第二级能实现所需的自锁效应。在装配驻车制动电动机时，制动钳的螺杆被插入第二级传动装置的正齿轮中（图 3.2-52）。螺杆和正齿轮通过内、外星形螺栓连接。螺杆是滚珠螺杆传动装置的组成部分，并位于制动钳内。螺杆借助于螺杆螺母，压在制动活塞的内端面上。正齿轮由电动机驱动，将旋转运动传递到螺杆上。螺杆在转动的同时，压块纵向运动。根据旋转方向的不同，压块会向制动活塞顶部或朝相反方向运动，从而将制动活塞压向制动摩擦片（制动位置）或将其推离制动摩擦片（制动松开位置）（图 3.2-53 和图 3.2-54）。

小贴士

控制单元内部有一个温控模块，它会在车辆停止的状态下计算出制动盘和制动摩擦片的冷却情况，并在必要时暂时启动电动机，继续将驻车制动器张紧最多 3 次。

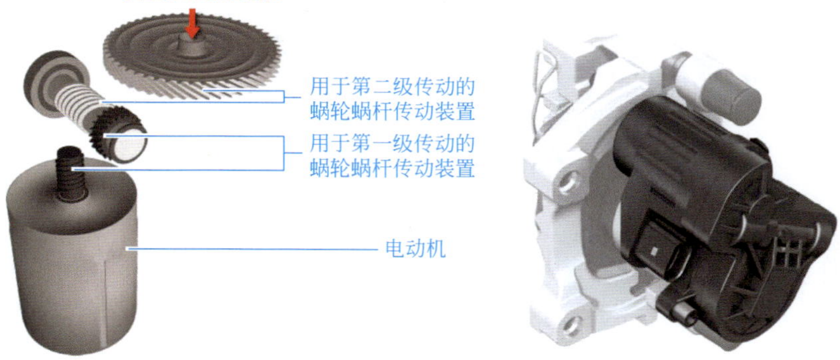

图 3.2-52　驻车制动电动机动作

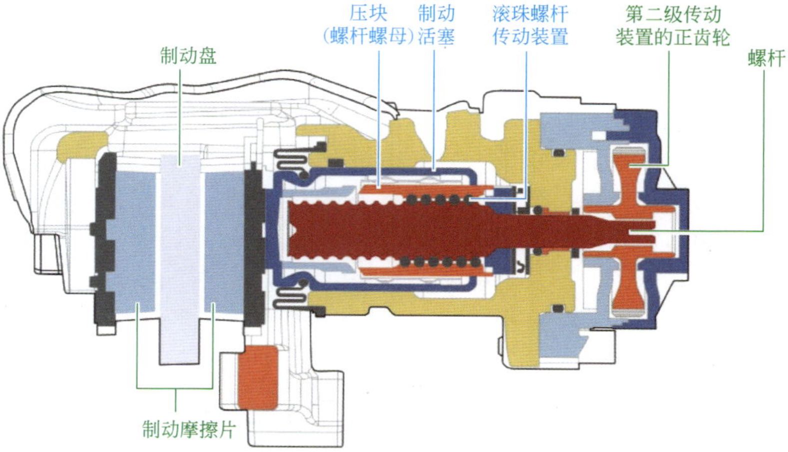

图 3.2-53　驻车制动电动机动作工作原理（位于制动松开位置的制动活塞）

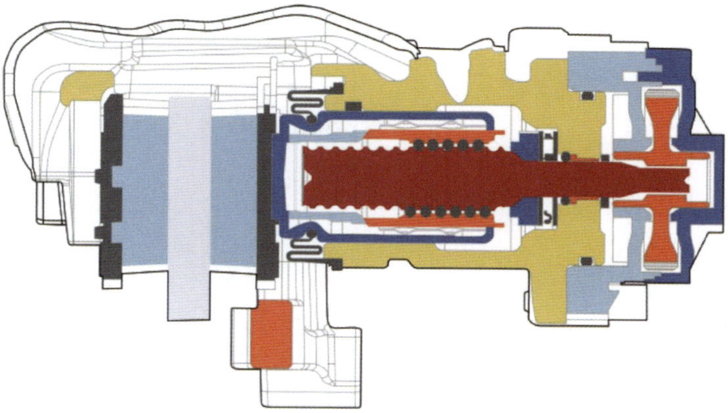

图 3.2-54　驻车制动电动机动作工作原理（位于制动位置的制动活塞）

3.2.8.5 ABS 控制单元

ABS 控制单元（图 3.2-55）接收车轮转速传感器送来的信号，并进行处理分析，然后向制动压力调节器输出控制信号。

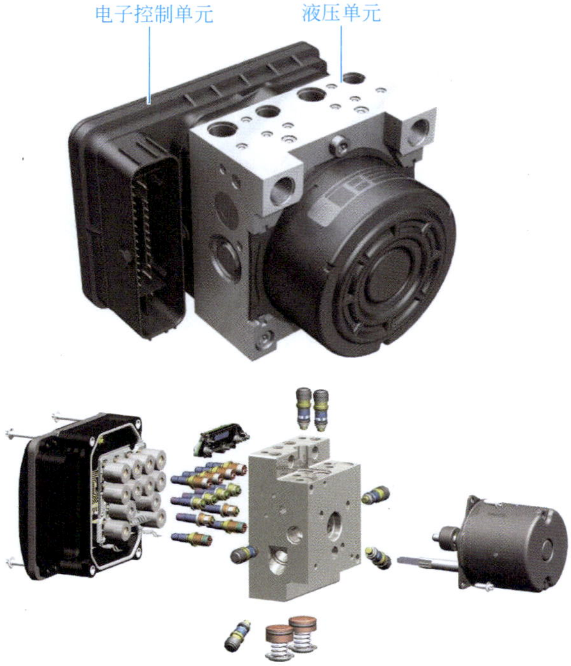

图 3.2-55 ABS 控制单元

3.2.9 转向系统

转向系统（图 3.2-56）决定车辆行驶的方向。该系统负责车辆平稳、稳定以及安全的转向，它必须稳固和完全可靠。转向系统由转向操纵机构、转向机和转向传动机构三个基本部分组成。

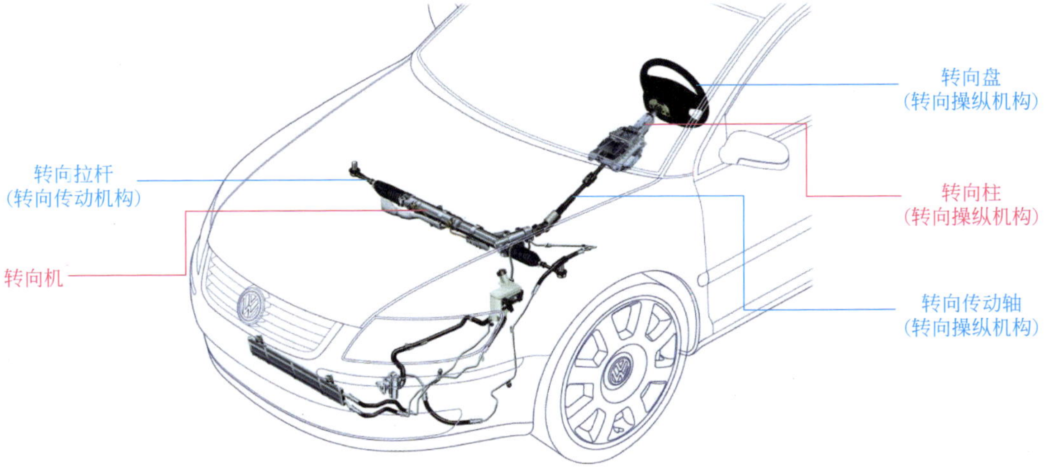

图 3.2-56 转向系统

3.2.9.1 液压动力转向系统

液压动力转向系统主要由转向机、转向助力泵、机油罐（转向油助力油储存罐）组成（图3.2-57）。

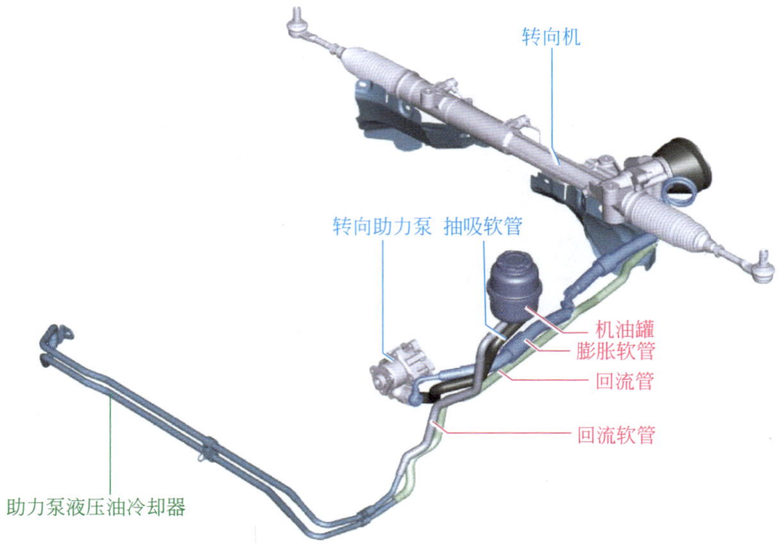

图 3.2-57　液压动力转向系统

液压动力转向系统通过一个液压转向助力泵产生转向助力，该助力泵由发动机的皮带传动机构进行驱动。

3.2.9.2 电动机械式助力转向系统

（1）总体结构　电动机械式助力转向系统（EPS）没有了液压助力系统的液压泵、液压管路、转向柱阀体等结构，结构非常简单，通过减速器以纯机械方式将电动机产生的助力传递到转向系统上。EPS是机电一体化的产品，如图3.2-58所示。

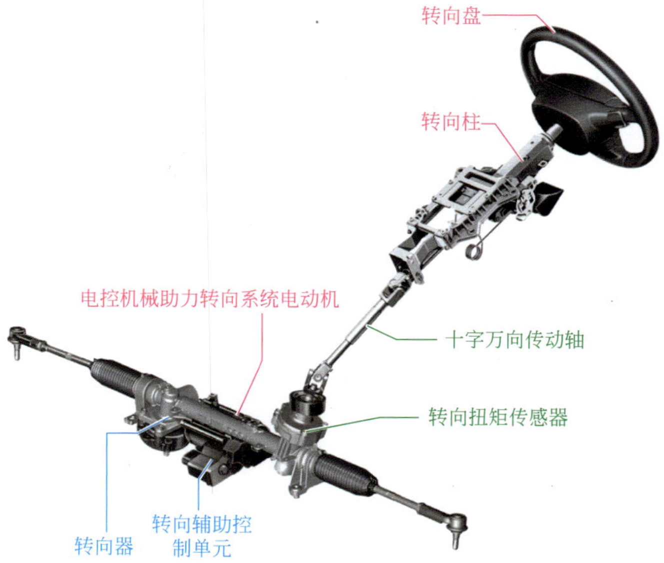

图 3.2-58　电动机械式助力转向系统

（2）电动机械式助力转向系统零部件 见图3.2-59。

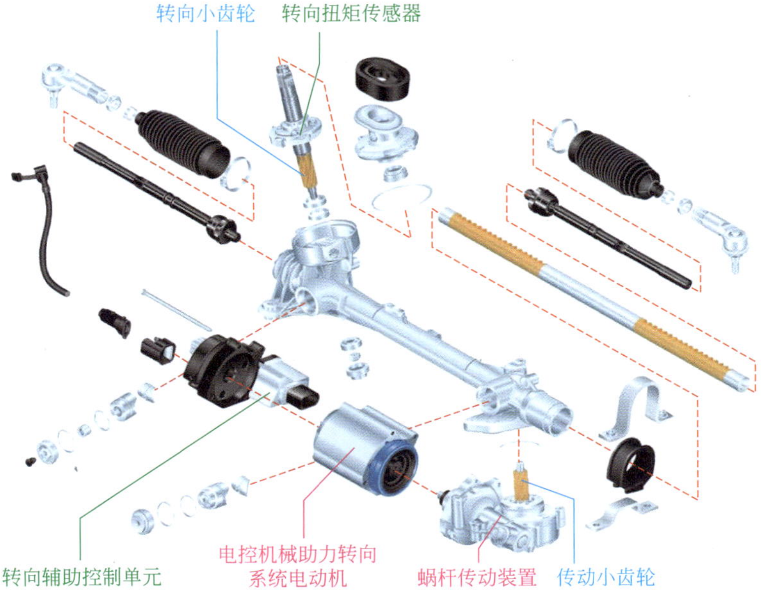

图 3.2-59 电动机械式助力转向系统零部件

（3）电动机械式助力转向系统工作原理 见图3.2-60。

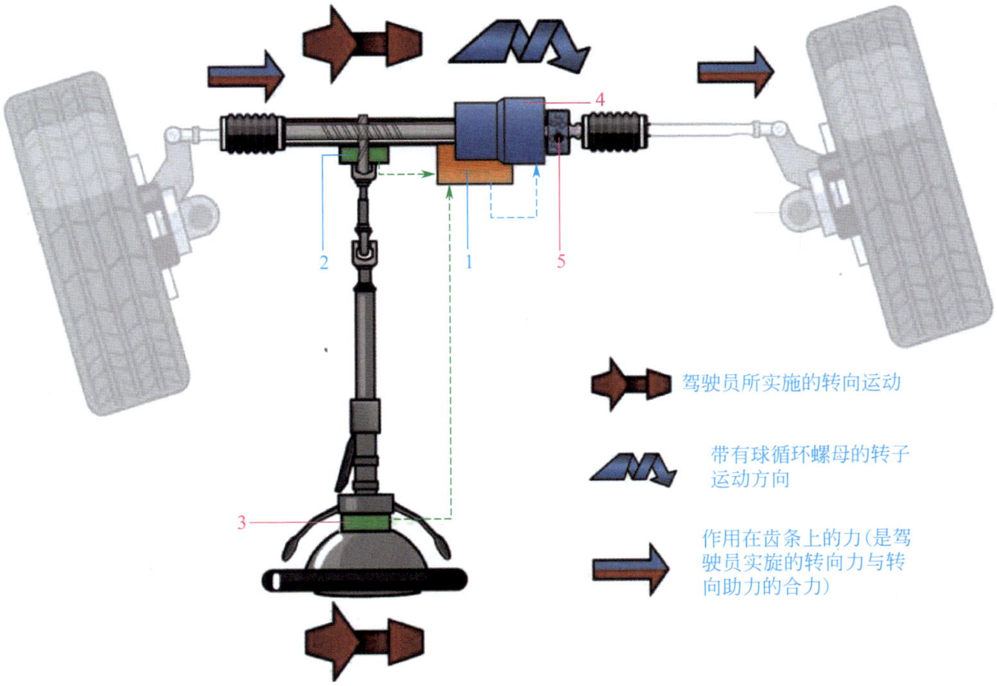

图 3.2-60 电动机械式助力转向系统工作原理

1—电动机械转向系统控制单元；2—转向力矩传感器；3—转向角传感器；4—转向助力电机；5—球循环螺母

❶ 打开驾驶员车门。打开驾驶员车门后，数据总线被唤醒，控制单元间开始通信，进

行例行的初始化，系统开始自检。

❷ 接通点火开关（15 号线接通）。组合仪表内控制单元 J285 短时激活指示灯进行检查。如果确认系统无故障，指示灯在几秒钟后熄灭。

❸ 启动发动机（15 号线接通）。如果发动机的转速超过 500r/min，那么转向助力系统就处于激活状态。如果扭杆未被转向盘上的作用力扭动（由转向力矩传感器来感知），那么转向角传感器的信号就会与转子位置传感器的信号进行同步。这两个测量值之间的相互依赖关系作为特性曲线存储在控制单元中。在随后的车辆行驶中，通过分析转子位置传感器的信号来感知转向运动。该控制单元会考虑到驾驶模式选择系统中所选择的相应设置情况，以便确定使用哪条助力转向特性曲线去进行调节。

❹ 车辆在行驶中。在车辆行驶过程中，转向助力的强度主要是根据转向力矩、转向角和车速来确定的。电动机的激活电流由控制单元计算出来，定子绕组由末级功放通上相应的电流。电动机通过滚珠丝杠作用到齿条上的力，会增大驾驶员施加在方向盘上的转向力。

❺ 断开转向助力。车辆还在行驶中如果关闭了发动机，那么当车速低于某一时速时（如设计为 7km/h）助力转向装置就自动关闭。

04

第4章 车 身

4.1 车身材料

扫一扫 看视频

车架材料质量分布如图 4.1-1 所示。

图 4.1-1 车架材料质量分布

4.2 车身结构

车身（图 4.2-1）由白车身及其装备件构成。车身必须具有扭转刚度、被动安全性并实现较小风阻。白车身由车辆前端、地板总成、侧框架、车顶和车身后端组成。此外还包括车门、发动机室盖和后备厢盖。

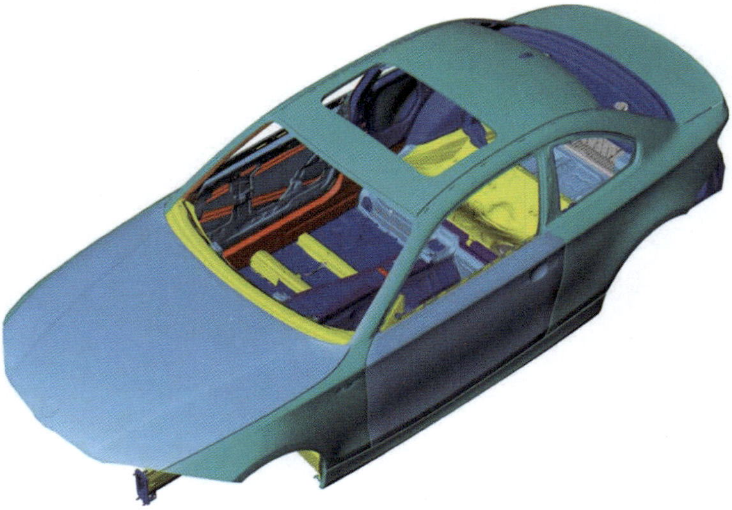

图 4.2-1　车身（白车身，带有车门、发动机室盖和后备厢盖）

4.3 车身碰撞

扫一扫

看视频

4.3.1 正面碰撞

被动安全性要求车辆乘员区足够稳定坚固，即在发生高速碰撞事故时乘员区为乘员提供最高等级的保护。所采用的设计方案是通过多个负荷路径使传递到车身结构上的作用力经过发动机支架和底盘分布到乘员区上，从而确保各承载结构承受较小的负荷峰值。具体来说就是协调利用从车轮到车门槛的负荷路径，将发动机支架负荷分布到 A 柱、车门槛和贯穿式纵梁结构上。无论发生哪种类型的正面碰撞事故，都会促使车轮沿直线方向向后移向车门槛。因此产生了一个主负荷路径，该路径从障碍物 / 事故对方经过车轮至车门槛，为承受碰撞负荷车门槛提供了一个坚固的附加成型件（侧面纵梁附属件）。

发动机支架负荷从前围板前部经过前围板下部支撑梁传递至两个 A 柱内和车辆另一侧。此外，还通过中间通道上的连接板在背面支撑前围板下部的支撑梁。发动机支架与变速箱支架托架之间的连接构成了另一个负荷路径。通过这种方式使所需要的各种成型件能够满足最佳功能要求。

为了尽量减小前围板负荷和前围板向内挤压的高度，设计发动机支架时要求其按指定方式向外弯曲并形成相应的变形路径。经过车轮罩支撑梁传递至白车身的负荷分布在 A 柱上，经过车轮罩支撑梁加强件传递的负荷分布在车门槛内。这样可以降低 A 柱承受的负荷并使 A 柱后移程度降至最低。这种设计方案一方面可确保承受高碰撞负荷后车门仍然可以打开；另一方面可防止车门因碰撞负荷过高而自动打开。正面碰撞示意图如图 4.3-1 所示。

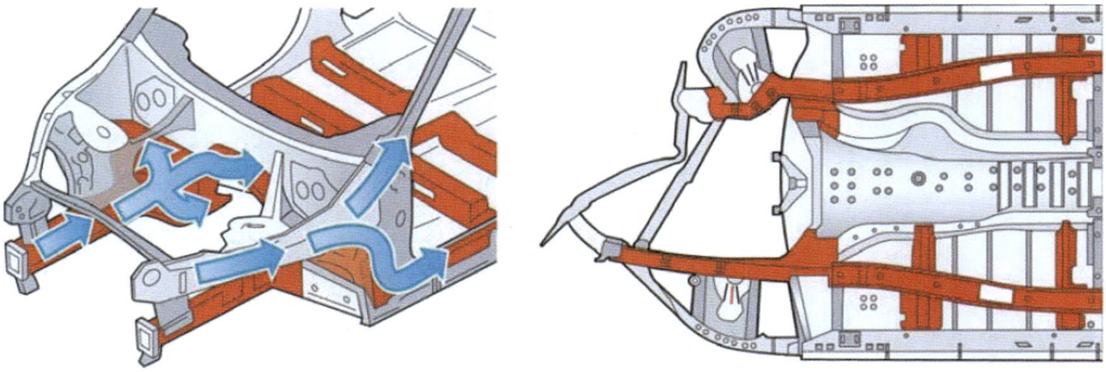

图 4.3-1　正面碰撞示意图

4.3.2　侧面碰撞

发生侧面碰撞时，白车身也有助于尽可能防止乘员受伤。为此应准确协调钢板结构与乘员保护系统的相关特性。例如有些车型，采用的设计方案是，使 B 柱在任何测试负荷条件下都尽可能保持直立状态并以整体方式挤向车内。B 柱中部承受的碰撞负荷最高。为了正确对待这种情况且保留轻型结构方案，在此采用了由一种最高强度材料制造、对碰撞性能有决定性影响的 B 柱加强件，即通过轧制方式使 B 柱中间区域的壁厚明显大于顶端和底端区域（图 4.3-2）。

通过这个设计原则能够以最佳方式调整 B 柱变形特性以承受负荷。此后负荷通过车辆的横梁结构继续分布，因此地板上方出现的负荷通过座椅横梁传递到车辆未受碰撞的一侧。地板下方也有不同的横梁结构执行这项功能。在车顶区域内由刚性连接的车顶框架执行这项功能，在全景天窗车型上则由带有高刚度纵梁和横梁结构的车顶系统负责。

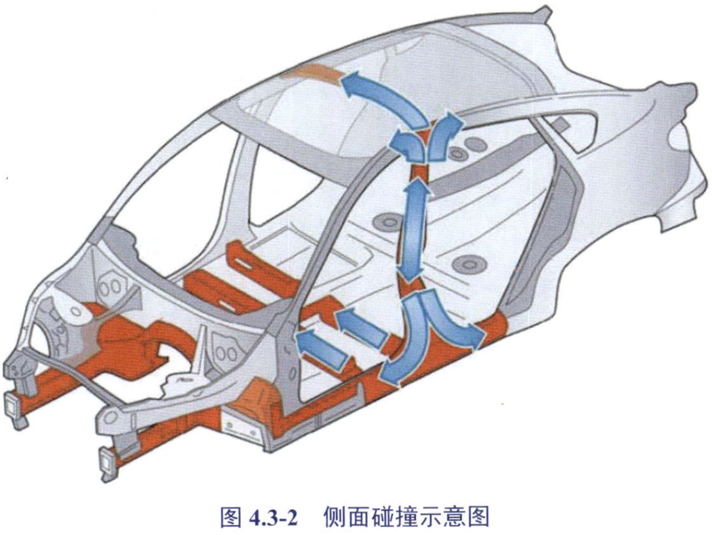

图 4.3-2　侧面碰撞示意图

CHAPTER 5

05

第5章 电气系统

5.1 起动机

起动机将蓄电池的电能转化为机械能，驱动发动机飞轮旋转，实现发动机的启动。起动机由直流电动机、传动机构、控制装置（电磁开关）组成（图 5.1-1）。

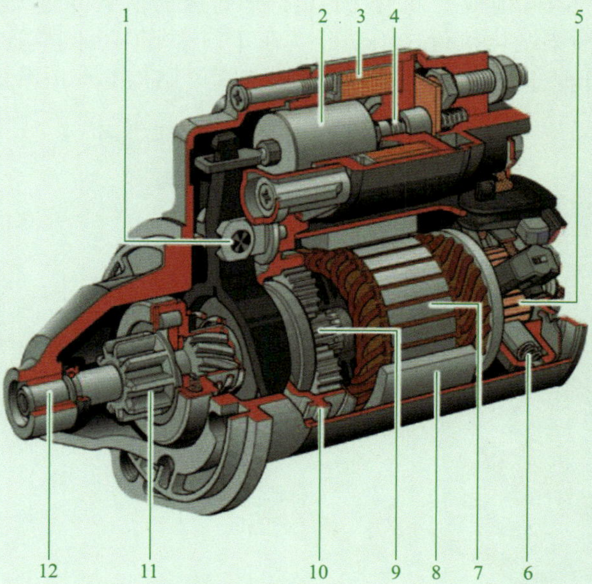

图 5.1-1 起动机

1—啮合拨叉轴；2—继电器电枢；3—继电器线圈；4—继电器弹簧；5—集电环；6—碳刷；7—转子（电枢）；8—永久磁铁；9—行星齿轮箱；10—带有减振装置的烧结齿圈；11—小齿轮；12—传动机构轴承

5.2 发电机

发电机（图 5.2-1）是汽车的主要电源，其功用是在发动机正常运转（怠速以上）时，向起动机以外的所有用电设备供电，并向蓄电池充电。

普通交流发电机一般由转子、定子、整流器、前后端盖、带轮等组成。发电机由汽车发动机驱动，在发动机正常工作时，发电机对除起动机以外所有用电设备供电，并向蓄电池充电，以补充蓄电池在使用中所消耗的电能。

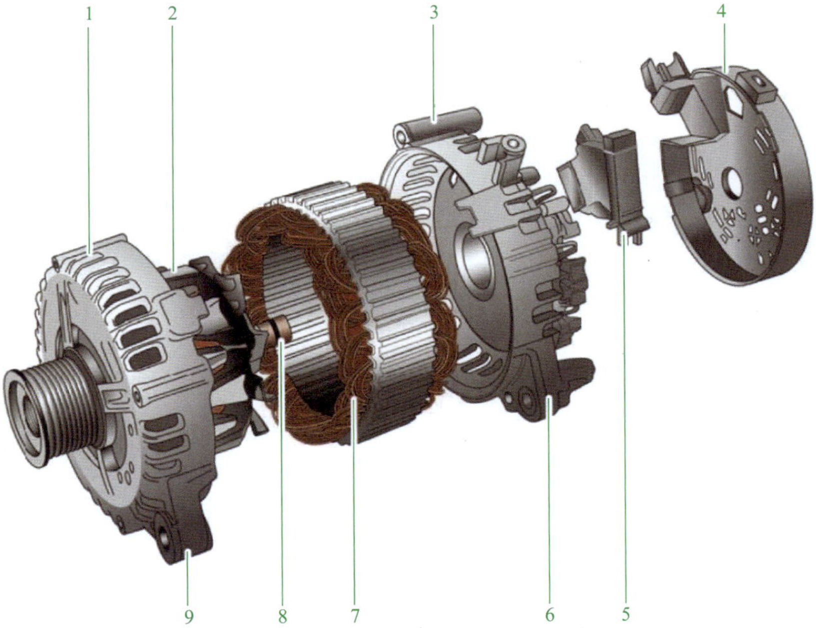

图 5.2-1　发电机

1—前部轴承盖；2—转子；3,9—固定装置；4—罩盖；5—调节器；6—后部轴承盖；7—定子绕组；8—滑环

5.3 空调系统

5.3.1　空调制冷系统组成

空调制冷系统的主要部件有压缩机、储液罐、蒸发器和冷凝器等（图 5.3-1）。其基本原理就是利用制冷剂由液态转变为气态或气态转变为液态的过程，吸收或释放热量。

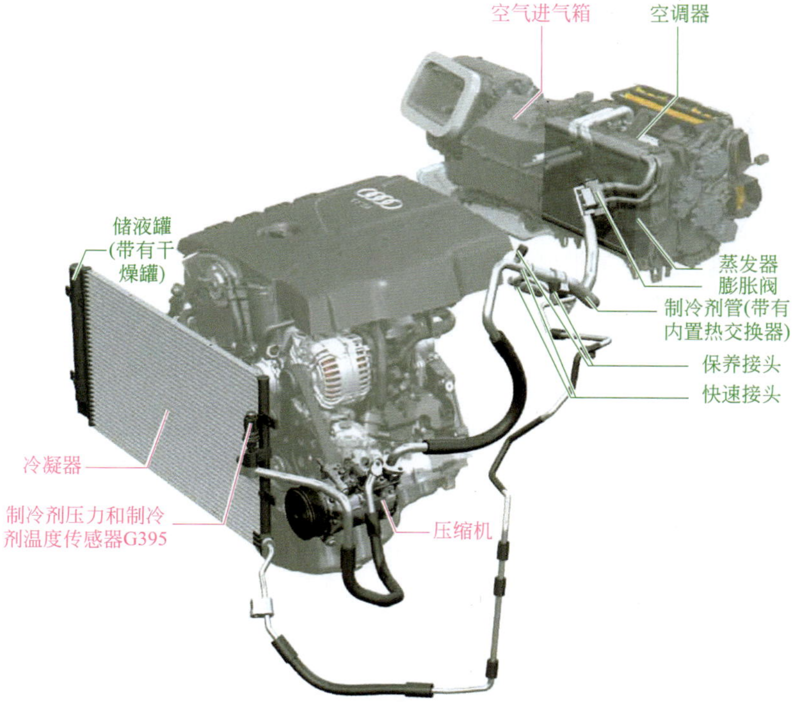

图 5.3-1　空调制冷系统

5.3.2　空调制冷循环

制冷剂循环回路（图 5.3-2）分为四个部分：低压，气态形式；高压，气态形式；高压，液态形式；低压，液态形式。在管道内制冷剂也可以分为两种不同的物质状态——气态与液态。

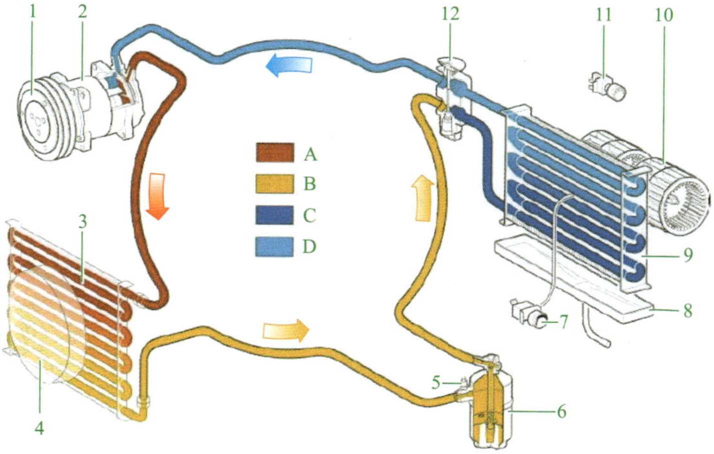

图 5.3-2　空调制冷循环

A—高压，气态形式；B—高压，液态形式；C—低压，液态形式；D—低压，气态形式；
1—电磁离合器；2—压缩机；3—冷凝器；4—辅助风扇；5—压力传感器；6—储液罐；7—蒸发器温度传感器；
8—冷凝水排水槽；9—蒸发器；10—蒸发器风扇；11—风扇开关；12—膨胀阀

小贴士

进入压缩机内的制冷剂必须是气态的，否则会损坏压缩机。

一种物质在三态变化时，将伴随着吸收或释放热量。液态变为气态（蒸发）时吸收热量；气态变为液态（冷凝）时释放热量。汽车空调系统的制冷原理就是利用制冷剂由液态转变为气态或气态转变为液态的过程，吸收或释放热量。汽车空调制冷循环，具体过程由以下四个部分组成。

（1）压缩过程 低温低压的气态制冷剂被压缩机吸入，并压缩成高温高压的制冷剂气体。该过程的主要作用是压缩增压，这一过程是以消耗机械功作为补偿。在压缩过程中，制冷剂状态不发生变化，而温度、压力不断上升，形成过热气体。

（2）冷凝过程 制冷剂气体由压缩机排出后进入冷凝器。此过程的特点是制冷剂的状态发生改变，即在压力和温度不变的情况下，由气态逐渐向液态转变。冷凝后的制冷剂液体呈高温高压状态。

（3）节流膨胀过程 高温高压的制冷剂液体经膨胀阀节流降压后进入蒸发器。该过程的作用是制冷剂降温降压、调节流量、控制制冷能力。其特点是制冷剂经过膨胀阀时，压力、温度急剧下降，由高温高压液体变成低温低压液体。

（4）蒸发过程 制冷剂液体经过膨胀阀降温降压后进入蒸发器，吸热制冷后从蒸发器出口被压缩机吸入。此过程的特点是制冷剂状态由液态变化成气态，此时压力不变。节流后，低温低压液态制冷剂在蒸发器中不断吸收气化潜热，既吸收车内的热量又变成低温低压的气体，该气体又被压缩机吸入再进行压缩。

5.3.3 两区域空调系统

驾驶员和前乘客在左右两侧独立调节温度以及从五个不同强度等级中选择各自所需的自动程序。见图 5.3-3。

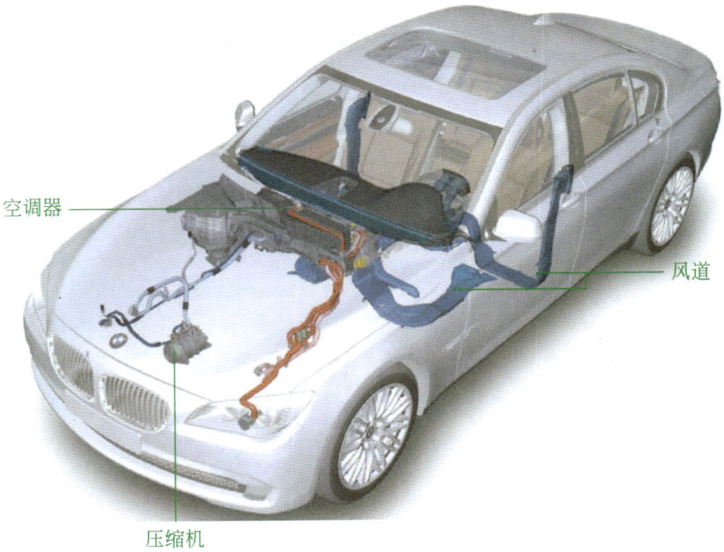

图 5.3-3 两区域空调系统

5.3.4 四区域空调系统

后座区乘员也可以通过附加安装的后座区自动空调操作面板和控制单元选择单独调节温度及自动空气分布。可通过四个操作区域对车内四区域独立进行调节。见图 5.3-4。

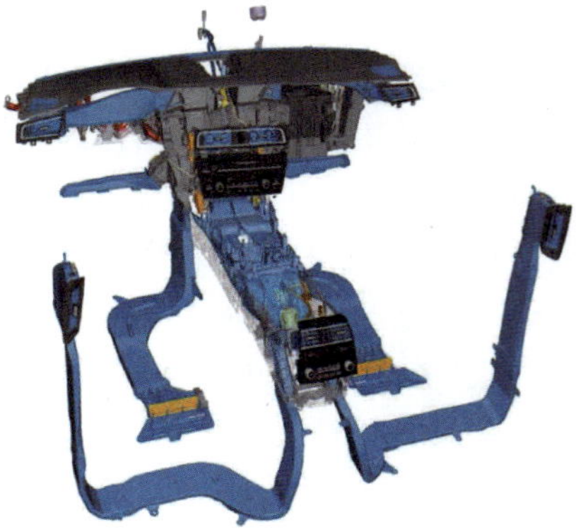

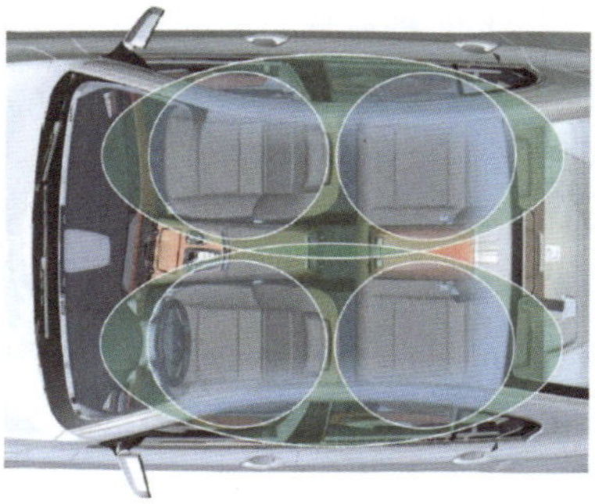

图 5.3-4 四区域空调系统布局和覆盖区域（前排和后排分区覆盖）

5.3.5 暖风和空调器

空气通过鼓风机电动机与暖风和空调器之间的防尘套进入暖风及空调器的滤清器壳体。在滤清器壳体内，新鲜空气运行模式和循环空气运行模式下的空气通过组合过滤器（使用活性炭）进行净化，随后输送到蒸发器和暖风热交换器。空气根据暖风和空调系统的设置以及外部与内部温度情况首先在蒸发器处进行冷却，必要时重新在暖风热交换器处进行加热（图 5.3-5）。

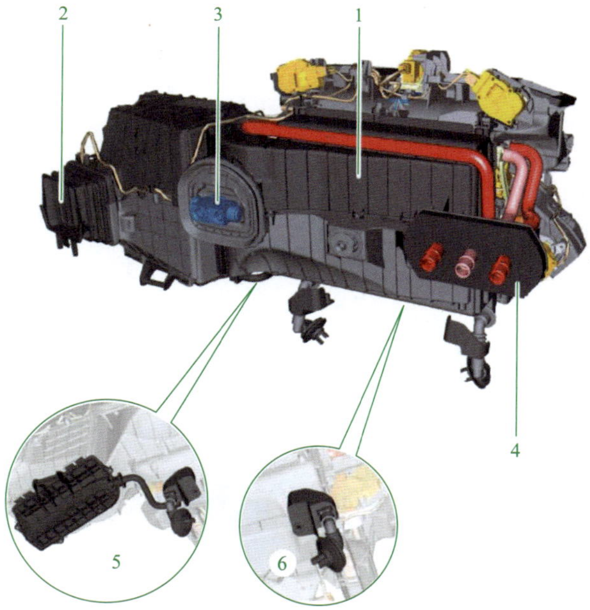

图 5.3-5 暖风和空调器

1—暖风和空调器；2—通过防尘套输送空气；3—制冷剂循环回路 / 膨胀阀接口；4—至暖风热交换器的管路接口；5—滤清器壳体及右侧暖风和空调器的冷凝水出口；6—左侧暖风和空调器的冷凝水出口

5.3.6 空调压缩机

斜盘式压缩机（图 5.3-6）是目前汽车空调的主要机型。

外部调节式空调压缩机带有控制单元，无级控制压缩机内的调节阀。

例如，如果需要较高的制冷功率，控制单元就会控制调节阀。脉冲宽度调制电压信号使调节阀内的柱塞移动。电压供给的持续时间确定了调节行程，通过调节可以改变高压与曲柄箱内压力之间的调节阀开启截面面积。

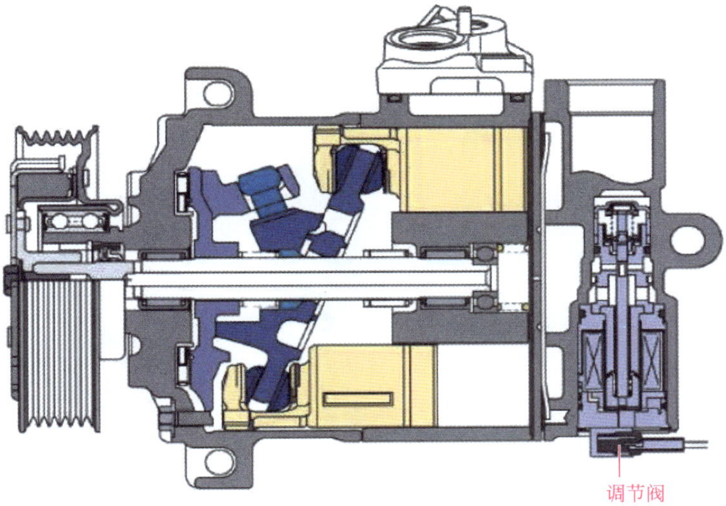

图 5.3-6 斜盘式压缩机

5.3.7 冷凝器

冷凝器（图 5.3-7）由蛇形管和鳍片组成，鳍片与管固定连接在一起，因此热交换面积大且热传递效果好。冷凝器的任务是将制冷剂在压缩机内压缩过程中吸收的能量通过散热片以热量形式散发到车外空气中去，从而使之前气态形式的制冷剂重新变为液态形式。

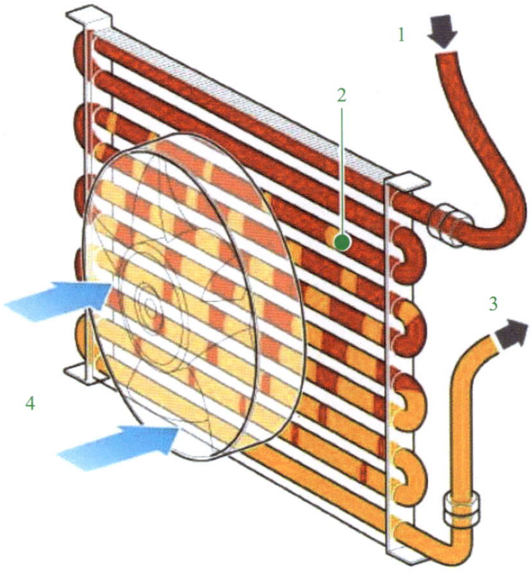

图 5.3-7 冷凝器

1—入口处制冷剂温度；2—露点；3—出口处制冷剂温度；4—车外空气温度

5.3.8 外部储液干燥器

储液罐作为制冷剂的膨胀容器和储罐使用。干燥剂可以吸收水分，吸收量取决于温度，温度降低时吸收量提高。

干燥器（图 5.3-8）还可以过滤掉压缩机磨损产生的颗粒、安装时的污物或类似物质。

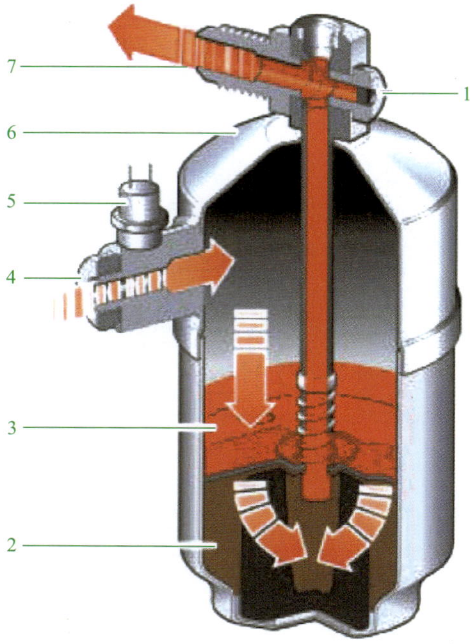

图 5.3-8　干燥器

1—安全阀；2—过滤干燥器；3—滤网；4—接口（自冷凝器）；5—压力传感器；6—壳体；7—连接膨胀阀的输出接口

5.3.9　膨胀阀

膨胀阀（图 5.3-9）根据蒸发器出口处制冷剂蒸气所谓的“过热”参数来调节至蒸发器的制冷剂流量。

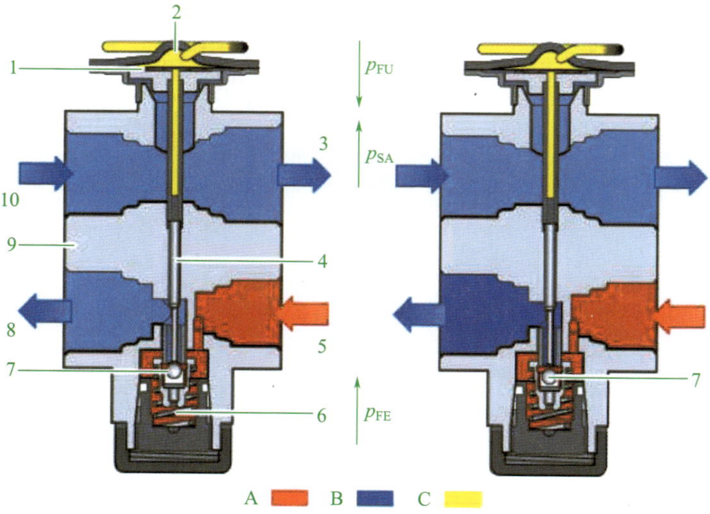

图 5.3-9　膨胀阀

1—隔膜；2—探测气体；3—至压缩机；4—针阀；5—自冷凝器；6—弹簧；7—钢球；8—至蒸发器；9—壳体；10—自蒸发器；A—高压；B—低压；C—探测气体压力；p_{FU}—传感器管路内的压力（传感器充气）；p_{SA}—蒸发器压力（低压）；p_{FE}—调节弹簧力

5.3.10 蒸发器

蒸发器（图 5.3-10）由带有压上式鳍片的蛇形管组成。制冷剂流过蛇形管，风扇将待冷却的空气吹过这些鳍片。为改善热传导效果，鳍片具有较大的表面面积。

由于蒸发器是从外侧吸收空气中的热能并将其向内侧传到制冷剂中，因此蒸发器是以热交换器方式工作的。在此最重要的因素是从液态变成气态时通过制冷剂吸收能量。这个过程需要较多的热能，热能从有空气流过的鳍片中吸收过来。

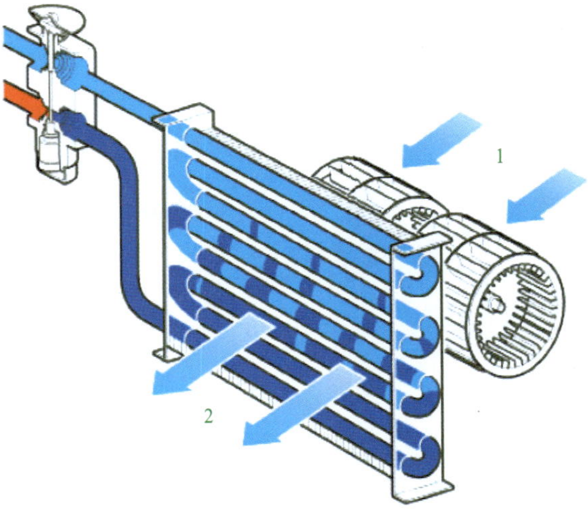

图 5.3-10　蒸发器

1—进气；2—出气

5.4 安全气囊

5.4.1 安全气囊组成与原理

安全气囊系统（图 5.4-1）由气囊与充气机构（气体发生器）组成的整体式安全气囊模块、感知碰撞并向安全气囊模块发出展开指令的碰撞传感器系统以及传送由传感器发出的信号的线束构成。

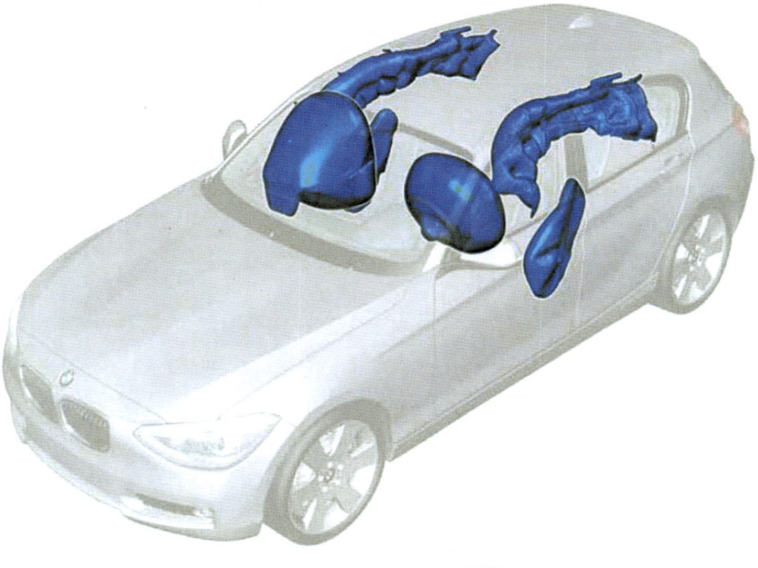

图 5.4-1　安全气囊系统

为了确保气囊能够展开，气囊必须在几毫秒内充满一种无害气体，这项任务由气体发生器负责完成。

安全气囊的触发需要借助使用燃爆材料的气体发生器或混合式气体发生器，前者将燃爆材料转化为气体，后者将存储的气体充入安全气囊。

5.4.2 驾驶员安全气囊

驾驶员侧前部安全气囊位于转向盘缓冲垫内（图 5.4-2）。其任务是与安全带配合使用，降低正面碰撞时驾驶员受伤的危险。驾驶员安全气囊配有一个气体发生器。

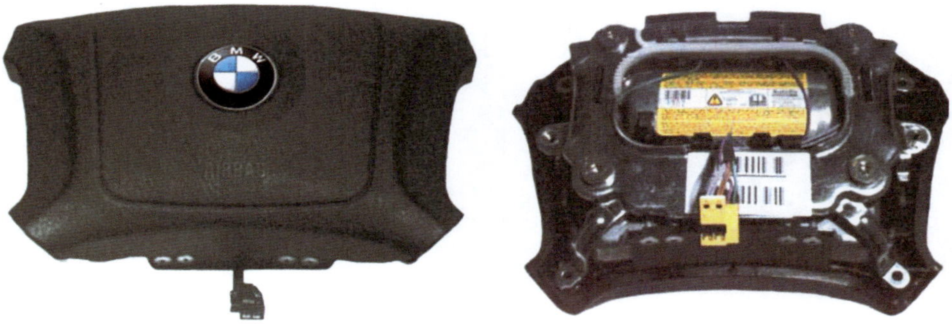

正面　　背面

图 5.4-2　两级驾驶员侧前部安全气囊

5.4.3 前乘客安全气囊

前乘客安全气囊的任务是，降低正面碰撞时前乘客受伤的危险。前乘客安全气囊位于仪表板内，展开时在规定位置处冲开仪表板。

图 5.4-3　前乘客安全气囊模块的气体发生器（使用固态燃爆材料）

5.4.4 集成在车门内的侧面安全气囊

（1）侧面安全气囊 安全气囊模块固定在车门饰板后的车门内板上（图 5.4-4）。车门饰板上有一个盖罩或一条撕开缝，发生碰撞时侧面安全气囊通过此处展开。

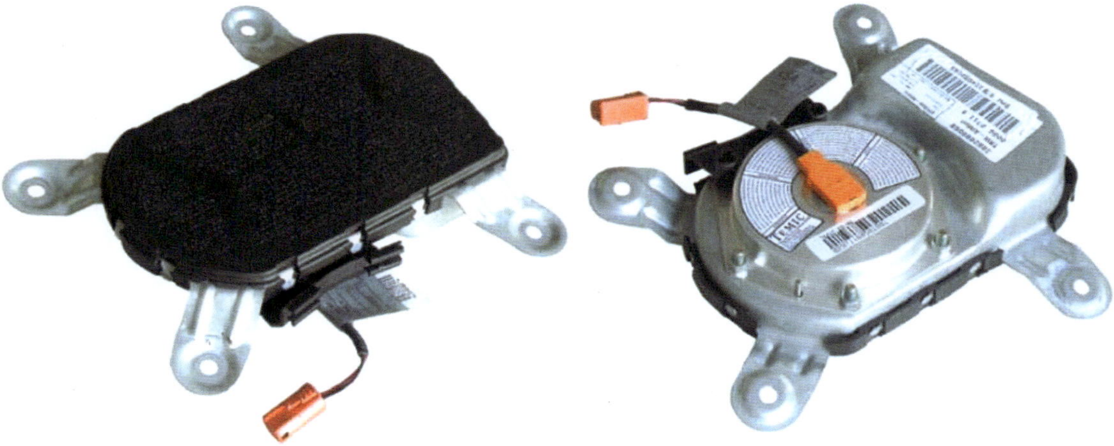

图 5.4-4 集成在车门内的侧面安全气囊

（2）车门压力传感器 车门压力传感器（图 5.4-5）位于车门内板上，用于测量车门内部区域的压力。车门压力传感器也用于识别侧面碰撞。

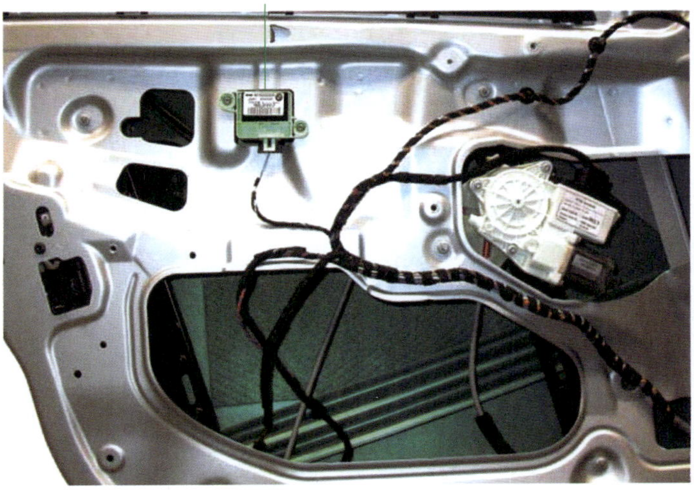

图 5.4-5 车门压力传感器

5.4.5 集成在座椅内的侧面安全气囊

集成在座椅内的侧面安全气囊，其安全气囊模块位于座椅套下（图 5.4-6）。侧面安全气囊以折叠方式与气体发生器一起放在一个塑料壳体，即安全气囊模块内。安全气囊模块固定在座椅靠背内，在标准座椅上由座椅套盖住。侧面安全气囊通过预定冲开位置向外弹出并在车门与乘员之间展开。车门与乘员之间的气囊提供适度的碰撞缓冲，从而降低乘员承受的负荷。

图 5.4-6　集成在座椅内的侧面安全气囊

> **小贴士**
>
> 注意不要安装附加座套，因为这些座套对安全气囊的功能影响很大，甚至会导致安全气囊失效。

5.4.6　帘式安全气囊

帘式安全气囊从 A 柱延伸至 C 柱并覆盖头部高度的整个侧面区域。

发生侧面碰撞事故时，系统引爆安装在 B 柱与 C 柱之间的气体发生器（图 5.4-7）。气体从压力容器经过两个喷气嘴喷入帘式气囊内。通过帘式气囊前部和后部同时充气可确保空气垫均匀充气。

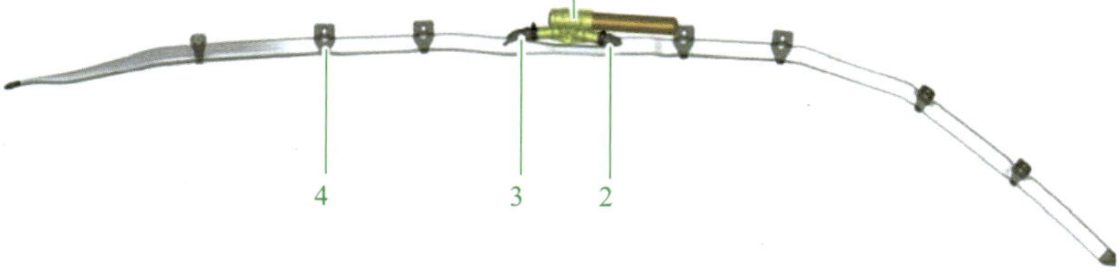

图 5.4-7　已折叠的帘式安全气囊

1—混合式发生器；2—前部喷气嘴；3—后部喷气嘴；4—安全气囊固定件

由于帘式安全气囊固定在 A 柱和 C 柱上，因此可确保头部安全气囊位置准确。此时帘式安全气囊在侧窗玻璃及立柱饰板与乘员之间展开（图 5.4-8）。

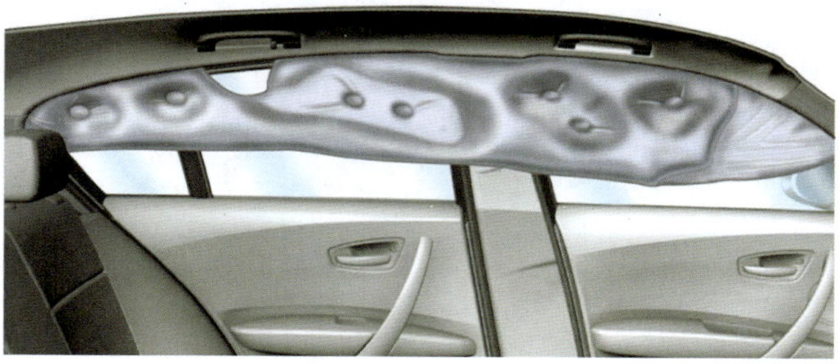

图 5.4-8　已展开的驾驶员侧帘式安全气囊

5.4.7　C 柱头部安全气囊

C 柱头部安全气囊（图 5.4-9）安装在 C 柱上方的车顶区域内。发生侧面碰撞事故时，头部安全气囊在 C 柱与后部乘员头部之间展开。

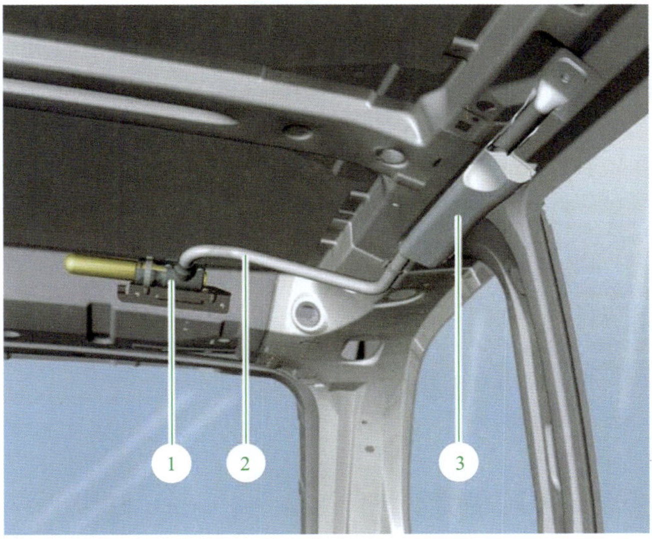

图 5.4-9　C 柱头部安全气囊

1—混合式气体发生器；2—压力软管；3—安全气囊模块

5.5 照明系统

5.5.1　卤素大灯

卤素大灯（图 5.5-1）配有一个手动照明距离调节装置，可通过车灯旋钮上的电位计进行设置。

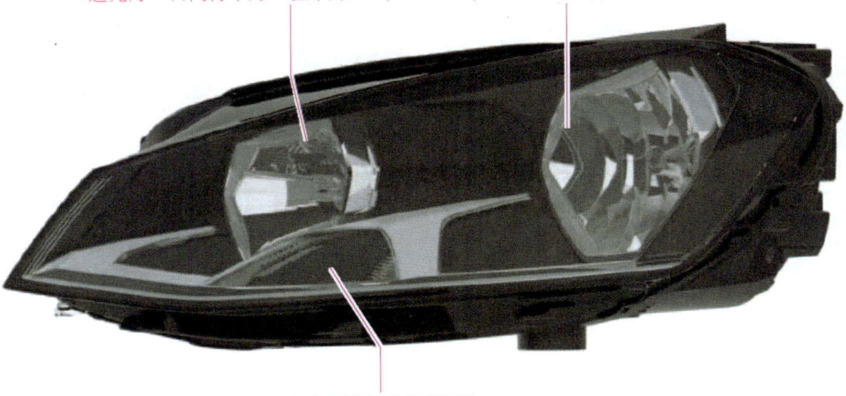

图 5.5-1　卤素大灯

5.5.2 双氙气大灯

双氙气大灯使用的是氙气灯泡。静态弯道灯集成在大灯中。日间行车灯/驻车灯使用PW24W灯泡，在作为日间行车灯时为全照明亮度，而作为驻车灯时亮度将调暗。

(1) 不带动态弯道灯的双氙气大灯 对于不带动态弯道灯功能的双氙气大灯，其氙气灯泡、近光灯和驻车灯的U形镀铬镶边是与其他大灯进行区分的外部特征。

(2) 带动态弯道灯的双氙气大灯 对于带动态弯道灯的双氙气大灯，其日间行车灯是由若干个LED灯组成的LED灯组，并以U形围绕在D3S氙气灯泡周围。根据具体功能（日间行车灯或行车灯）控制LED的亮度。

LED单元的逻辑命令是，在极少状况下，如果一个LED出现失灵，则整个LED灯组将被关闭。作为行车灯时，LED灯组的功率消耗约为4.4W（调暗），作为日间行车灯时功率消耗约为8.5W。

(3) 带动态车灯辅助系统（DLA）的双氙气大灯 带动态车灯辅助系统的双氙气大灯在驻车灯和近光灯周围也带有U形的透明塑料镶边。

5.5.3 后车灯

后车灯（尾灯、制动灯、转向信号灯、反射器）采用的是传统的灯泡技术（图5.5-2）。尾灯和制动灯的两个固定照明区域，以及后备厢盖内的尾灯均通过白炽灯泡进行照明。例如高尔夫轿车，高位制动灯采用LED技术，拥有若干个LED。当后备厢打开时，将关闭安装在后备厢盖内的照明灯，但高位制动灯依然亮起。

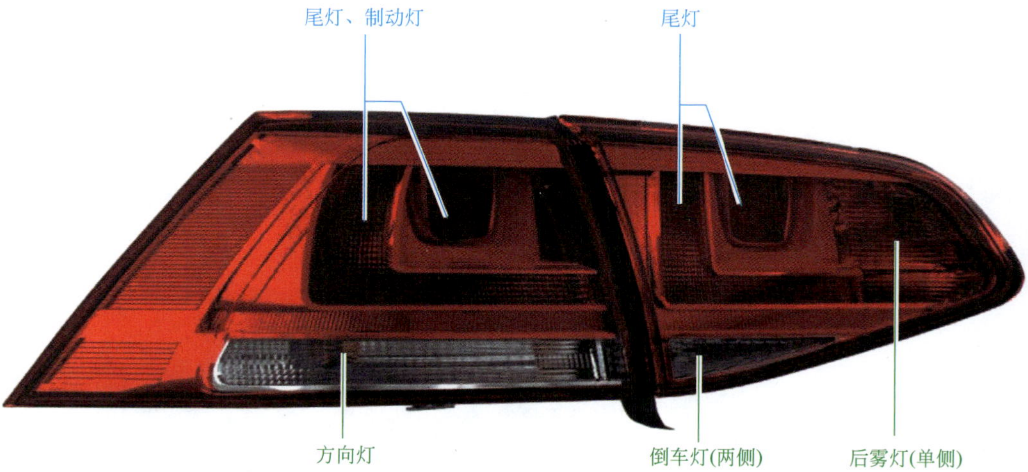

图5.5-2 后车灯

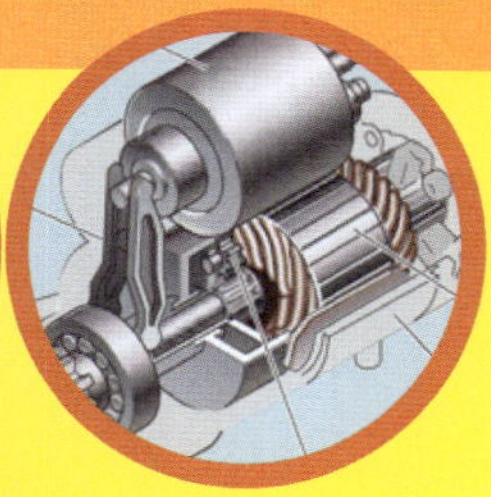

下篇

汽车维修与故障排除

06 第6章 汽车维修基础知识

6.1 走进汽修厂

6.1.1 熟悉汽车维修职业和岗位

（1）汽车维修工的职业素养 汽车维修技工（机电维修）应了解与本岗位相关的法规、标准及工作流程等。能掌握发动机、变速箱、悬架、底盘、电器及电子控制系统的基本原理、故障诊断及维护修理方法，能熟练使用专用工具及相关故障诊断仪。

从客户描述故障、通过自己对故障现象确认、故障诊断分析，到判断故障发生部位、更换 / 维修故障元件、路试 / 自检、交单完工，这一整套维修作业都必须能独立完成。

（2）汽车维修岗位设置 见表6.1-1。

表 6.1-1 汽车维修岗位设置

分类		岗位技术能力特点
车间一线技术工人	机电维修	熟练机械修理，精通电器 / 电气设备、电路维修，故障诊断分析能力强，树立以养代修的现代汽车维修观
	钣金（车身）维修	保证钣金工艺工作质量
	喷涂（车身涂装）	保持整个喷涂作业流程清洁，保证喷涂工艺流程及油漆质量效果

（3）汽车维修车间安全事项

❶ 车间维修现场安全。

a. 始终使工作场地保持干净来保护自己和其他人免受伤害。

b. 不要把工具或零件留在自己或者其他人有可能踩到的地方。应将其放置在工作架或工作台上，并养成好习惯。

c. 立即清理干净任何飞溅的燃油、机油或者润滑脂，防止自己或者他人滑倒。

d. 不要在开关、配电盘或电动机等附近使用可燃物。因为它们容易产生火花，并造成火灾。

❷ 使用工具工作时，遵守安全操作规程；采取必要的预防措施以防止发生伤害。

6.1.2 了解汽车维修基本流程

汽车维修的基本流程见图 6.1-1。汽车维修任务协调示意图如图 6.1-2 所示，图中技术员为车间一线维修工，技师领队为班组长或技术总监。

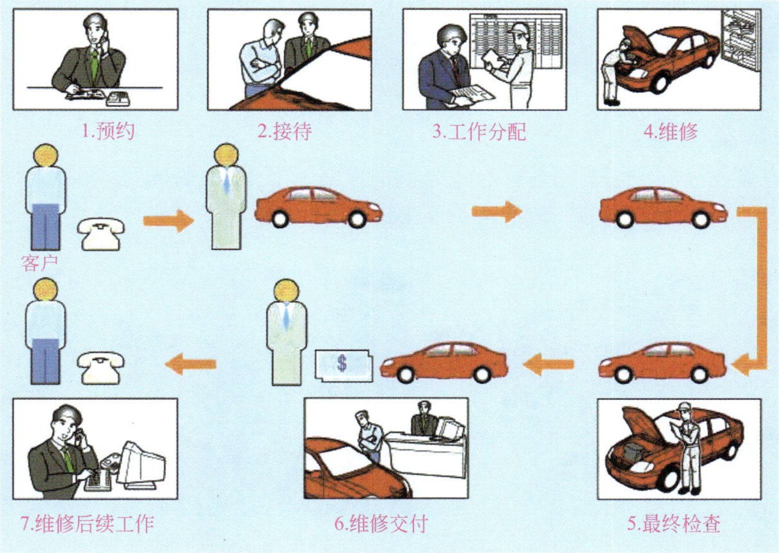

图 6.1-1　汽车维修的基本流程

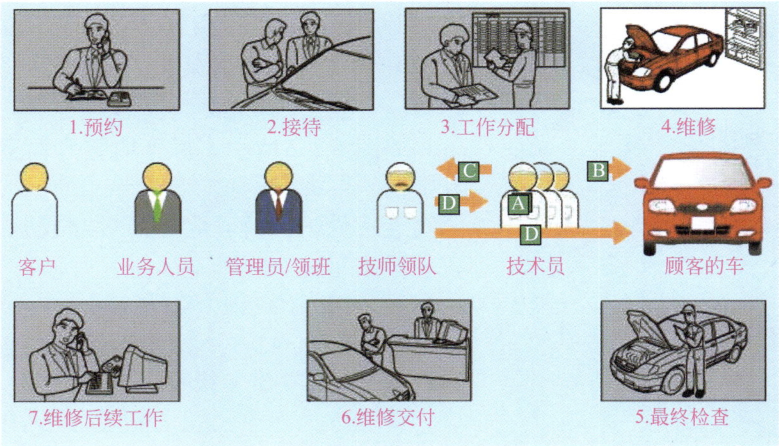

图 6.1-2　汽车维修任务协调示意图

A—接收 / 检查修理单，接收用于修理的订购零件；B—在允许的时间内进行工作；C—向班组长、技术总监确认工作完成；D—对技术难度高的工作请求班组长和技术总监提供指导和帮助

6.2 走进汽修车间

6.2.1 常用汽修工具及设备

汽车维修用工具分为普通工具和专用工具。螺丝刀、钳子、棘轮扳手、弯把、接杆、梅花扳手、开口扳手、活动扳手等都是一些常用的利用率极高的普通工具；专用的工具和设备有空调压力表、万用表、汽油泵拆卸工具、压力机、安装活塞的专用工具等。还有一些比较大型的设备，包括举升机、气泵、四轮定位仪、轮胎拆装机、轮胎动平衡机、自动变速器油加注机等。

6.2.1.1 常用汽修工具

（1）套头（套筒） 套头见图 6.2-1。套筒呈短管状，一端内部呈六角形或十二角形，与配套快速扳手或者是连接杆、弯把配合使用。

图 6.2-1 套头（套筒）

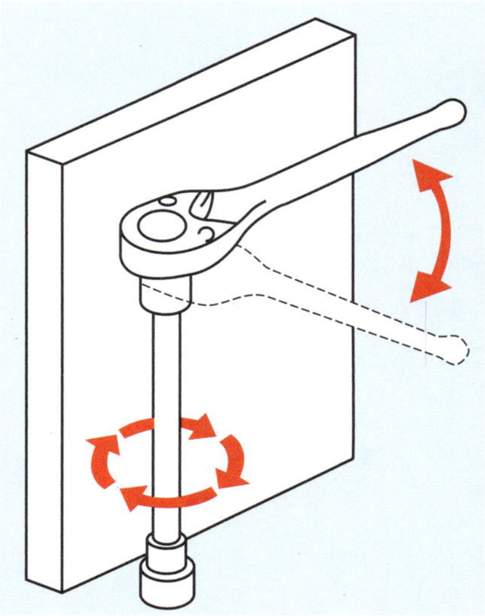

图 6.2-2 套头和快速棘轮手柄的使用

套筒类型也很多，如六角长套筒（拆装火花塞就可以用这样的套筒）、六角或十二角花形套筒、风动套筒（气动工具用套筒）、旋具套筒等。

（2）快速棘轮手柄（快把）

如图 6.2-2 所示，操作时将套筒套在配套手柄的方榫上，再将套筒套住螺栓或螺母，左手握住手柄与套筒连接处，保持套筒与所拆卸或紧固的螺栓同轴，右手握住配套手柄加力。

（3）内六角（内六花键）螺栓

拆卸如图 6.2-3 所示的螺栓，则必须使用专用的内六角（内六花键）扳手。

（4）扭力扳手 扭力扳手主要用于有规定扭矩值的螺栓和螺母的装配，如气缸盖、连杆、曲轴主轴承等处的螺栓。常用的扭力扳手有指针式和预置力式以及电子式等。

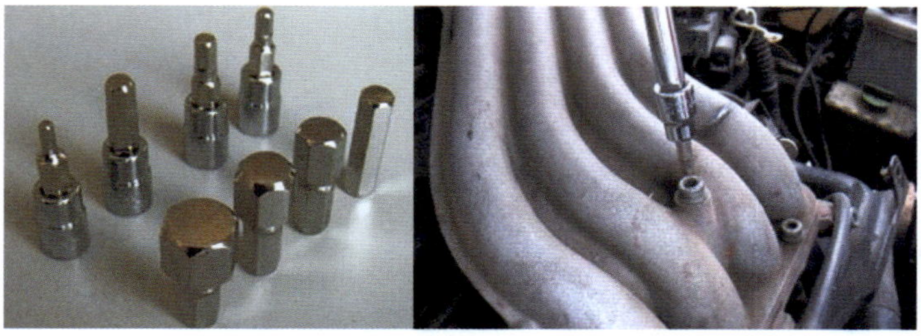

图 6.2-3　进气歧管上的内六角螺栓

预置力扭力扳手（图 6.2-4）可通过旋转手柄，预先调整设定扭矩，力矩扳手工作时达到设定扭矩，即可听到“咔哒”声响，说明螺栓或螺母锁紧力矩到位，停止加力。

（5）滑杆　滑杆（图 6.2-5）是套筒专用配套手柄，横杆部可以滑动调节。

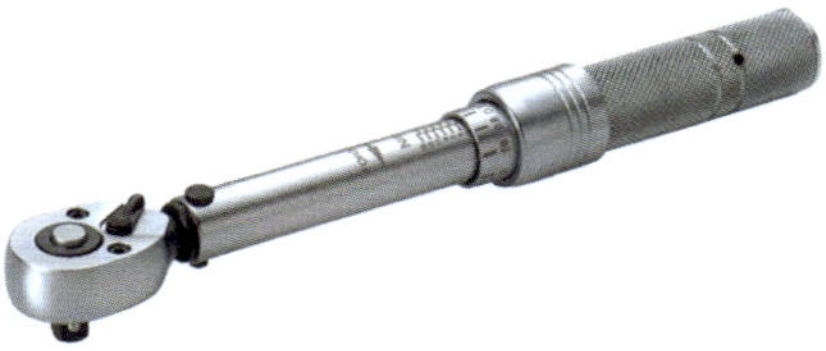

图 6.2-4　预置力扭力扳手

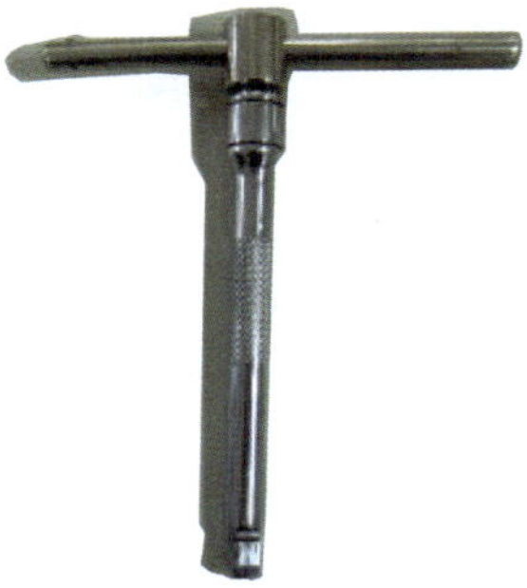

图 6.2-5　滑杆

（6）旋柄　旋柄（图 6.2-6）也是套筒配套手柄，它可以与套筒头及旋具（螺丝刀）头配合，与螺丝刀手柄类似。

图 6.2-6　旋柄

（7）万向接头　万向接头的方形套头部分可以前后或左右移动，配套手柄和套筒之间的角度可以自由变化，在普通 L 形手柄不能放置的维修位置，视情况使用万向接头，这样适度改变所需操作角度，达到顺利拆装目的。万向接头见图 6.2-7。

（8）可弯式接杆　可弯式接杆为弹簧形式连接。可弯式接杆见图 6.2-8。

图 6.2-7　万向接头

图 6.2-8　可弯式接杆

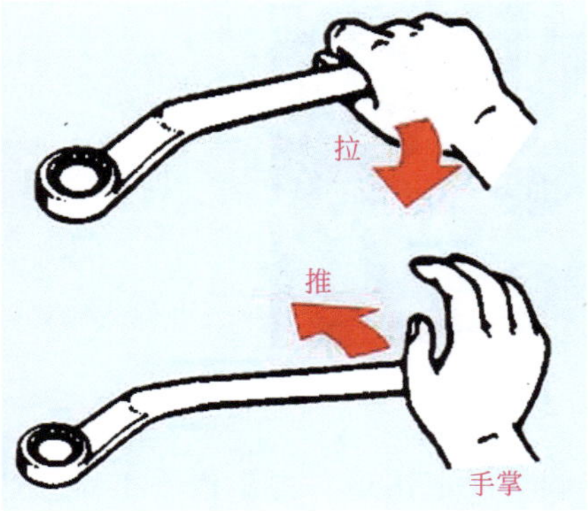

图 6.2-9 梅花扳手的使用方法

(9) 梅花扳手 梅花扳手俗称眼镜扳手。见图 6.2-9。

(10) 卡簧钳 卡簧钳（图 6.2-10）分为内卡簧钳和外卡簧钳，还有特殊功能的多用卡簧钳。卡簧钳是拆卸和安装带有弹性卡圈的零部件。维修变速器经常会用到卡簧钳。前后轮轴承一般在轴承的外侧有卡簧挡圈，也是使用卡簧钳的零部件之一。

(11) 大力钳 大力钳在汽车维修中使用比较广泛，有普通钳子和夹具的功能。大力钳见图 6.2-11。

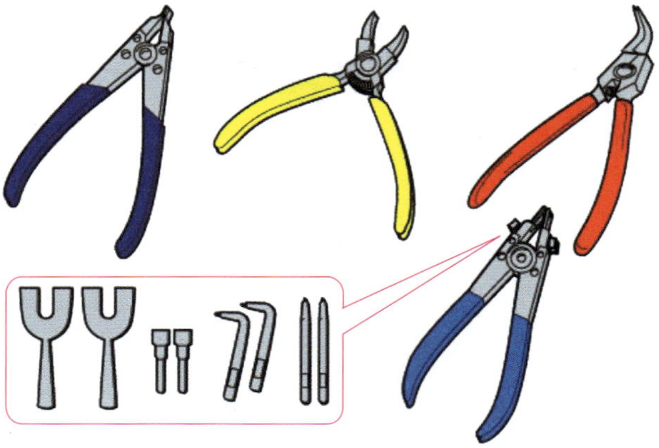
图 6.2-10 卡簧钳

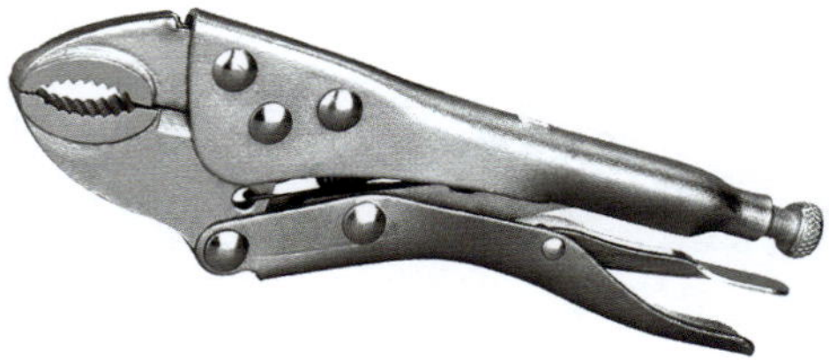
图 6.2-11 大力钳

6.2.1.2 专用工具

(1) 外拉具 外拉具有多种形式，可按需要拆装的零部件进行选择。操作方法如下。

❶ 外拉具（上）与外拉具（下）和推盘配合使用，用于拉出轴承内圈（如大众宝来），如图 6.2-12 所示。

❷ 用于拉出车轮轴承等，也用于拆卸和安装盘式制动车型的车轮轴承 / 轮毂（图 6.2-13）。

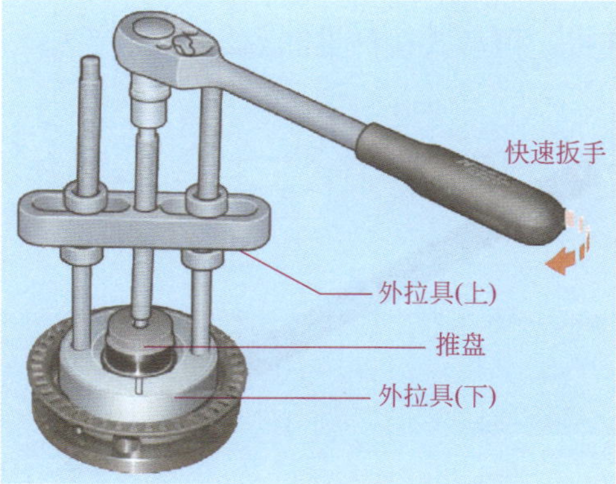

图 6.2-12 外拉具使用（一）

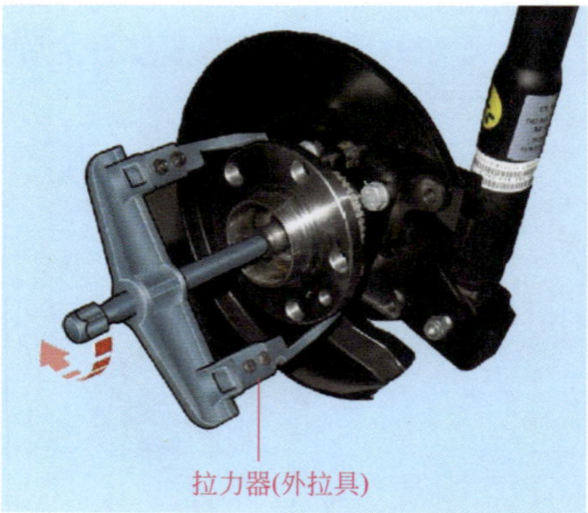

图 6.2-13 外拉具使用（二）

❸ 用拉具从轮毂轴上拉下轴承内圈，如图 6.2-14 所示。

（2）内拉具 内拉具通常要和固定支撑配合使用，主要用于从变速箱壳体上拉出圆锥滚子轴承外圈（图 6.2-15）。

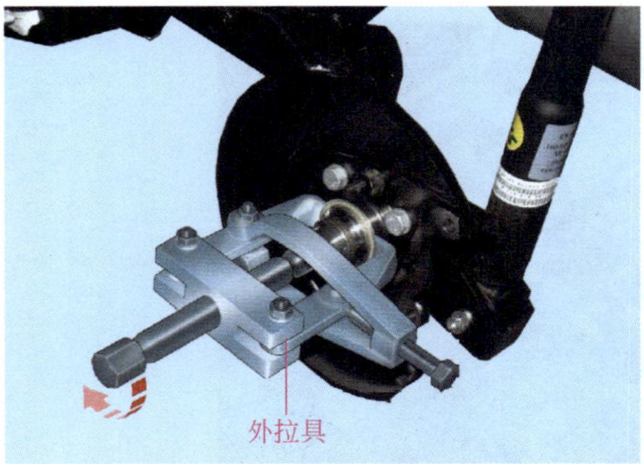

图 6.2-14 外拉具使用（三）

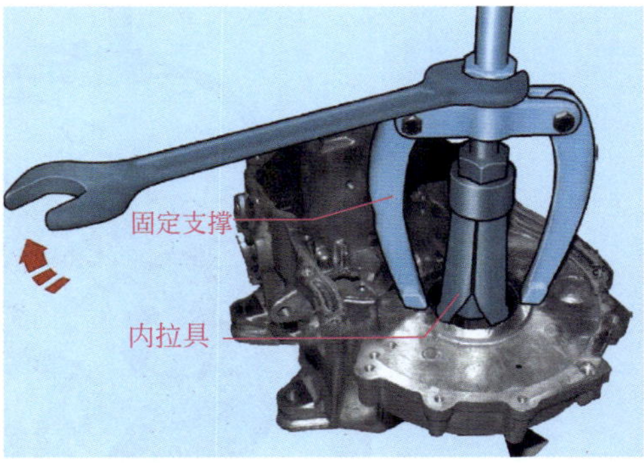

图 6.2-15 内拉具使用（一）

此外，冲压座与拔起工具配合使用时，也要用内拉具拔出需要拆卸的轮或者轴套（图 6.2-16）。

（3）减振器工具 减振器工具和减振器压紧装置配合使用（图 6.2-17），压缩减振器螺旋弹簧后，进行拆装和安装。

（4）燃油压力表 燃油压力表（压力测量装置）串联在燃油系统中，用于检查燃油系统及燃油调节器的压力并保持压力（图 6.2-18）。燃油压力表附件有适用于各种车辆的适配接头，可以满足不同车型需要。燃油压力表用于检测输油量和检查燃油泵单向阀，这样可以检查出燃油泵的工作情况（图 6.2-19）。

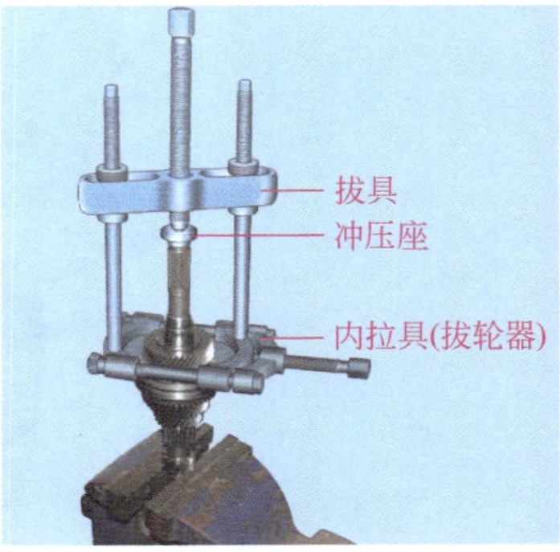

图 6.2-16 内拉具使用（二）

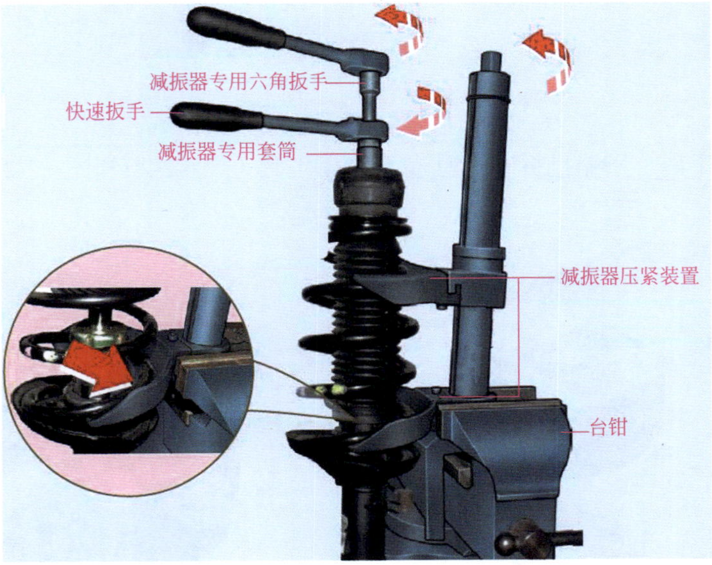

图 6.2-17 减振器工具的使用

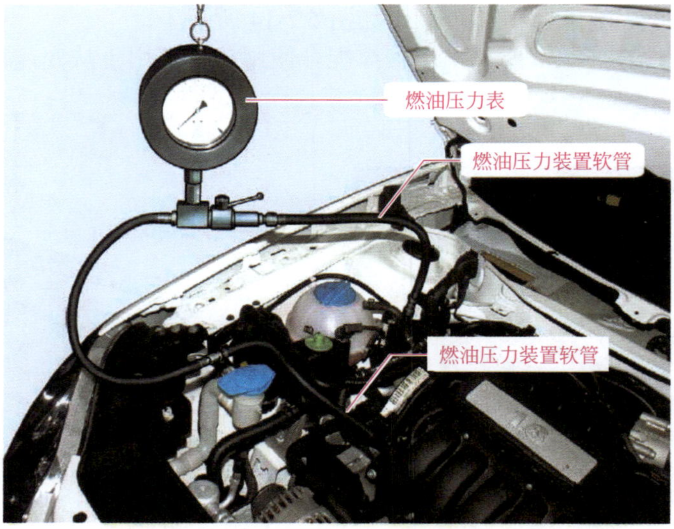

图 6.2-18　燃油压力表的使用（一）

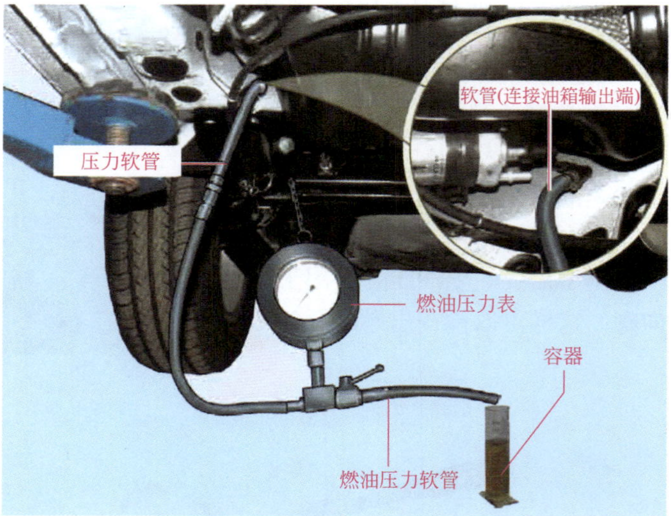

图 6.2-19　燃油压力表的使用（二）

（5）压缩机工具　压缩机拆装工具属于专用工具（图6.2-20和图6.2-21），用于固定压缩机离合器盘。

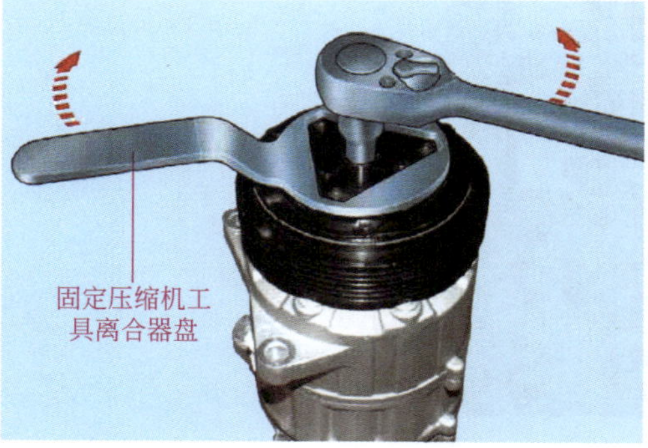

图 6.2-20　压缩机工具（一）

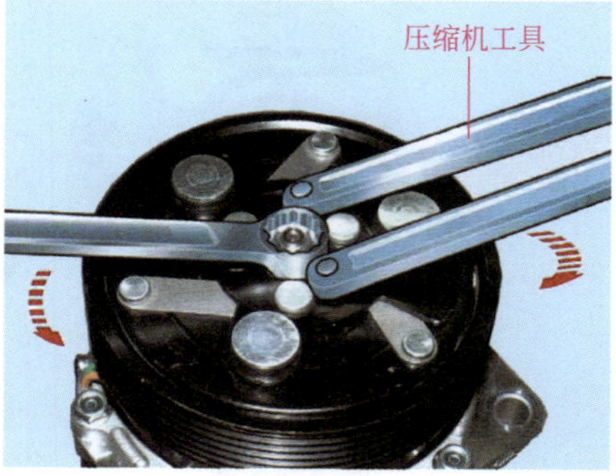

图 6.2-21　压缩机工具（二）

（6）**气缸压力测试仪**（图6.2-22）将适配接头旋入火花塞的螺纹孔中，并与气缸压力检测装置配合使用检测气缸压力。

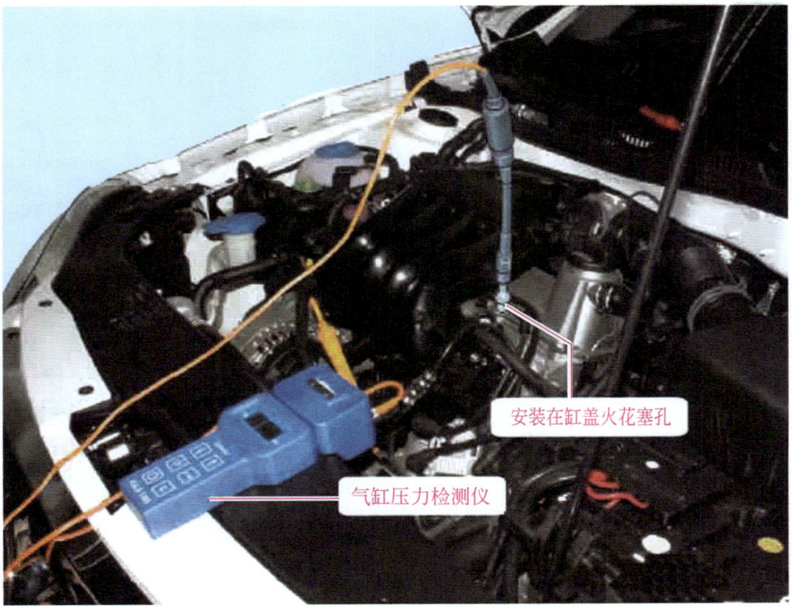

图 6.2-22　气缸压力测试仪

（7）**冰点测试仪**（图6.2-23）

❶ 首先，滴入少许清水，校正折射计，使其归零。

❷ 擦干清水，滴入少许冷却液，通过后部观察其状态，会显示标度，以此来判断冷却液冰点情况（判断冬天在零下多少摄氏度天气下冷却液性能正常）。

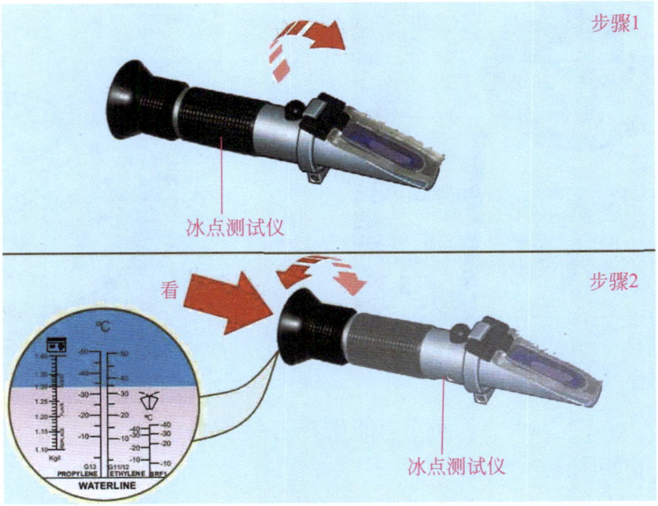

图 6.2-23　冰点测试仪

（8）**活塞环安装工具**　活塞环安装工具，也就是如图6.2-24所示的活塞环环配套钳，主要用于安装和拆卸活塞环。安装活塞环时候，注意活塞环在钳子上的位置。

（9）冷却系统检查设备 安装在储液罐盖上，用于检查储液罐盖中的安全阀，以及检查冷却系统的密封性（图 6.2-25）。

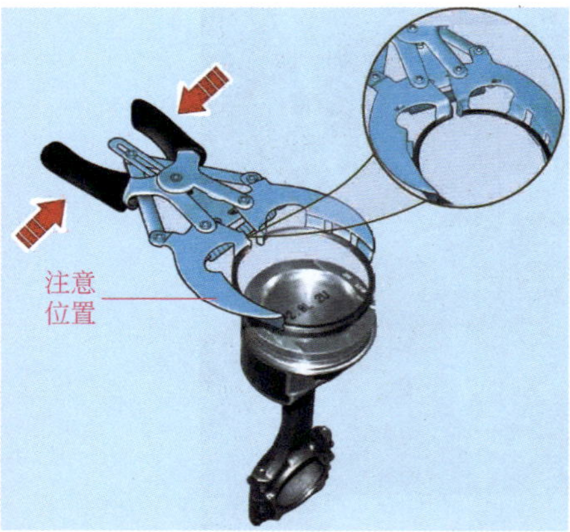

图 6.2-24 活塞环安装工具

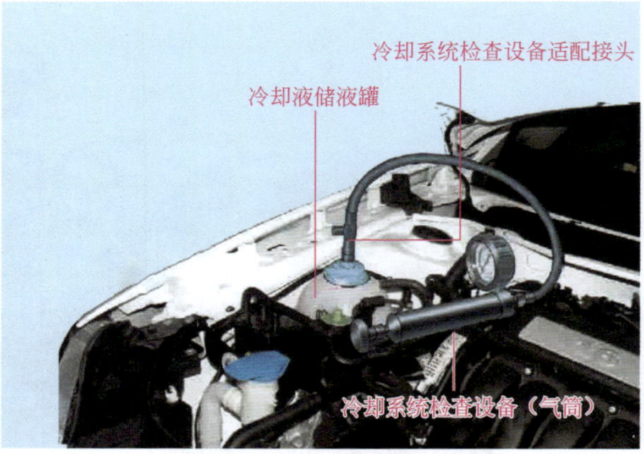

图 6.2-25 冷却系统检查设备

6.2.1.3 电工维修工具

（1）测试灯 测量辅助工具和测试灯连接在一起使用，用于检测电压（图 6.2-26）。例如，测试燃油泵有无供电电压。

（2）万用表的使用 常见的万用表有指针式和数字式两种，主要用于进行电流、电压、电阻以及导线的通断性、电子元件的检测等。通常在汽车维修中使用最广泛的是数字式万用表。数字式万用表的组成见图 6.2-27。

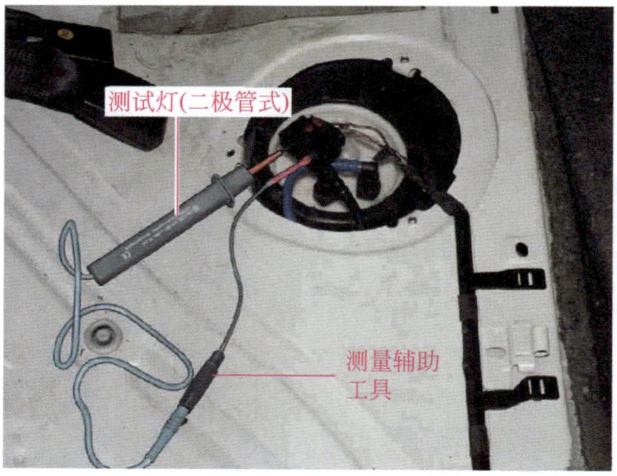

图 6.2-26 测试灯的使用

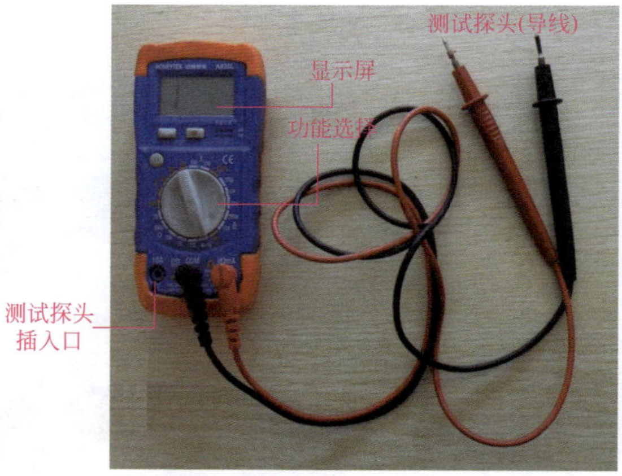

图 6.2-27 数字式万用表的组成

选择测量量程（图 6.2-28），可通过功能选择开关完成测量。

❶ 交流电压测量如图 6.2-29 所示。

a. 目的。用于测量家庭用或工厂供电线路的电压、交流电压电路，以及电力变压器端头的电压。

b. 测量方法。将功能选择开关设置到交流电压挡，并连接测试探头。测试探头的极性是可以互相交换的。

❷ 直流电压测量如图 6.2-30 所示。

图 6.2-28　万用表的量程

图 6.2-29　交流电压测量

图 6.2-30　直流电压测量

a. 目的。测量各种类型的电池、电器设备及晶体管电路，以及电路的电压和电压降。

b. 测量方法。将功能选择开关设置到直流电压测量挡位置。将黑色负极测量探头连接地电位，红色正极测量探头放到待测试的部位，并读数。

❸ 电阻测量如图 6.2-31 所示。

a. 目的。测量电阻器电阻、短路、开路。

b. 测量方法。设定电阻或连续性的功能选择开关，然后将测试笔放到待测电阻或线圈两端测量其电阻值，此时应保证电阻不带电。二极管不能在此挡测量，因为所使用的内部电压太低。

❹ 通断检查如图 6.2-32 所示。

a. 目的。为了检查电路的通断。

b. 测量方法。将功能选择开关旋到通断测试挡，将测试笔接到测试电路。如果电路接通，蜂鸣器会响。通断检查在实际汽车维修中是应用频率很高的。

❺ 二极管测试如图 6.2-33 所示。

a. 目的：为了检查电路的通断。

b. 测试方法：将功能选择开关旋到二极管测试方式挡位，检测两个方向的通路状态。若在一个方向二极管是通的，在交换测试笔之后断开，则说明二极管良好。若二极管两个方向都通路，则二极管被击穿。若两个方向均不通导，说明它已开路。

❻ 直流电流测量如图 6.2-34 所示。

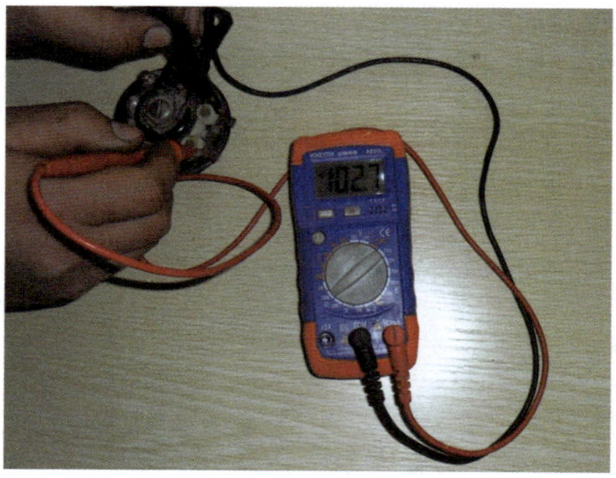

图 6.2-31　电阻测量

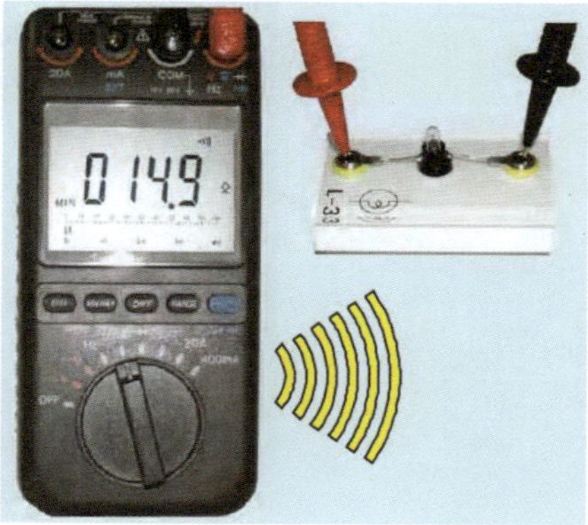

图 6.2-32　通断检查

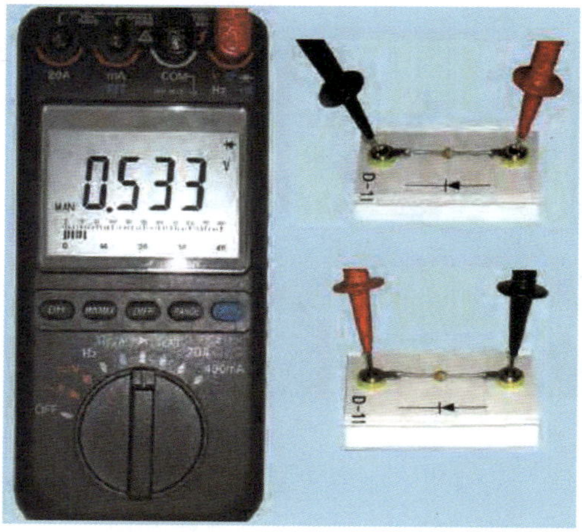

图 6.2-33　二极管测试

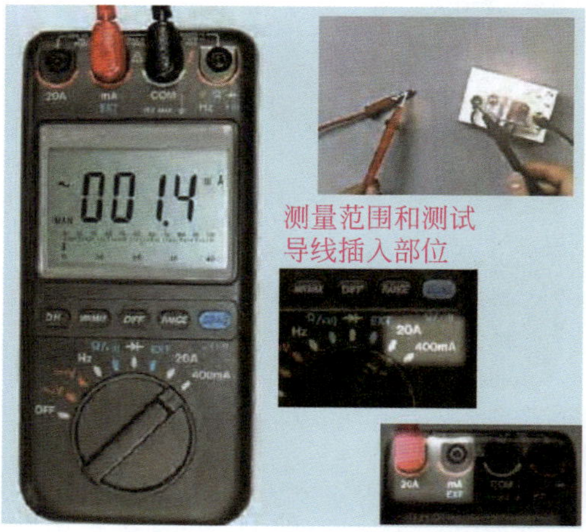

图 6.2-34　直流电流测量

a. 目的。测量使用直流电设备或器件的电流。

b. 测量方法。将功能选择开关旋到电流测量挡位。选择量程的正确插孔，插入正极测试引线。为测量电路中的电流，电流表应串联接进电路中。因此，要断开电路中的某点以接入测试笔引线。将正极测试笔连接高电位一侧，负极测试笔连接低电位一侧，并读数。

6.2.1.4　常用汽修设备——举升机

常用的举升机有摇臂式和平板式两种，二者操作方法大同小异。

顶起或举升车辆前车辆必须处于空载状态，确保所有提升装置都符合重量标准，且处于良好的工作状态；确保所有的车辆负载平均分布并且固定不动。如果只是从车架纵梁支撑车辆，应确保提升装置未在车架纵梁上施加过大的力或损坏车架纵梁。车辆举升支撑的四个位置见图 6.2-35。

小贴士

汽车在举升机上支撑的位置非常重要，关乎人身安全，必须按照正确位置支撑。

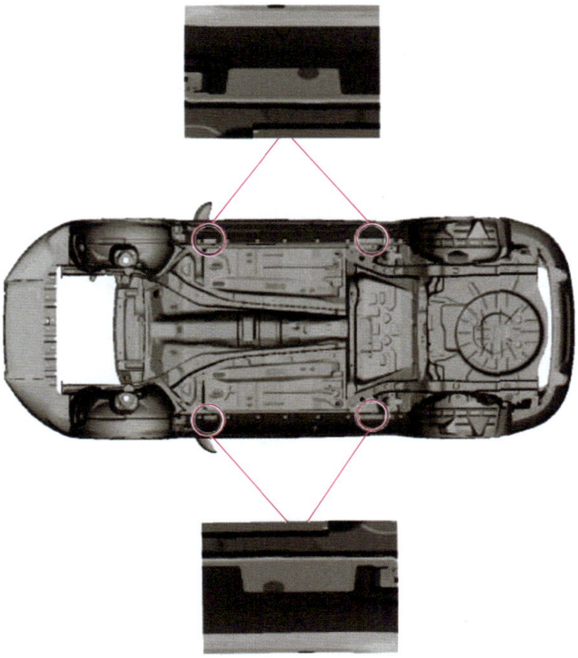

图 6.2-35　车辆举升支撑的位置

6.2.2　汽车维修操作注意事项

维修工由于工具和设备使用不当、操作不规范导致的问题或者安全事故屡见不鲜。维修作业中，为了减少安全隐患，务必遵守操作规程。

（1）断开蓄电池操作的警告

❶ 在维修任何电气部件前，点火钥匙必须处于“OFF”或“LOCK”位置，并且所有电气负载必须为“OFF（关闭）”。

❷ 在维修安全气囊时，必须断开蓄电池负极 90s 以上，才能进行其他操作。

小贴士

每当连接或断开蓄电池电缆、蓄电池充电器或跨接电缆时，务必将点火开关置于“OFF”位置，否则会导致控制模块或其他电气部件损坏。

（2）制动系统操作的警告

❶ 制动液极易吸湿和吸潮，请勿使用开口容器中可能受水污染的制动液，使用不合适或受污染的制动液可能导致系统故障、车辆失控和人身伤害。

❷ 制动液对皮肤和眼睛有刺激性。一旦接触应采取以下措施：眼睛接触，用水彻底冲洗；皮肤接触，用肥皂和水清洗。

❸ 更换制动管时请小心安装和固定，务必使用正确的紧固件，否则可能会导致制动管和制动系统损坏从而引起人身伤害。

（3）关于空调系统R134a的警告 从空调系统中排出R134a时，应使用维修设备（R134a回收设备）。如果发生系统意外排液，在继续维修前，必须对工作区通风。

（4）排气系统维修操作的警告 为避免被烫伤，在排气系统很烫时不要维修排气系统。应在排气系统冷却后再进行维修。

（5）有关车窗升降操作的警告 在驾驶员操作电动车窗开关时，快速升/降功能使车窗移动速度极快，而无法停止，可能导致人身伤害。

（6）关于燃油相关及压力表操作的警告

❶ 在维修燃油系统前，应先拆下燃油箱盖并释放燃油系统压力，以降低人身伤害的风险。释放燃油系统压力后，在维修燃油管路、喷油器或接头时，会溢出少量燃油。为降低人身伤害的风险，在断开前用抹布包住燃油系统部件，这可以吸附泄漏的燃油。断开连接后，将抹布放入适当的容器内。

❷ 检查各喷油器的下O形密封圈，不能保留在下歧管上，以降低失火和人身伤害的风险。

❸ 如果未将O形密封圈随喷油器一起拆卸，带新O形密封圈的维修喷油器就不能正确放置于喷油器座中，放置不当会产生漏油。

（7）冷却系统维修操作的警告 如果在发动机未冷却并且压力还很高的情况下打开储液罐盖，执行对冷却系统的维修时，发动机冷却液就会立即沸腾并可能会喷到操作人员身上，造成严重烫伤。

（8）安全气囊系统操作的警告

❶ 切勿用万用表测试安全气囊。

❷ 时钟弹簧总成的不正确安装会损坏时钟弹簧内部螺旋线圈，可能会造成线圈故障，导致气囊模块不能正常工作，从而造成人员伤害。

❸ 存放未展开的气囊模块时，确保气囊开口不是朝向放置气囊模块的表面。气囊开口不能朝下。

（9）紧固件的重要注意事项

不得在紧固件或紧固件连接表面使用油漆、润滑油或阻蚀剂，除非另有说明。

这些涂剂会影响紧固件的扭矩和夹紧力，并会损坏紧固件。安装紧固件时，务必使用正确的紧固顺序和紧固力矩，以避免损坏零件和系统。

扫一扫

看视频

CHAPTER 7

07 第 7 章 汽车电路图识读与分析

7.1 电路的基本组成

7.1.1 电工基本术语

（1）电压 电压是电流流过导体造成的压力（电动势），是两个原子之间由于正负电荷量的失衡而产生的“电位差”形成的。

电压的计量单位叫伏特（V）。大多数汽车电路用蓄电池或发电机作电源，是 12V 电系。有的卡车用 24V 电系。

以水塔为例，电压可以比作水塔内生成的水压。压力是由塔顶（相当于 12V）和塔底或地面（相当于 0）之间的位差产生的。如果在蓄电池正极接线柱与底盘接地之间测量车用蓄电池产生的电压，会发现这两端之间的压差正是推动电流通过电路的电压（图 7.1-1）。

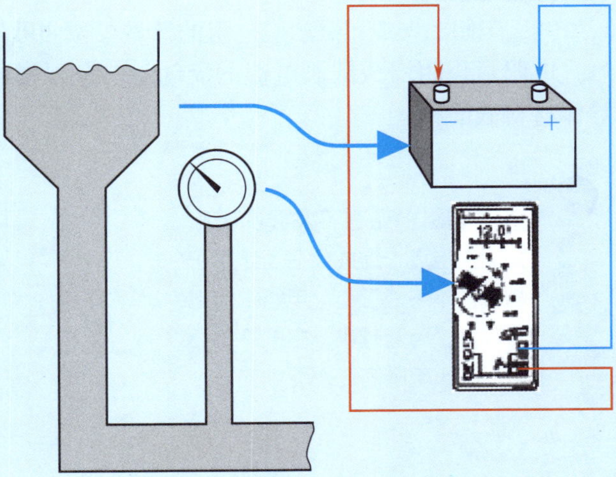

图 7.1-1　电压示意图

（2）电流

❶ 电流的形成和概念。电流是由电荷载体（例如物质或真空中的自由电子或离子）的定向移动产生的。

电流的计量单位是安培（A）。

仍以水塔为例，可以将电流比作从水塔到水龙头的水流。电压还是正负端之间的位差，电流是电的实际流动。在水塔的例子里，从水塔到地面的实际水流类似于电流（图 7.1-2）。只有在受到电压作用时才会有电流。

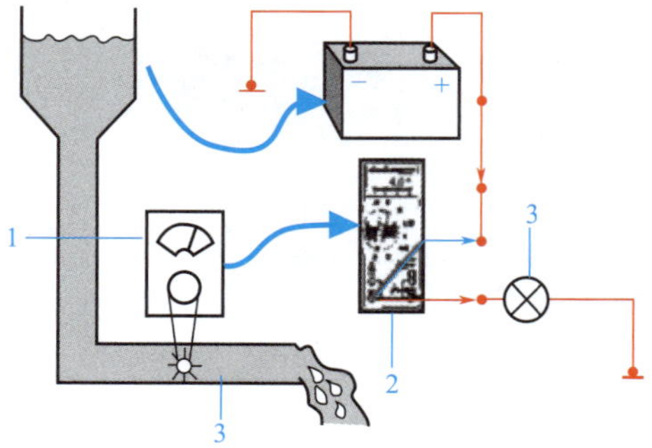

图 7.1-2　电流

1—水流；2—负荷；3—电流

❷ 直流电流（DC）。方向、大小保持不变的电流称为直流电流。最简单的情况是，电流流动不随时间而改变，电流方向从正极流向负极。

❸ 交流电流（AC）。交流电流是指以周期方式改变其极性（方向）和电流值（强度）的电流。交流电流的特点是其电流方向呈周期性变化。每秒钟内电流朝相同方向流动的次数用电流变化频率（通常也称为电源频率）来表示。

7.1.2　常用电子元器件

7.1.2.1　电阻器

（1）电阻的形成和概念　电阻的计量单位叫欧姆，用希腊字母Ω来表示。

电阻可以阻滞或限制电流的流动。三个因素可以影响电阻的大小：温度、导体长度和导体材料截面积。

电路中如有不需要的电阻会消耗电流，造成负荷工作不正常或根本不能工作。电路中的电阻越大，电流越小。由图 7.1-3 可以看出电阻有如水管中的一个缩颈。

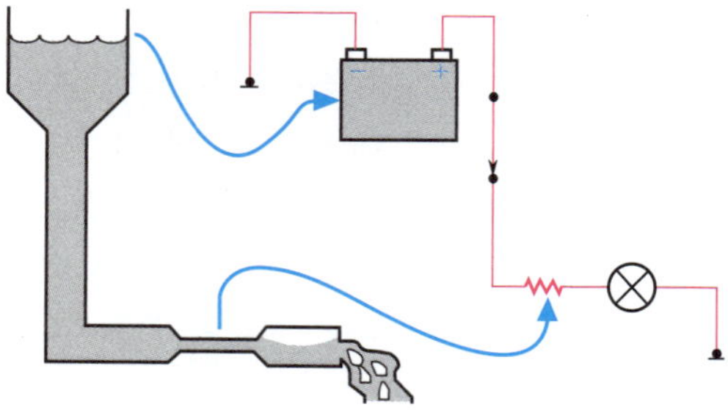

图 7.1-3　电阻

(2) NTC热敏电阻器　NTC表示“负温度系数”，即电阻值随温度升高而降低。

NTC 热敏电阻器在汽车中用于测量温度，例如冷却液、进气、车内和车外温度等。NTC 热敏电阻器见图 7.1-4。

(3) PTC热敏电阻器　PTC热敏电阻器的阻值随温度升高而增加，因此，这种热敏电阻器的温度系数称为正温度系数。这表示，该电阻器在低温条件下比高温条件下能够更有效地导电。

PTC 热敏电阻器在汽车中用作空调系统内风扇电动机的过载保护装置，也用来控制车外后视镜内的加热电流。例如，PTC 热敏电阻器用来监控燃油箱储备量。车外后视镜内加热控制电路见图 7.1-5。

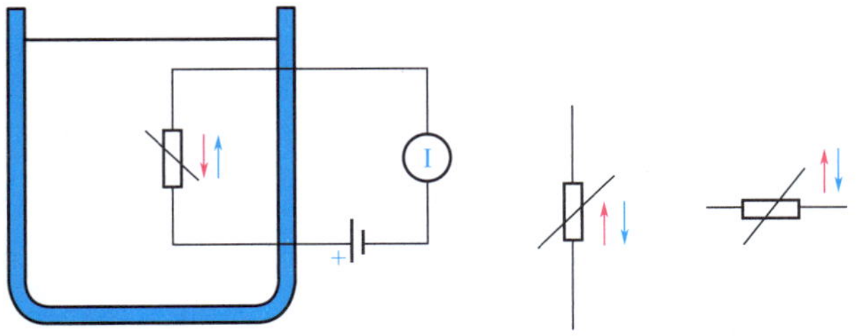

(a) 热敏电阻器用作温度传感器示意图　(b) NTC热敏电阻器的电路符号

图 7.1-4　NTC 热敏电阻器

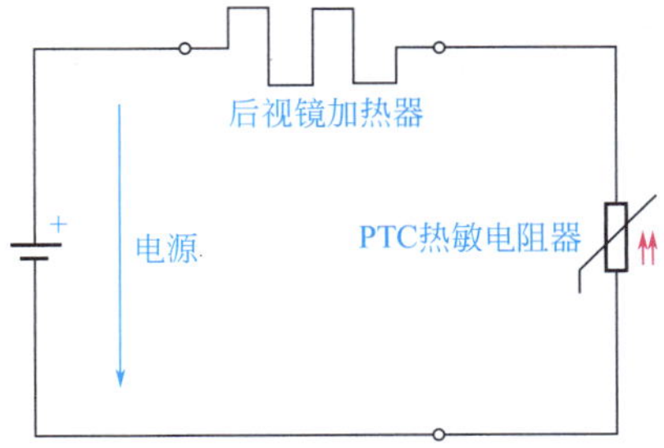

图 7.1-5　车外后视镜内加热控制电路

7.1.2.2 电容器

(1) 电容器的作用　电容器和电阻在汽车中大量使用，汽车上的控制模块都离不开电容。

电容器是一个能够存储电荷或电能的元件。最简单的电容器由两个对置的金属板和金属板之间的一个绝缘体组成（图 7.1-6）。

电容器在车辆上作为短时电荷存储器使用，用于电压滤波和减小过压峰值。

(2) 电容器在汽车上的应用　例如，如图7.1-7所示的汽车车内照明灯关闭延迟电路。电容器C与继电器的线圈并联在一起。因此，释放开关后仍有电流通过继电器，从而通过照明灯。通过继电器的励磁线圈使电容器放电后，继电器就会关闭照明灯电路，照明灯电流在开关释放后延迟一小段时间才中断。

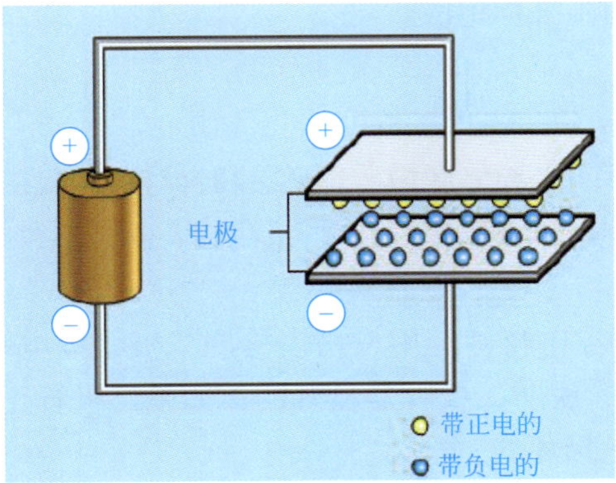

图 7.1-6　电容器

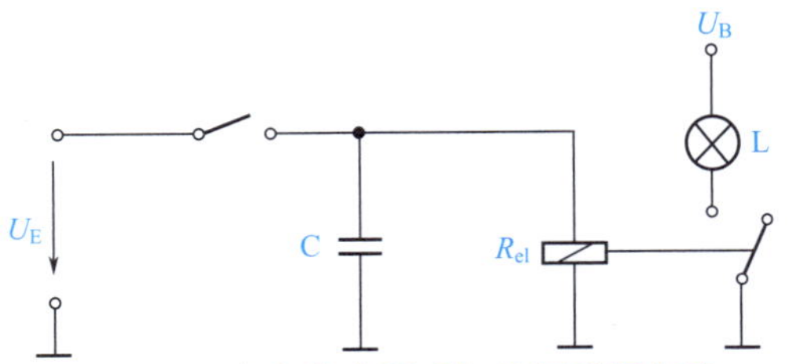

图 7.1-7　汽车车内照明灯关闭延迟电路

7.1.2.3 电感器

（1）汽车线圈和电感元件 在车辆电气系统上线圈有多种用途，例如用作点火线圈、用于继电器和电动机内。在车辆电子系统上，线圈用于感应式传感器内，例如曲轴和凸轮轴传感器。

电感原理如图 7.1-8 所示。

电导体或线圈在磁场中移动或磁场强度改变时，导体或线圈内都会产生电压。该过程称为电磁感应，产生的电压称为感应电压。感应电压的大小取决于磁场强度（绕组数量 *N*、电流强度 *I* 和线圈结构）。

（2）电感器在汽车上的应用 电感器依据电感原理工作，因此只需要有一个线圈（绕组）和一个变化的磁场即可实现。电感器能够以非接触（因此也不产生磨损）方式测量角度、距离和速度。

例如图 7.1-9 所示的感应式脉冲传感器——曲轴位置传感器，它用于测量发动机转速，由一个永久磁体和一个带有软铁芯的感应线圈构成。飞轮上装有一个齿圈作为脉冲传感器。在感应式传感器与齿圈之间只有一个很小的间隙。经过线圈的磁流情况取决于传感器对面是间隙还是轮齿。轮齿将散乱的磁流集中起来，而间隙则会削弱磁流。飞轮及齿圈转动时，就会通过各个轮齿使磁场产生变化。

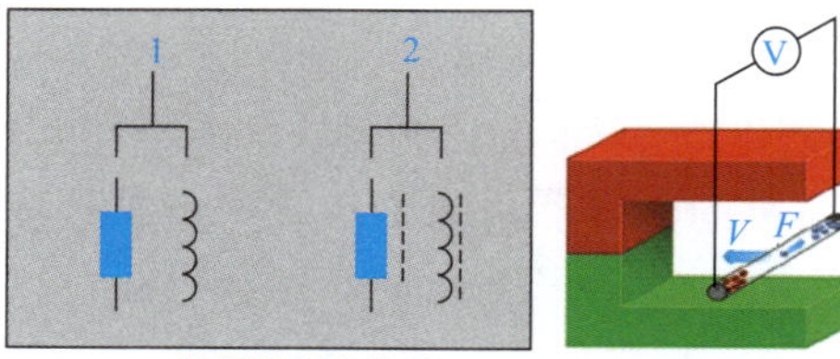

(a) 线圈的电路符号　(b) 电磁感应

图 7.1-8　电感原理

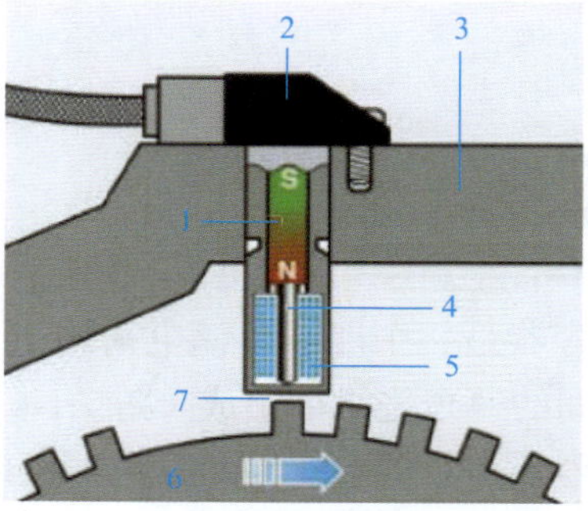

图 7.1-9　汽车发动机曲轴位置传感器

1—永久磁铁；2—传感器壳体；3—发动机（变速器）壳体；4—软铁芯；5—线圈；6—齿隙（基准标记）；7—间歇

磁场变化时在线圈内产生感应电压。每个单位时间内的脉冲数量是衡量飞轮转速的标准。控制单元也可以通过已知的齿圈齿隙确定发动机的当前位置。通常使用 60 齿距的脉冲信号轮，缺少一个或两个轮齿的部位（齿隙）定为基准标记。

7.1.2.4 二极管

（1）普通二极管 普通二极管是一种由两种不同半导体区域（即P层和N层）构成的电子元件。两种半导体层与外部通过电气连接。P层形成阳极，而N层形成阴极，构成P-N结。二极管结构和电路符号见图 7.1-10。

检查二极管最好的方法是检测二极管的单向导电特性。用万用表检测二极管的电阻，如果二极管正极的电阻比较小，反向电阻比较大，说明二极管是良好的；如果二极管正反向电阻都比较大或比较小，那么可以判断二极管是损坏的。

（2）发光二极管 发光二极管（LED）和普通二极管一样，是P-N结二极管。当发光二极管正向导通时能够发光。见图 7.1-11。

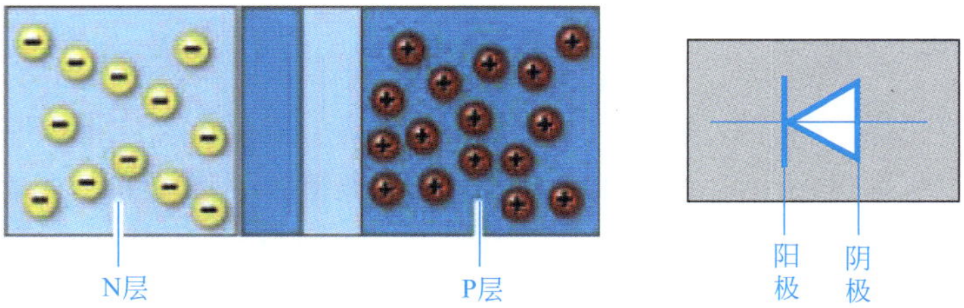

图 7.1-10　二极管结构和电路符号

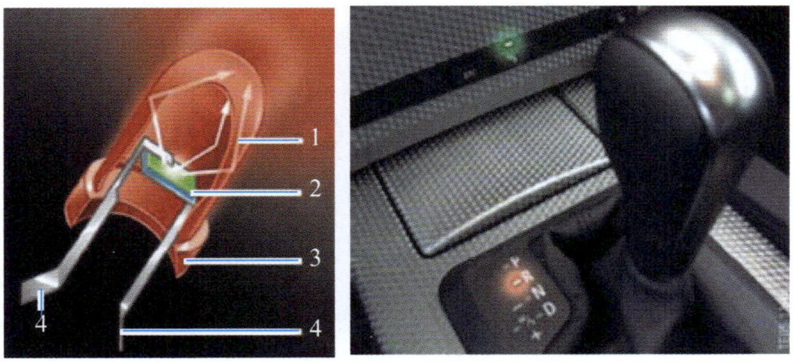

图 7.1-11　发光二极管

1—发光光线；2—P-N 结；3—壳体；4—接头

（3）光敏二极管　光敏二极管也是P-N结二极管（图7.1-12），由半导体和透镜组成。如果在有光线照射的光敏二极管上加上反向电压，则反向电流就会通过。它的电流强度的变化和照在光敏二极管的光线多少成比例。当光敏二极管加上反向电压时，根据它测试的逆向电流的多少就可确定光照量的多少。

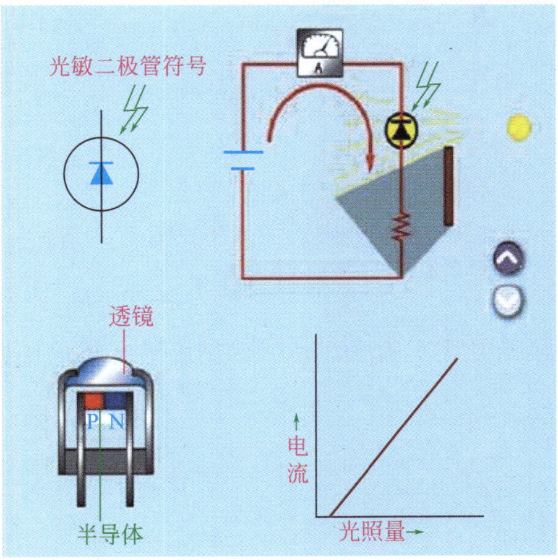

图 7.1-12　光敏二极管

（4）稳压二极管　稳压二极管在车辆电子系统中用于稳压和限制电压峰值。

（5）整流二极管　整流二极管是利用P-N结的单向导电特性，把交流电变成脉动直流电。

（6）晶体管　晶体管是由三个半导体层组成的电子元件，也称为三极管。每个半导体层都各有一个电气接头。根据半导体层的分布方式分为PNP晶体管和NPN晶体管。这三个半导体层及其接头称为发射极（E）、基极（B）和集电极（C）。电荷载体从发射极移动到基极（发射出去）并由集电极吸收。因此晶体管有两个P-N结，一个位于发射极与基极之间，另一个位于集电极与基极之间。晶体管的结构见图7.1-13。

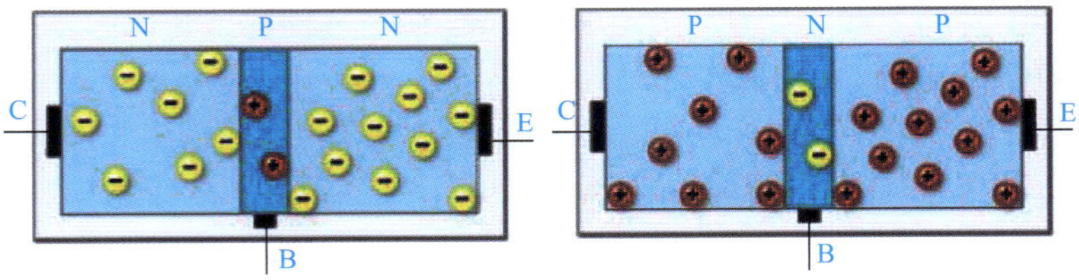

(a) NPN晶体管　　(b) PNP晶体管

图 7.1-13　晶体管的结构

7.1.3 常用电气元件

（1）电路保护装置 在有些情况下，电路中的电流可能很大。如果电路没有某种保护措施，短路可能会使全部可用电流都从该处通过。如果电流大于设计的承载能力，导线可能过热并燃烧，所以每条电路中包含有一个或多个保护装置用来防止导线或电子元件受到损坏。

电路保护装置（图 7.1-14）可以是保险、易熔线、断路器或其组合。汽车上有的计算机具有自我保护功能，在过载或电压超过规范值时会自行关机。

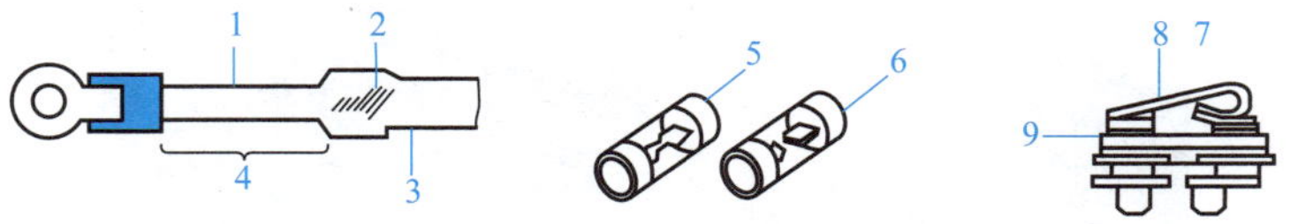

图 7.1-14　常见的电路保护装置

1—小截面部分；2—分接点；3—电路导体；4—易熔线；5—好的保险；6—熔断的保险；7—断路器；8—双金属臂；9—触点

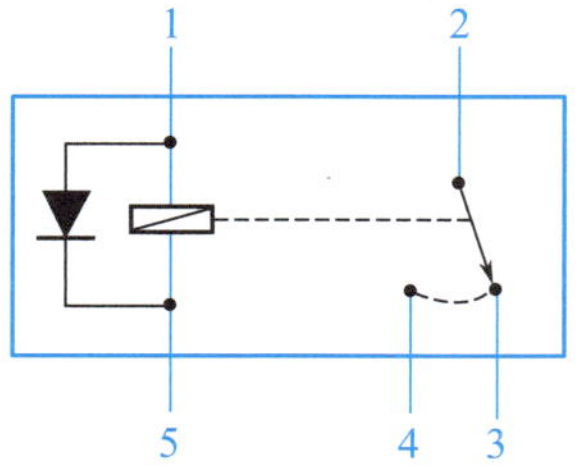

图 7.1-15　继电器

1—自电源；2—自电源；3—常闭触点；4—至负载；5—接地（控制电路）

（2）继电器 继电器是一种利用小电流控制大电流的电动开关。继电器在汽车中的应用很广，燃料泵、喇叭和启动系统等都使用了继电器。

如图 7.1-15 所示，继电器由控制电路、电磁铁、衔铁和一组触点组成。给控制电路通一个小电流接通电磁铁，可吸动衔铁。衔铁动作后或断开或接通装在衔铁上的触点。

❶ 当继电器控制电路闭合时，电磁铁将衔铁吸向铁芯，接通触点为负荷提供大电流。

❷ 当控制开关断开时，没有电流到继电器线圈。电磁铁断电，衔铁回到常态位置，即未动作时的位置。

7.2 汽车电路图识读方法和步骤

7.2.1 汽车电路图识读方法

（1）三个掌握要点

❶ 掌握各种车型的电路图中图形意义、标注规则、符号含义和使用方法等，记不住不要紧，但要看着电路图能找到对应元件。

❷ 掌握一定的电气系统的工作原理，尤其是电器元件的电路输出和输入。

❸ 掌握承修车辆的电器布置情况。

（2）“一种两路”的技巧

❶ 一种车型。精心分析一种车型的典型电路，掌握各个系统之间的接线特点和规则，进而了解一个车系的电路特点。

❷ 两路理顺。

a. 顺向。从用电设备找到蓄电池正极和搭铁，顺着电流方向从蓄电池正极出发到用电设备，再到搭铁。

b. 逆向。逆着电流方向从负极搭铁到用电器，再到蓄电池正极。

选择一种路径或者两种路径结合的方法去理顺，善于将一个复杂的系统回路简化，这样有利于快速理清电路结构。

7.2.2 汽车电路图识读步骤

7.2.2.1 熟悉电路图的组成结构和元件布局

以大众 / 奥迪电路图的结构为例进行说明。

（1）电路图中最上部 在电路图中，最上面部分为中央配电盒电路，其中标明了熔丝的位置及容量、继电器位置编号及接线端子号等（图 7.2-1）。

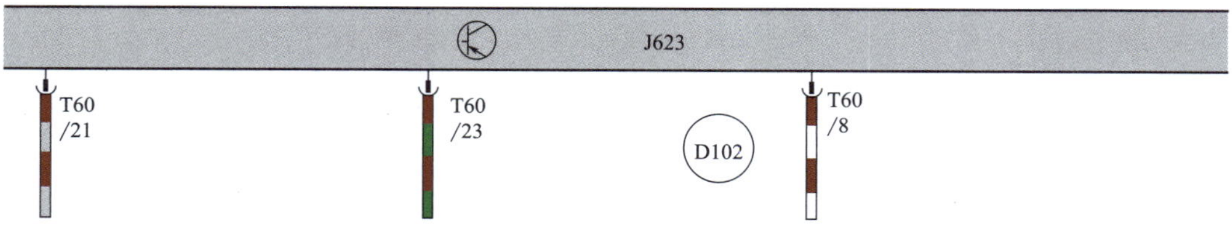

图 7.2-1 电路图中最上部

（2）电路图的中部 在电路图中，中间部分是车上的电气元件及连线（图 7.2-2）。

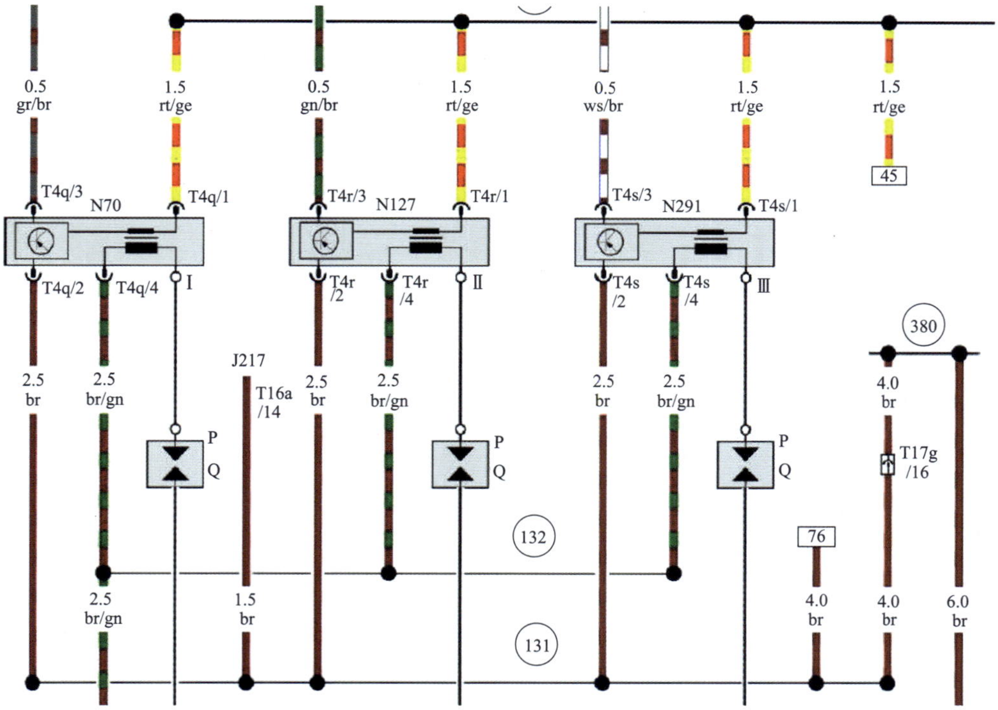

图 7.2-2 电路图中部

（3）电路图中最下部 在电路图中，最下面的横线是搭铁线，上面标有电路编号和搭铁点位置，最下面搭铁线的标号是为了方便标明在续页查找而编制的（图7.2-3）。

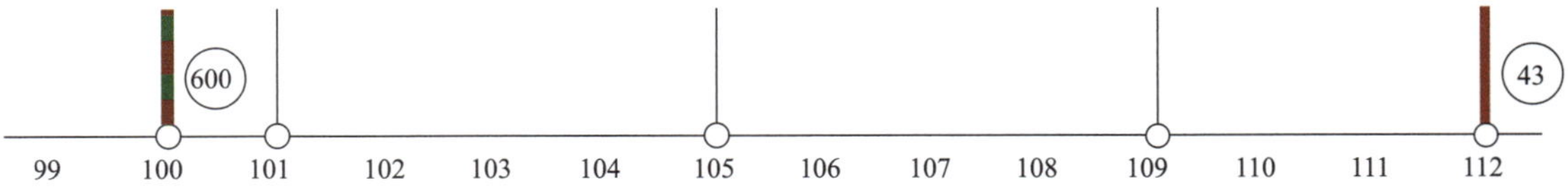

图 7.2-3　电路图中最下部

7.2.2.2 掌握电路图的一般阅读原则

（1）简单的电路图——找电源 比较简单的电路图要按“从前到后”的原则阅读，即电源→用电器→接地。

（2）复杂的电路图——找用电器 比较复杂的电路图要按“从中间向两边”的原则阅读，即电源←用电器→接地。

结合以上原则试读图7.2-4所示电路图。电路图中符号释义见表7.2-1。

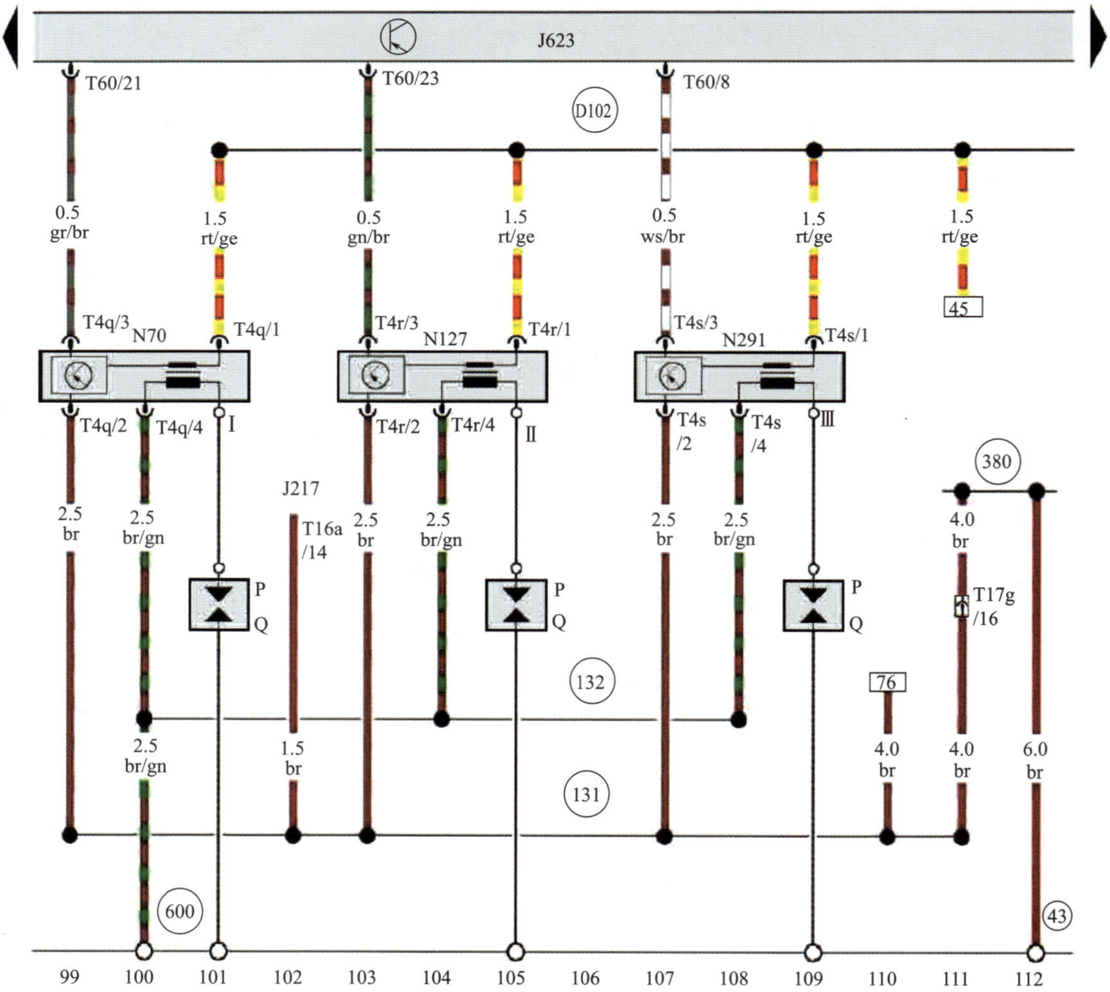

图 7.2-4　试读电路图（发动机控制单元，点火线圈，火花塞）

表 7.2-1 电路图中符号释义

电路图中元件 / 数字	说明 / 释义		图示 / 示意图
J127	自动变速器控制单元		
J623	发动机控制单元		
N70	点火线圈 1		
N127	点火线圈 2		
N291	点火线圈 3		
P	火花塞插头		
Q	火花塞		
T4q	4 芯插头连接（器）		
T4r	4 芯插头连接（器）		
T4s	4 芯插头连接（器）		
T16a	16 芯插头连接（器）		
T17g	17 芯插头连接（器），发动机舱电控箱内		
T60	60 芯插头连接（器）		
43	接地点，右侧 A 柱下部	各车型的接地点位置有所不同	
131	接地点 2，在发动机舱线束中		
132	接地点 3，在发动机舱线束中		
380	接地点 15，在主导线束中		
600	接地点，气缸上右侧		
D102	连接 2，在发动机舱线束中		
ws	导线颜色——白色		
sw	导线颜色——黑色		
ro	导线颜色——红色		
br	导线颜色——棕色		
gn	导线颜色——绿色		
bl	导线颜色——蓝色		
gr	导线颜色——灰色		
li	导线颜色——浅紫色		
vi	导线颜色——淡紫色		
ge	导线颜色——黄色		
or	导线颜色——橘黄色		
rs	导线颜色——粉红色		
rt/ge	导线颜色——红黄色导线		
2.5	表示导线横截面面积 $2.5mm^2$		
0.5	表示导线横截面面积 $0.5mm^2$		

7.2.2.3 学会分析电流路径

电流方向基本上是从上到下，电流流向从电源正极→保护装置→开关→用电器→搭铁→电源负极，形成简明的完整回路（图 7.2-5）。电路图中符号释义参见表 7.2-1。

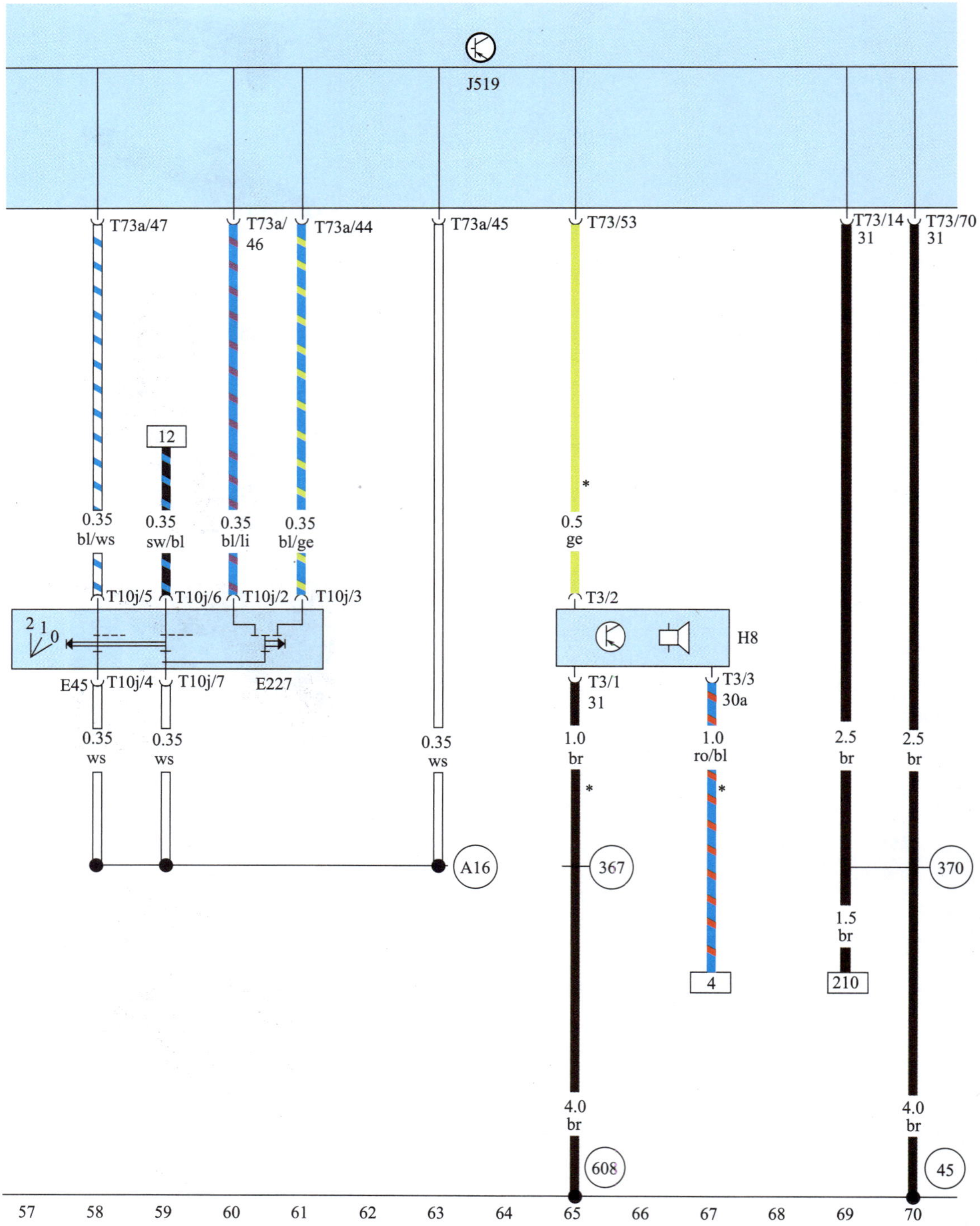

图 7.2-5 完整电路图电流路径分析

7.2.2.4 用小方格中的数字代号解决电路交叉问题

采用断路代号法来处理线路复杂交错的问题，如图 7.2-6 所示，某一条线路的上半段在电路号码为 4 的位置上，下半段在电路号码为 67 的位置上，在上半段电路的中止处画一个标有 67 的小方格，即可说明下半段电路就在电路号码 67 的位置上，下半段电路开始处也有一个小方格，里面标有 4，说明上半段电路就应在电路号码为 67 的位置上，通过 4 和 67，上、下半段电路就连在一起了。使用这种方法以后，读再复杂的电路图，也看不到一根横线，线路清晰简洁，方便查找。电路图中符号释义参见表 7.2-1。

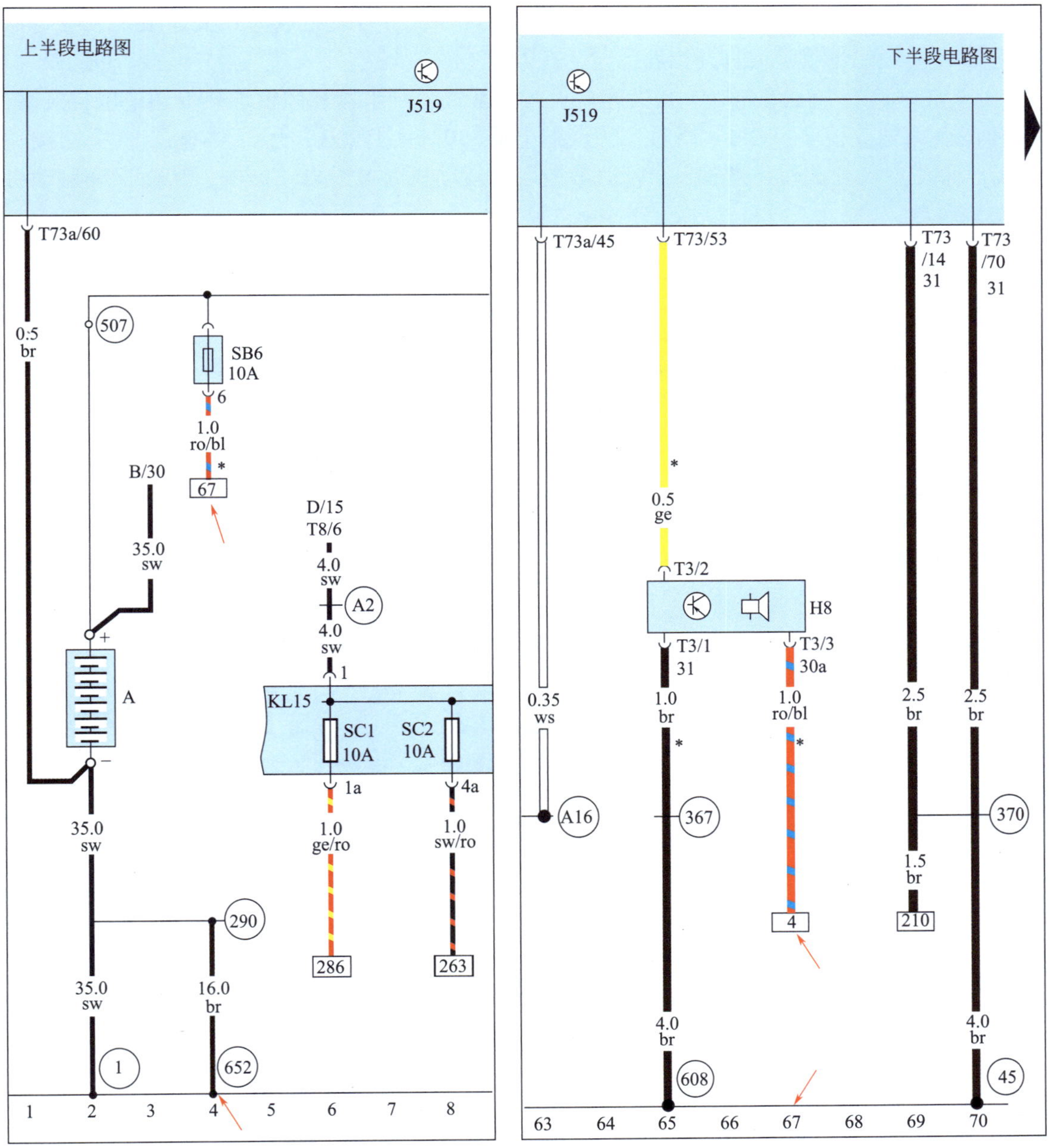

图 7.2-6 图中小方格为电路交叉

7.2.2.5 识读电路图最上边的内部正负线路

最上区域内部水平线为接电源正极的导线，有30、15、X等。电路中经常通电的线路（称为常火线）使用代号30，接地线的代号是31，受控制的大容量用电设备的电源线（称为卸荷线）代号是X，受控制的小容量用电设备的电源线（称为条件电源线）代号是15（图7.2-7）。电路图中符号释义参见表7.2-1。

（1）常火线 常电源就是在蓄电池正常的情况下，均有规定电压的电源线，30号线接蓄电池正极，汽车维修中称为“常火线”。

（2）条件电源线 条件电源线就是在一定条件下才有规定电压的电源线，即15号线。点火开关置于“ON”（接通）和“ST”（启动）挡时，30号线经点火开关连接中央继电器盒内的15号线，也就是说打开钥匙门时会有电。

（3）卸荷线 卸荷线（X）是大容量火线，雾灯、刮水器和风窗加热等用电取自X线，只有在点火开关位于“ON”挡时X触点继电器J59才工作，30号线经X触点继电器接通X线，而在点火开关位于“ST”（启动）挡启动发动机时X线自动断电，从而保证发动机能顺利启动。

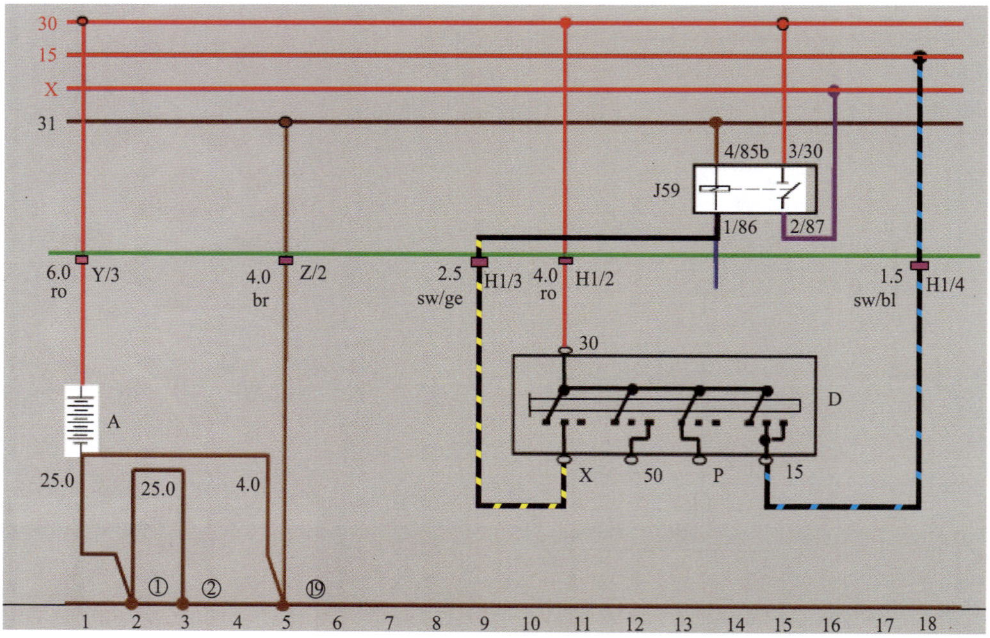

图7.2-7 电路图

7.2.2.6 找出中央控制盒

汽车的整个电气系统以中央配电盒为中心进行控制，大部分继电器和保险安装在中央配电盒的正面。接插器和插座安装在中央配电盒背面。

如图7.2-8所示，电路图上标有4/85、3/30、2/87和1/86，分母数85、30、87和86是指继电器上的4个插脚，分子和分母是相对应的。电路图上的 2 表示该继电器在中央控制盒的2号位置安装。电路图中符号释义参见表7.2-1。

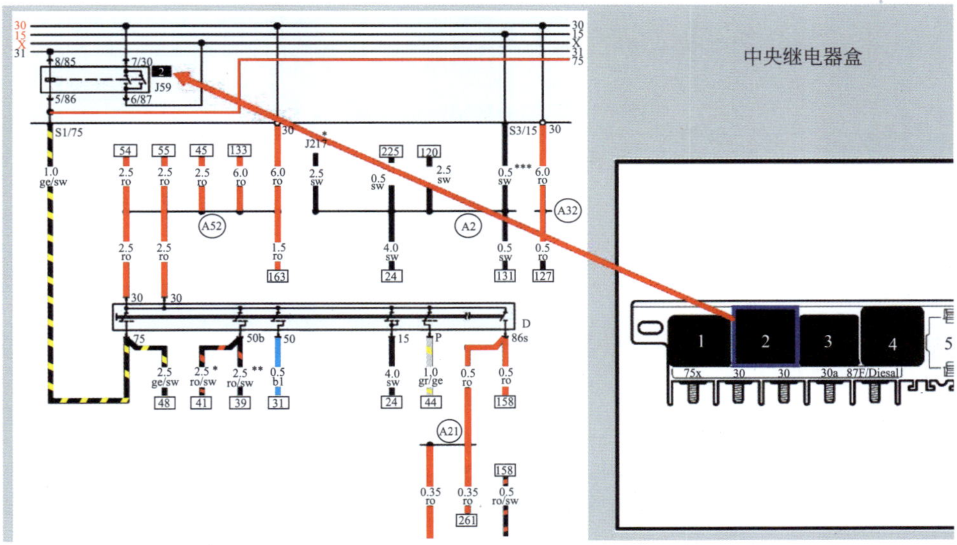

图 7.2-8　中央控制盒

7.2.2.7　识读电源线与继电器

❶ 灰色区域内部水平线为接电源正极的导线，有 30、15、50、X 等。电路中经常通电的线路使用代号 30，接地线的代号是 31，受控制的大容量用电设备的电源线代号是 X，受控制的小容量用电设备的电源线代号是 15。

❷ 在继电器中，85 号接脚用于接地线，86 号接脚来自条件电源（如 15 号线或 X 线），30 号接脚经常通电，87 号接脚用于被控制件。当条件电源通电后，85、86 号线导通，产生磁性，吸引 30 号与 87 号线路之间的触点闭合，使用电器通电。

7.2.2.8　识读电路与导线插接器

（1）导线和电路图特殊标记　电路图中的导线一般用实线表示，有些导线的右边带有 *、**、***、* 数字、* 字母，表示该导线并不适用于所有车型，具体信息会在右侧列表中标出（图 7.2-9）。导线一般有主色和辅色两种。

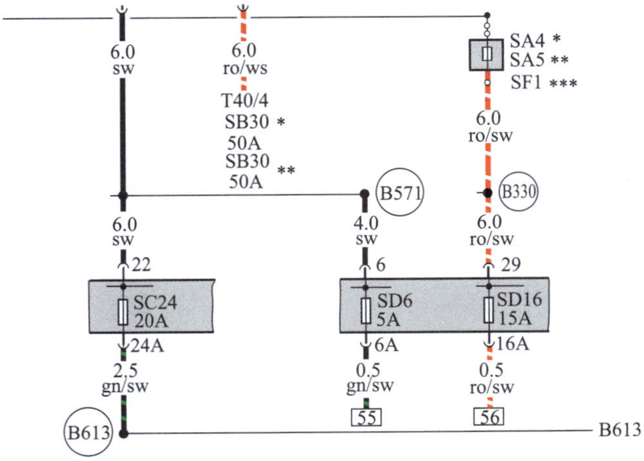

图 7.2-9　导线和电路图特殊标记

（2）导线特定含义和颜色代码 见表 7.2-2。

表 7.2-2 部分导线颜色特定含义

颜色	特指用在电器设备的导线	颜色	特指用在电器设备的导线
红色	蓄电池电源线	棕色	搭铁线（31）
绿色	点火开关（1）	黄色	前照灯线路（58）

例如大众车系，在电路图上，导线颜色均以德文缩写形式标注，其中文含义对照见表 7.2-3。

表 7.2-3 导线颜色代码

代码	含义	代码	含义
bl	蓝色	ro	红色
br	棕色	sw	黑色
ge	黄色	li	紫色
gn	绿色	ws	白色
ro/sw	标有红色和白色两种颜色的一根导线		

（3）导线规格 电路图中在导线的中间部分标注了该导线的规格（单位为 mm^2），这是表示导线的粗细，即横截面积（图 7.2-10）。

在电路维修时，如果无法得到同样规格的导线，只能够采用横截面积大一个规格的导线来代替。

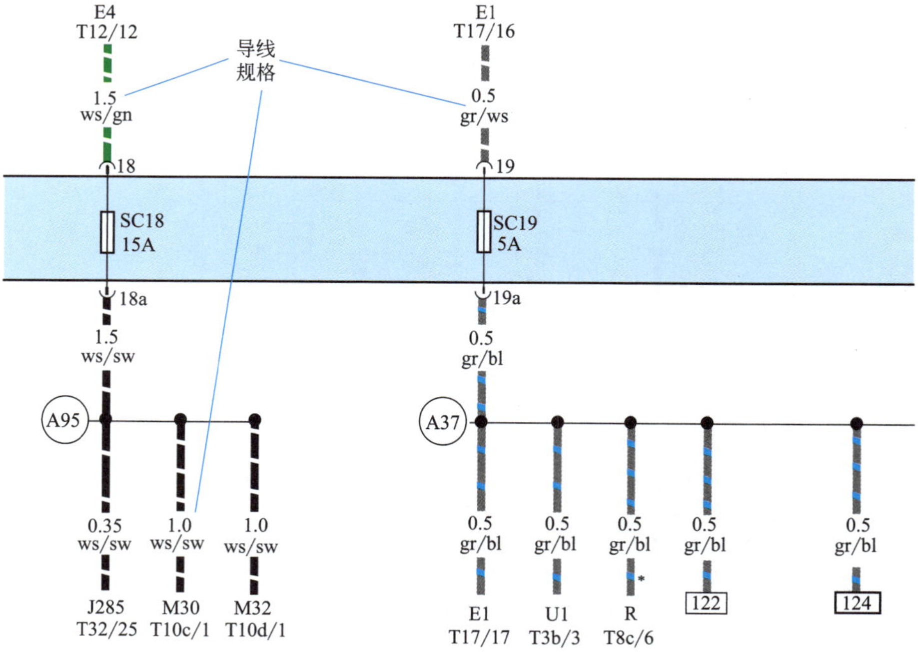

图 7.2-10 导线规格

（4）接地点（搭铁） 一般用汽车车身作为搭铁，贯通整个车辆的搭铁导体，用电路图底部的一根细线来表示。在细线上，会标注电路序号以及搭铁线在车身上的搭铁位置序号。一般接地点在电路图的起始页码就会标出，如图7.2-11所示。在电路图查找过程中，可以在右侧的列表中找到搭铁点在车身上的具体位置。电路图中符号释义参见表7.2-1。

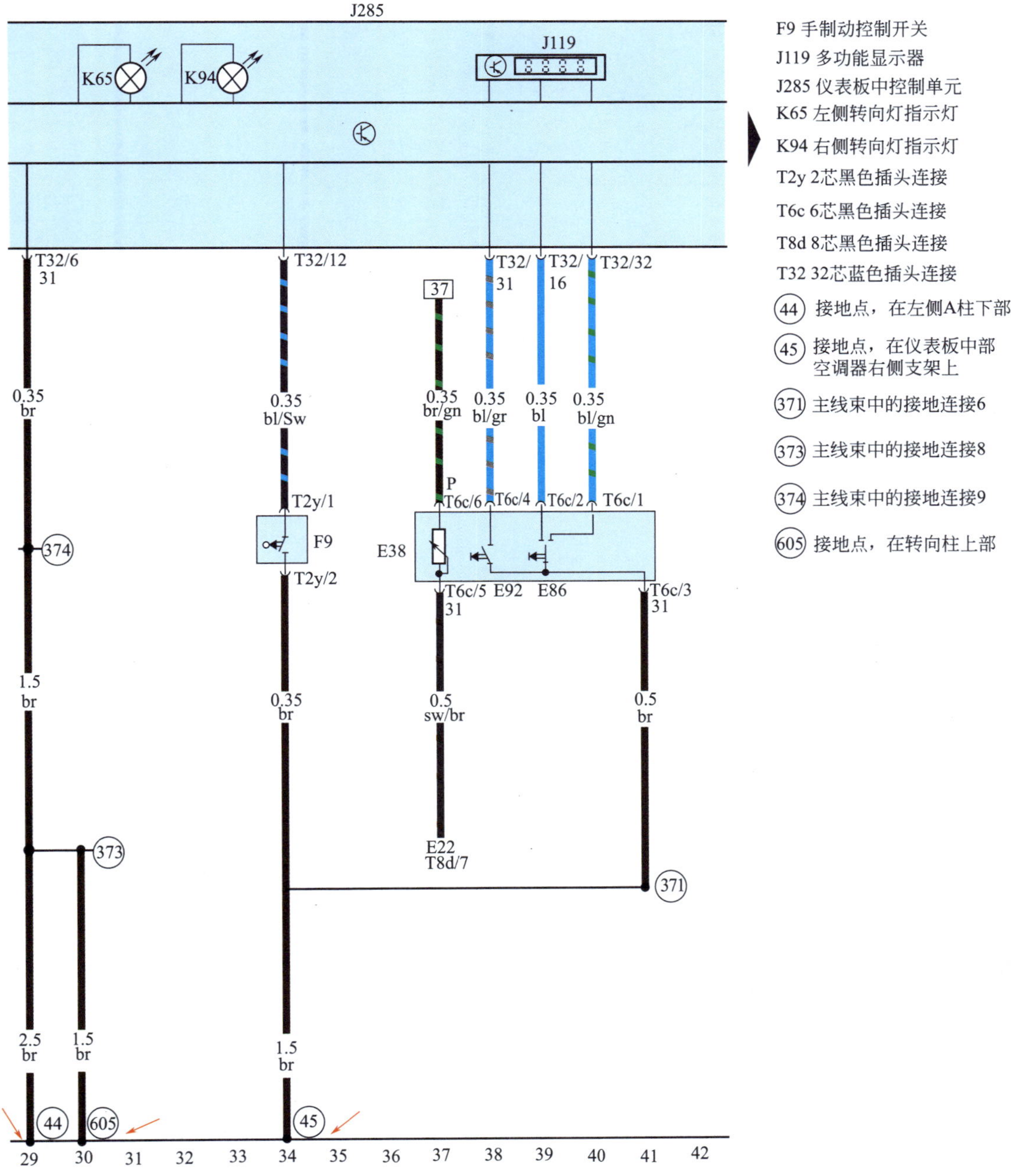

图7.2-11 接地点（搭铁）

（5）插接器 如图7.2-12所示，不论是控制单元上的插接器（电脑插头），还是线路连接插头，都由接线端代号在电路图上查找。

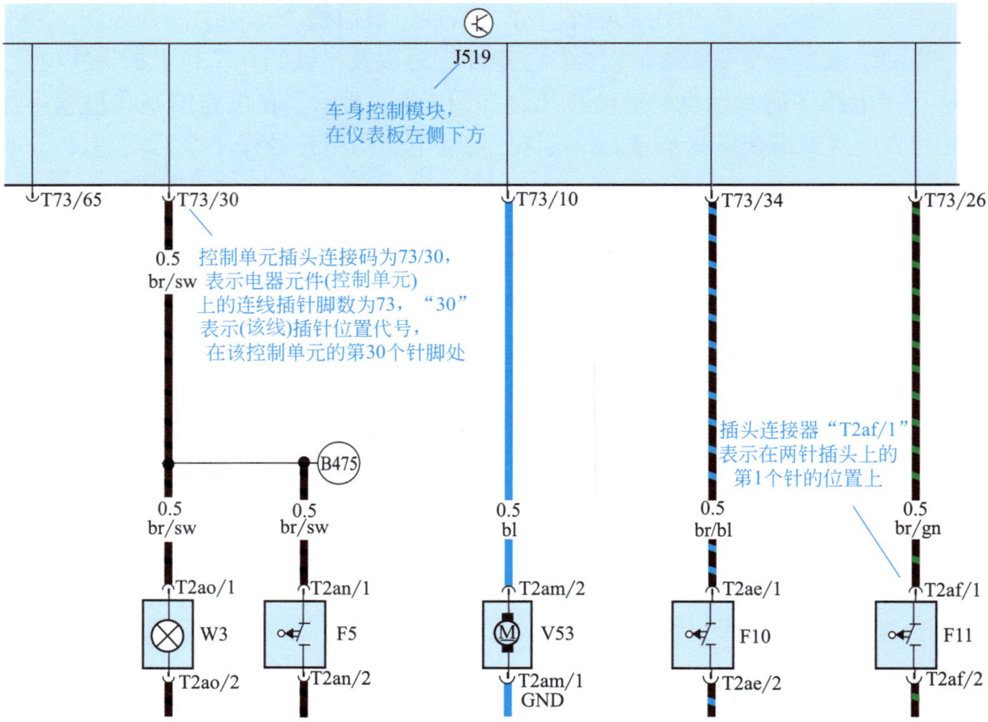

图 7.2-12　插接器连接

7.3 典型汽车电路图分析

7.3.1 分析单一的电路图

7.3.1.1 照明电路

迈腾前大灯电路图分析见图 7.3-1 和图 7.3-2。电路图中符号释义参见表 7.2-1。

（1）左侧停车灯电路　J519车载电控单元→T11/7→T10q/10→左侧停车灯灯泡M1→T10q/7→左前纵梁上接地点1搭铁。

（2）左侧远光灯电路　J519车载电控单元→T11a/3→T1Oq/8→左侧远光灯灯泡M30→T10q/7→左前纵梁上接地点1搭铁。

（3）左侧近光灯电路　J519车载电控单元→T11a/4→T10q/6→左侧近光灯灯泡M29→T10q/5→左前纵梁上接地点1搭铁。

（4）右侧停车灯电路　J519车载电控单元→T11a/10→T10r/10→右侧停车灯灯泡M3→T10r/7→右前纵梁上接地点1搭铁。

（5）右侧远光灯电路 J519车载电控单元→T11/3→T10r/8→右侧远光灯灯泡M32→T10r/7→右前纵梁上接地点1搭铁。

（6）右侧近光灯电路 J519车载电控单元→T11/2→T10r/6→右侧近光灯灯泡M31→T10r/5→右前纵梁上接地点1搭铁。

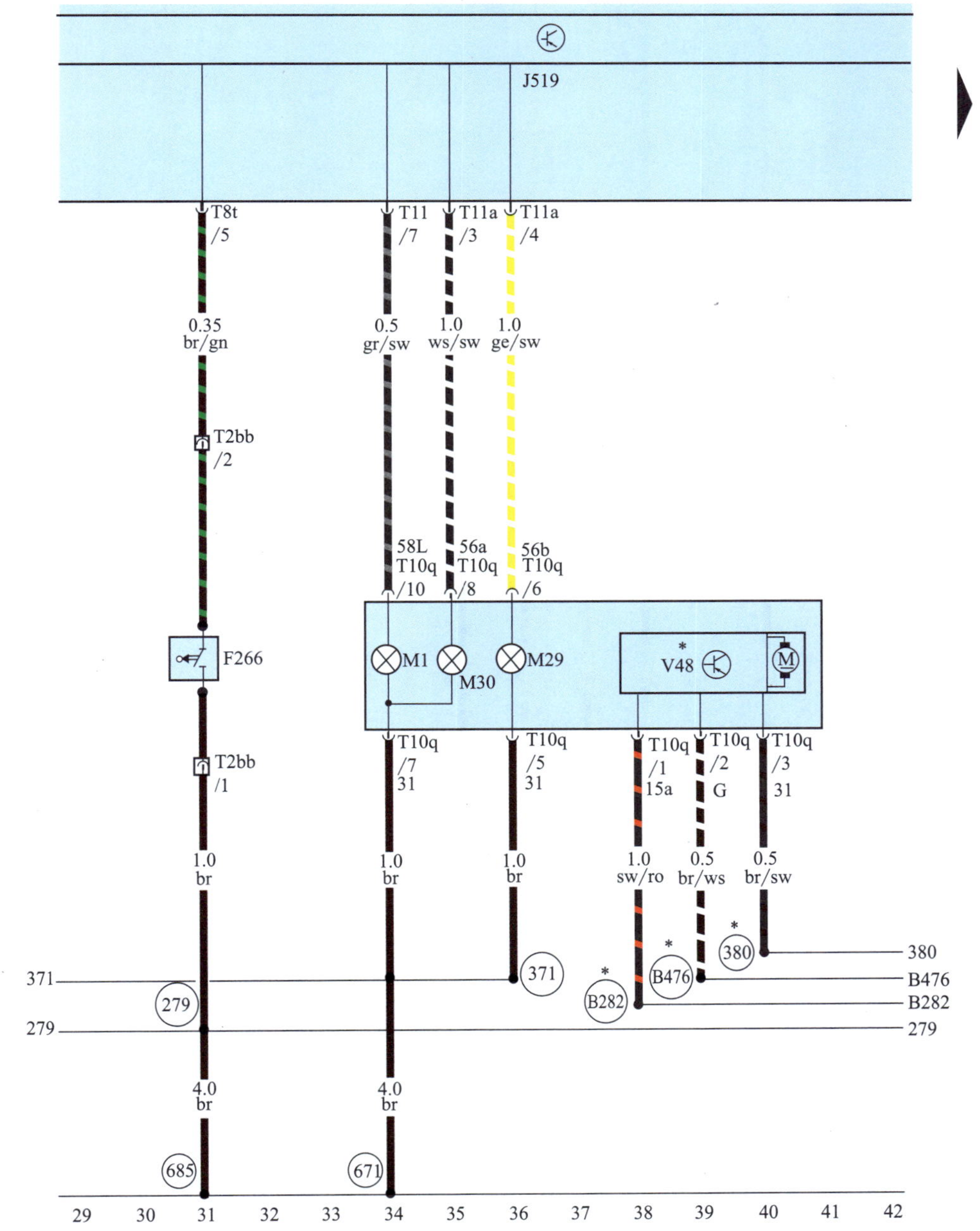

图 7.3-1 大灯电路（一）

F266—发动机舱盖接触开关；J519—车载电网控制单元；M1—左侧停车灯灯泡；M29—左侧近光灯灯泡；M30—左侧远光灯灯泡；T2bb—2芯黑色插头连接，大灯右后侧；T8t—8芯黑色插头连接；T10q—10芯黑色插头连接；T11—11芯黑色插头连接；T11a—11芯棕色插头连接；V48—左侧照明距离调整伺服电动机；279—接地连接5，在车内线束中；371—接地连接6，在主线束中；380—接地连接15，在主线束中；671—接地点1，在左前纵梁上；685—接地点1，在右前纵梁上；B282—正极连接6（15a），在主线束中；B476—连接12，在主线束中；*—仅适用于带照明距离调节装置的汽车

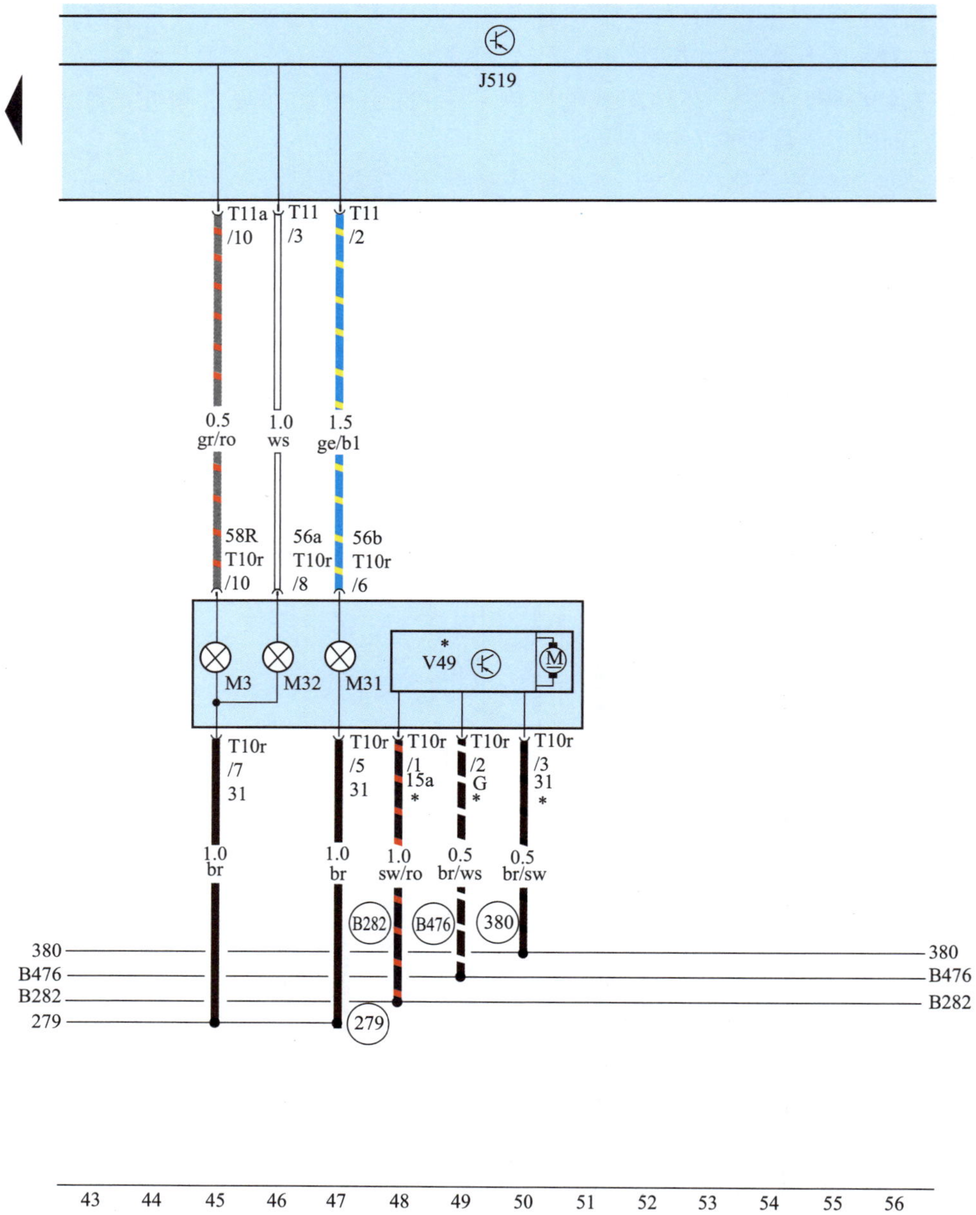

图 7.3-2 大灯电路（二）

J519—车载电网控制单元；M3—右侧停车灯灯泡；M31—右侧近光灯灯泡；M32—右侧远光灯灯泡；T10r—10 芯黑色插头连接；T11—11 芯黑色插头连接；T11a—11 芯棕色插头连接；V49—右侧照明距离调整伺服电动机；279—接地连接 5，车内线束中；380—接地连接 15，在主线束中；B282—正极连接 6（15a），在主线束中；B476—连接 12，在主线束中；*—仅适用于带照明距离调节装置的汽车

7.3.1.2 启动和充电电路

（1）启动系统电路组成 启动系统电路包括蓄电池、点火开关、J519（车载电网控制单元）、保险（SB30）、J682（接线端50供电器）、J329（总线端15供电器）、起动机等。

（2）点火开关 例如迈腾轿车，将ID发生器（点火钥匙）插入到预锁位置。发动机运转，点火钥匙退回到15号线位置。关闭发动机→压下点火钥匙后将手放开，点火钥匙将被弹回到取出位置。

（3）起动机 起动机是用来启动发动机的，当点火开关处于启动位置时，继电器接通起动机主电路，此时起动机工作。起动机由直流电动机、传动机构和控制部分组成。其中控制部分也就是电磁开关上有三个端子，一个直接接蓄电池正极（端子30），一个接启动继电器的开关触点（端子50），最后一个接直流电动机电刷（端子C），起动机壳体接地。

例如新迈腾轿车，将ID发生器（点火钥匙）插到启动位置，车载电网控制单元接收到启动信号的同时确认离合器位置（手动变速器）、变速杆位置（自动变速器）、蓄电池电压等信号是否在相应位置，若在相应位置，车载电网控制单元控制J682（接线端50供电器）、J329（总线端15供电器）给起动机供电使起动机工作，从而启动发动机。

（4）电路走向分析 如图7.3-3所示，以迈腾启动系统电路进行分析。

蓄电池→[20]→[27]→J329（总线端15供电继电器），在J519（车载电网控制单元）的控制下，使T2cq/2和T2cq/1（T2cq2芯黑色插头连接器）接通→J682（接线端50供电继电器），在J519（车载电网控制单元）的控制下，使2/30和8/87接通→起动机50号线（Tlv1芯黑色插头连接器）→起动机吸合线圈→蓄电池的电压通过起动机30号线端子给起动机电枢供电→壳体搭铁→起动机工作→发动机启动。

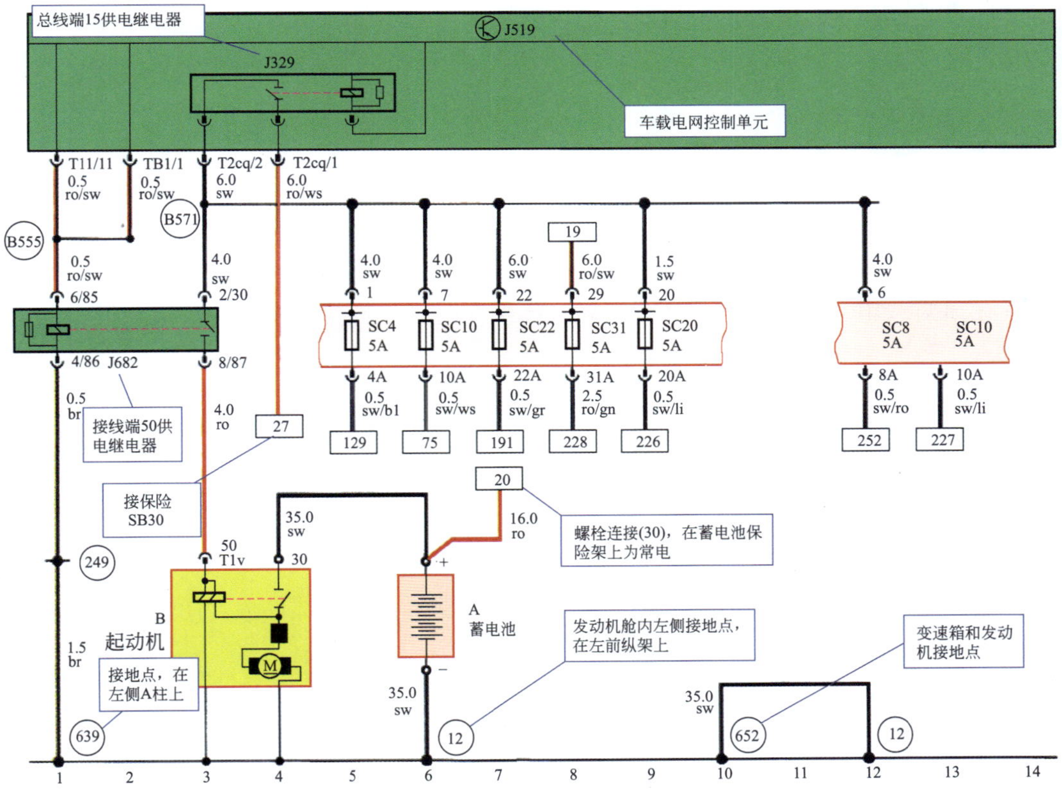

图7.3-3 迈腾启动系统电路

7.3.2 汽车电路基本检测

7.3.2.1 检测程序

(1) 确认故障内容 为了正确维修，确认客户所描述的故障现象，应仔细核查相关部件以确认故障现象并做好记录。不允许在未确定故障范围及原因之前对部件进行分解工作。

(2) 电路图识读及原因分析 根据子系统电路图对故障部件从电源到接地的整个电路进行分析、判断，确定维修操作方案。

如果无法确定维修操作方案，参考维修手册中的说明与操作中对该系统的描述，明白其工作原理。同时需要检测与故障电路公用的其他电路，如在电路图上参考保险、接地、开关等公用的系统电路。如果公用电路中的其他部件工作正常，则故障就在本身电路上。如果公用电路上的部件都有故障，则可能保险或接地有故障。

(3) 电路及零部件的检查 对于有模块控制的电路，应该充分结合诊断测试仪对部件进行测试，有效的故障诊断应该是具有逻辑性的合理操作过程，从可能性最大的原因和最容易检查的部件开始检查。

(4) 故障维修 要学会基本的电路处理方法，例如接地不良时的处理流程、线束接头的处理方法等。

(5) 确定故障排除 确认电路工作状态，维修结束后，确认故障已经排除，应该重新检测所有功能是否已经恢复正常。如果是保险熔断故障，则应该对所有共用该保险的电路进行检测。

7.3.2.2 检测项目

(1) 电压检测（图 7.3-4） 电压检测是检查某一点是否有电压。当检查导线接头的某一个端子时，可以不分解导线接头，利用线路检测工具中的正极连接线探针从导线接头的背面插入进行测试。

❶ 用试灯或电压表检查电压（万用表电压挡）时，先把检测工具的负极与蓄电池负极相连接。

❷ 然后把试灯或电压表（万用表电压挡）的另一端导线连接到要检测的位置上。

❸ 如果检测工具是电压表（万用表电压挡），显示值比规定值小于 1V 以上，说明电路有故障。如果检测工具是试灯，试灯不能正常点亮说明电路有故障。

(2) 通电测试（图 7.3-5）

❶ 断开蓄电池负极线束。

❷ 用自带电源测试灯或电阻表的一根引线连接到要检测的部件上。使用电阻表时，先把电阻表的两根导线短接，用调零器把电阻表调零。

❸ 用检测仪的另一根导线连接到要检测的负载另一个端子上。

❹ 自带电源试灯亮，表示导通；使用电阻表时，电阻很小或接近 0，表示该部件具有良好的导通状态。

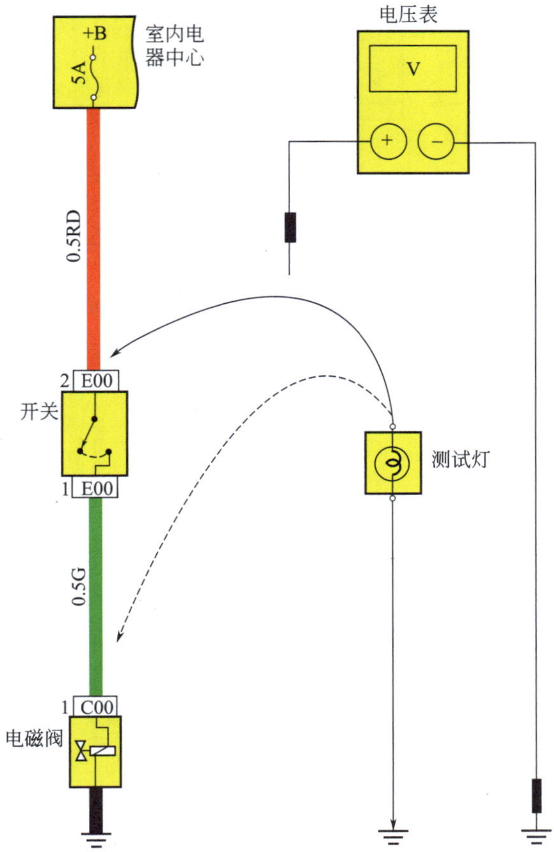

图 7.3-4　电压检测

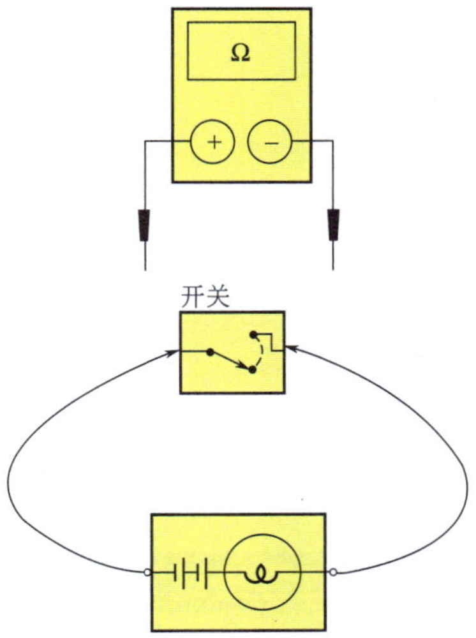

图 7.3-5　通电测试

（3）短路测试（图7.3-6）

❶ 断开蓄电池负极线束。

❷ 把自带电源测试灯或电阻表的一根导线连接到保险的输出端子上。

❸ 把自带电源的测试灯或电阻表的另一根导线接地。

❹ 断开保险所有相关的电气负载。

注意：如果不断开该保险所有的电气负载，在检查与灯光等低电阻负载电路时，电阻表会一直显示低电阻，这种情况下会引起误判。

❺ 从保险最近处依次排查线路。

❻ 自带电源试灯亮或电阻表显示值低于 5Ω，说明这部分与接地短路。

（4）电压降测试（图7.3-7） 此测试沿着导线、接头或开关检查电压降。

❶ 电压表正极导线连接到接近蓄电池的导线的一端（接头侧或开关侧）。

❷ 电压表负极导线连接到导线的另一端（接头或开关的另一侧）。

❸ 断开或接合开关，使电路工作。

❹ 电压表将显示两个点之间的电压差。

❺ 如果电压差超过 0.1V（5V 电路应小于 50mV），则表明电路上有故障，检查松动、氧化或腐蚀的连接电路。

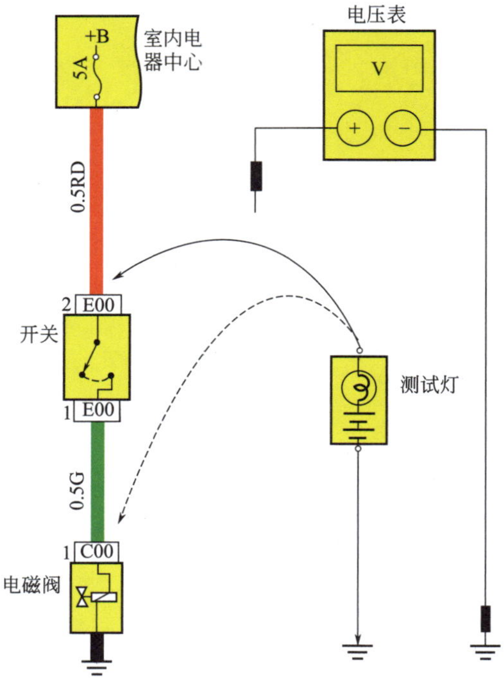

图 7.3-6 短路测试

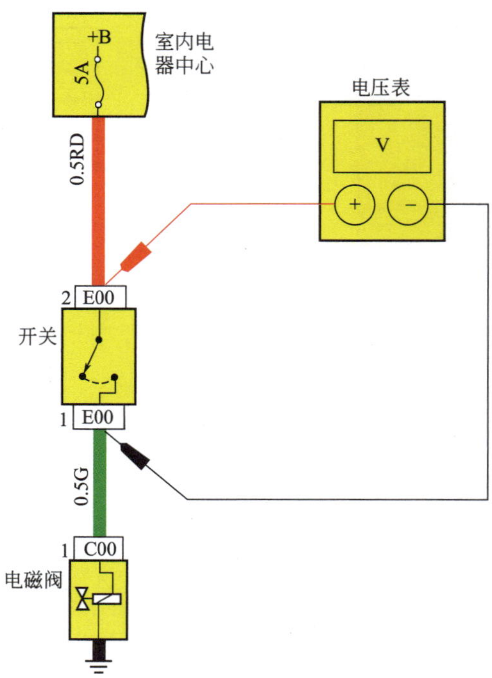

图 7.3-7 电压降测试

7.3.2.3 处理搭铁

接地（搭铁）不良的处理流程如图 7.3-8 所示。

❶ 拆卸接地点螺栓。

❷ 用粗砂布清洁线束侧接地铜环的两个接触表面（包括与车身侧及与螺栓侧），直到氧化物完全清洁干净。

❸ 用粗砂布清洁车身侧接地点，直到表面完全清洁干净。

❹ 重新安装接地点线束及固定螺栓，并按规定力矩拧紧。

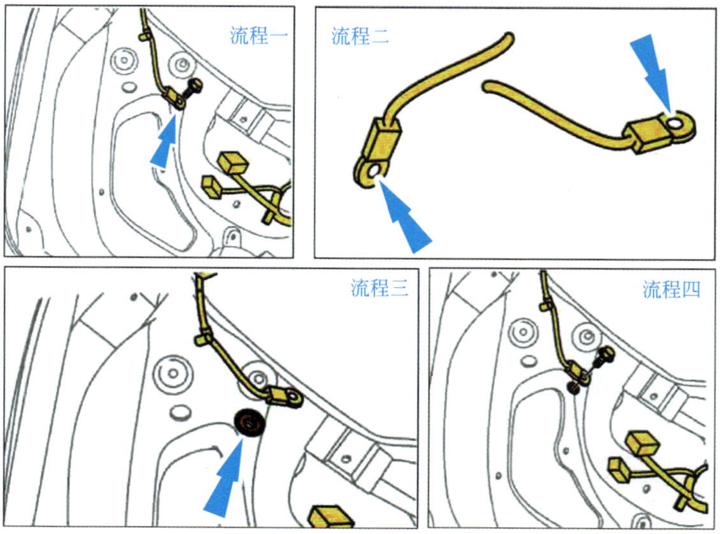

图 7.3-8 接地不良的处理流程

CHAPTER 8

08

第8章 汽车维护与保养

8.1 汽车的维修养护周期

8.1.1 发动机维修养护周期

（1）机油更换周期 机油即发动机润滑油。机油的更换期限一般在5000km或者6个月，以哪个先到为准。笔者建议对于新车或者刚刚大修完的车辆，第一次更换机油应该小于5000km。

发动机内活塞和气缸壁以及其他相互摩擦运动的金属表面，这些部件运动速度快、环境特殊，工作温度很高。在这样恶劣的工况下面，只有合格的机油才可降低发动机零件的磨损，延长使用寿命。例如，劣质机油导致活塞环卡死，进而导致发动机严重故障。

（2）机油滤清器更换周期 机油滤清器即机油滤芯，在更换机油时候必须一同更换。

（3）空气滤清器和空调滤芯更换周期 一般每隔10000km更换一次空气滤清器和空调滤芯。根据车辆行驶环境可适当调整更换周期。

（4）燃油滤清器和火花塞更换周期 在每更换两次机油的周期更换一次外置燃油滤清器，也就是10000km更换一次即可。如果是内置在燃油箱的燃油滤清器，应该在20000～30000km更换一次。30000km更换一次火花塞。

（5）正时皮带和水泵更换周期 正时皮带在发动机中非常重要，一般60000km更换一次。更换正时皮带时，如果是水泵与正时皮带相驱动的，那么水泵也一同更换，同时更换张紧器或张紧轮。

（6）冷却液更换周期 冷却液要每2年更换一次。

冷却液中含有添加剂和抗泡沫添加剂，这些添加剂会在使用过程中逐渐地丧失应有的功能，以至于无法对冷却系统内部进行很好的保护，所以要定期更换。

（7）清洗养护 发动机进气歧管和进气道内有积炭，通常建议30000km左右清洗一次进气道。喷油嘴同样在30000km时候进行清洗一次。具体根据行车情况而定。

8.1.2 变速器维修养护周期

（1）自动变速器油更换周期 自动变速器油（Automatic Transmission Fluid，ATF）是指专用于自动变速器的油液。ATF对自动变速器的工作、使用性能以及使用寿命都有非常重要的影响。汽车自动变速器保养的主要内容就是对ATF的检查和更换。通常应该每60000km更换一次AFT，同时更换自动变速器油滤芯。

（2）手动变速器油更换周期 手动变速器齿轮油一般应该80000km左右更换一次。

8.1.3 制动系统维修养护周期

（1）制动液更换周期 制动液必须每2年更换一次，如果不到2年，建议行驶里程超过6万千米，更换制动液。制动液必须使用该车型手册指定的型号，不得与其他品牌、型号的制动液混加。

随着时间和里程的增加，制动液会慢慢吸收空气中的水分，制动液中过高的含水量可能会引起制动系统的腐蚀损伤。此外，制动液的沸点也会明显下降，在高负荷制动的情况下，制动系统中会产生气泡，从而使制动效能降低。

（2）制动片更换周期

❶ 制动摩擦片磨损到整个厚度的1/3时，需要更换。

❷ 制动盘磨损出不平的槽沟时候需要更换，这时需要一同更换制动摩擦片。

❸ 毂式制动器的制动鼓磨损有不平的沟槽视情况更换，一同更换制动蹄片。

8.1.4 车轮和转向系统维修养护周期

（1）转向助力油更换周期 转向助力油每隔2年更换一次。转向助力泵皮带建议60000～80000km更换一次。

（2）轮胎更换周期 轮胎磨损到一定程度时必须更换，一般是在胎面上的磨损极限标记（图8.1-1）露出时就不再使用该轮胎。正常道路行驶，普通轮胎可使用80000km左右。

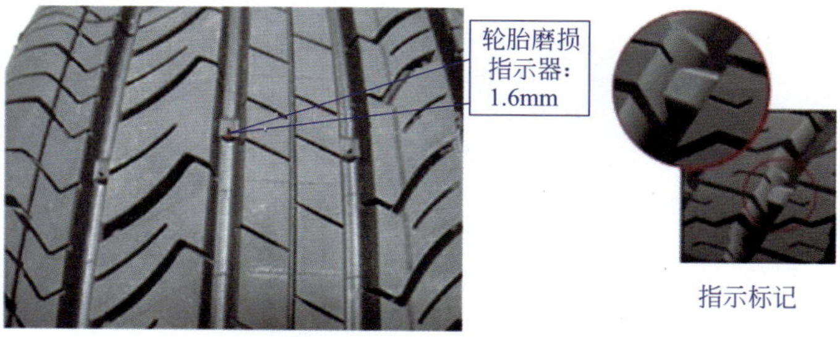

图 8.1-1 轮胎磨损极限标记

8.2 汽车的例行检查

扫一扫 看视频

8.2.1 发动机机油油位检查

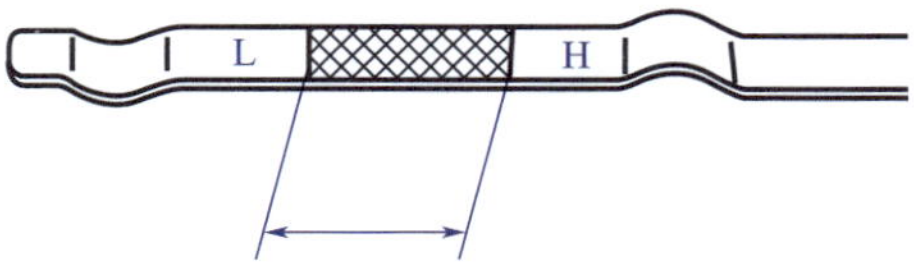

图 8.2-1 机油油位检查

启动发动机前，将汽车水平停稳，检查发动机机油液位。如果发动机已启动，则关闭发动机，等待数分钟后再检查。

❶ 拔出机油尺并擦拭干净。

❷ 插入机油尺，确认发动机机油液位在如图 8.2-1 所示的范围内。

❸ 如果超出范围，请调整。

8.2.2 自动变速器油检查

如图 8.2-2 所示，自动变速器用本身带有的油尺进行检查。

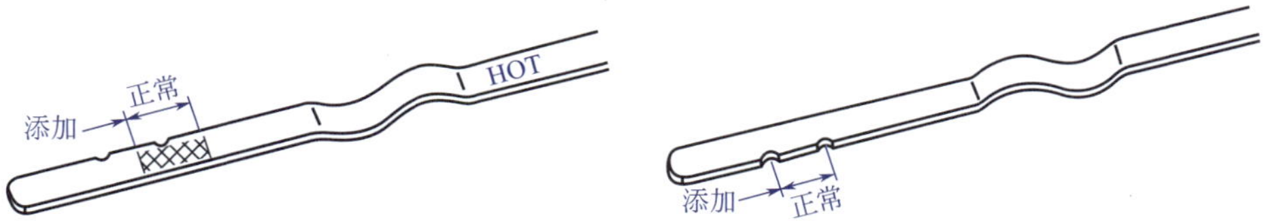

图 8.2-2 用油尺进行检查自动变速器油量

用油尺进行检查时，一般应按以下步骤进行。

❶ 检查有无自动变速器油泄漏。

❷ 行驶前，当油温处在 30 ～ 50℃使用自动变速器油尺的“COLD”范围检查油面高度。

a. 将车辆停放在水平地面上，拉起驻车制动手柄。

b. 启动发动机，并将选挡杆在各挡位位置上移动。最后将选挡杆置于“P”位置。

c. 在发动机怠速时检查自动变速器油的高度。

d. 拔出自动变速器油尺，用无绒纸擦净。

e. 重新将自动变速器油尺尽可能地插入加油管中。

f. 拔出自动变速器油尺，观察油尺指示。如果指示自动变速器油面过低，应向加油管中添加自动变速器油。

注意： 请勿过量加注油液。

❸ 在城区道路上驾车行驶大约 5min。

❹ 当油温达到 50 ～ 80℃的范围时，根据自动变速器油尺“HOT”范围重新检查油面高度。

❺ 检查自动变速器油状况。如果自动变速器油颜色发黑或有焦煳味，应该更换；如果自动变速器油中含有摩擦材料（离合器和制动带）等，则应在修理自动变速器后更换散热

器，并用清洁剂和压缩空气冲洗冷却器管路。

如图 8.2-3 所示，从溢流塞处进行检查（这种自动变速器本身不带油尺，也没有油尺导管，但有加油螺塞，有的则须从溢流塞孔处加注自动变速器油）。

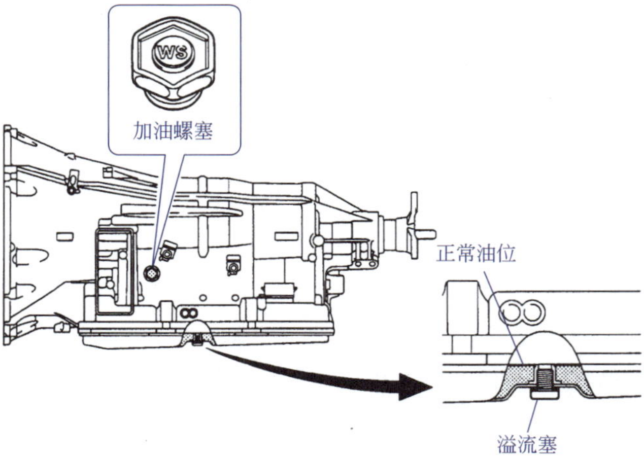

扫一扫
看视频

图 8.2-3　从溢流塞处检查自动变速器油量

8.2.3　制动液检查

在车辆行驶过程中，由于制动摩擦片的损耗及其自动调整，使制动液液面产生轻微的下降，这种情况是正常的。制动液非正常下降，将会导致车辆隐患，甚至出现重大安全事故，所以一定要在例行保养中检查制动液。

如图 8.2-4 所示，检查制动液液面是否位于储液罐的 MAX 和 MIN 标记之间。如果大于 MAX，则可能是制动液加注过多；如果小于 MIN，则可能是制动系统某部分发生渗漏所致。此时应仔细检查制动系统是否存在渗漏现象，之后再将制动液加注到标准范围。

图 8.2-4　制动液液位标记

8.2.4　转向助力油检查

油泵是负责产生油压的，油泵是第一个要检查的部件。在整个转向范围，如果注意到部分或间歇动力转向损失，这通常是由于油泵动力不足造成的，很可能是由于转向助力油的问题所导致。

❶ 测量储液罐油位，必须在规定范围（图 8.2-5）。

❷ 储液罐油位必须在车辆冷时测量，在车辆和动力转向操作后，不能正确测量。如果在车辆静止情况下或车辆在重载下行驶过，更是如此。

❸ 使用储液罐油位表来测量油位，如果油位低，将其补充到规定油位。

❹ 要使用车辆及其装备规定使用的油液，使用不符合规定的油液会导致故障。

❺ 如果测量的油位低，仔细检查是否泄漏。

❻ 检查油液质量和状况，如果变脏或烧蚀，则进行更换。

8.2.5 冷却液检查

检查冷却液的液面位置。冷却液的液面位置应在低和满两条标记线之间。如果液面位置低，则应检查是否有渗漏，并添加冷却液至上标记线位置（图 8.2-6）。

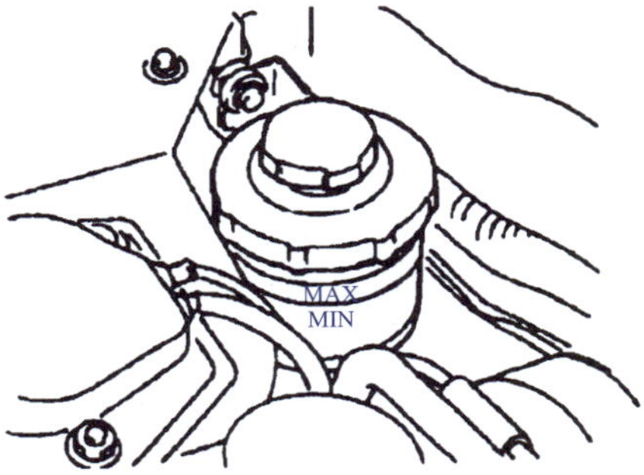

图 8.2-5 转向助力油油位上下限标记

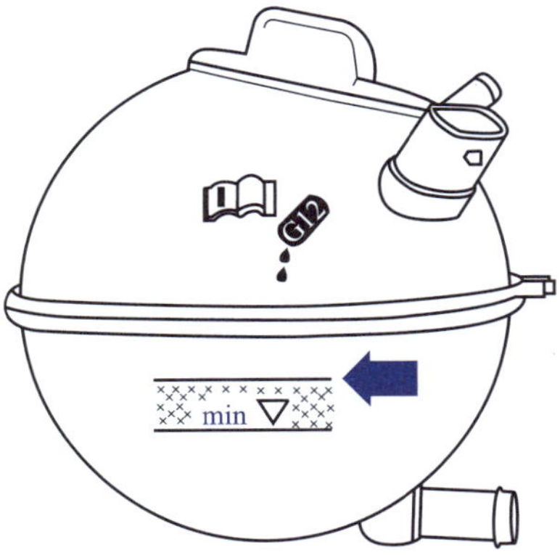

图 8.2-6 冷却液限位标记

8.2.6 蓄电池检查

免维护蓄电池的检查见表 8.2-1。

表 8.2-1 免维护蓄电池的检查

项目	图解	图示 / 示意图
电眼	（1）电眼可以通过一个颜色指示器提供有关蓄电池电量状态和酸液液位的信息 （2）通过对单个单格电池的检查，便足以反映整个蓄电池的起始负荷情况 （3）在利用电眼进行目测之前，请用螺钉起子的手柄小心敲打电眼。任何气泡都会造成色散，从而影响指示器的检测。气泡去除后，电眼的颜色显示更加准确	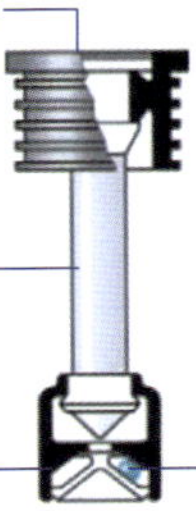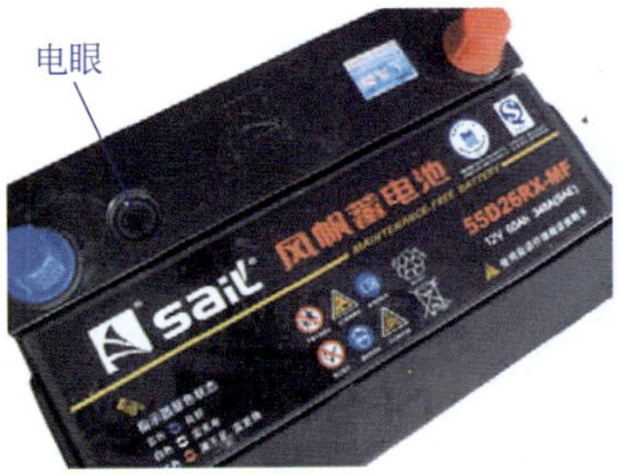

续表

项目	图解			图示 / 示意图
电眼	电眼的指示器有不同颜色	绿色	良好的电量状态，＞65%，蓄电池正常	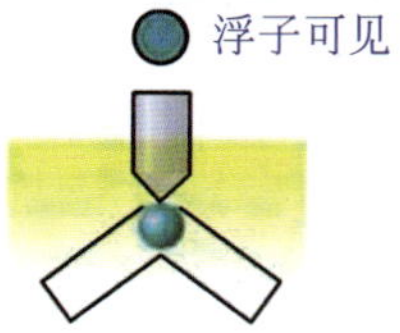
		黑色	不良的电量状态，＜65%，需充电	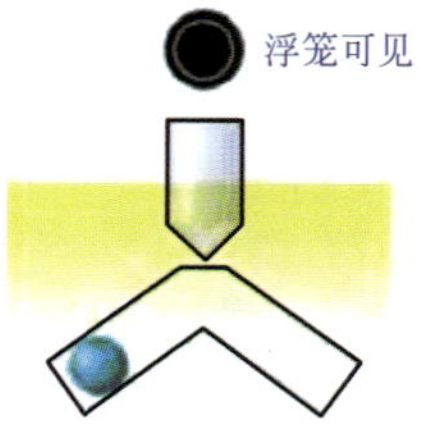
		黄色或无色	电解液液位太低，更新蓄电池	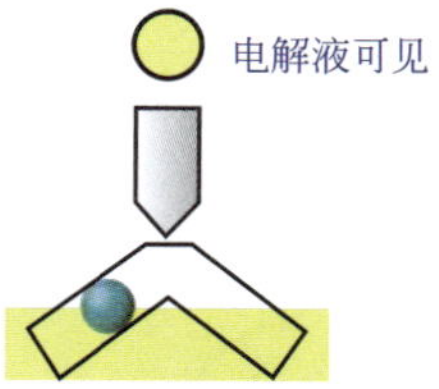

8.2.7 火花塞检查

火花塞电极的正常颜色为灰白色，如电极烧黑并附有积炭，则说明存在故障。

火花塞绝缘体的顶端和电极间的积炭严重时可能造成发动机内部机械损坏。事实上，火花塞出现积炭（沉积物）只是一种直观的表面现象（图 8.2-7），这有可能是发动机相关电气或机械部件故障的信号，应及时维修。

图 8.2-7　火花塞积炭（沉积物）

8.3 汽车的常规保养

通常说的更换机油和“四滤”是汽车保养的关键，这“四滤”包括机油滤清器、燃油滤清器、空气滤清器和空调滤芯，都需要定期更换。对于汽修初学者来讲，更换“四滤”是最基本的维修和养护操作，更换过程中要注意一些细节和要领。

8.3.1 更换燃油滤清器（外置）

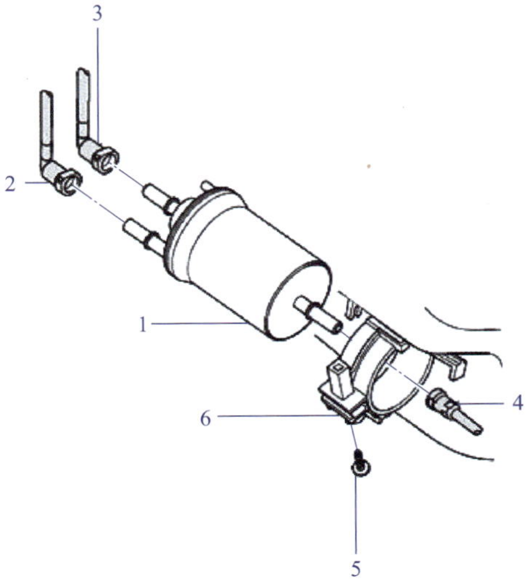

图 8.3-1 燃油滤清器

1—燃油滤清器；2—燃油供油管路（黑色，来自燃油箱）；3—燃油回油管路（蓝色，连接燃油箱）；4—燃油供油管路（黑色，到发动机）；5—螺栓；6—支架（用于支撑燃油滤清器）

燃油滤清器的任务是滤清燃油中的杂质和水分，防止燃油系统堵塞，减小机件磨损，保证发动机正常工作。燃油滤清器见图 8.3-1。

（1）拆卸燃油滤清器（图 8.3-2）

❶ 拆下进油管路 1 和 3 以及回油管路 2。

❷ 松开管路时按压卡环，旋出螺栓 4。

❸ 取下燃油滤清器。

（2）安装燃油滤清器（图 8.3-3） 注意，燃油滤清器上有箭头标记，表示燃油流动方向，接头不要混淆。

❶ 燃油流动方向在滤清器壳体上用箭头标出。

❷ 滤清器壳体上的销钉 2 必须嵌入滤清器支架上导向件的凹口 1 中。

❸ 启动发动机，检查燃油滤清器接头处是否泄漏。

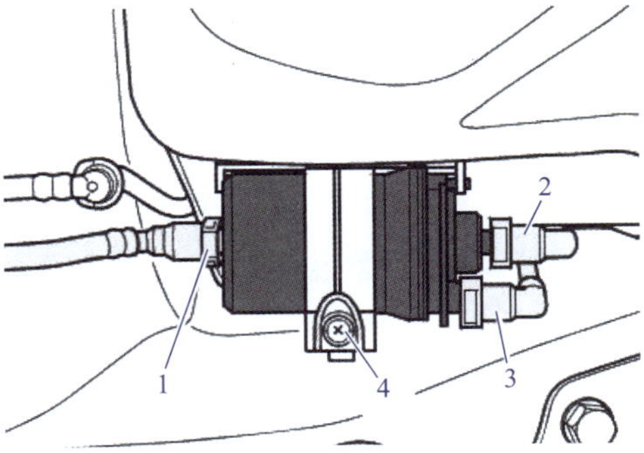

图 8.3-2 拆卸燃油滤清器

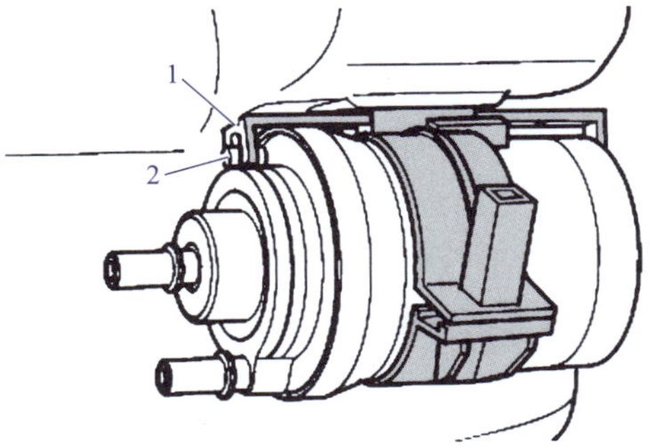

图 8.3-3 安装燃油滤清器

8.3.2 更换机油滤清器

机油滤清器用于清洁机油，防止污物颗粒进入机油回路并因此进入轴承部分，这样可以避免发动机油因固体杂质（例如金属磨损颗粒、炭烟或灰尘颗粒）提前变质。

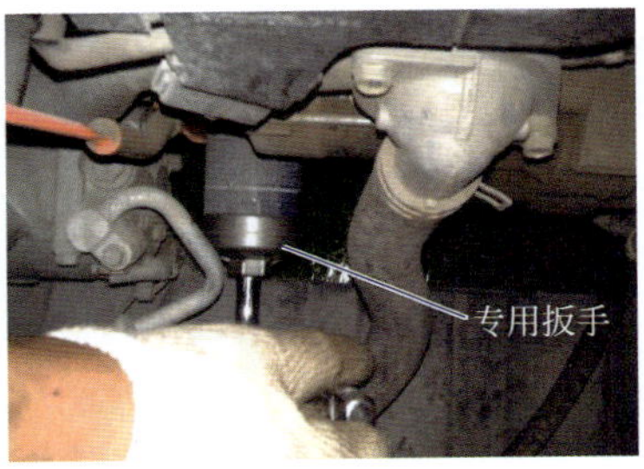

图 8.3-4 拆装机油滤清器

拆装机油滤清器如图 8.3-4 所示。

❶ 拆卸时用专用扳手松开机油滤清器（逆时针转动）。

❷ 安装时在新机油滤清器的橡胶垫圈上涂上一点机油，拧上新机油滤清器，用手拧紧。

❸ 加入机油，然后盖好机油加油盖，并启动发动机，检查机油滤清器和放油螺塞处是否有渗漏现象。

8.3.3　更换空气滤清器（滤芯）

空气滤清器是主要负责清除空气中的微粒杂质的装置。空气滤清器总成如图 8.3-5 所示。

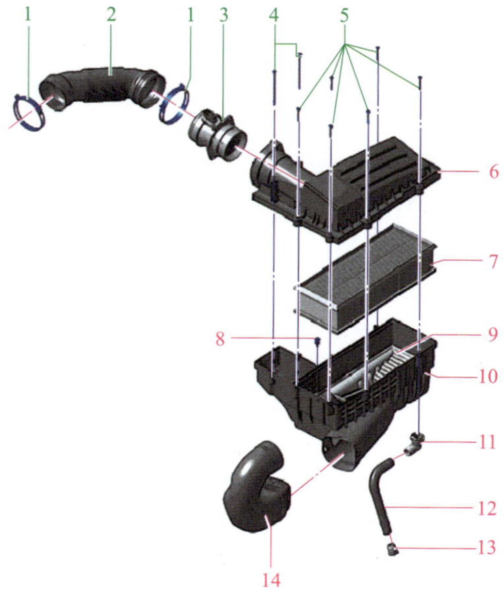

图 8.3-5　空气滤清器总成

1—弹簧卡箍；2—空气导向管；3—空气质量流量计；4,5,8—螺栓；6—空气滤清器壳上部件；
7—空气滤芯（需要例行保养更换）；9—防雪网；10—空气滤清器壳下部件；
11—排水软管接头；12—软管；13—摆动阀；14—进气导管

空气滤清器上壳体盖四周有卡扣或螺栓，用于把塑料壳体压紧在空气滤清器上方，保持进气管路的密封。卡扣的结构较为简单，通过往外掰卡扣就能把其拆除，掰开卡扣后打开塑料壳体，取出空气滤清器（滤芯）。

8.3.4　更换空调滤芯

空调滤芯主要安装在两个位置，一是在副驾驶座位的手套箱后面；二是在挡风玻璃右下侧。

图 8.3-6　拆卸空调滤芯（一）

拆装空调滤芯的方法和步骤如下。

❶ 如图 8.3-6 所示（现代伊兰特），其安装在副驾驶座位的手套箱后面，将手套箱拆卸下来，用螺丝刀拆下挡片（2 个螺栓），就可以取出。

❷ 如图 8.3-7 所示（帕萨特领驭），其在发动机舱内（挡风玻璃右下侧）副驾驶室对应的一侧雨刮器下方。用螺丝刀拆下罩盖即可取出，拆卸非常简单。

图 8.3-7 拆卸空调滤芯（二）

8.4 汽车的快速保养流程

扫一扫

看视频

表 8.4-1 为上海大众车辆保养项目表，请参考执行。

表 8.4-1 上海大众车辆保养项目表

序号	保养和检查项目 / 内容	保养里程（每间隔里程数）				
		7500km 首次保养	15000km 常规保养	每 15000km 常规保养	每 30000km 保养	每 60000km 保养
1	车身内外照明电器，用电设备检查功能 （1）组合仪表指示灯、阅读灯、化妆镜灯、时钟、点烟器、喇叭、电动摇窗机、电动外后视镜、暖风空调系统、收音机 （2）近光灯、远光灯、前雾灯、转向灯、警示灯 （3）驻车灯、后雾灯、制动灯、倒车灯、车牌灯、后备厢照明灯	•	•	•	•	•
2	自诊断：用故障诊断仪读取各系统控制器内的故障存储信息	•	•	•	•	•
3	安全气囊和安全带：目测外表是否受损，并检查安全带功能	•	•	•	•	•
4	手制动器：检查，必要时调整	•	•	•	•	•
5	前风窗玻璃落水槽排水孔：清洁	•	•	•	•	•
6	雨刮器 / 清洗装置：检查雨刮片，必要时更换；检查清洗装置功能，必要时调整并加注清洗液	•	•	•	•	•
7	发动机舱：检查燃油管路、真空管路、电气线路、制动管路、ATF 冷却器管路是否存在干涉或损坏，必要时进行调整	•	•	•	•	•
8	发动机机油及机油滤清器：更换（行驶里程较少的车辆建议每 6 个月更换） 选择机油类型： □专用机油□优选机油□高端机油	•	•	•	•	•
9	冷却系统：检查冷却液冰点数值，检查系统是否泄漏，必要时补充原装冷却液（标准值为 -35℃，极寒地区低于 -35℃。请使用折射计 T10007 检查冷却液冰点数值）	•	•	•	•	•
10	空气滤清器：清洁罩壳和滤芯	•	•	•	•	•
11	蓄电池：观察蓄电池上的电眼，必要时使用 MCR 341V 检测蓄电池状况，检查正负极连接状态	•	•	•	•	•

续表

序号	保养和检查项目 / 内容	保养里程（每间隔里程数）				
		7500km 首次保养	15000km 常规保养	每 15000km 常规保养	每 30000km 保养	每 60000km 保养
12	前大灯：检查灯光，必要时调整	●	●	●	●	●
13	转向横拉杆 / 稳定杆 / 连接杆：检查是否有间隙，连按是否牢固	●	●	●	●	●
14	车身底部：检查燃油管、制动液管是否干涉以及底部保护层是否损坏，排气管是否泄漏，固定是否牢靠	●	●	●	●	●
15	底盘螺栓：检查并按规定扭矩紧固	●	●	●	●	●
16	制动系统：检查制动液管路是否泄漏，检查制动液液面，必要时补充	●	●	●	●	●
17	轮胎 / 轮毂（包括备胎）：检查轮胎磨损情况，必要时进行轮胎换位，同时校正轮胎气压	●	●	●	●	●
18	车轮固定螺栓：检查并按规定扭矩紧固	●	●	●	●	●
19	试车：性能检查	●	●	●	●	●
20	保养周期显示器：复位		●	●	●	●
21	空调系统冷凝排水：检查，必要时清洁		●	●	●	●
22	空调滤芯滤器：更换滤芯（行驶里程较少的车辆建议 12 个月更换）		●	●	●	●
23	空气滤清器：更换滤芯（行驶里程较少的车辆建议每 12 个月更换）		●	●	●	●
24	活动天窗：检查功能，清洁导轨，涂覆专用油脂		●	●	●	●
25	车门限位器、固定销、门锁、发动机盖 / 后备厢铰链和锁扣：检查功能并润滑		●	●	●	●
26	变速箱 / 传动轴护套：检查有无渗漏和损坏，连接是否牢固		●	●	●	●
27	发动机燃烧室和进气道：用内窥镜检查积炭情况，必要时应使用汽油清净剂				●	●
28	火花塞：更换				●	●
29	楔形皮带：检查，必要时更换（每 120000km 更换）				●	●
30	活动天窗排水功能：检查，必要时清洁				●	●
31	制动盘、制动鼓及制动摩擦片：检查厚度及磨损情况，必要时更换				●	●
32	尾气排放：检测				●	●
33	燃油滤清器：更换					●
34	手动变速箱：检查变速箱齿轮油液位，必要时补充或更换					●
35	自动变速箱：更换变速箱 ATF					●
36	制动液：更换（每 24 个月或每 50000km，以先到者为准）					

注：1. 本表的保养内容适用于上海大众生产的波罗车型。保养项目需根据车型的不同配置进行选择。

2. 本表的保养内容和周期是根据汽车在正常行驶情况下制定的。对于使用条件比较恶劣的车辆，特别是经常停车 / 启动以及经常在低温情况下使用的车辆，应经常检查机油液面，并建议每 5000km 更换机油和机油滤清器。

3. 在灰尘较大的环境里行驶的车辆，应缩短空气滤清器滤芯和空调系统花粉过滤器的保养间隔（如每 5000km 更换）。空调滤芯脏污将影响空调制冷效果，请注意检查并及时更换。

4. 表中●表示需要执行的保养项目。

CHAPTER 9

09

第 9 章 汽车维修操作

9.1 常用零部件的更换

9.1.1 拆装电动燃油泵

拆装电动燃油泵见表 9.1-1。

表 9.1-1 拆装电动燃油泵

项目	拆卸步骤		安装步骤		图解
更换电动燃油泵总成	1	释放燃油系统压力（将燃油泵保险或继电器拔下，启动发动机 3 ～ 5s）	1	清洁燃油箱衬垫接合面	拔下燃油泵控制单元法兰上的连接插件时一定要按下图中箭头方向稍用力松开插件卡子，再向上拔出插件 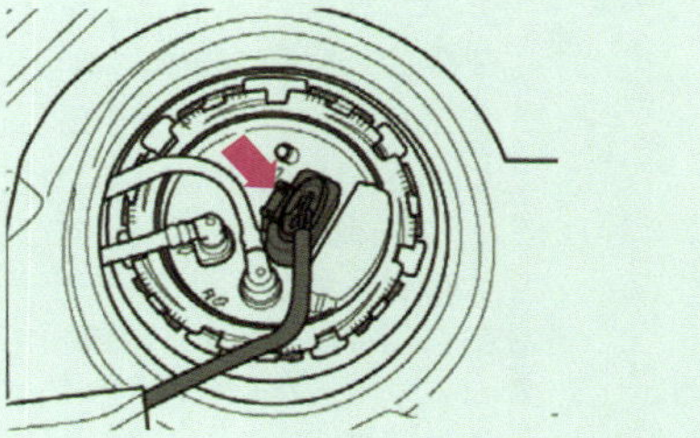
	2	断开蓄电池负极电缆	2	将密封环放置就位，做好出油管路或回油管与油箱位置标记或记住燃油泵控制单元法兰箭头标记	

续表

项目	拆卸步骤		安装步骤		图解
更换电动燃油泵总成	3	拆卸后排座椅或者后备厢地毯	3	按拆卸时的位置将燃油泵装回到燃油箱中，以便安装油管和连接器	拆下燃油泵总成时一定要用专用工具拆卸，按照下图规范操作 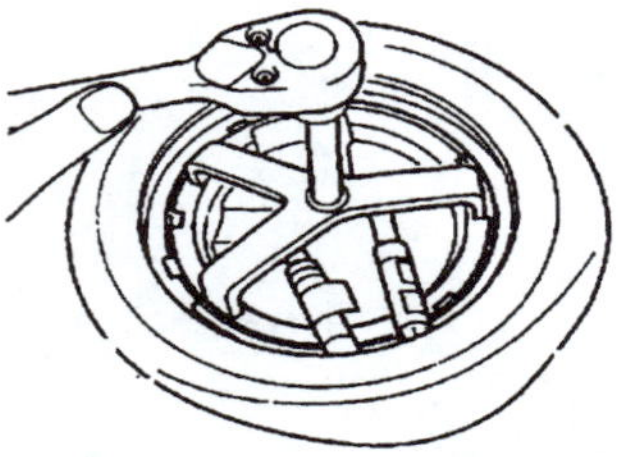
	4	拆卸燃油泵检修盖	4	放上锁环并顺时针拧动，直至它接触燃油箱上的止动器	
	5	断开燃油泵总成的电气连接器	5	连接燃油泵总成连接器	
	6	断开出油管	6	安装燃油泵出油管	拆装油泵出油和回油管时，要将油管插入到油泵油管接口底部，使其密封锁止 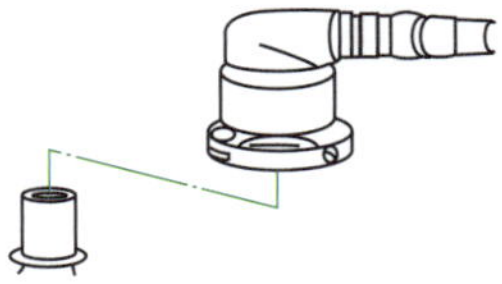 安装时一定要将密封环 A 拉过法兰并将其安装在燃油箱的开口中，如下图所示 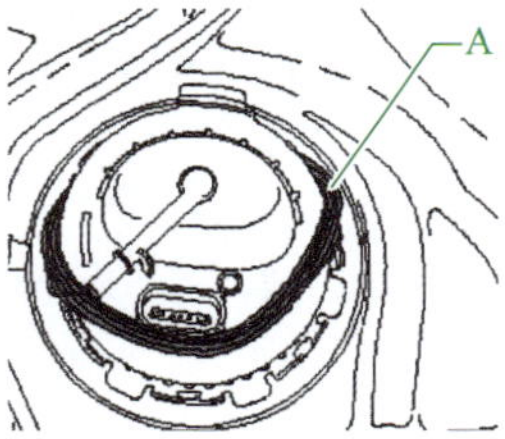
	7	断开燃油箱回油管	7	安装燃油箱回油管	
	8	逆时针拧密封紧固卡环，以松开燃油箱与油泵控制单元法兰的锁止	8	安装燃油泵检修盖	
	9	从燃油箱上拆卸燃油泵总成	9	连接蓄电池负极电缆	
			10	进行燃油泵更换操作检查	
			11	安装后排座椅或后备厢地毯	

9.1.2　拆装节气门

拆装节气门见表 9.1-2。

表 9.1-2　拆卸节气门（迈腾）

操作内容				图解
拆卸步骤		安装步骤		
1	拆下空气滤清器总成	1	在清洗、检查完后，安装节气门体	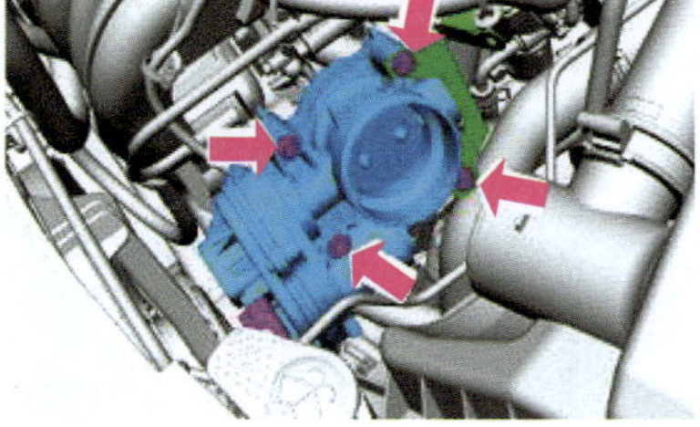 拆下进气软管（箭头处）
2	拆下油门拉线（机械拉线节气门）。首先将节气门操纵机构拧到最大位置，用左手扳住，右手捏住油门拉线，将其从操纵机构的豁口处取下；然后从油门拉线支架上取下拉线，取下限位卡子和垫片，放在安全位置保管好；最后将固定在节气门体上的油门拉线支架拆卸掉	2	安装节气门位置传感器插头	

续表

<table>
<tr><th colspan="4">操作内容</th><th rowspan="2">图解</th></tr>
<tr><th colspan="2">拆卸步骤</th><th colspan="2">安装步骤</th></tr>
<tr><td>3</td><td>用合适的扳手拧松节气门体上的3个紧固螺栓，拆下节气门体</td><td>3</td><td>安装节气门体上的油门拉线支架并紧固（机械拉线节气门）</td><td rowspan="5">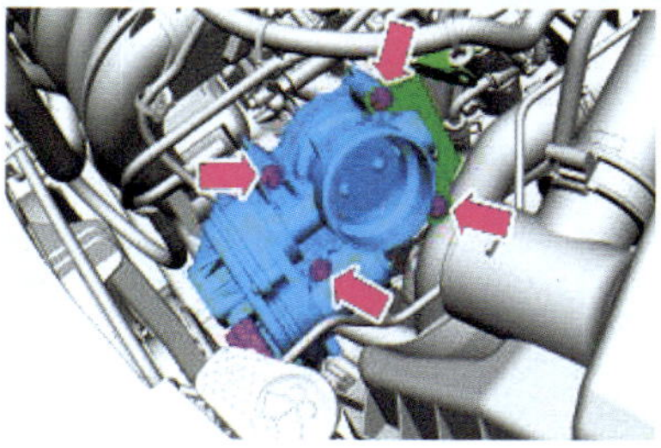
节气门的4个固定螺栓（箭头处）
注意：❶清洗时，重点清洗节气门体腔、节气门及节气门轴等部位，直至没有污物为止。清洗后反复扳动节气门操纵机构，检查节气门开关是否自如。另外，还要清洗进气道与节气门体的接合面，清洗前先拆下密封胶圈，以防被腐蚀
❷清洗节气门时，集成电路罩盖必须朝上，以免损坏其中元件</td></tr>
<tr><td>4</td><td>取下节气门体上与空气滤清器接合部位的密封胶圈，以防止清洗剂腐蚀胶圈，使胶圈发胀、断裂。取下密封胶圈后，检查是否有老化、裂纹迹象</td><td>4</td><td>安装油门拉线，安装过程与拆卸过程相反，安装完后应检查调整油门拉线的松紧度（机械拉线节气门）</td></tr>
<tr><td rowspan="2">5</td><td rowspan="2">清洗节气门体</td><td>5</td><td>安装空气滤清器总成</td></tr>
<tr><td>6</td><td>整个安装过程结束后，用检查仪检查发动机系统；自适应匹配节气门</td></tr>
</table>

9.1.3 拆装进气歧管

拆装进气歧管见表9.1-3。

表9.1-3 拆装进气歧管（通用汽车某车型）

<table>
<tr><th colspan="3">操作内容</th><th rowspan="2">图解</th></tr>
<tr><th>步骤</th><th>拆卸操作</th><th>安装操作</th></tr>
<tr><td>1</td><td>拆卸燃油泵保险。启动发动机。在发动机熄火后，转动曲轴10s，以释放燃油系统中的燃油压力</td><td>安装进气歧管衬垫。安装进气歧管</td><td rowspan="5">❶断开进气歧管空气温度传感器连接器并断开节气门上进气软管
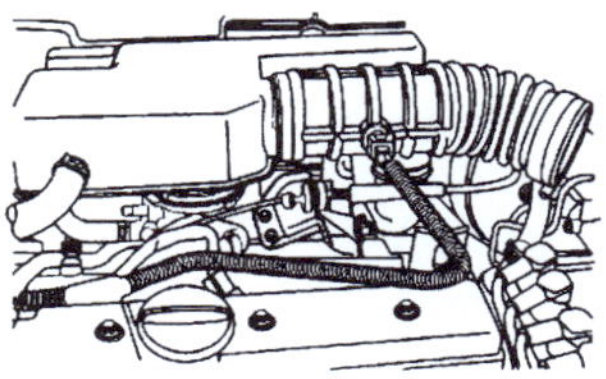
❷从节气门体上断开冷却液软管
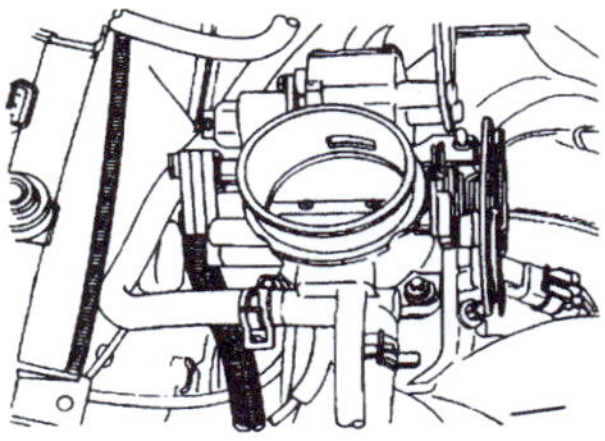</td></tr>
<tr><td>2</td><td>断开蓄电池负极电缆</td><td>按顺序安装进气歧管固定螺栓和螺母</td></tr>
<tr><td>3</td><td>从进气歧管上断开蒸发排放炭罐清污电磁阀并松开托架螺栓</td><td>安装进气歧管支架</td></tr>
<tr><td>4</td><td>断开进气歧管空气温度传感器连接器</td><td>将进气歧管支架上螺栓安装到进气歧管上；将进气歧管支架下螺栓安装到发动机体上</td></tr>
<tr><td>5</td><td>从节气门体上断开进气管</td><td>安装燃油分配管和喷油器罩</td></tr>
</table>

续表

操作内容			图解
步骤	拆卸操作	安装操作	
6	断开怠速空气控制（IAC）阀连接器	安装节气门拉线托架	
7	断开节气门位置传感器连接器	安装节气门拉线托架螺栓	
8	断开进气歧管绝对压力（MAP）传感器连接器	将节气门拉线连接到进气歧管和节气门体上	
9	从节气门体上断开冷却液软管	连接之前断开所有必要的真空软管	
10	断开所有必要的真空软管，包括燃油压力调节器上的真空软管和进气歧管上的制动助力器真空软管	连接进气歧管绝对压力传感器连接器	❸按图示顺序拆卸进气歧管固定螺栓和螺母
11	从节气门体和进气歧管上断开节气门拉线	将冷却液软管连接到节气门体上	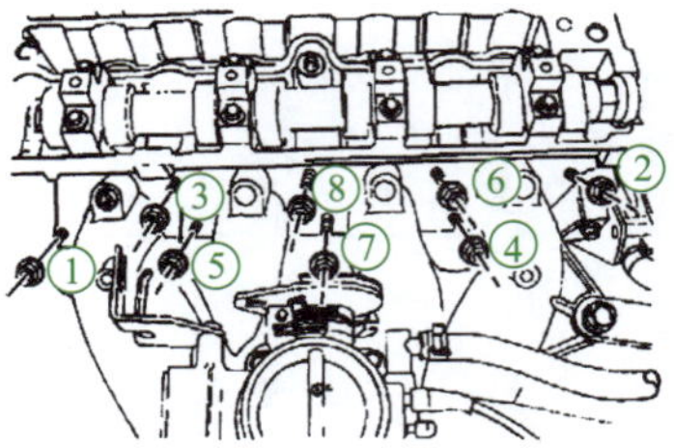
12	从进气歧管上拆卸节气门拉线托架螺栓	连接怠速空气控制连接器	❹按图示顺序安装进气歧管固定螺栓和螺母。按规定力矩紧固进气歧管固定螺栓和螺母
13	拆卸节气门拉线托架。拆卸发电机至进气歧管管箍带托架螺栓和箍带	连接节气门位置传感器连接器	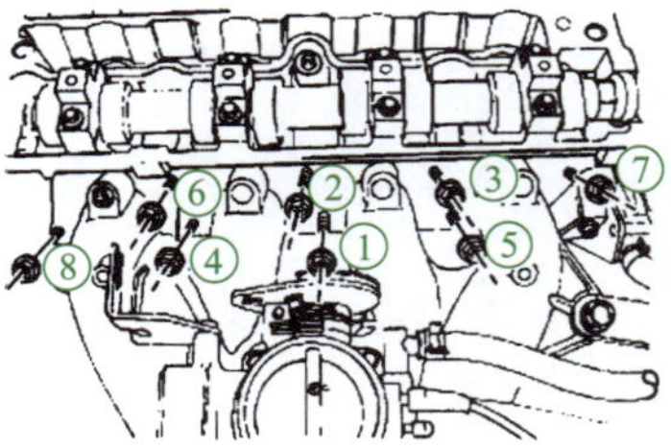
14	拆卸动力转向机软管卡箍螺栓并将软管从修理部位移开	使动力转向系统软管就位并安装卡箍螺栓	
15	从发动机体和进气歧管上拆卸进气歧管支架螺栓	将进气歧管连接至节气门体	
16	拆卸进气歧管支架	连接进气歧管空气温度传感器连接器	
17	按顺序拆卸进气歧管固定螺栓和螺母	将炭罐清污电磁阀连接至进气歧管并紧固托架螺栓	
18	拆卸进气歧管，拆卸进气歧管衬垫	安装燃油泵保险及电缆	

9.1.4　拆装排气管

（1）排气管组件　见图9.1-1。

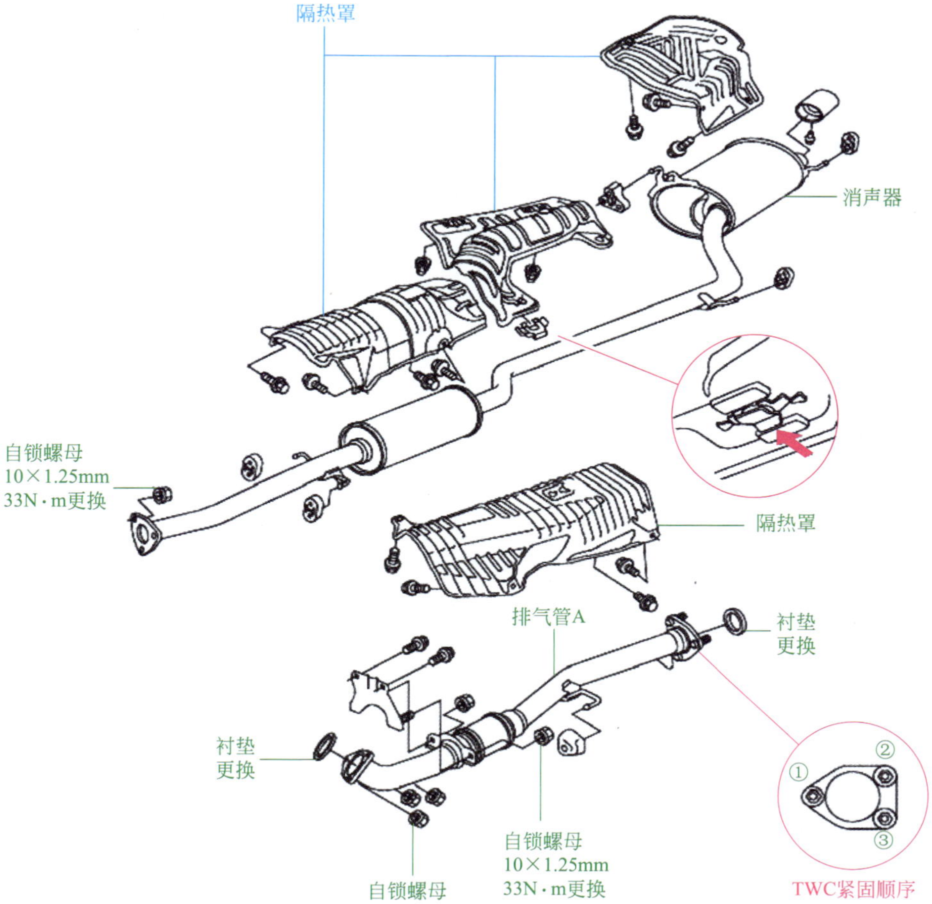

图 9.1-1　排气管组件

（2）拆卸和安装排气管　见表9.1-4。

表 9.1-4　拆卸和安装排气管

项目	步骤	操作内容
拆卸排气管	1	断开并拆卸后加热型氧传感器
	2	从三元催化器上拆卸前排气管螺母和衬垫
	3	拆卸前下排气管托架
	4	从前上排气管安装架上拆卸前排气管
	5	从前排气管法兰至第 3 消声器法兰连接处的橡胶吊环上拆卸前排气管
	6	拆卸前排气管法兰至第 3 消声器法兰固定螺母
	7	拆卸前排气管和衬垫
	8	清洁前排气管法兰和排气歧管密封面
	9	检查前排气管和三元催化器或第 3 消声器是否有孔洞、损坏、裂缝或导致废气漏入乘客舱或后备厢的其他损坏现象

续表

项目	步骤	操作内容
安装排气管	1	安装第3消声器法兰与前排气管法兰之间的衬垫
	2	安装前消声器管
	3	安装前消声器管至第3消声器固定螺母，紧固前消声器管至第3消声器螺母至30N・m即可
	4	将前排气管安装至橡胶吊环
	5	将前排气管装入前上排气管安装架
	6	将前下排气管安装架安装到前排气管上
	7	用螺母将前下排气管安装架安装至前上排气管安装架焊接螺栓，紧固前下排气管安装架螺母至30N・m即可
	8	安装前排气管法兰和催化转换器之间的衬垫
	9	用螺母将前排气管安装至催化转化器，一般车型紧固前排气管到催化转化器法兰螺母至40N・m

9.1.5 更换前制动片

（1）拆卸制动片

❶ 拆下车轮；拆下防尘盖。

❷ 从支架上取下制动摩擦片报警插头并断开。

❸ 旋出制动钳固定螺栓。

❹ 拆下制动钳壳体后，用金属线将其固定在车身上，以免制动钳重力压迫或损坏制动管。

❺ 从制动钳壳体上拆下制动摩擦片。

（2）安装制动片 用活塞调整工具压回活塞（图9.1-2）；将制动摩擦片插到制动钳和活塞间。

❶ 首先将带制动摩擦片的制动钳壳体下部安装到车轮轴承座上。

❷ 用力推制动钳壳体，直至入位。

注意制动钳位置复位，制动钳壳体凸台（图9.1-3中箭头位置）必须位于车轮轴承座导向后面。

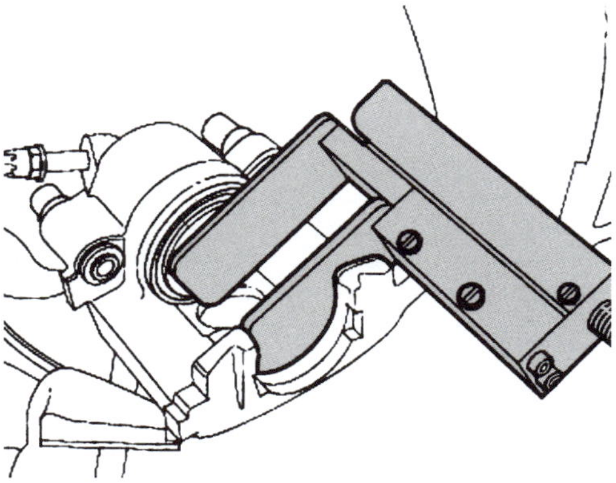

图9.1-2 压回活塞

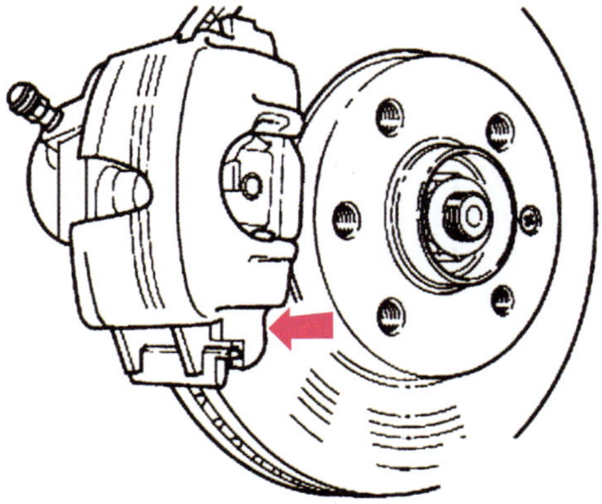

图9.1-3 制动钳位置

③ 安装防尘盖；安装车轮。

④ 检查复位。

a. 在停车状态下将制动踏板多次用力踩到底，使制动摩擦片达到其运行状态相应的位置。

b. 更换制动摩擦片后，检查制动液液面高度。

制动片标记如图 9.1-4 所示。带有较大三脚架 1 的制动摩擦片安装在内侧（活塞侧）；带有较小三脚架 2 的制动摩擦片安装于制动钳壳体外侧。

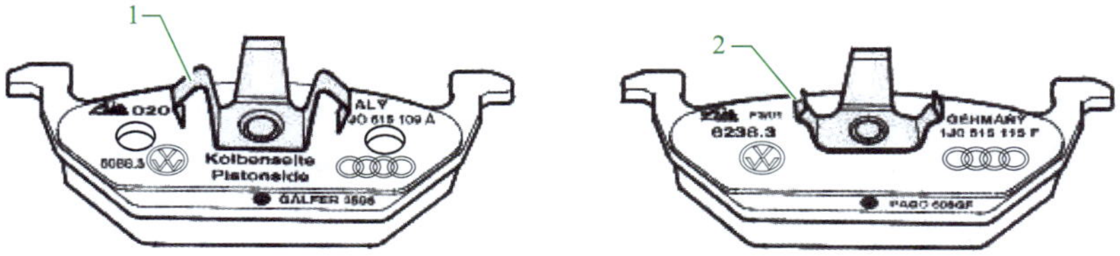

(a) 安装在内侧 (b) 安装在外侧

图 9.1-4 制动片标记

9.1.6 更换后轮盘式制动片

（1）拆卸后轮制动片 后轮盘式制动器装配见图 9.1-5。

❶ 拆下车轮。

❷ 从制动钳壳体上拧下固定螺栓 1 时，应固定住导向销（图 9.1-6）。

❸ 拆下制动钳壳体并用金属线固定，以免其重力压迫或损坏制动管。

❹ 拆下制动摩擦片和定位弹簧（图 9.1-7）。

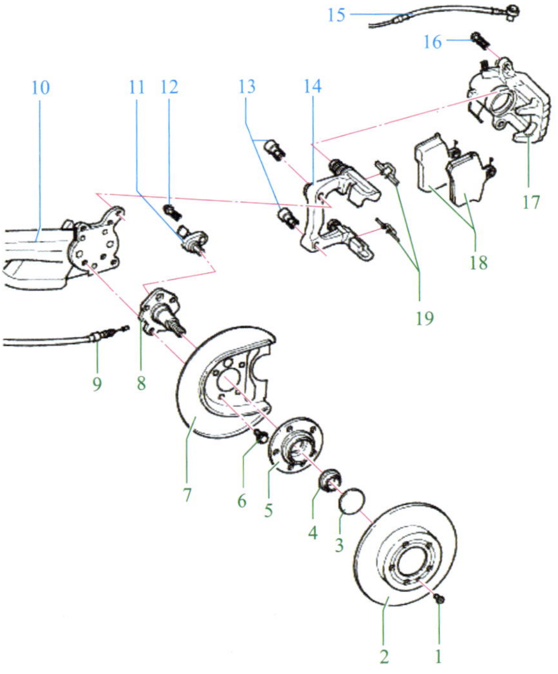

图 9.1-5 后轮盘式制动器装配

1—TORX 螺栓；2—制动盘；3—护盖；4—12 角自锁螺母；5—带车轮轴承和齿圈的轮毂；6—六角螺栓；7—盖板；8—轮毂轴；9—手制动拉索；10—后桥；11—ABS 转速传感器；12,13—内六角螺栓；14—带导向销和防尘盖的制动钳支架；15—制动管；16—自锁六角螺栓；17—制动钳壳体；18—制动摩擦片；19—摩擦片定位弹簧

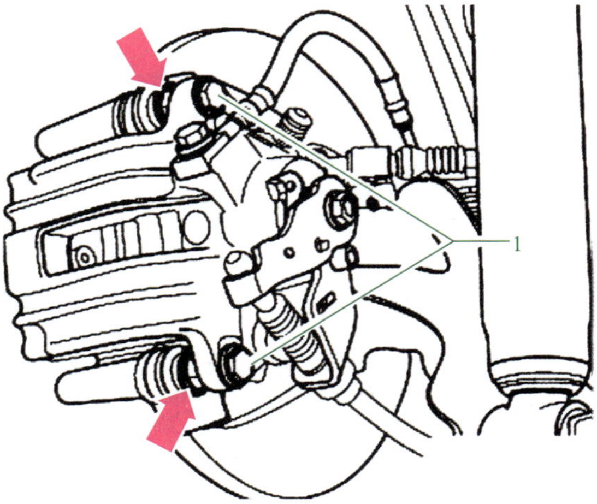

图 9.1-6　拆装后制动摩擦片（一）

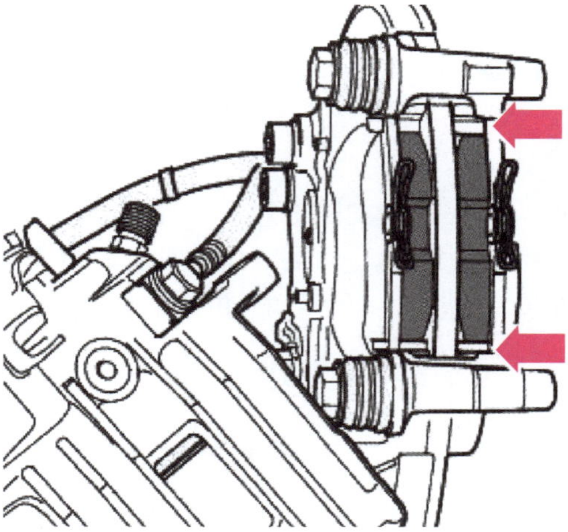
图 9.1-7　拆装后制动摩擦片（二）

（2）安装后轮制动片　如图9.1-8所示。

❶ 顺时针沿箭头方向旋转和调整拆卸工具3272的滚花轮并拧入活塞。

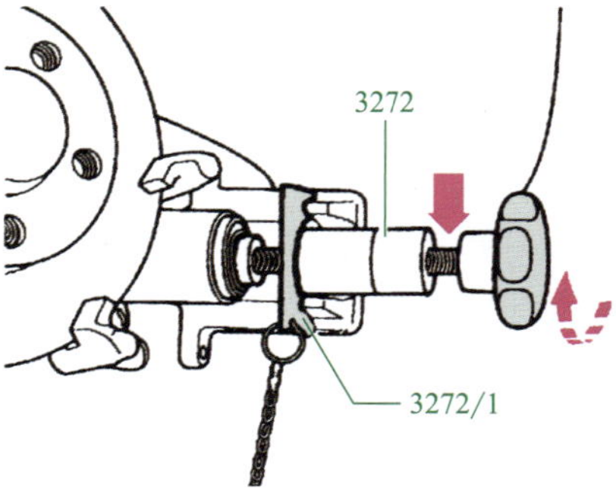

图 9.1-8　安装后轮制动片

a. 若活塞移动困难，用开口扳手钳住平台（箭头），旋转拧入活塞。

b. 不能用活塞调整工具将活塞推回，否则制动钳自动调整功能将被破坏。

❷ 将制动摩擦片和制动摩擦片定位弹簧（箭头位置）插入制动钳。

❸ 撕下外侧制动摩擦片背面保护膜。

❹ 用新的自锁螺栓固定好制动钳。

❺ 调整手制动；安装车轮。

9.1.7　更换后轮轴承

（1）拆卸后轮轴承

❶ 压出防尘盖。轻轻敲打鼓盖拔出器VW 637/2的卡爪，将防尘盖从其固定位置松开（图9.1-9和图9.1-10）。

❷ 旋出螺栓，用扳手固定住导向销。

❸ 拆下制动钳壳体并用金属线将其固定在车身上，以免其重力压迫或损坏制动软管。拆下制动盘。

❹ 拉出车轮轴承/轮毂。旋出12角自锁螺母。用拉力器拉出车轮轴承（图9.1-11）。

❺ 从轮毂轴上拉下轴承内圈（图9.1-12）。

（2）安装后轮轴承

❶ 尽可能将车轮轴承/轮毂装到轮毂轴上。

❷ 装好专用工具，将车轮轴承/轮毂压到止点位置，然后拆下专用工具。

❸ 使用新12角自锁螺母，将螺母拧到止位，将力矩拧到175N·m。

❹ 压入防尘盖。

❺ 进一步安装工作与拆卸顺序相反。

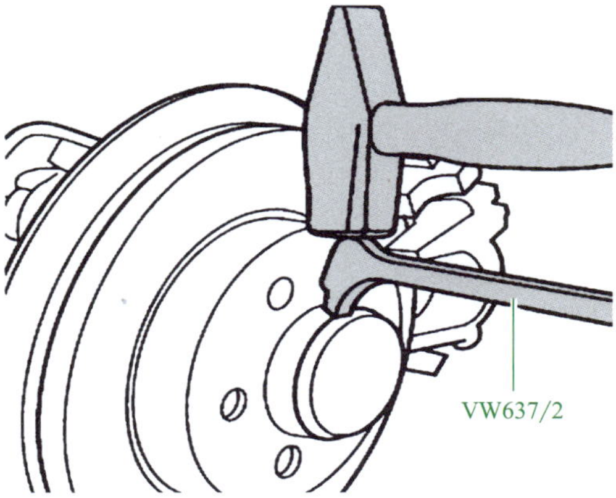

图 **9.1-9** 拆卸（盘式）后轮轴承（一）

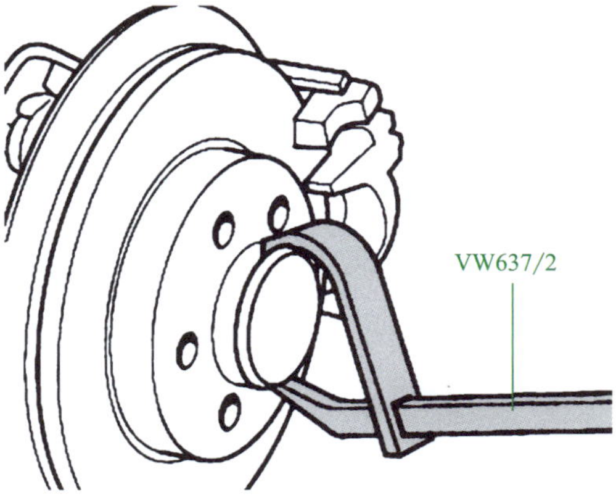

图 **9.1-10** 拆卸（盘式）后轮轴承（二）

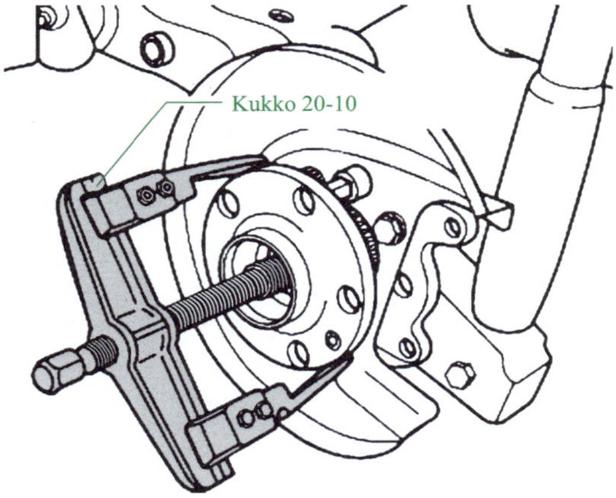

图 **9.1-11** 拆卸（盘式）后轮轴承（三）

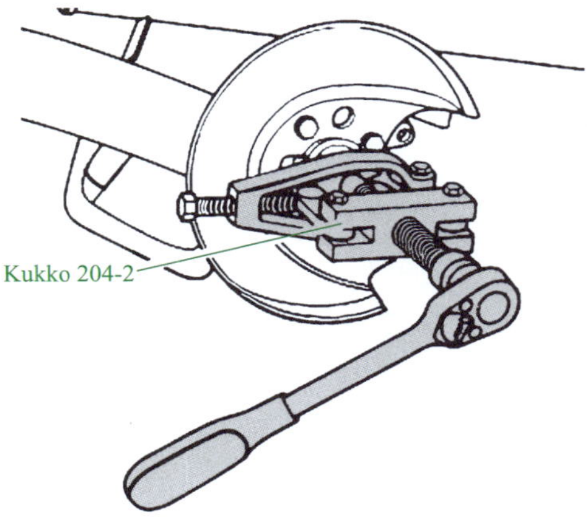

图 **9.1-12** 拆卸（盘式）后轮轴承（四）

9.1.8 更换转向拉杆球头

（1）拆卸转向拉杆球头 拆卸转向拉杆球头最恰当的方式就是使用专用工具辅助拆卸（图9.1-13）。实践证明，专用工具比使用锤子敲击拉杆球头更便捷，且更安全。

最常见的转向拉杆球头拆卸程序如下。

❶ 拆卸车轮。

❷ 标记内转向横拉杆上的螺纹，以便重新定位调整螺母。

❸ 拆卸转向横拉杆球头螺母并用专用工具从转向节上断开转向横拉杆球头。

❹ 松开转向横拉杆球头调整螺母，通过转动，从内转向横拉杆上拆下转向横杆球头。

（2）安装转向拉杆球头

❶ 对准内转向横拉杆上的标记，将调整螺母重新定位（图 9.1-14）。

❷ 通过转动，将转向横拉杆球头安装到内转向横拉杆上。

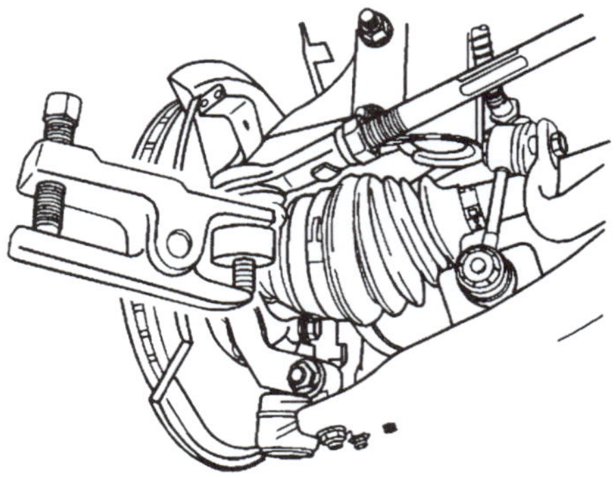

图 9.1-13 使用专用工具

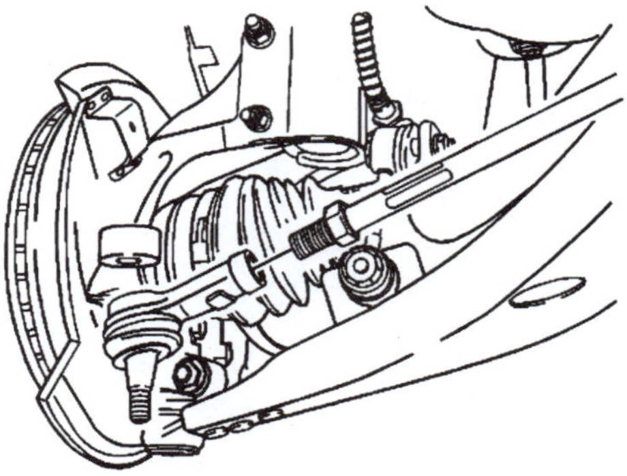

图 9.1-14 球头对准内转向横拉杆进行安装

❸ 安装调节螺母。紧固外调节螺母至 62N・m。

❹ 安装新的转向横拉杆球头螺母。紧固转向横拉杆球头螺母至 30N・m，再加 120°。

9.1.9 更换转向机护套

（1）拆卸转向机护套

❶ 拆下转向机外转向横拉杆。

❷ 拆下转向机内转向横拉杆螺母 1（图 9.1-15）。

❸ 拆下转向机外护套卡箍 2（图 9.1-15）。

❹ 松开转向机内护套卡箍 1（图 9.1-16）。

拆下转向机内护套卡轴 1 后（图 9.1-17），检查转向传动机构内转向横拉杆是否有明显的腐蚀或污染。如果无明显状况，则继续修理。如果有明显的腐蚀或污染，则更换内转向横拉杆。

图 9.1-15 拆下螺母和外护套卡箍

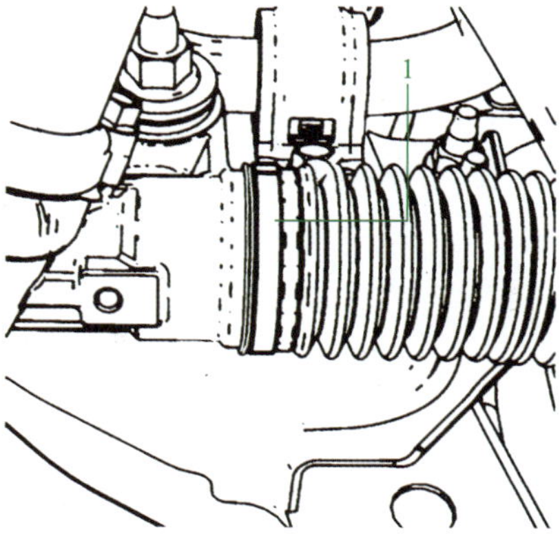

图 9.1-16 拆卸内护套卡箍（一）

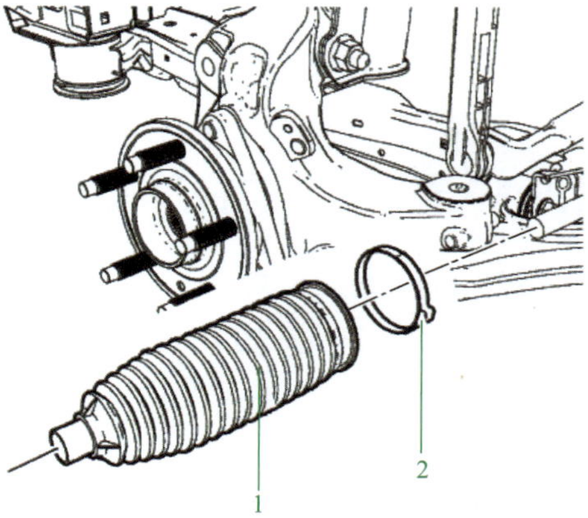

图 9.1-17 拆卸内护套卡箍（二）

❺ 拆下转向机内护套卡箍 2（图 9.1-17）。

（2）安装转向机护套

❶ 将一个新的卡箍松松地安装在转向机护套的内侧。

❷ 将维修组件内的润滑脂涂到标识位置。

小贴士

转向机护套必须就位于转向机相应的凹槽内。

❸ 将转向机护套穿过转向传动机构内转向横拉杆并安装在转向机上。

❹ 使用专用钳子压接转向机内护套卡箍。

❺ 安装转向机外护套卡箍。

❻ 安装转向传动机构内转向横拉杆螺母。

❼ 安装转向传动机构外转向横拉杆。

扫一扫 看视频

9.1.10 拆装转向拉杆

❶ 将转向横拉杆接头从齿条接头上拆下。将接头螺塞从转向器壳体上拆下，然后将自锁螺母从齿轮轴端拆下。

拆下防尘罩箍带 A 和转向横拉杆卡子 B，将防尘罩从转向器接头处拉下，如图 9.1-18 所示。

❷ 用形卡夹和木块固定转向器壳体。不要将转向器壳体的油缸部分夹在台钳中。

拆卸转向拉杆如图 9.1-19 所示。用扳手固定转向齿条 B 的平面部分 A，并用另一个扳手拧下齿条的两个接头 C。小心不要让扳手损坏齿条表面。拆下锁止垫圈 D 和橡胶挡块 E。

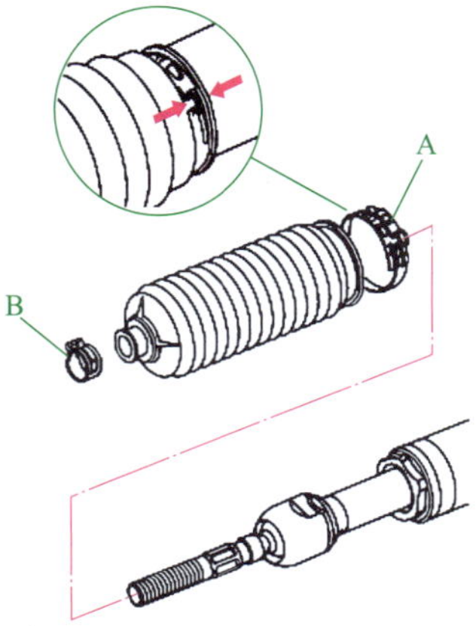

图 9.1-18 拆卸防尘罩

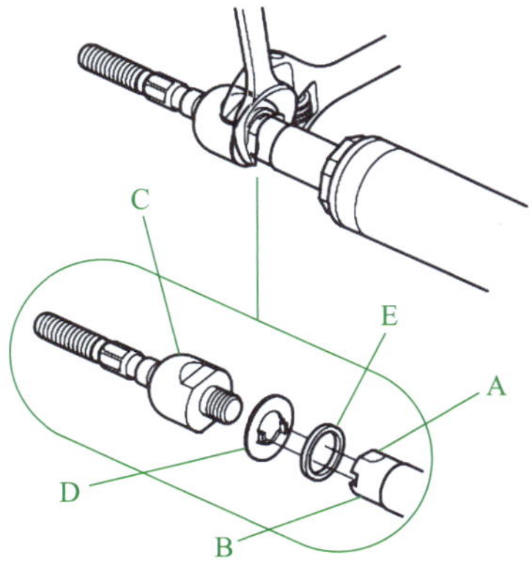

图 9.1-19 拆卸转向拉杆

9.1.11 拆装前减振器

（1）拆卸前减振器

❶ 如图 9.1-20 所示，拆卸 3 个把前减振器总成固定到车身上的螺母。

❷ 拆下前减振器及弹簧总成。

❸ 如图 9.1-21 所示，拆下把前横向稳定杆连接杆固定到前减振器总成上的螺母，并取下前横向稳定杆连接杆。

❹ 如图 9.1-22 所示，标记和注明前减振器上部安装支座和前减振器弹簧安装支座排水

孔的相对位置。

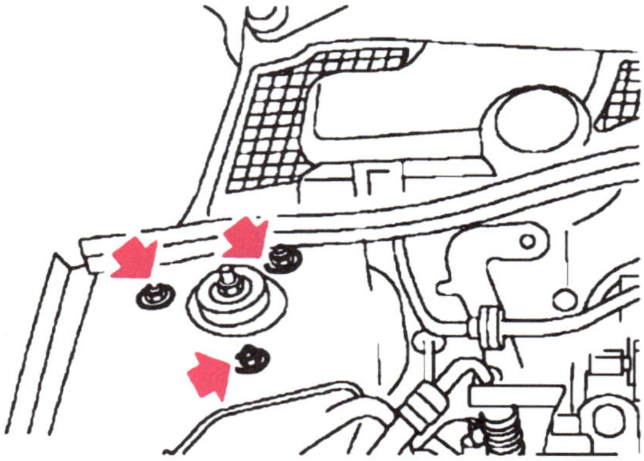

图 9.1-20　拆卸前减振器（一）

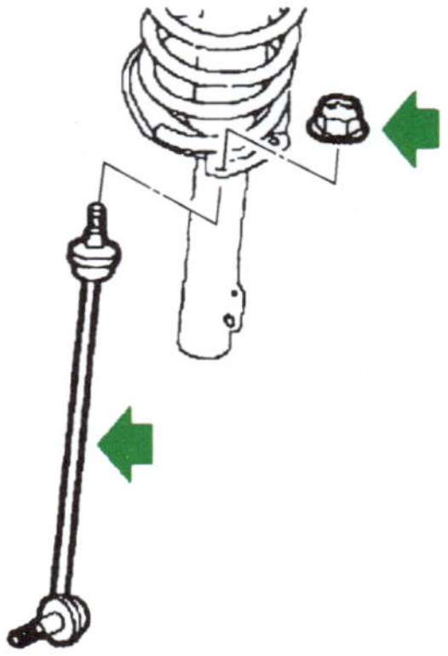

图 9.1-21　拆卸前减振器（二）

按图 9.1-23，把弹簧压缩器（专用工具 T32016 和 T32017）固定到前减振器弹簧上（保证弹簧压缩器 T32016 的卡脚准确定位），压缩前减振器螺旋弹簧。

注意：确保弹簧压缩器卡脚保护套的状态完好并安装正确。如果卡脚保护套损坏则不能使用此弹簧压缩器，需更换卡脚保护套。要当心压缩状态下的弹簧突然或意外地松开，可能会导致对人身的伤害。

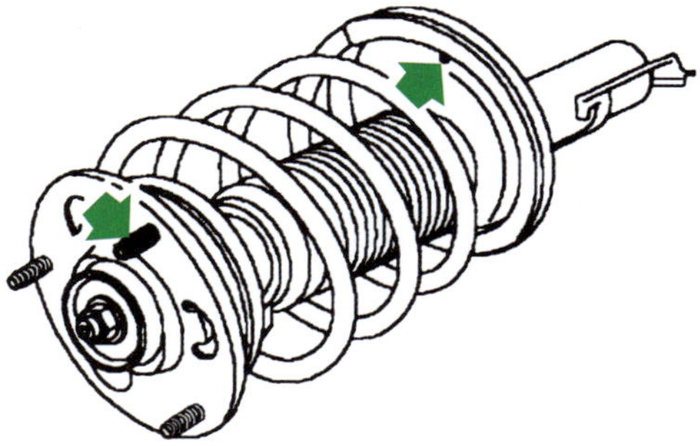

图 9.1-22　拆卸前减振器（三）

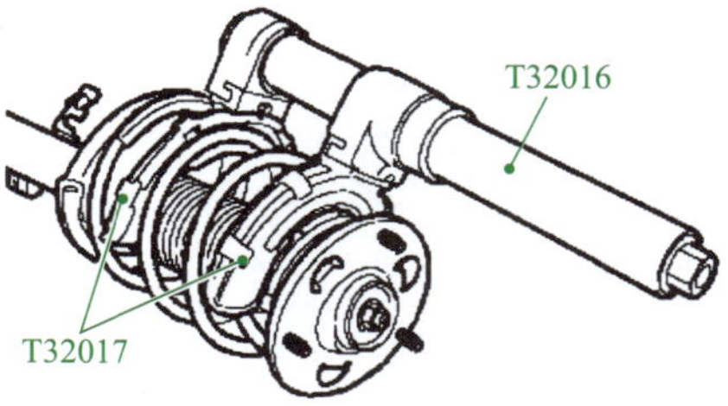

图 9.1-23　拆卸前减振器（四）

❺ 用内六角扳手卡住前减振器柱顶部，拆下柱顶部螺母并废弃。
❻ 拆下前减振器回弹垫圈和前减振器上安装支座总成。
❼ 从前减振器柱上拆下前减振器螺旋弹簧。
❽ 拆下前减振器压缩行程缓冲块垫圈、前减振器压缩行程缓冲块和前减振器防尘罩。
❾ 释放前减振器螺旋弹簧的弹力，从弹簧压缩器上松开卡脚并取下前减振器螺旋弹簧。

（2）安装前减振器

按照与拆卸相反的顺序安装。

9.1.12　拆装皮带轮和张紧器

（1）拆装动力转向泵皮带轮

❶ 拆卸动力转向泵皮带轮（图 9.1-24）。

a. 把扳手装到皮带张紧器的六角上，顺时针充分转动以松开动力转向泵驱动皮带上的张紧度。

b. 为了把张紧器保持在这一位置，用一个直径不超过 3mm 的销子，穿过六角的中心固定在张紧器的背板上，然后取下动力转向泵驱动皮带。

❷ 安装动力转向泵皮带轮。

a. 确保动力转向泵驱动皮带是干净的，而且没有损坏。

b. 装上动力转向泵驱动皮带，确保皮带正确地定位在皮带轮的槽中。

c. 把扳手装到皮带张紧器的六角上，顺时针转动扳手，取下保持张紧器的销子，使张紧器皮带轮压在动力转向泵驱动皮带上。

（2）拆装发电机/转向动力泵皮带自动张紧器（图 9.1-25）

❶ 拆下辅助传动带（发电机 / 转向动力泵皮带自动张紧轮）。

❷ 拆下辅助传动带自动张紧轮总成。

❸ 安装传动带自动张紧轮总成，拧紧螺栓到 25N • m。

❹ 装上辅助传动带。

图 9.1-24　拆卸动力转向泵皮带轮

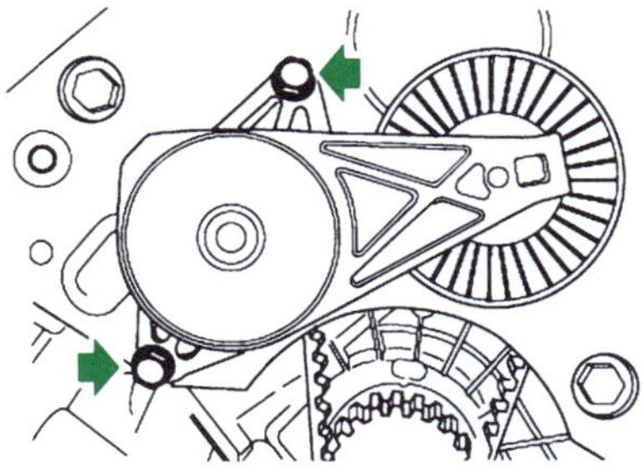

图 9.1-25　拆卸和安装自动张紧器

9.1.13　更换发电机

发电机在发动机上的布局见图 9.1-26。

（1）拆卸发电机

❶ 拆下发动机总成盖；断开蓄电池的接地端。

❷ 拆下辅助传动皮带。

松开接线端盖，拿开把发动机线束固定到发电机上的螺母，松开拉索并放到旁边。断开发电机线束如图 9.1-27 所示。

断开发电机连接器的连接。拆卸并取下开 2 个固定发电机的螺栓（图 9.1-28）。取出发电机。

（2）安装发电机

按照与拆卸相反的顺序安装。

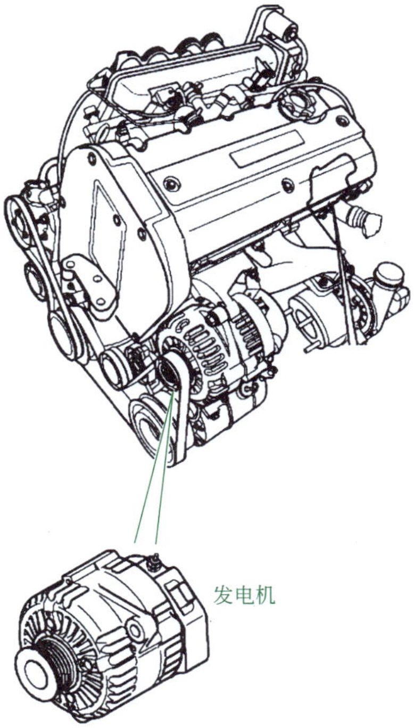

图 9.1-26　发电机在发动机上的布局

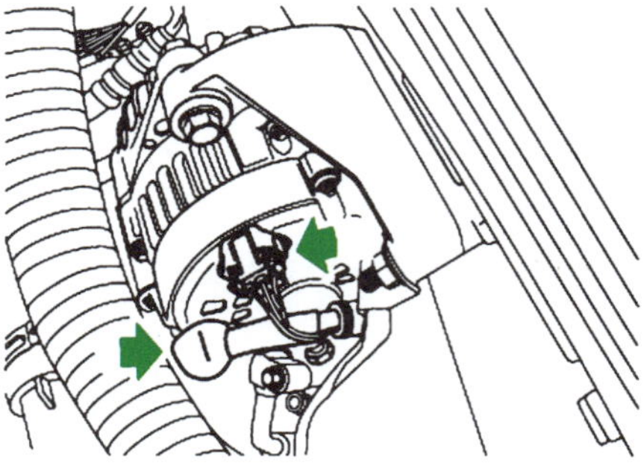

图 9.1-27　断开发电机线束

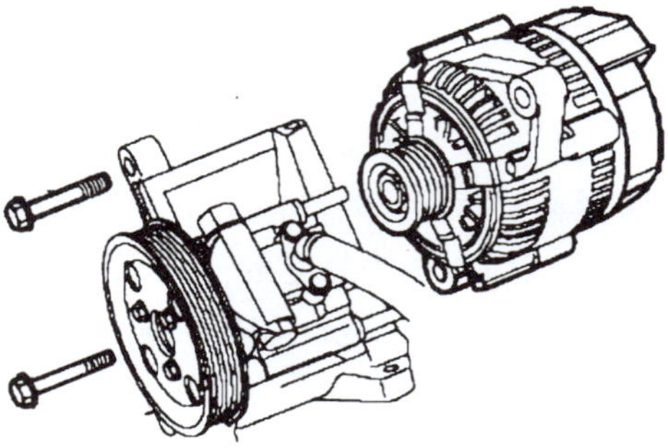

图 9.1-28　拆下发电机固定螺栓

9.1.14　更换起动机

（1）拆卸起动机

❶ 断开蓄电池的接地端。

❷ 从起动机电磁线圈上断开启动接线柱的连接，见图 9.1-29 中的箭头 1。

❸ 拧下螺母并从起动机电磁线圈上断开蓄电池导线的连接，见图 9.1-29 中的箭头 2。

❹ 拧下 2 个固定起动机的螺栓并拆下起动机，见图 9.1-29 中的箭头 3。

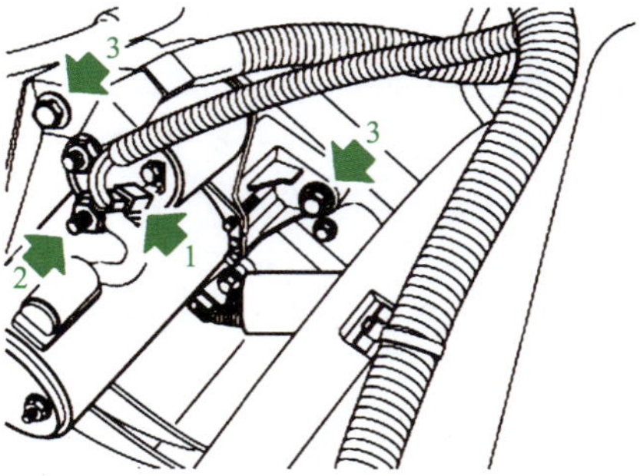

图 9.1-29　拆卸起动机

（2）安装起动机

按照与拆卸相反的顺序安装。

9.1.15　更换空调压缩机

（1）拆卸压缩机（图 9.1-30）

注意： 防止杂质和空气中的水分凝结在零件上进入系统内部，拆卸后应尽快重新密封所拆卸的零件。

❶ 按空调制冷剂的回收程序操作。

❷ 断开蓄电池负极线电缆。

❸ 拆卸驱动皮带。

❹ 拆卸压缩机上高、低压空调管接头。

❺ 断开压缩机线束连接器。

❻ 拆卸压缩机固定螺栓，取下压缩机。

（2）安装压缩机

按照与拆卸相反的顺序安装。

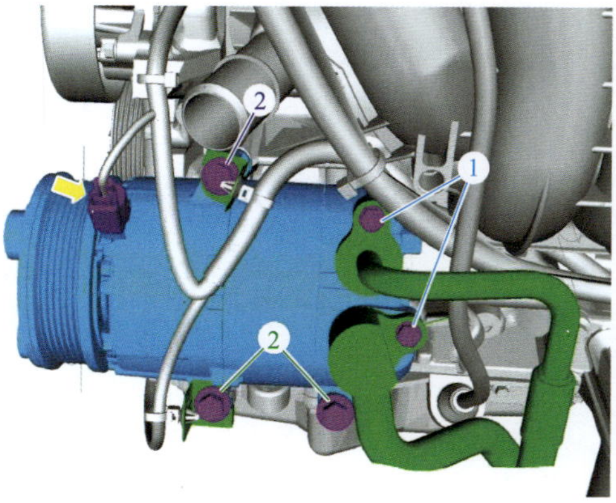

图 9.1-30　拆卸压缩机

1—高、低压空调管接头；2—空调压缩机固定螺栓

9.1.16　拆装膨胀阀

膨胀阀与蒸发器相连，安装于蒸发器的一端，位于蒸发器进口。膨胀阀的一侧连接着

空调压缩机的进、排气管，另一侧连接着蒸发器的进、排气管，在液体管路内对高压液体制冷剂形成限制，使制冷剂流向蒸发器时成为低压液体。

（1）拆卸膨胀阀

❶ 回收空调制冷剂。

❷ 拆卸膨胀阀与蒸发器接口的空调管，细管为高压管，粗管为低压管如图 9.1-32 所示。

❸ 拆卸膨胀阀至蒸发器的紧固螺栓（图 9.1-31 中箭头）。

❹ 将膨胀阀从蒸发器芯上拆下（图 9.1-32）。

❺ 报废 O 形密封圈。

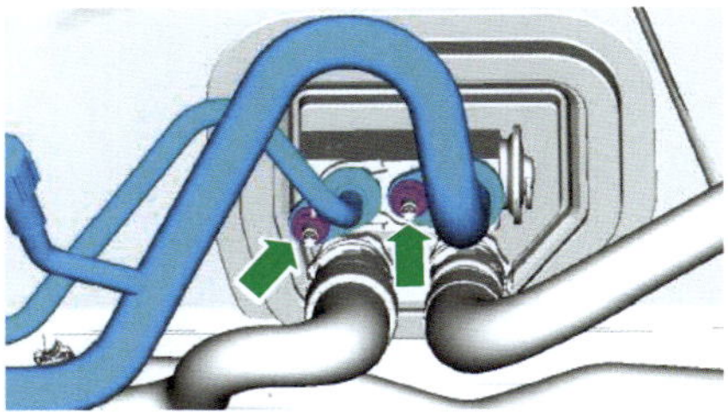

图 9.1-31　拆卸膨胀阀与蒸发器接口的空调管

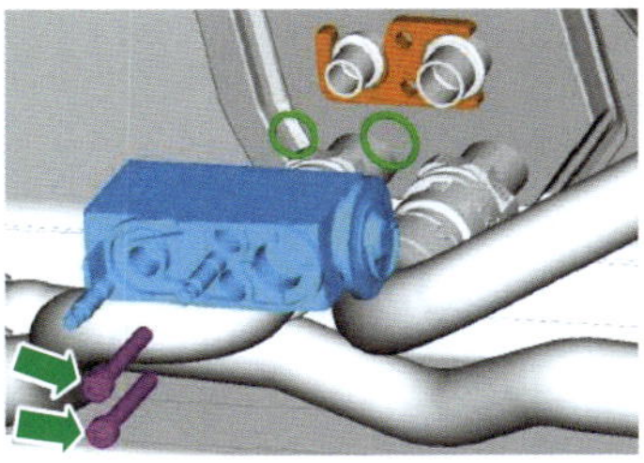

图 9.1-32　拆下膨胀阀

（2）安装膨胀阀

按照与拆卸相反的顺序安装。

9.1.17　拆卸机油泵

拆卸机油泵见表 9.1-5。

表 9.1-5　拆卸机油泵（本田汽车某车型）

操作步骤		维修图解
1	转动曲轴皮带轮，使其上止点（TDC）标记 A 与指针 B 对准	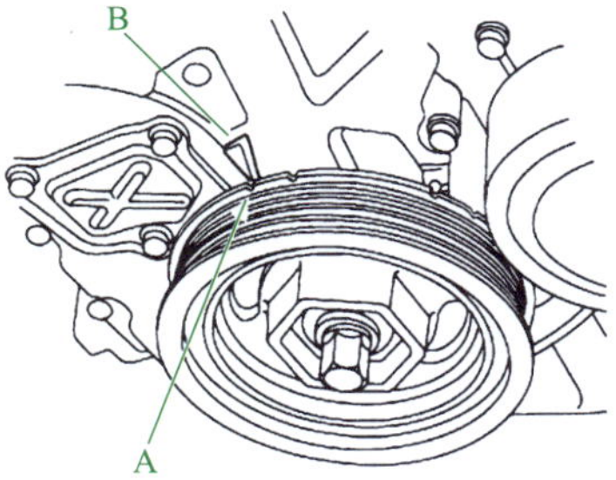
2	拆下油底壳；若要固定后部平衡轴，则将长的销冲头 A 插入平衡轴支架上的保养孔并穿过后部平衡轴	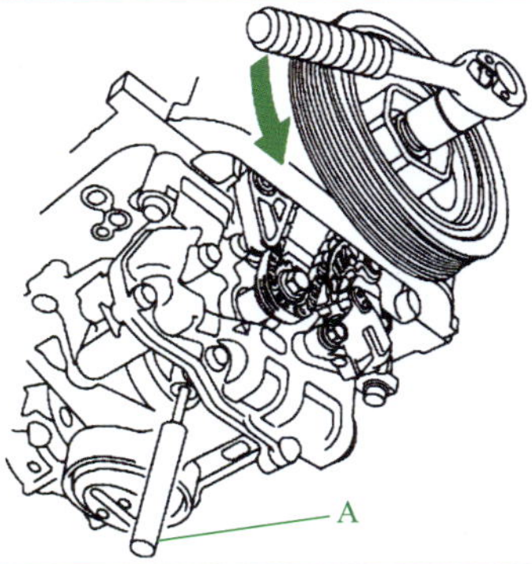
3	逆时针转动曲轴以固定压缩机油泵链条自动张紧器	

续表

操作步骤		维修图解
4	对准锁 A 上的孔和机油泵链条自动张紧器 B，然后将直径 3.0mm 的销 C 插入孔中。顺时针转动曲轴以固定销	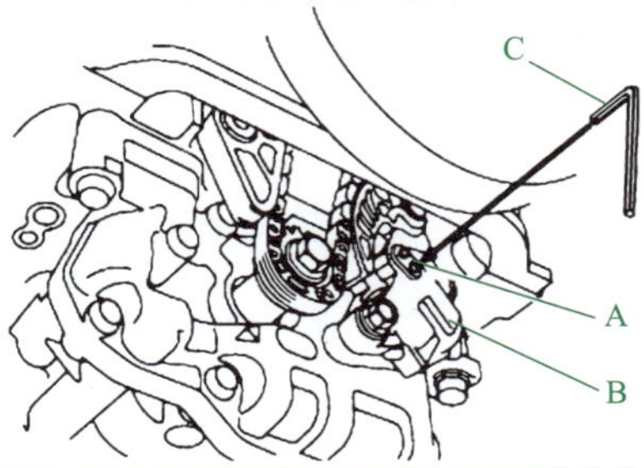
5	松开机油泵链轮安装螺栓 A	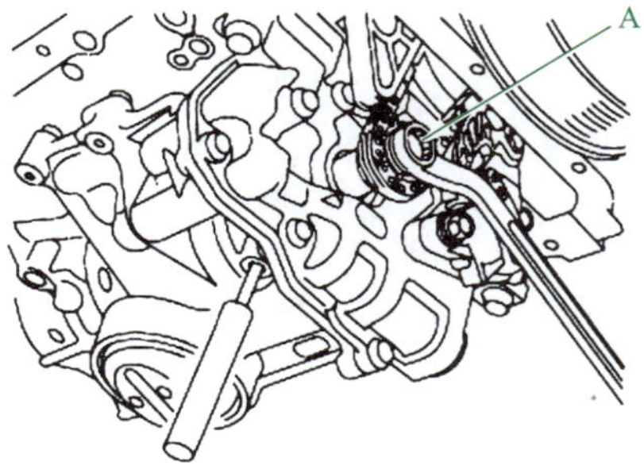
6	拆下机油泵链轮 A 和机油泵 B，然后拆下机油泵链条自动张紧器 C	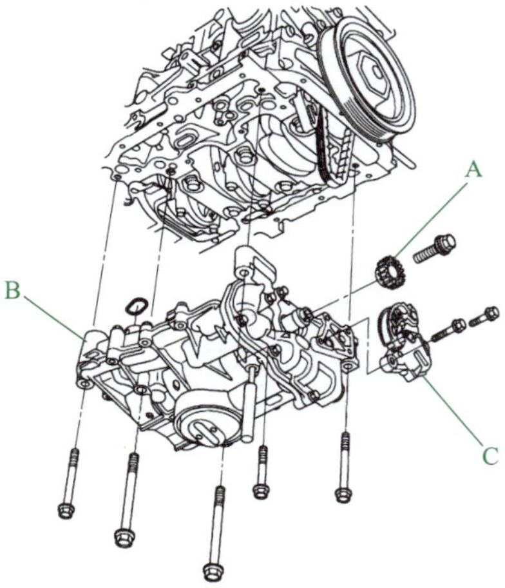

9.1.18　拆装离合器

（1）拆卸离合器

❶ 断开蓄电池负极。

❷ 举升车辆。

❸ 拆卸发动机下护板。

❹ 拆卸变速箱总成。

❺ 拆卸离合器压盘螺栓（图 9.1-33），取下离合器压盘及离合器片。

（2）安装离合器

❶ 在离合器盘花键上涂抹多用途润滑脂。

❷ 用专用工具将离合器压盘和离合器片对准飞轮（图 9.1-34）。

❸ 安装压盘螺栓并紧固。

> **小贴士**
>
> 螺栓安装以对角的顺序进行。

❹ 取下专用工具。
❺ 安装变速箱总成。
❻ 安装发动机下护板。
❼ 放下车辆。
❽ 连接蓄电池负极。

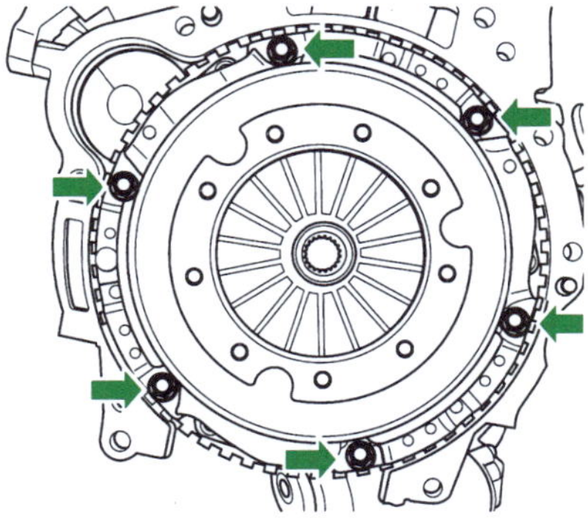

图 9.1-33　拆卸离合器

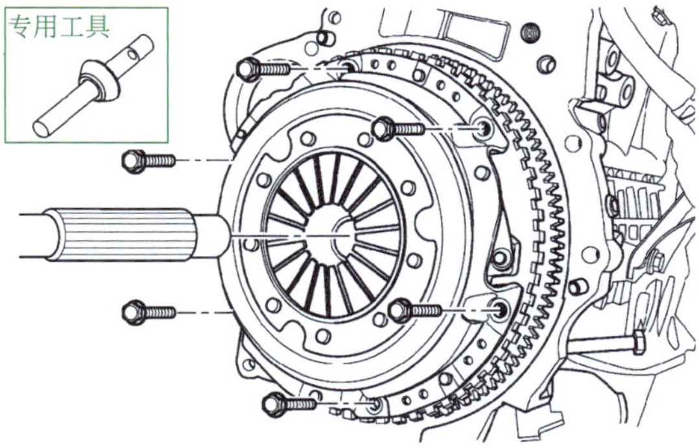

图 9.1-34　安装离合器

9.1.19　拆装转向节

（1）拆卸转向节

❶ 举升车辆，拆卸轮胎。
❷ 拆卸半轴螺母 4（图 9.1-35）。
❸ 拆卸下球头。
❹ 拆卸转向横拉杆与转向节的开口销 1 和六角开槽螺母 2，脱开转向横拉杆。
❺ 拆卸轮速传感器固定螺栓 3，从转向节上拆卸轮速传感器。
❻ 拆卸转向节与减振器的连接螺栓，从减振器上脱开转向节（图 9.1-36）。

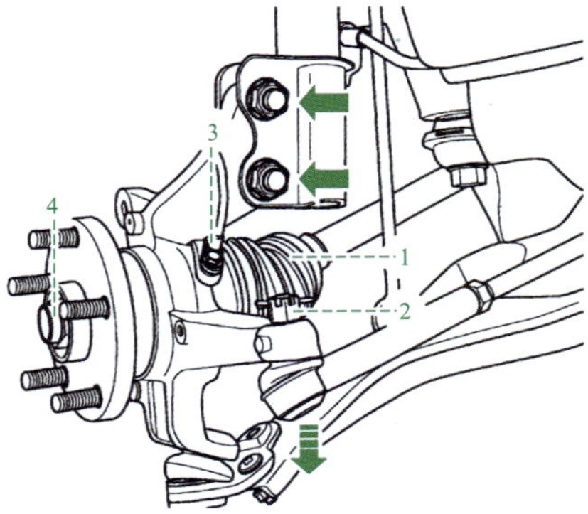

图 9.1-35　拆卸转向节（一）

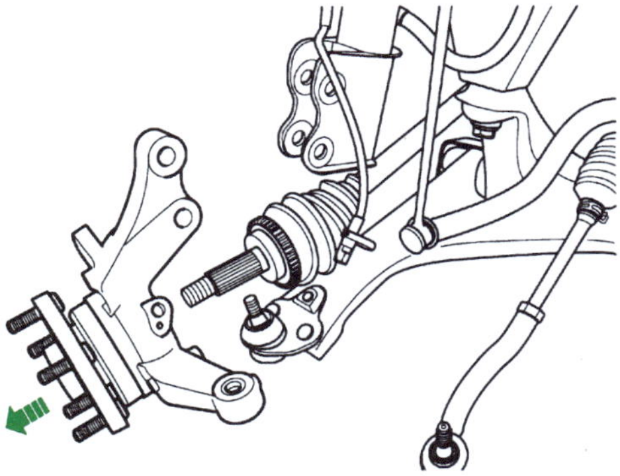

图 9.1-36　拆卸转向节（二）

❼ 拆卸带有前轮毂的转向节。

（2）拆下前轮毂

❶ 拆卸前轮毂固定卡簧（图 9.1-37）。

❷ 用专用工具从转向节压出前轮毂（图 9.1-38）。

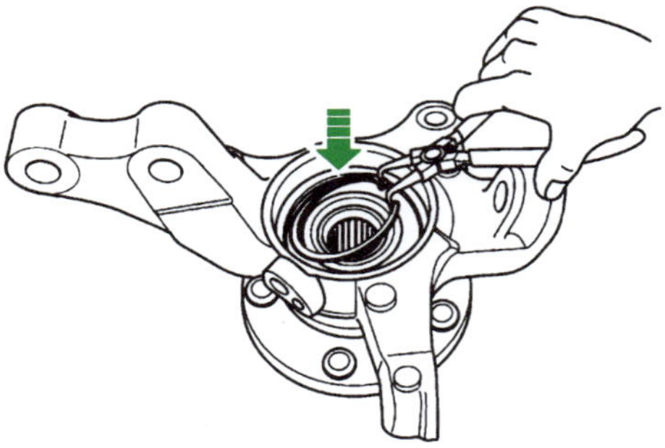

图 9.1-37　拆卸转向节（三）

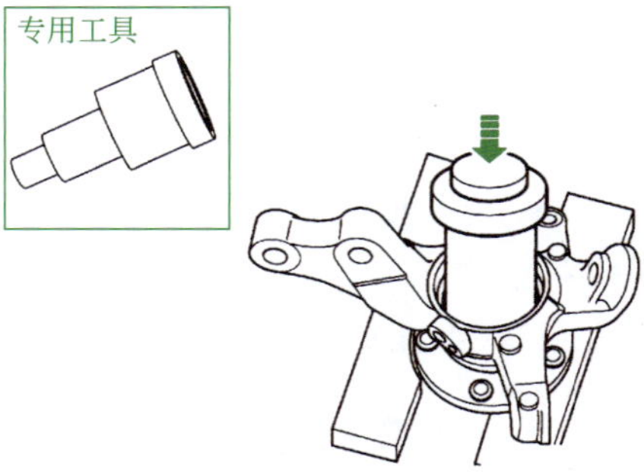

图 9.1-38　拆卸转向节（四）

（3）安装转向节　安装转向节按与拆卸转向节相反的程序进行。

9.1.20　更换下摆臂

（1）拆卸下摆臂　在开始下面的拆卸程序之前，必须先取出点火开关内的点火钥匙，转动转向盘使转向盘锁死。

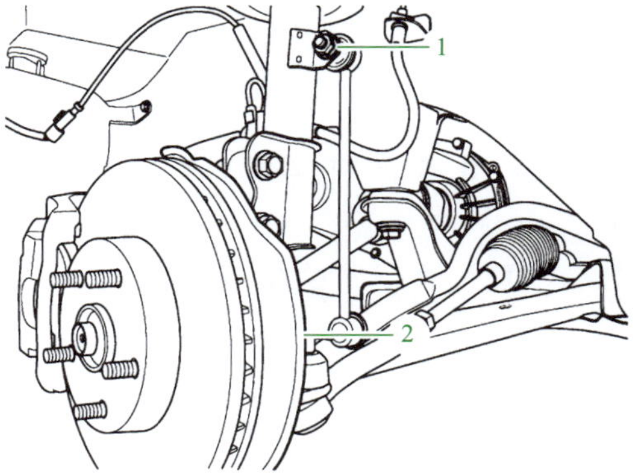

图 9.1-39　拆卸下摆臂（一）

❶ 举升车辆。

❷ 拆卸前轮。

❸ 拆卸下摆臂球头。

❹ 拆卸左右两侧稳定连接杆与减振器的连接螺母 1（图 9.1-39）。

❺ 拆卸转向器横拉杆球头螺母，将转向器横拉杆从转向节上脱离 2（图 9.1-39）。

❻ 转动稳定杆及转向器横拉杆，腾出空间，以方便拆卸下摆臂。

❼ 拆卸下摆臂在副车架上的 2 个固定螺栓（图 9.1-40）。

❽ 拆卸下摆臂（图 9.1-41）。

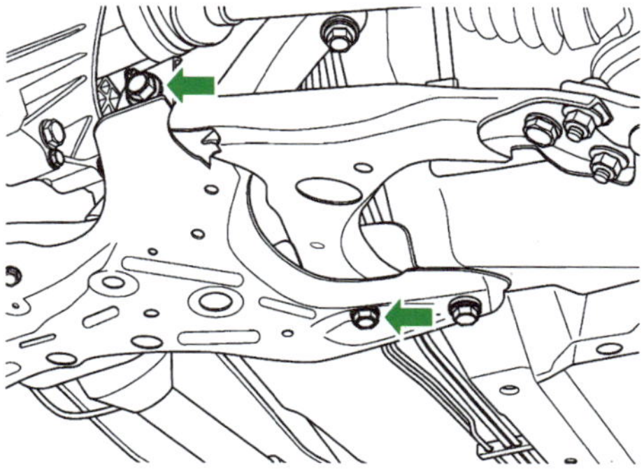

图 9.1-40　拆卸下摆臂（二）

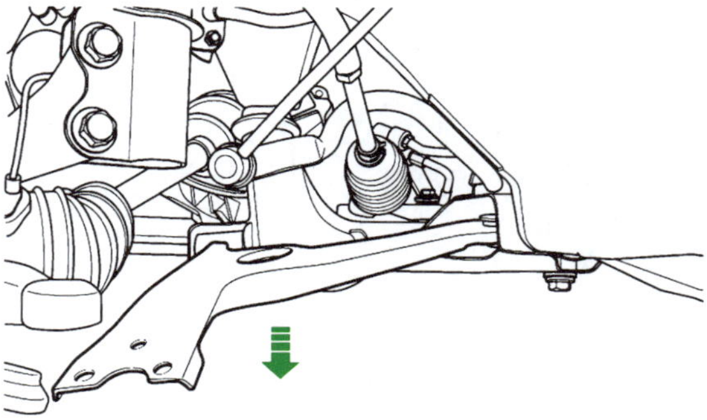

图 9.1-41　拆卸下摆臂（三）

（2）安装下摆臂

按照与拆卸相反的顺序安装。

9.2 总成件的拆装

扫一扫 看视频

9.2.1 从车上拆下发动机

小贴士

应确保举升机有足够的负重能力。保证举升机在提举和支撑工作时处于水平位置，使用手制动和楔子来固定车轮。

不要在只靠一个千斤顶支撑的车顶或底部工作。必须把车支撑在举升机上。

从车上拆下发动机是个比较复杂的作业工程，涉及很多附属零部件的拆卸。首先要拆卸相关油液管路、电器连接件、机械连接件等；然后把发动机与变速器分离，分离后进行车下拆解发动机。

小贴士

① 在维修任何电气部件前，点火和启动开关必须置于“OFF”或“LOCK”位置，并且所有电气负载必须关闭，除非操作程序中另有说明。将蓄电池负极电缆断开，以防止工具或设备接触裸露的电气端子，从而产生电火花。违反这些安全须知，可能导致人身伤害和 / 或损坏车辆或车辆部件。

② 为了避免给电子元件带来损害，运行电子系统时要先断开蓄电池连接。首先断开且最后接上接地电线。

应确保蓄电池导线连接正确，不能存在潜在隐患。

发动机拆卸过程中的一些重要操作事项如下。

❶ 排空冷却系统。

❷ 断开蓄电池的接地端。

❸ 给燃油系统泄压。

❹ 拿开把膨胀箱固定到发动机舱右辅助隔板的螺栓，从安装件上拿开膨胀箱。

❺ 松开夹子并从散热器上断开顶部软管的连接。从散热器的保持支架上松开软管。

❻ 拿开把顶部软管保持支架固定到散热器上的螺栓并拿开支架。

a. 如图 9.2-1 所示，拧下螺母并从起动机上断开蓄电池导线的连接；从起动机上断开接头；拿开固定发动机接地导线的起动机螺栓并把导线移到旁边。

b. 如图 9.2-2 所示，如果保险在发动机罩下，拿开螺栓并从发动机罩下面的保险上断开蓄电池导线与连接器的连接。

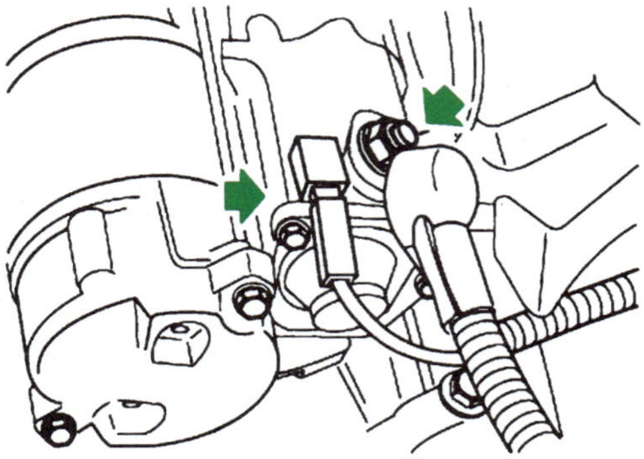
图 9.2-1　拆下起动机和蓄电池连线

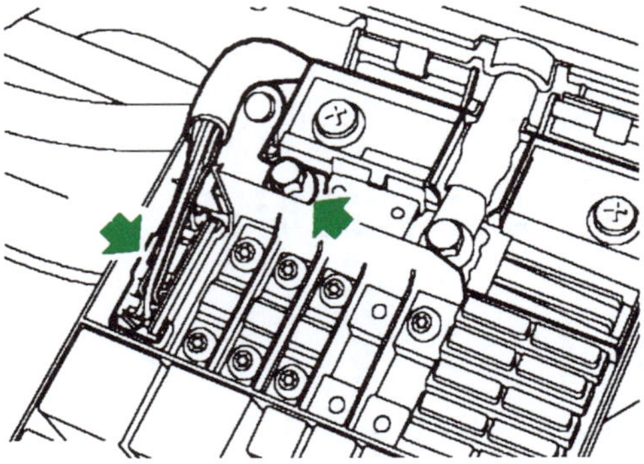
图 9.2-2　断开蓄电池导线与连接器的连接

⑦ 从主线束连接器上断开变速器线束的连接。

⑧ 放松夹子并从燃油导轨上断开软管的连接。

⑨ 放松夹子并从冷却液导轨上断开软管的连接。

⑩ 放松夹子并从膨胀箱软管上断开加热器软管。

⑪ 拆卸起动机。

⑫ 拆卸影响发动机整体卸出的周围附件，如有的车辆的发电机或者皮带等会影响拆卸作业。

a. 如图 9.2-3 所示，拆卸皮带张紧器，提起辅助驱动皮带张紧器，从皮带轮上松开驱动皮带。

b. 如图 9.2-4 所示，拆卸 3 个把排气系统中后部总成法兰固定到排气歧管上的螺母，松开排气系统中后部总成。从前排气歧管上拿开并废弃掉法兰衬垫。

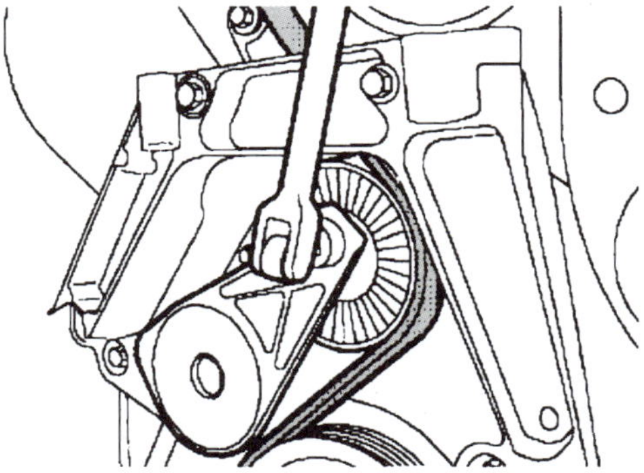
图 9.2-3　拆卸张紧轮

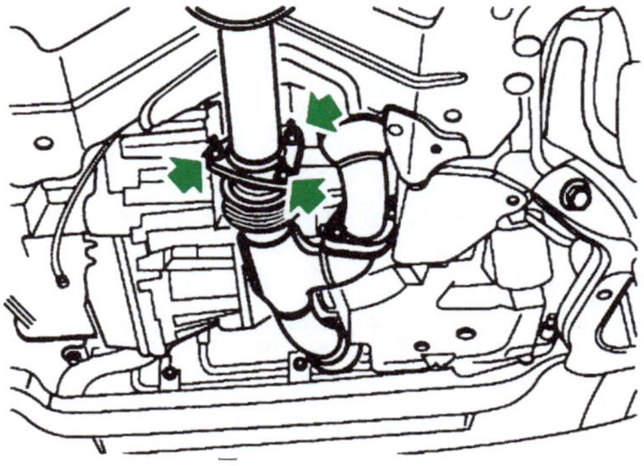
图 9.2-4　断开排气管

c. 如图 9.2-5 所示，拆下 4 个把左排气歧管固定到缸盖上的螺母，拿开排气歧管并废弃掉歧管衬垫。

⑬ 拆卸把发动机下后系杆固定到油底壳和副车架上的螺栓，拿开下后系杆。

⑭ 拆卸把换挡杆固定到变速器上的换挡轴螺母，并从换挡轴上松开变速杆。如图 9.2-6 所示，松开固定换挡杆拉索至变速器支架的夹子，拿开拉索；拆卸固定换挡杆外拉索支撑支架到变速器上的螺栓，把拉索移到旁边。

⑮ 将转向拉杆从球头侧拆下。

a. 如图 9.2-7 所示，使用专用工具 T30001 从变速器上松开左内驱动轴接头；往外拉前毂并从变速器上拿开驱动轴和中间轴，把轴放平直，以防止对变速器内的油封造成损害。

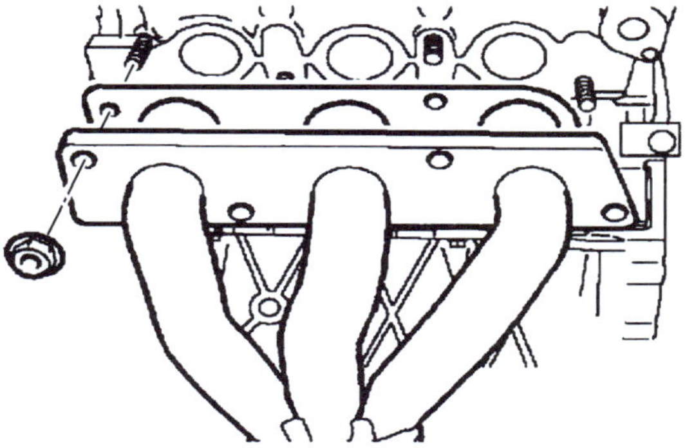
图 9.2-5　拆卸排气歧管

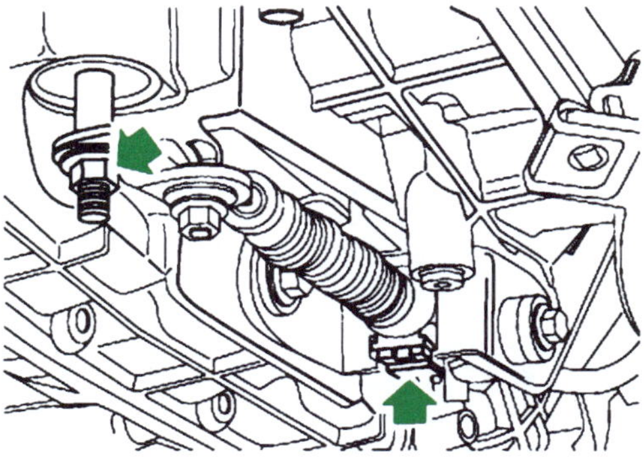
图 9.2-6　拆下自动变速器操纵拉索

b. 如图 9.2-8 所示，使用举升机并把可调举升支架连到发动机上。

提升举升机提起发动机的重量，而不是把负荷转移到安装点上。

拆卸完附件，完成下列拆卸步骤，从车辆上移开发动机。

图 9.2-7　拆卸驱动轴（半轴）

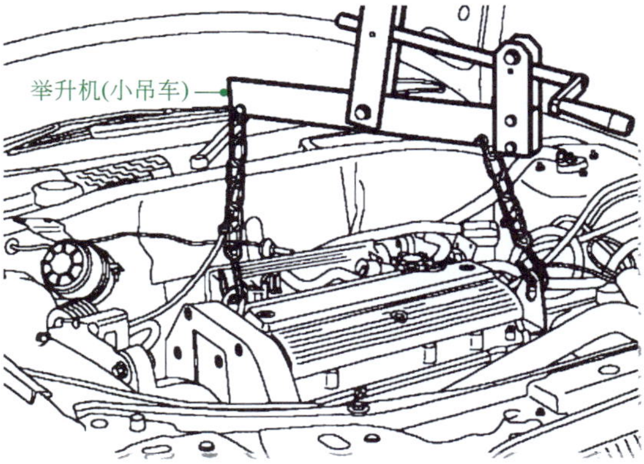

图 9.2-8　吊住发动机

c. 如图 9.2-9 所示，拆下从发动机右上系杆固定到发动机右系杆上的螺栓，松开把右上系杆固定到发动机右托架上的螺栓并把右上系杆朝上支好。

d. 如图 9.2-10 所示，拆下固定发动机右托架的螺母和 4 个螺栓并拿开支架。

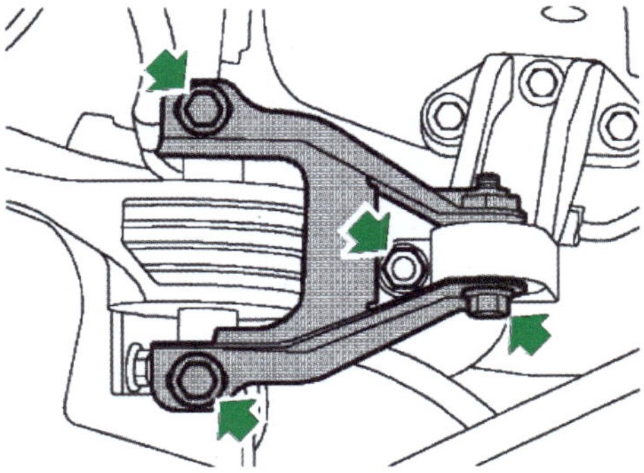
图 9.2-9　拆卸发动机支座（一）

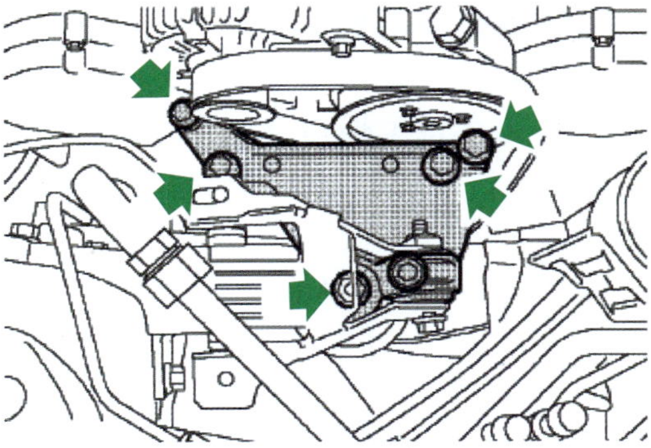
图 9.2-10　拆卸发动机支座（二）

e. 如图 9.2-11 所示，拆下 4 个把发动机右支架固定到发动机前盘上的螺栓并拿开支架。把变速器左液压安装支架固定到变速器左安装支架的贯穿螺栓。

f. 如图 9.2-12 所示，拆下固定变速器左安装支架到变速器上的螺栓并拿开支架。

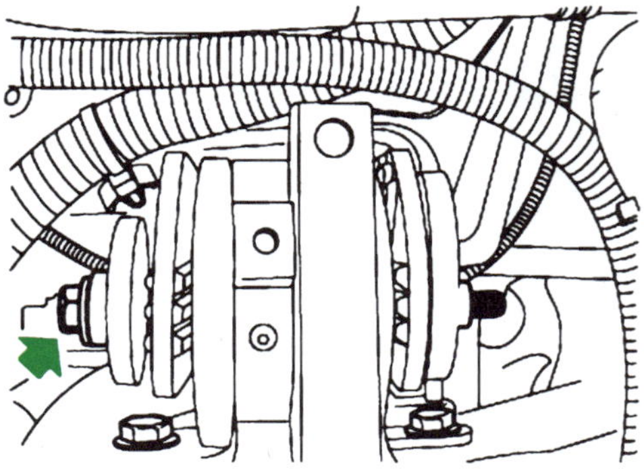
图 9.2-11　拆卸发动机支座（三）

图 9.2-12　拆卸发动机 / 变速器支座

g. 如图 9.2-13 所示，固定变速器左液压安装支架到车身上的螺栓并拿开安装支架。

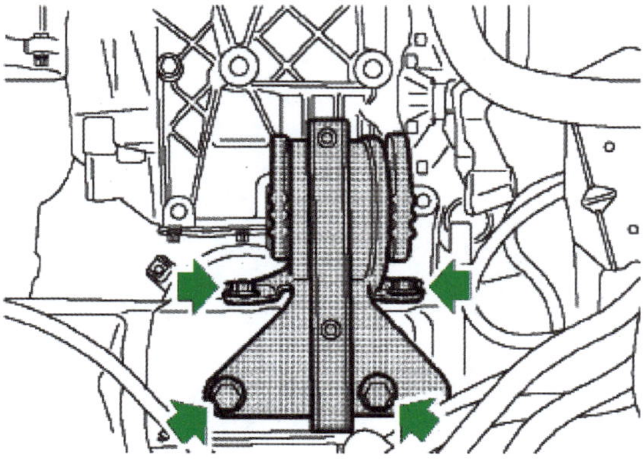
图 9.2-13　拆装支座

9.2.2　分解发动机

9.2.2.1　就车拆下气缸盖

（1）拆卸电气连接件

❶ 拆卸燃油泵保险。启动发动机。在发动机熄火后，转动曲轴 10s，以释放燃油系统中的燃油压力。

❷ 断开蓄电池负极电缆。

a. 如图 9.2-14 所示，拆下点火线圈。

b. 如图 9.2-15 所示，拆卸附件及电气连接件。拆卸出水法兰或水管。

c. 如图 9.2-16 所示，拆下节气门插头。

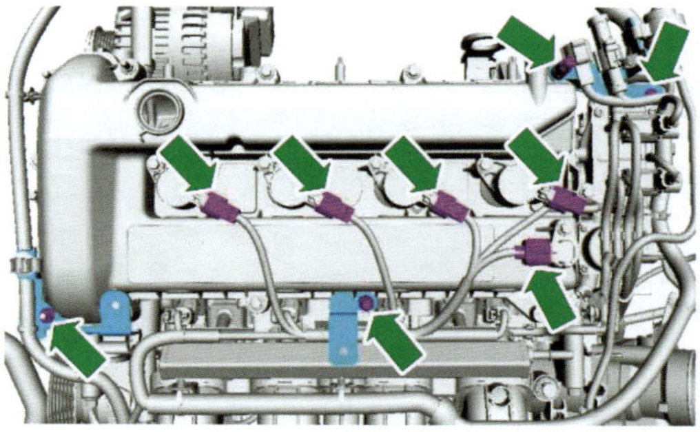
图 9.2-14　拆下点火线圈

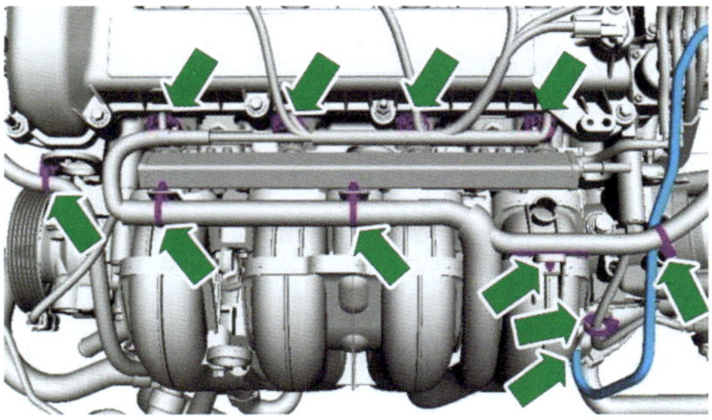

图 9.2-15　拆卸附件及电气连接件

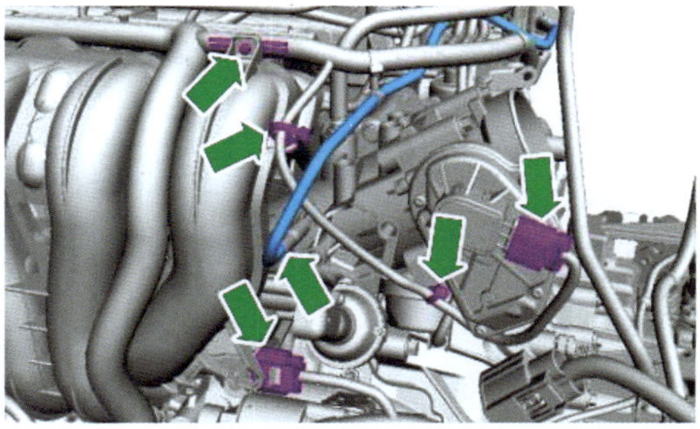

图 9.2-16　拆下节气门插头

（2）拆卸进气歧管

❶ 从进气歧管上断开蒸发排放炭罐清污电磁阀并松开托架螺栓。如图 9.2-17 所示，断开相关连接器。

❷ 断开进气歧管空气温度传感器连接器。

❸ 从节气门体上断开进气管。

❹ 断开怠速空气控制阀连接器。

❺ 断开节气门位置传感器连接器。

❻ 断开进气歧管绝对压力传感器连接器。

❼ 从节气门体上断开冷却液软管。

❽ 断开所有必要的真空软管，包括燃油压力调节器上的真空软管和进气歧管上的制动助力器真空软管。

❾ 从节气门体和进气歧管上断开节气门拉线（拉线式操作此步骤）。

❿ 从进气歧管上拆卸节气门拉线托架螺栓（拉线式操作此步骤）。

⓫ 拆卸发电机至进气歧管管箍带托架螺栓和箍带。

⓬ 拆卸动力转向机软管卡箍螺栓并将软管从修理部位移开。

⓭ 从发动机体和进气歧管上拆卸进气歧管支架螺栓。

⓮ 拆卸进气歧管支架。按顺序拆卸进气歧管固定螺栓（图 9.2-18）。

⓯ 拆卸进气歧管。拆卸进气歧管衬垫。

扫一扫

看视频

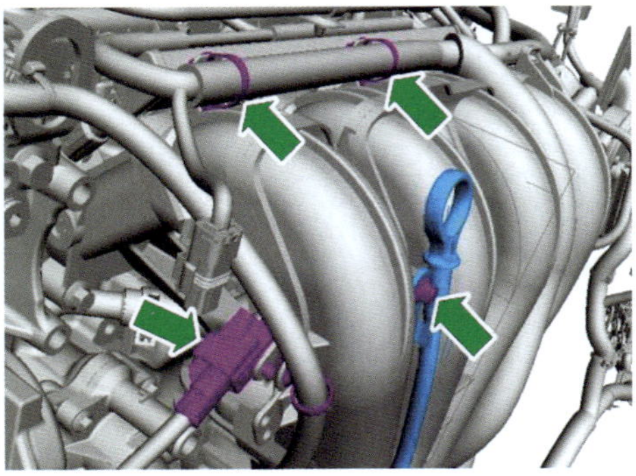

图 9.2-17　拆卸进气歧管电气连接器

图 9.2-18　拆下进气歧管固定螺栓

1 ～ 5—固定螺栓

（3）拆卸排气歧管

❶ 从发动机体和排气歧管上拆卸排气歧管支架螺栓。若有隔热板，一并拆下隔热板

（图 9.2-19）。

❷ 拆卸排气歧管支架。按顺序拆卸排气歧管固定螺栓（图 9.2-20）。

❸ 拆卸排气歧管，拆卸进气歧管衬垫。

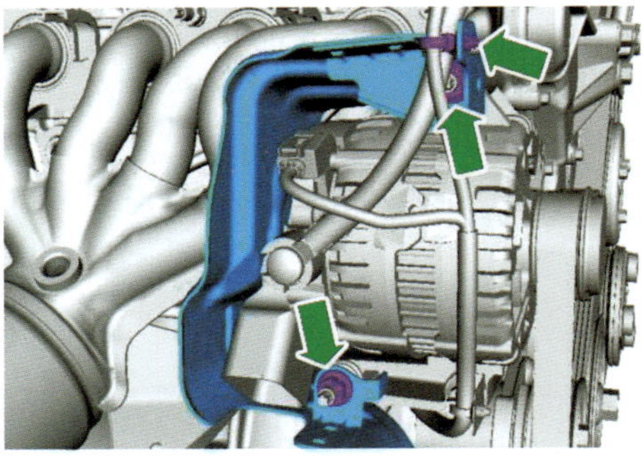

图 9.2-19　拆下隔热板 / 支架

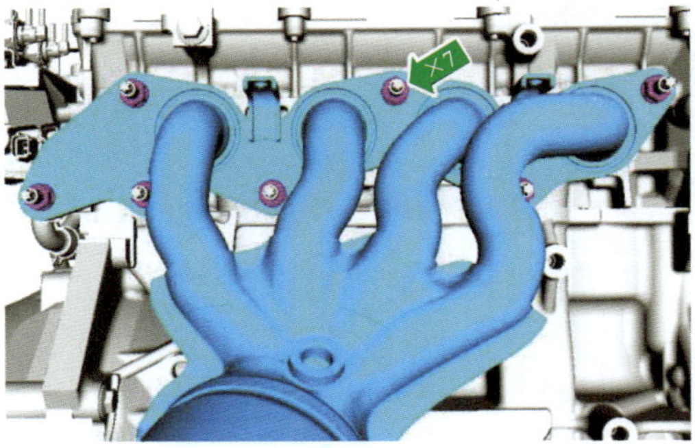

图 9.2-20　拆下排气歧管固定螺栓

（4）拆卸正时（齿形）皮带　如果是就车作业，只需拆卸气缸盖，那么拆卸正时传动机构在气缸盖部分即可。也就是脱开凸轮轴轮上的 正时皮带，使缸盖与缸体分离。下述以捷达汽车 1.6L、宝来汽车 1.6L 车型为例，拆下齿形皮带护罩；然后校准正时；松开张紧轮螺栓，释放张紧度；从凸轮轴皮带轮上脱下皮带。

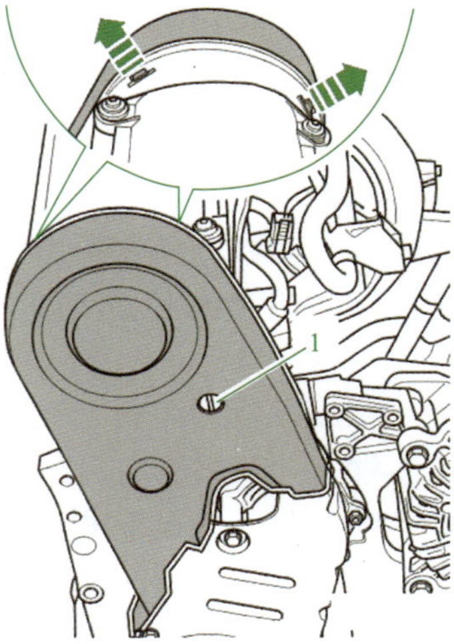

图 9.2-21　拆卸齿形皮带护罩

❶ 拆下齿形皮带护罩。

a. 拆下发动机皮带。

b. 用小螺丝刀将固定凸耳向上按压图 9.2-21 中箭头位置，然后取下齿形皮带上部护罩。安装时用力将齿形皮带上部护罩压至齿形皮带后部护罩，直到紧固螺栓 1 锁入。

❷ 校对正时。转动曲轴带动凸轮轴正时齿轮转至 1 缸上止点处，凸轮轴正时齿轮的标记必须与齿形皮带后护罩的标记平齐（图 9.2-22 和图 9.2-23）。

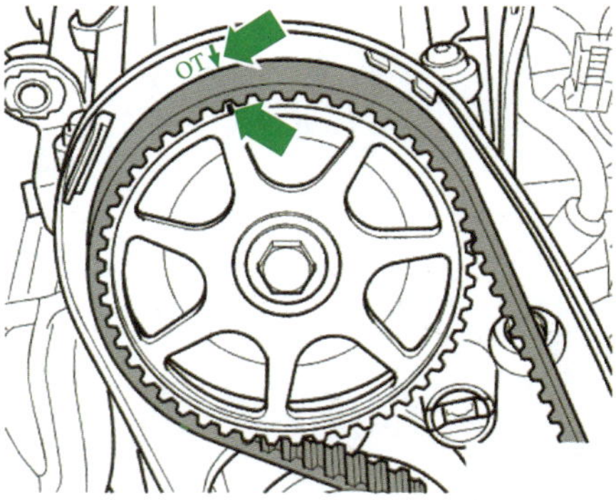

图 9.2-22　正时标记（凸轮轴皮带轮）

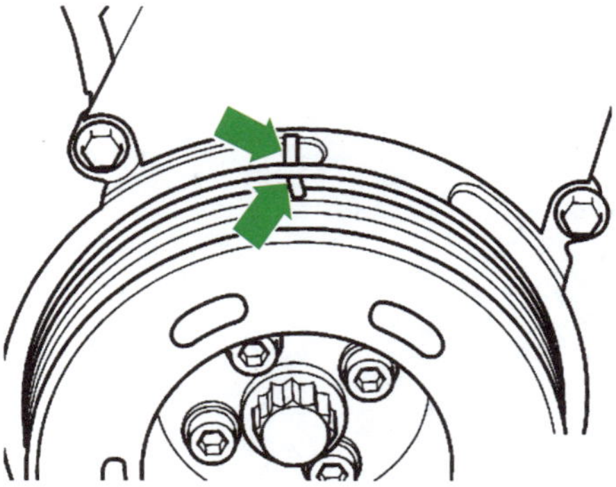

图 9.2-23　正时标记（曲轴皮带轮）

（5）拆卸气门室罩盖

❶ 将气缸盖罩螺栓按对角顺序拧下。

❷ 取下气缸盖罩。将气缸盖罩放置在一个干净的软垫层上。

取下气门室罩盖垫，注意气门室罩盖垫的完好。

（6）拆下气缸盖

❶ 用力矩扳手将气缸盖螺栓按对角 1 ～ 5 顺序拧松，然后旋出（图 9.2-24）。

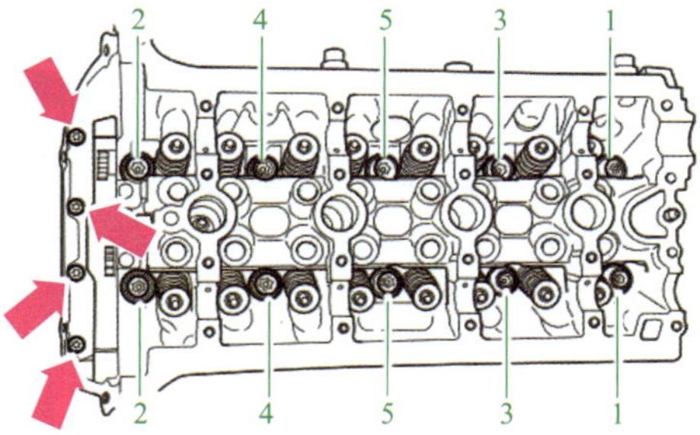

图 9.2-24　拆下气缸盖螺栓

1 ～ 5—气缸盖螺栓

图 9.2-25　拆卸法兰

❷ 取下气缸盖。将气缸盖放置在一个软垫层上。注意气缸垫的完好。

9.2.2.2 分解气缸盖

（1）拆卸火花塞　拆卸火花塞的内容在前边保养章节中已经讲过，在此不重复说明。需要说明的是，如果火花塞还继续用，那么要放置好火花塞，以免损伤电极。

（2）拆卸凸轮轴　位于每个气缸侧面的双凸轮轴，由凸轮轴架支撑，并与缸盖直线排列，一般凸轮轴由一个安装法兰定位，该安装法兰同时还控制凸轮轴的浮动端。

❶ 如图 9.2-25 所示，拆卸法兰的 4 个螺栓，取下法兰。

❷ 按图 9.2-26 所示的顺序，渐次松开把凸轮轴支架固定到缸盖上的螺栓，直到气门弹簧压力不再作用到凸轮轴上，同时拿开螺栓。

❸ 取下凸轮轴，并废弃凸轮轴油封。油封不能再次使用，一旦拆卸，安装时更换新油封。

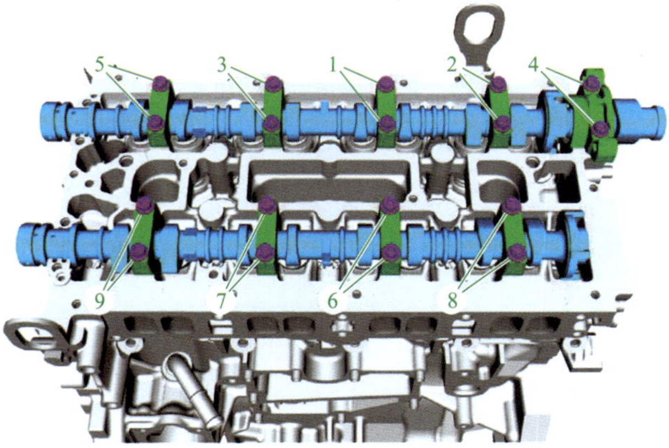

图 9.2-26　按顺序拆卸凸轮轴固定螺栓

小贴士

按安装顺序把液压挺柱倒置放好。处理液压挺柱的时候要保持绝对的清洁。如果不能注意这些要点，将会导致发动机故障。

（3）取出液压挺柱 自我调节型轻量的液压挺柱（图9.2-27）安装在每个气门的顶部并直接与凸轮轴接触。液压挺柱是安装在每个气门顶部的，由凸轮轴直接驱动。气门挺柱油封是铸在金属上的，它同时也作为气缸盖上的气门弹簧座。

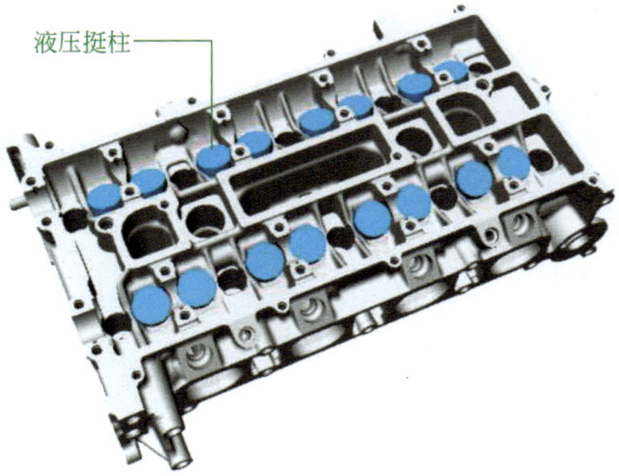

图 9.2-27　液压挺柱

最好是用磁力棒，从缸盖上吸着拿出液压挺柱。

（4）拆卸气门弹簧 如图9.2-30所示为气门弹簧在气门组的位置。有些车辆配置2个气门弹簧，内、外簧各一个，有些车辆只有一个气门弹簧。

下述两种工具都可以拆卸气门弹簧。4S店一般使用第一种工具（图 9.2-28）相对较多；第二种工具（图 9.2-29）简单方便，购买便宜，修理厂和小维修店使用第二种工具较多。

❶ 如图 9.2-28 和图 9.2-29 所示，使用专用压簧工具压下气门弹簧。

❷ 拿开气门弹簧锁夹，松起压簧工具，松开气门弹簧。

❸ 取下气门弹簧。

❹ 取下气门弹簧垫片。

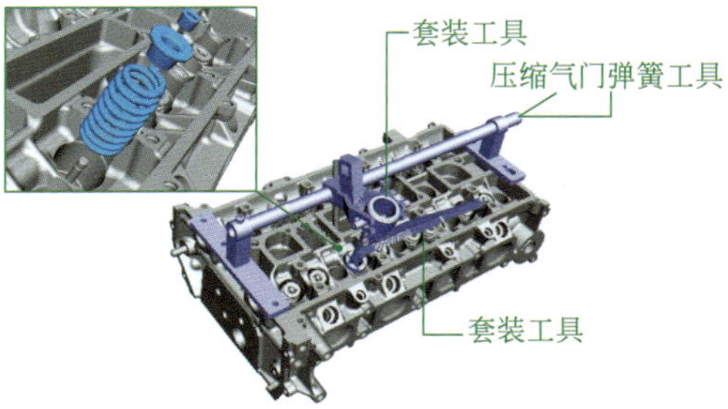

图 9.2-28　拆卸气门弹簧工具（一）

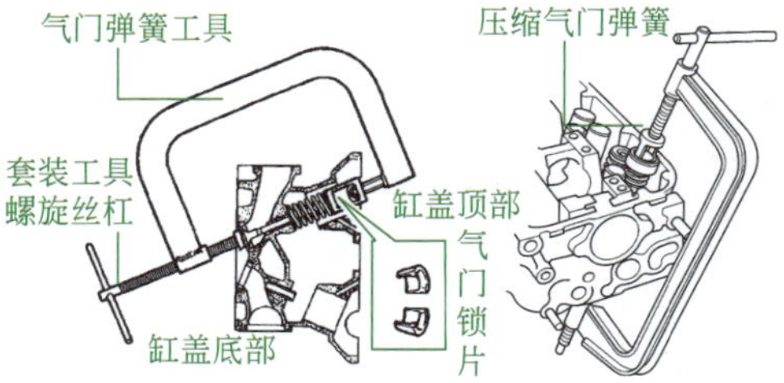

图 9.2-29　拆卸气门弹簧工具（二）

（5）取下气门 每个气门座有3个机加工面，可提高气门与座之间的密封性能。

❶ 在气门底部做好标记，记录气门所属那个气缸。

❷ 取下气门（图 9.2-30），并顺序放置。

（6）拆下气门油封 气门油封在气门组的位置见图9.2-31。气门油封一旦拆卸，必须一并废弃，不能再次使用。如图9.2-32所示，用气门油封专用工具，夹住气门油封。

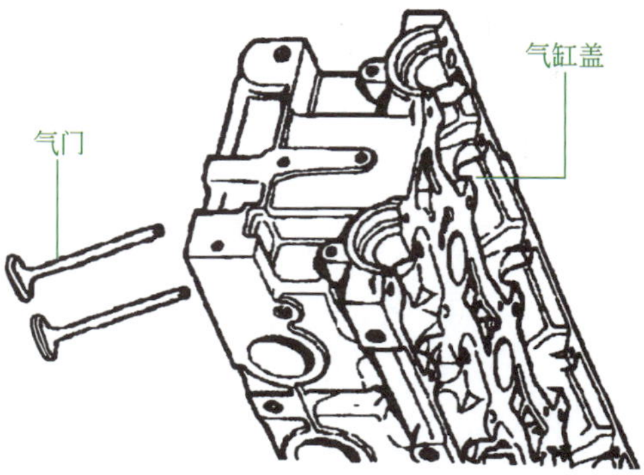

图 9.2-30　取下气门

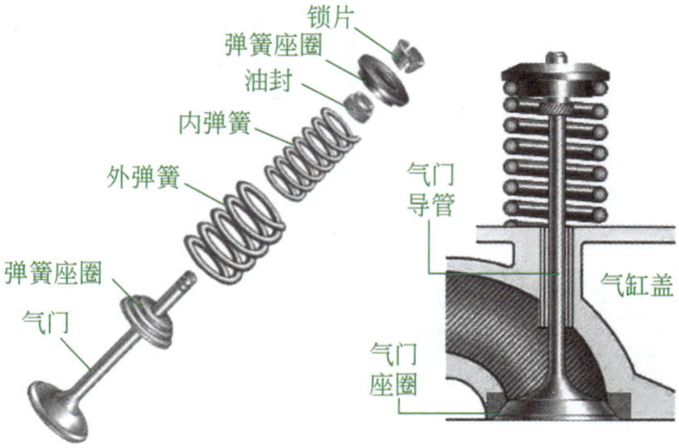

图 9.2-31　气门弹簧在气门组的位置

（7）检查气缸盖（图 9.2-33 和图 9.2-34）

❶ 用刮刀刮去气缸盖上积炭，注意刮刀不宜很锋利，以免伤着缸盖表面。

❷ 用煤油或汽油清洗缸盖。

❸ 检查缸盖是否有腐蚀和损伤；检查缸盖的平整度。

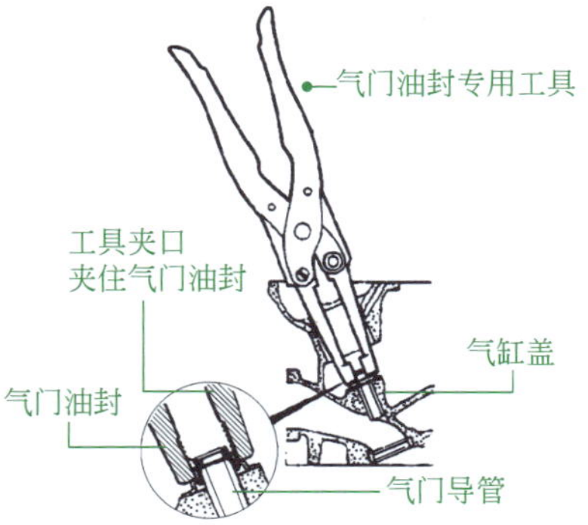

图 9.2-32　取下气门油封

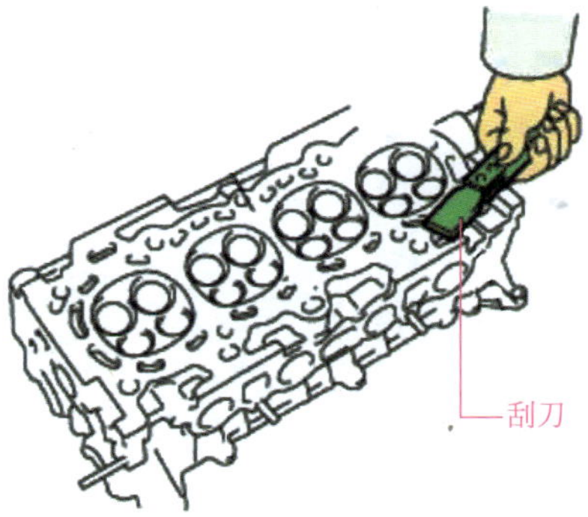

图 9.2-33　检查气缸盖（一）

9.2.2.3 拆卸和分解气缸体

（1）从车上拆下变速器总成　拆卸手动变速器总成和自动变速器总成，见第二章中的“从车上拆下变速器总成”部分，此处不再重复。

（2）拆卸离合器

❶ 用专用工具将飞轮固定，如图 9.2-35 所示。

图 9.2-34　检查气缸盖（二）

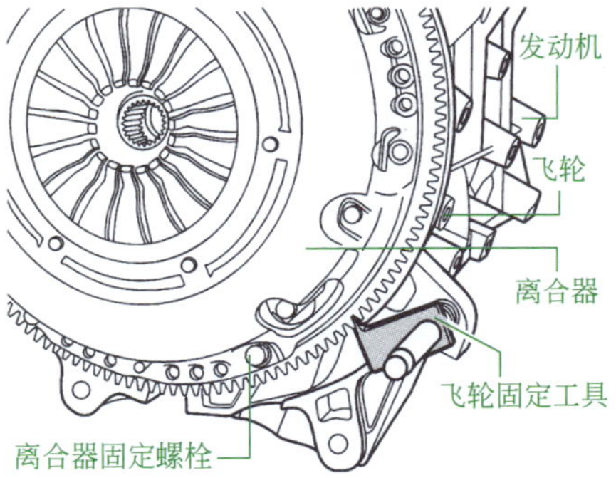

图 9.2-35　拆卸离合器（宝来）

❷ 将离合器压盘的固定螺栓对角拧松并旋出螺栓；取下离合器压盘及离合器从动盘（离合器摩擦片，简称离合器片）。

（3）拆卸飞轮

❶ 如图 9.2-36 所示，使用力矩扳手，按顺序松开飞轮的 6 个螺栓。

❷ 旋出螺栓，取下飞轮，见图 9.2-37 取下垫板。

（4）拆解气缸体（总成）

❶ 拆卸油底壳、附件。

a. 拆卸发电机支架。

扫一扫

看视频

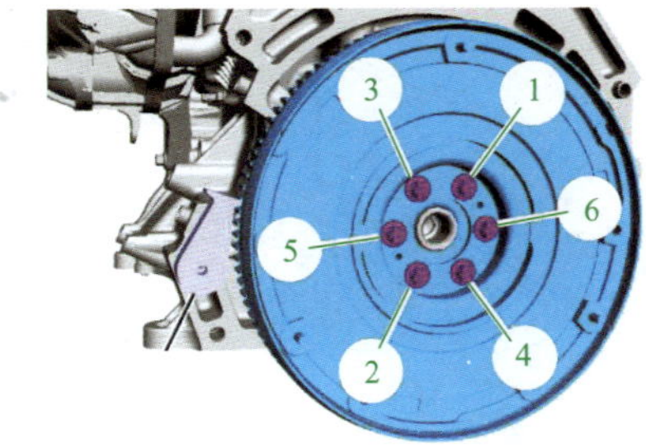

图 9.2-36 拆卸飞轮螺栓

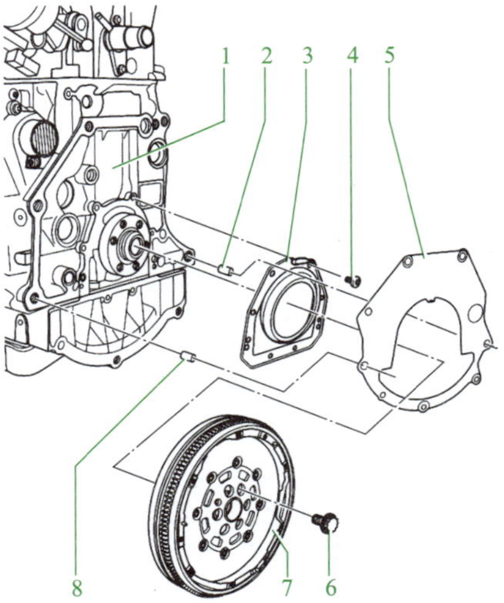

图 9.2-37 取下飞轮（飞轮在发动机位置）

1—气缸体；2,8—定位销；3—后部密封法兰；4,6—螺栓；5—垫板；7—双质量飞轮

b. 拆卸曲轴皮带轮。

c. 拆卸正时下罩盖。拆下正时链轮链条或正时皮带。拆卸正时罩盖时，如图 9.2-38 所示，将螺栓 1 ～ 15 以图示顺序拧松，并旋出。

d. 拆卸曲轴前后油封法兰。

e. 拆卸油底壳。

❷ 拆卸机油泵。机油泵固定在缸体上（图 9.2-39），机油泵靠曲轴通过链条驱动，机油滤清器从上面拆卸，机油冷却器用来冷却机油。

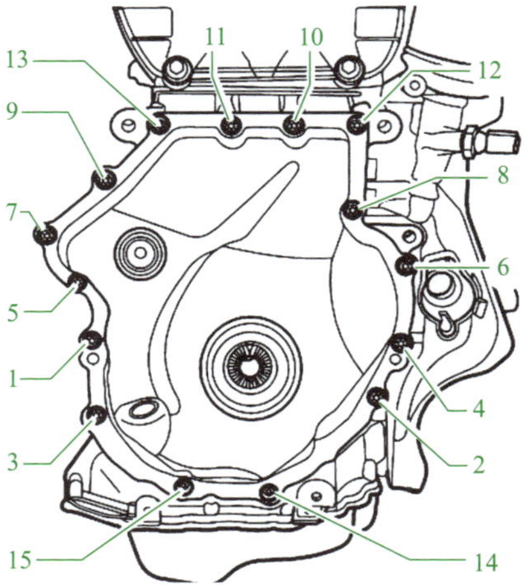

图 9.2-38 拆卸螺栓

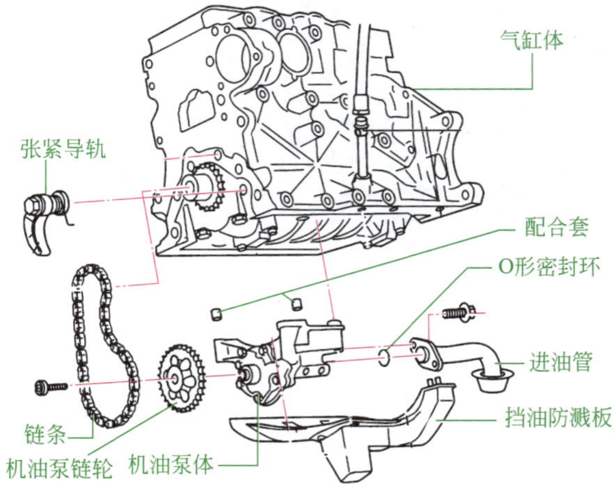

图 9.2-39 机油泵安装位置及组件分解（宝来 1.6）

a. 旋出螺栓 4 并取下防溅板（图 9.2-40）。

b. 旋出螺栓 2，从机油泵轴上取下链轮（图 9.2-40）。

c. 旋出螺栓 1 和 3 并取下机油泵（图 9.2-40）。

❸ 拆卸活塞连杆组件。拆卸之前，注意每个组件的位置。在每个活塞和连杆上做对应气缸的标记。

a. 拆卸连杆瓦螺栓，取下连杆瓦，见图 9.2-41。

b. 用木质锤子柄把连杆从气缸中捅出，拿出带活塞的连杆（图 9.2-42）。

c. 逐个把连杆瓦按入带有活塞的连杆，按顺序放置。

❹ 拆卸轴承盖和轴瓦。

a. 拆卸轴承盖：拆下脉冲信号齿轮（信号盘），小心不要损坏脉冲信号齿轮；按图示 1 ~ 10 顺序依次旋松轴承盖螺栓（图 9.2-43），重复操作直到所有的螺栓都松动为止；拆下轴承盖螺栓，然后拆下轴承盖。

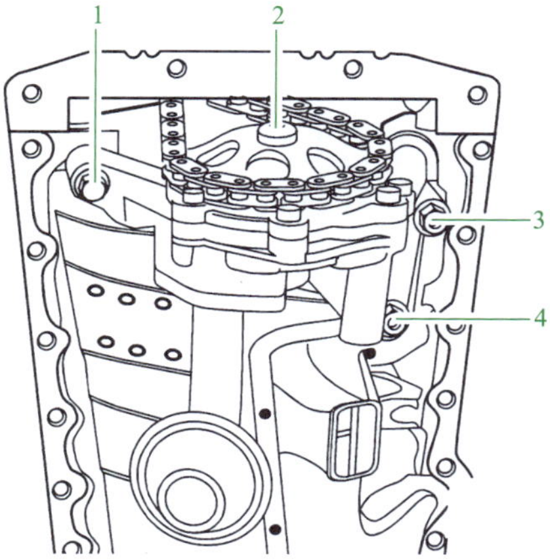

图 9.2-40　拆卸机油泵
（宝来 1.6，此图为缸体立起来放置）

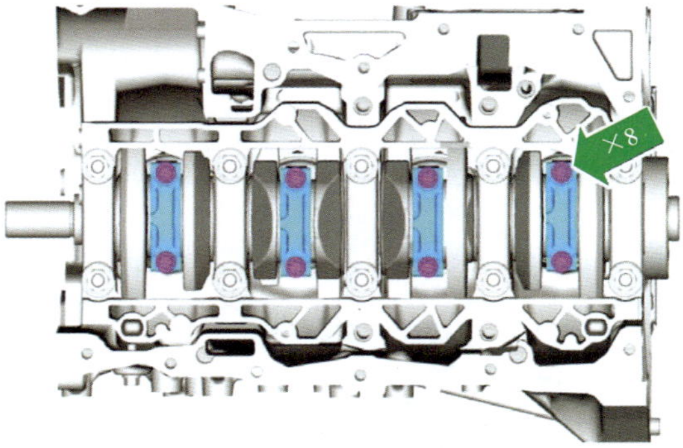

图 9.2-41　拆卸连杆瓦螺栓

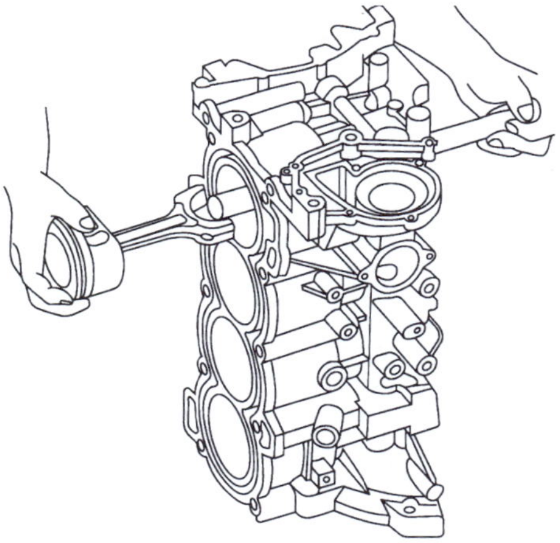

图 9.2-42　取下活塞

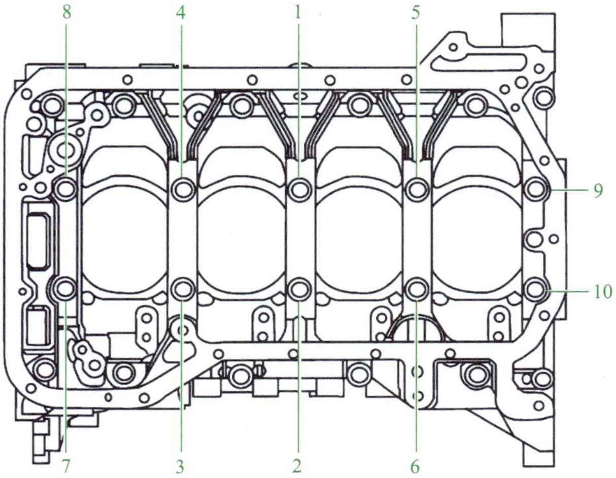

图 9.2-43　拆下轴承盖

b. 取下轴瓦：将轴瓦从轴承盖上拆下，按次序摆放好所有的轴承盖；将曲轴抬出发动机气缸体（图 9.2-44）。

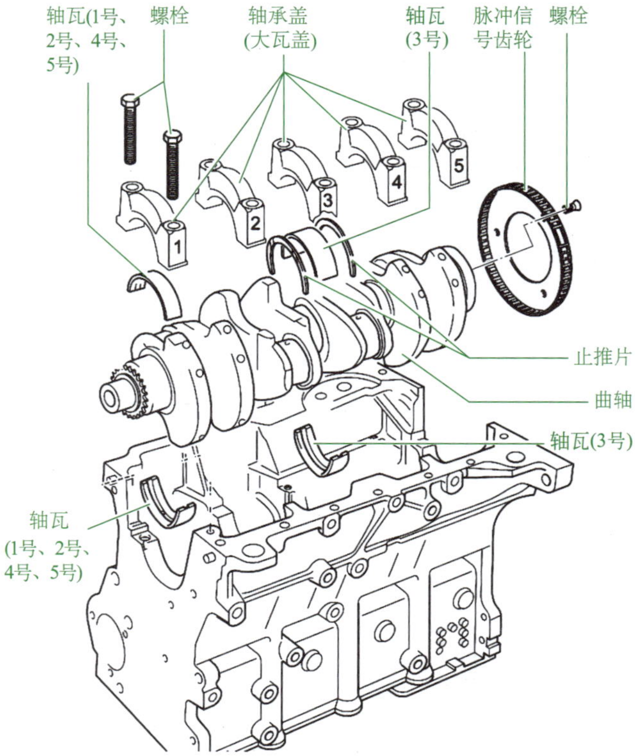

图 9.2-44　拆卸曲轴

❺ 取出轴瓦和止推垫片。取出轴瓦，且做好标记，不要混淆运转过的轴瓦；轴承盖上的轴瓦无润滑槽；气缸体上的轴瓦有润滑槽。

9.2.3　拆装活塞

9.2.3.1　装配活塞连杆组件

（1）从旧连杆上拆下旧活塞　如果还继续使用旧连杆，那么需要这一程序。从旧连杆上拆下旧活塞，以备在旧连杆上安装新的活塞。

从连杆上拆卸活塞，见图 9.2-45 和图 9.2-46。

❶ 在活塞销卡环上涂抹新的发动机机油，并在环槽内转动它们，直到端隙与活塞销孔的切口对齐。

❷ 将卡环从各活塞两侧拆下。从活塞销孔的切口处开始，小心地拆下卡环，使其不飞出或丢失。戴上眼保护装置。

小心不要损坏环槽。

（2）把新活塞安装的连杆上

❶ 先在一侧安装活塞销卡环（图 9.2-47）。

❷ 安装活塞和连杆，使压印标记在同一侧（图 9.2-48）。

❸ 安装活塞销。

❹ 安装另一侧卡环。

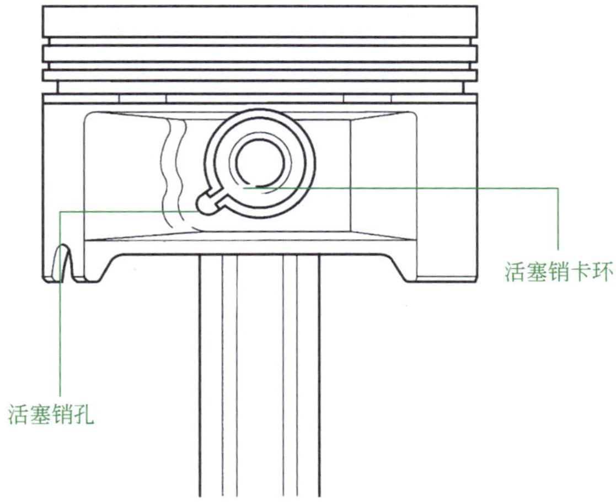

图 9.2-45　拆卸活塞（一）

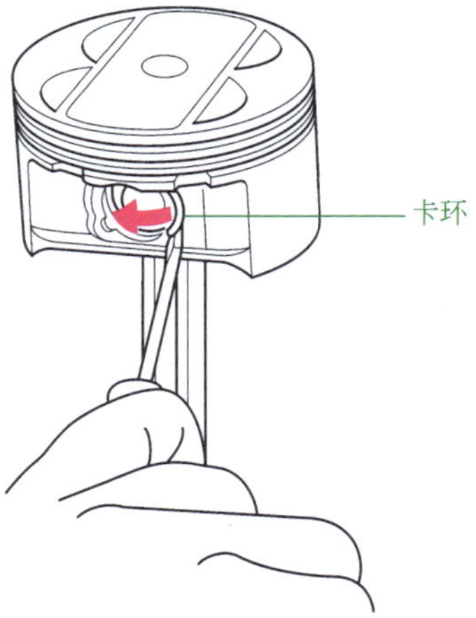

图 9.2-46　拆卸活塞（二）

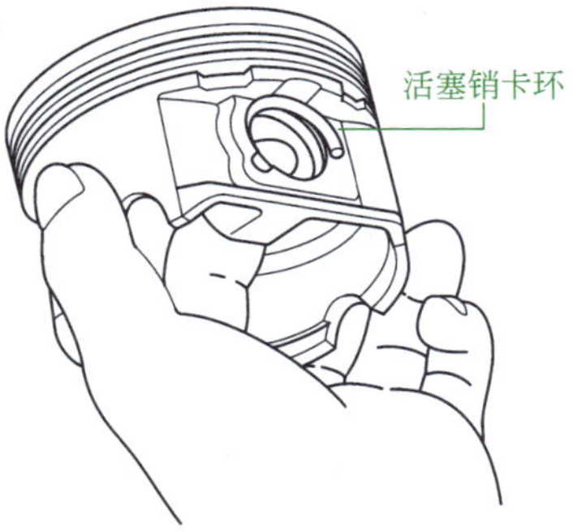

图 9.2-47　安装活塞（一）

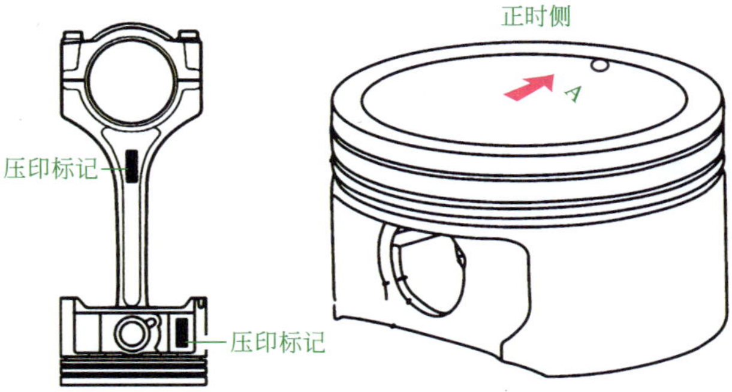

图 9.2-48　安装活塞（二）

用同样的方法重新装配其他的活塞（图 9.2-49）。

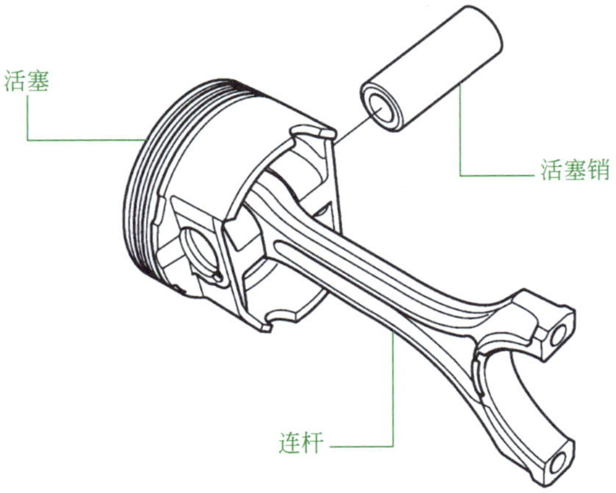

图 9.2-49　安装活塞（三）

扫一扫

看视频

注意： 在活塞销上，涂抹新的发动机机油。

如图 9.2-48 所示，传统连杆分离面是平的，有安装朝向标记，安装时注意标记。

如果是分体式连杆，分离面不是平的，取消连杆瓦定位凸起（如大众发动机，见图 9.2-50）。安装前需要断开连杆大头，用带铝保护垫的台钳夹紧连杆。

只能略微夹紧连杆，以避免损坏连杆。

连杆在划线下方被夹紧。拧出两个螺栓 5 圈。

小心地用一把塑料锤沿图 9.2-50 所示箭头方向敲连杆轴承盖，直到其松动。

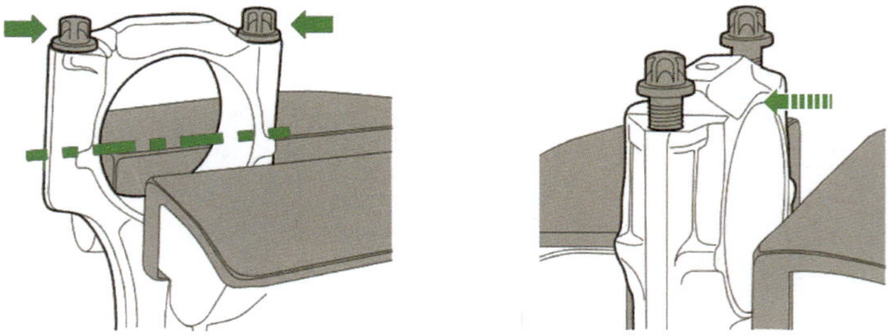

图 9.2-50　分体式连杆

（3）安装活塞环　活塞环是金属密封环，负责密封燃烧室，使之与曲轴箱隔开；从活塞向气缸壁导热以及调节气缸套的油膜（图 9.2-51）。

为了完成上述任务，活塞环必须紧靠在气缸壁和活塞环形槽的侧沿上。活塞环的径向弹簧力使活塞环靠在气缸壁上。刮油环通常由一个附加弹簧进一步支撑。活塞必须与活塞环共同确保在所有负荷状态下燃烧室密封可靠，以防气体泄漏和润滑油渗透。接触表面上的润滑油对密封有帮助作用。

每个活塞装有两道气环和一道刮油环。第一道气环为镀铬钢。第二道气环为镀铬铸铁件。刮油环由上下刮片、中间夹、衬环三部分组成。

气环用于确保尽可能没有燃烧气体从燃烧室经过气缸壁与活塞之间的间隙进入曲轴箱内。只有这样，燃烧过程中燃烧室内才能产生足够压力，以使发动机达到设计功率。

刮油环负责调节气缸壁上的油膜，它们将气缸壁上多余的润滑油刮掉并确保这些润滑油不会燃烧。因此，刮油环也决定了发动机的润滑油消耗量。

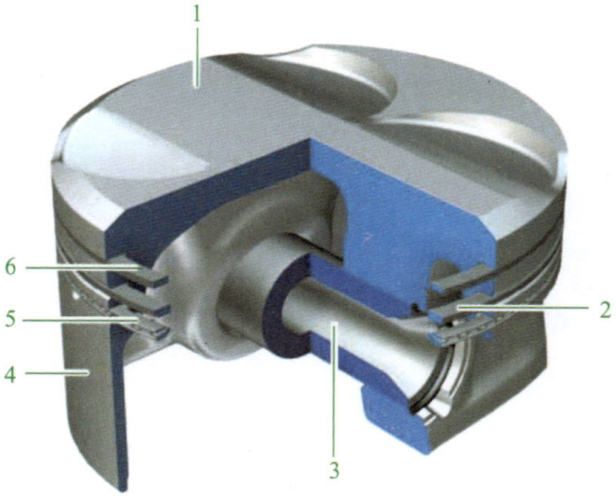

图 9.2-51　活塞 / 活塞环

1—活塞顶；2—气环；3—活塞销；4—活塞裙；5—刮油环；6—气环

❶ 用一个直角断裂的环或一个带刮片、可适应活塞环槽的环槽清理器彻底地清理所有环槽。如有必要，锉平刮片。不要用钢丝刷清理环槽，或用清理工具深切环槽（如果是新活塞这步程序免去）。

❷ 按顺序安装刮油环、第二道气环、第一道气环（可使用专门的活塞环扩张器安装活塞环），使“TOP”或识别标记朝活塞的上部。

❸ 在活塞环槽内旋转活塞环，确保活塞环不卡滞。

非常重要的操作：安装活塞环时应注意，如图 9.2-52 所示，第一道气环有标记，第二道气环也有标记，制造标记必须朝上。

活塞环在活塞上安装定位位置如下（图 9.2-53）。

① 第一道环开口与活塞销轴向成约 45° 角。

② 第二道环开口与第一道环成 180° 角。

③ 第三道环开口与第二道环成 90° 角。

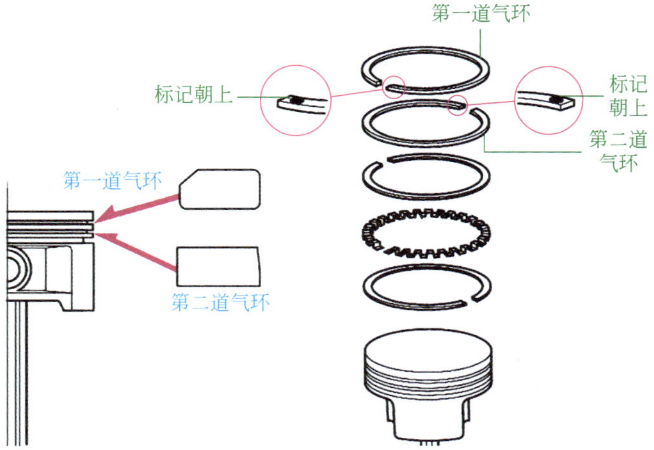

图 9.2-52 安装活塞环（一）

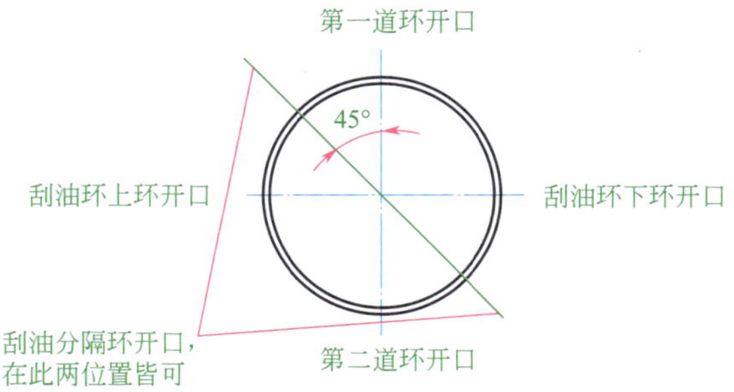

图 9.2-53 安装活塞环（二）

9.2.3.2 把曲轴安装到气缸体上

小贴士

① 曲轴组装时需进行配对，需先得知缸体尺寸级数，再选择曲轴尺寸级数，两者都确定级数后，则可按选定的级数进行轴瓦选配，气缸体上有标记。

② 在曲轴各轴上涂抹少许机油。

③ 确认轴瓦沟槽的方向。

④ 确认气缸体上的机油孔与对应主轴承轴瓦上的机油孔已对正。

⑤ 安装曲轴时不可戴棉质手套。轴瓦上不可有异物附着。

在气缸体上安装曲轴的过程中，一些重要的操作事项如下。

❶ 使用气枪喷向气缸体、气缸口径及下曲轴箱的发动机机油回路与发动机冷却液回路，以除去所黏附的异物。

❷ 确认所有油道、水道、轴瓦安装面必须干净。

❸ 安装各缸机油喷油嘴。

❹ 将主轴承轴瓦（油沟式）压入缸体主轴承座。

❺ 将曲轴降到发动机气缸体内，当心不要损坏轴颈和脉冲轮。

❻ 曲轴置于气缸体中。

在带止推垫圈槽的一侧涂抹新的发动机机油。如图 9.2-54 所示，将止推垫圈安装到第四轴颈（对于四缸发动机）止推槽内，沟槽向外。

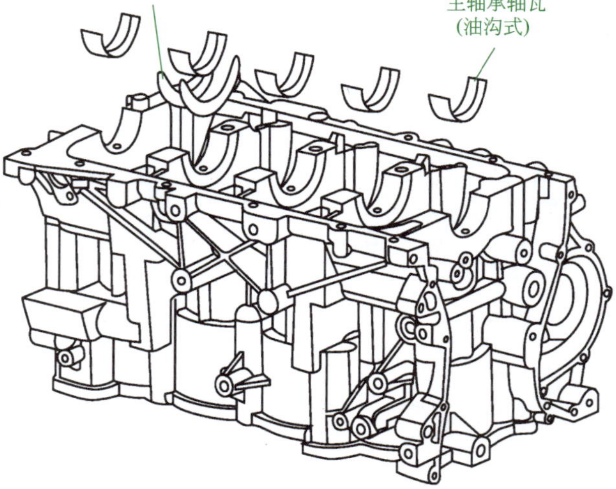

图 9.2-54　安装曲轴（一）

❼ 把飞轮安装于曲轴上（此步骤先不用紧固飞轮螺栓，待曲柄连杆机构和法兰油封都安装完毕，再紧固飞轮螺栓）。

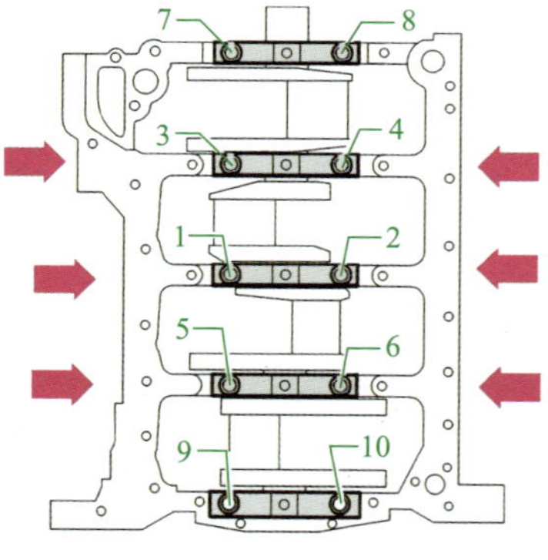

图 9.2-55　安装曲轴（二）

❽ 安装轴瓦和轴承盖。轴承盖朝向发动机气缸体正时皮带端。

❾ 安装轴承盖螺栓。

❿ 按顺序用力矩扳手紧固曲轴瓦盖螺栓。如图 9.2-55 所示，按照顺序拧紧曲轴轴承盖的固定螺栓（所有四缸发动机均为此顺序，多缸发动机也按照先紧固中间位置螺栓，后紧固两边螺栓的原则）。具体某种车型要参照维修手册紧固力矩。下面以大众高尔夫、宝来汽车发动机为例来说明。

a. 用力拧紧螺栓 1 ～ 10 和两侧螺栓。

b. 以 60N・m 的力矩预拧紧螺栓 1 ～ 10。

c. 用刚性扳手继续旋转螺栓 1 ～ 10，然后再使用力矩扳手旋转 90°紧固。

d. 以 20N・m 的力矩预拧紧两侧螺栓。

e. 用刚性扳手继续旋转螺栓 90°。

⓫ 转动飞轮，曲轴转动自如，无卡滞。

9.2.3.3 把活塞连杆组件装入缸体

向各气缸壁、曲轴及轴瓦涂抹机油。气缸的所在位置与所安装的连杆上气缸号码应相同。

❶ 将连杆轴瓦压入连杆大端及连杆大端盖轴承座中。安装时，将连杆轴承的凸出挡块对正连杆及连杆大端盖的凹口（图 9.2-56）。

❷ 将连杆及活塞裙部放入气缸，并要注意活塞装配标记（指向前）和活塞端隙开口方向（图 9.2-57）；然后，将活塞环压紧器套住活塞环上收紧。

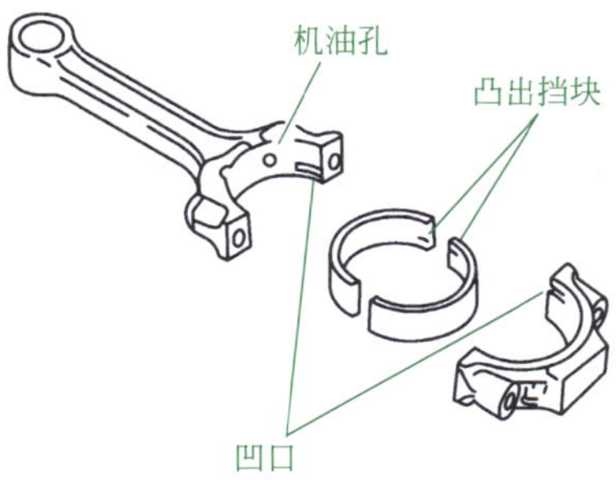

图 9.2-56 安装活塞连杆组件（一）

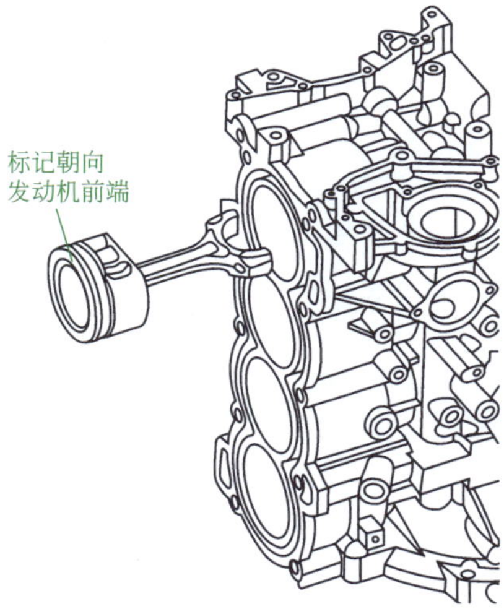

图 9.2-57 安装活塞连杆组件（二）

❸ 使用活塞环压紧器将活塞与连杆总成安装到曲轴上。

❹ 如图 9.2-58 所示，将活塞 / 连杆总成在气缸内定位，并用锤子的木柄将其敲入。在压环器上，保持向下的压力，以防止活塞环在进入气缸前胀开。

❺ 活塞环压紧器自由松开后，停止下压，在推活塞就位前，检查连杆与曲轴连杆轴颈是否对准。

❻ 用力矩扳手按顺序锁紧连杆螺栓，按维修手册规定力矩拧紧螺栓。

❼ 检查连杆侧间隙。确认曲轴是否可平顺旋转。

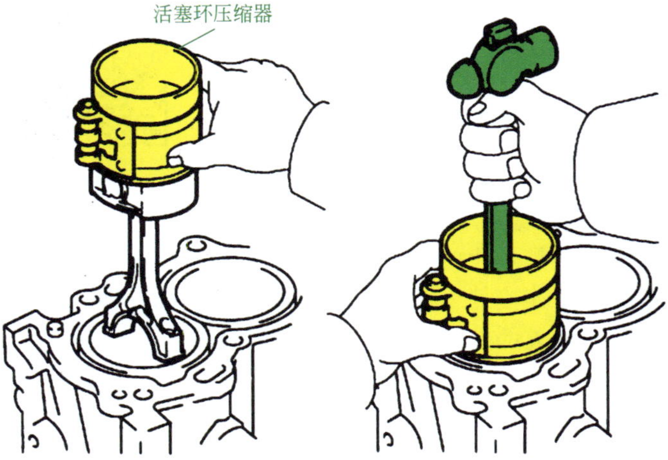

图 9.2-58 安装活塞连杆组件（三）

9.2.3.4 安装相关附件

❶ 安装法兰和曲轴后油封。

❷ 安装机油泵。

❸ 安装平衡轴（如有）。

❹ 安装曲轴前油封。

❺ 安装油底壳（图 9.2-59）。

a. 在油底壳上涂抹密封胶。

b. 将油底壳与下曲轴箱接合处使用涂胶增加密封性：分解后涂抹面要完全消除干净才能再涂胶；涂胶后 5min 内，需将螺栓锁到规定扭力；打胶面不可沾附油液、水分及异物；涂胶起点要超过涂胶终点；在螺孔周围及螺孔内侧均要涂上胶。

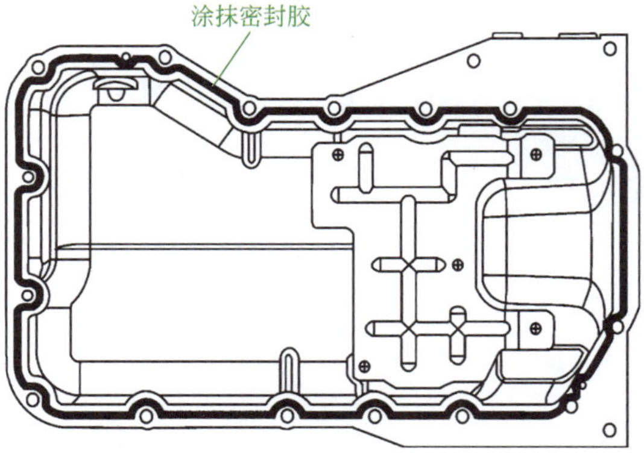

图 9.2-59 安装油底壳（一）

c. 将油底壳对正定位销，贴合在下曲轴箱上。

d. 再用螺栓 A×2 个、螺栓 B×2 个、螺栓 C×15 个，按 1 ～ 19 的顺序锁紧油底壳螺栓（图 9.2-60）。

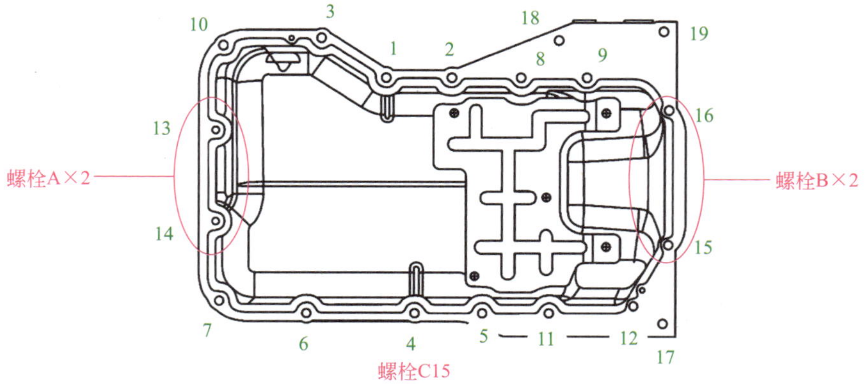

图 9.2-60 安装油底壳（二）

❻ 安装飞轮。

❼ 安装爆震传感器。

扫一扫

看视频

9.2.4 从车上拆下变速器

9.2.4.1 从车上拆下手动变速器总成

从车上拆下变速器总成是个比较复杂的作业工程，涉及很多附属零部件和底盘部件被拆卸。首先要拆卸相关电器连接件、机械连接件等，然后把发动机与变速器分离。曲轴后油封泄漏、更换离合器及相关部件（手动变速器）以及液力变矩器（自动变速器）、变速器内部维修分解等都需要把变速器总成拆下进行作业，以下是变速器总成拆卸过程中重要的一些操作事项。

（1）拆卸相关部件

❶ 拆卸蓄电池。

❷ 视情况拆卸发动机盖。在发动机罩标记机罩铰链位置（这个标记一般很明显，通常正好被铰链平面结合的部分一般没有表漆），可以在安装发动机罩时，方便地调整发动机罩位置。

❸ 仔细观察是否和车内有连接件，如有，拆卸车内总成或者连接件。

❹ 拆卸发动机室内过往变速器的连接件、线路或固定件。

❺ 从车辆下部拆卸部件。

❻ 拆卸传动桥。

如图 9.2-61 所示，拆卸发动机盖需要三位工作人员。一人在前面支撑发动机盖，其他两人在两边支撑发动机盖，同时松开螺栓。

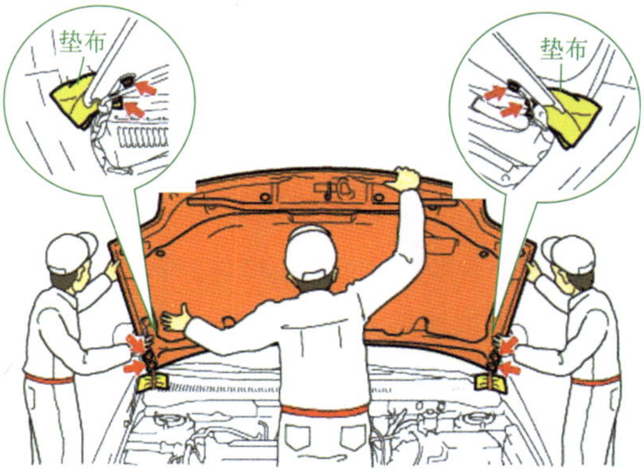

图 9.2-61　拆卸发动机盖

（2）拆卸起动机（图 9.2-62）

❶ 拆卸螺母，然后断开起动机电缆和连接器。

❷ 拆卸起动机安装螺栓，然后拆卸起动机。

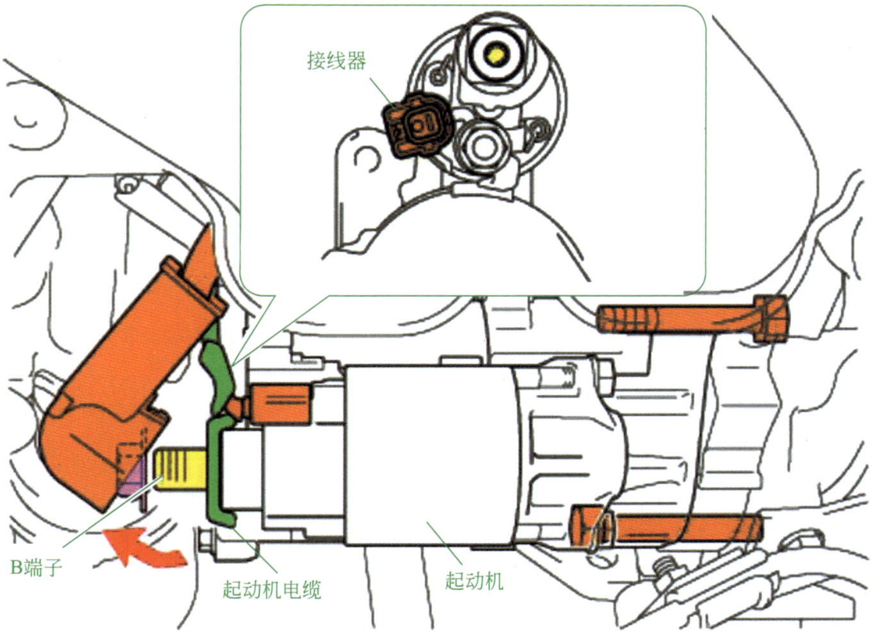

图 9.2-62　拆卸起动机

（3）拆卸离合器泵　拆卸管路时，柔性软管管路不能从分离泵分离。如果将柔性软管管路从分离泵分离，将导致空气进入离合器系统，导致离合器工作不正常。

如图 9.2-63 所示，拆卸柔性软管管路卡箍，然后将分离泵连同管路卡箍一起从传动桥拆下。切勿使挠性软管管路变形。

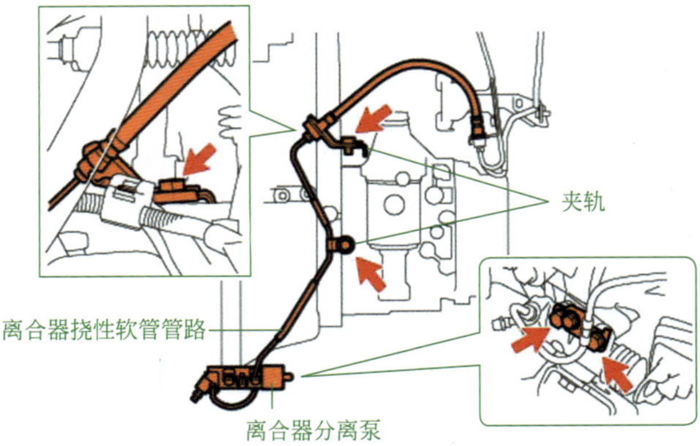

图 9.2-63　拆卸离合器泵

（4）拆下换挡和选挡控制拉索　如图9.2-64所示，拆卸卡扣和垫圈，然后从传动桥断开换挡和选挡拉索。

（5）使用发动机起吊工具

❶ 发动机吊架。使用发动机吊架（小吊车）吊住发动机，以便为从车上拆下变速器做准备工作。

如图 9.2-65 所示，通过发动机吊索将它们连接到链动滑轮。利用吊链上的张紧力（两边吊链张紧力均匀），从驱动桥上拆下支架安装螺栓和发动机安装支架。

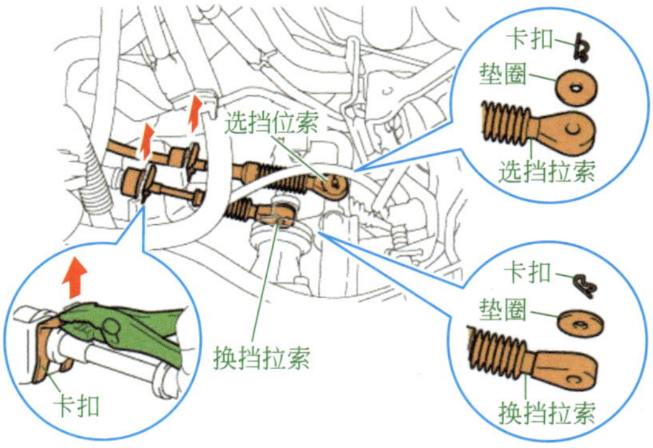

图 9.2-64　拆下换挡和选挡控制拉索

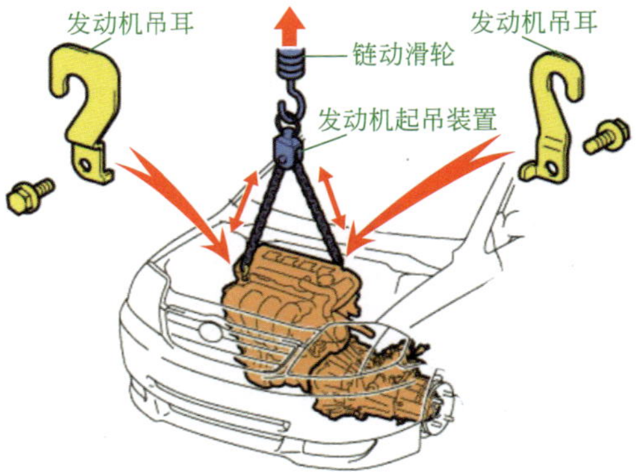

图 9.2-65　发动机吊架

小贴士

① 如果链动滑轮升起过高，车辆可能从起重机上落下，非常危险。

② 如果链条用力不均匀，发动机将明显倾斜，非常危险。

❷ 发动机支架。如图 9.2-66 所示，使用该工具可以稳定支撑发动机。

（6）升起车辆拆卸　升起车辆，拆下和断开半轴、拉杆球头等底盘零部件和连接件。如果栏杆球头比较容易拆下，用锤子敲击转向节（羊角）和栏杆球头安装连接处，使球头因敲击振动而松动，使其快速脱开拆下。如果球头很难脱开，使用图9.2-66所示方法拆下。

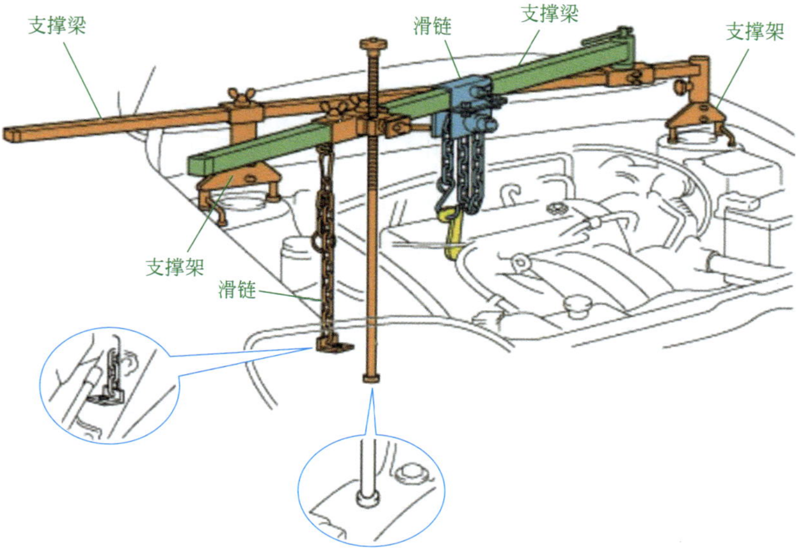

图 9.2-66　发动机支架

❶ 如图 9.2-67 所示，拆卸拉杆球头。拆卸开口销和槽顶螺母。使用专用球头拉具，将横拉杆球头从转向节脱离。

❷ 如图 9.2-68 所示，拆卸半轴。当将车桥轮毂轻轻拉离车辆时，用塑料锤轻轻敲端部，脱开半轴，从车桥轮毂断开半轴。

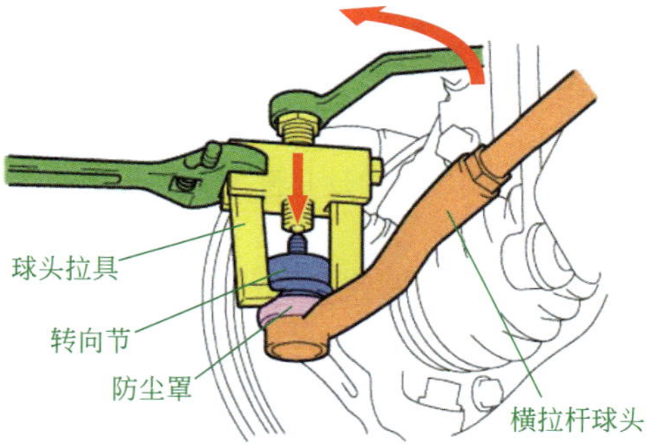

图 9.2-67　拆下栏杆球头

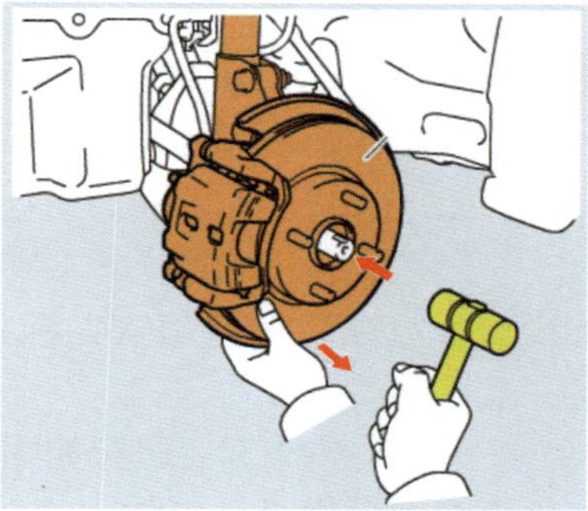
图 9.2-68　拆卸半轴

（7）分离变速器　如图9.2-69所示，使用千斤顶支撑变速器，调整千斤顶角度和连接件，防止摇摆，确保安全稳定。

拆下最后一个变速器与发动机安装螺栓，将平头螺丝刀插入发动机与变速器结合部位，用螺丝刀撬动，脱开变速器（图 9.2-70）。慢慢放下千斤顶，同时确保变速器不妨碍车身。

9.2.4.2 从车上拆下自动变速器总成

拆卸自动变速器总成与拆卸手动变速器总成的步骤方法一样。以下是自动变速器总成拆卸过程中重要的一些操作事项。

（1）拆卸换挡拉索　如图9.2-71所示，拆卸换挡拉索。换挡拉索严禁弯曲或纠结。

（2）拆卸自动变速器油液冷却器　变速箱油液冷却器安装在散热器后面（图9.2-72）。

通过两个带有快速接头的软管连接变速箱，通过两个带有软管夹子的软管连接散热器。为了防止混淆，快速释放接头都有带颜色的编号。

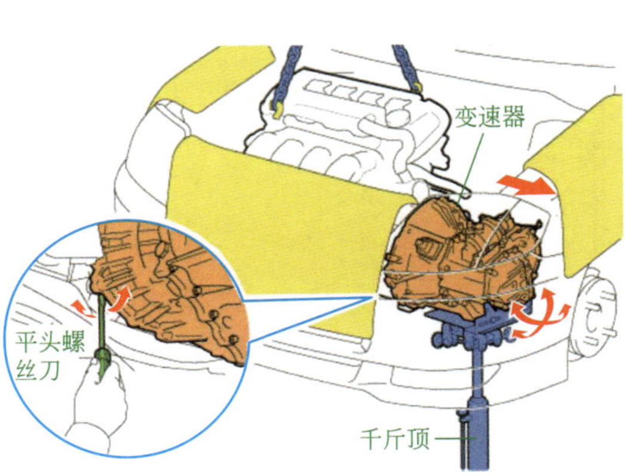

图 9.2-69　拆下变速器（一）

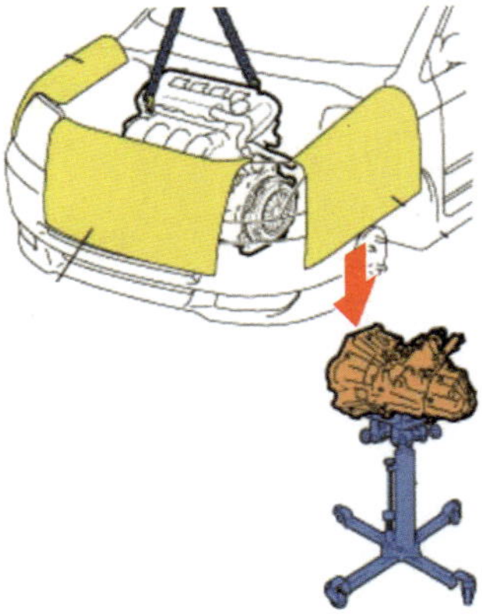

图 9.2-70　拆下变速器（二）

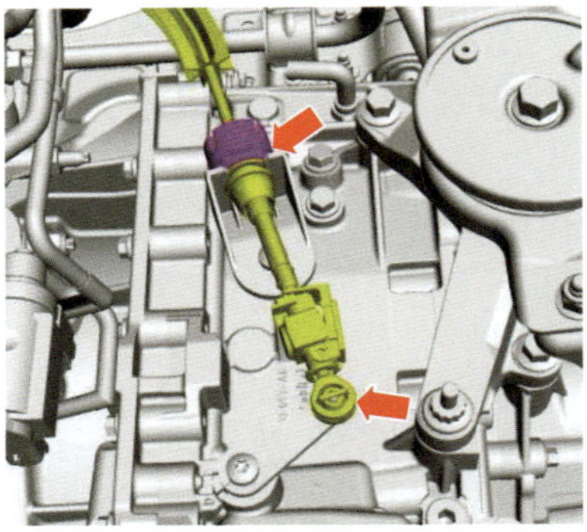

图 9.2-71　拆下换挡拉索

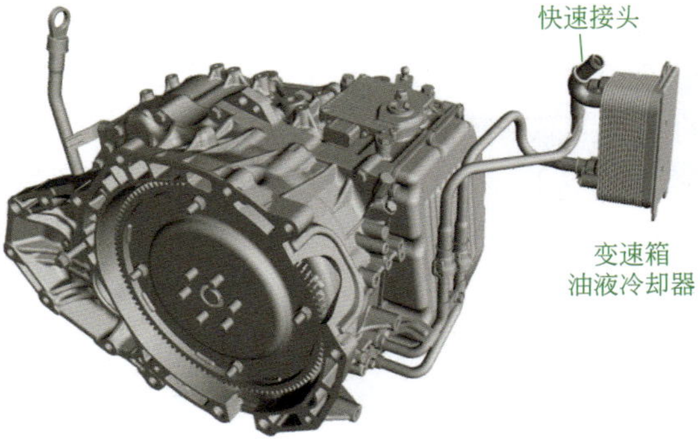

图 9.2-72　自动变速器油液冷却器

如图 9.2-73 所示，使用管夹拆装器夹住水管，松开冷却器水管卡子，拆开与自动变速器链接一端的水管。

（3）安装发动机支架工具　如图 9.2-74 所示，使用发动机支架工具吊住发动机，以便为从车上拆下变速器做准备工作。

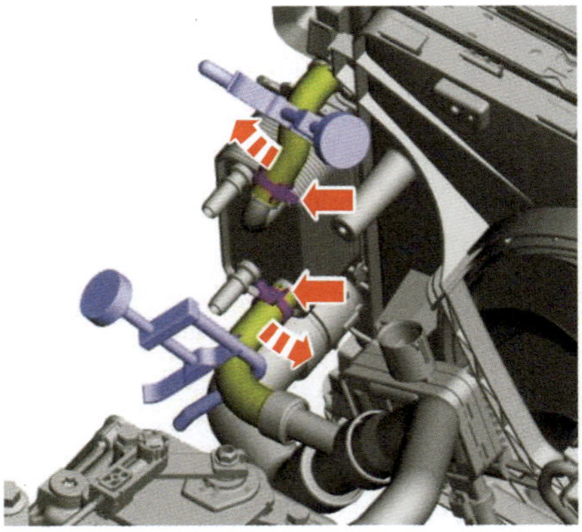

图 9.2-73　拆开水管

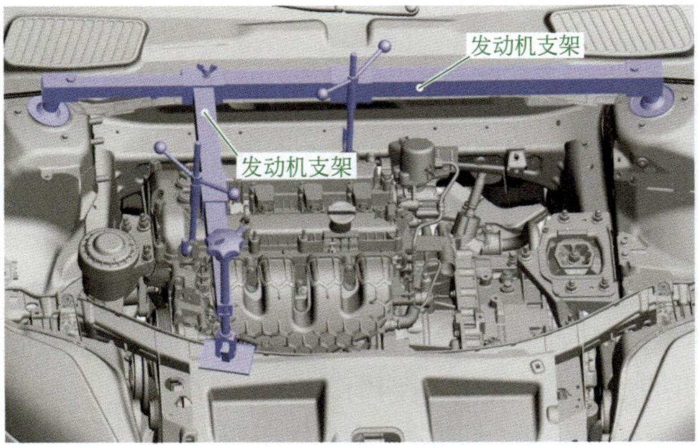

图 9.2-74　使用发动机支架工具吊住发动机

（4）升起车辆　拆下和断开半轴、拉杆球头等底盘零部件和连接件。

如图 9.2-75 和图 9.2-76 所示，拆卸半轴。

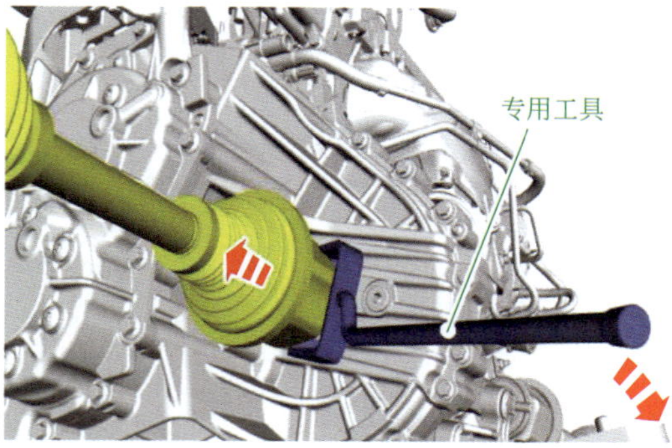

图 9.2-75　拆卸半轴（一）

图 9.2-76　拆卸半轴（二）

9.2.5　分解手动变速器

差速器分解图如图 9.2-77 所示。

（1）拆卸差速器（图 9.2-78）

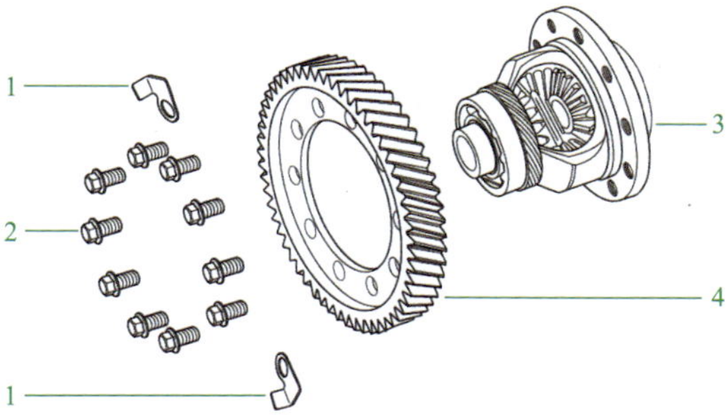

图 9.2-77　差速器分解图

1—行星轮轴锁止片；2—从动齿轮与行星架固定螺栓；3—行星架；4—从动齿轮

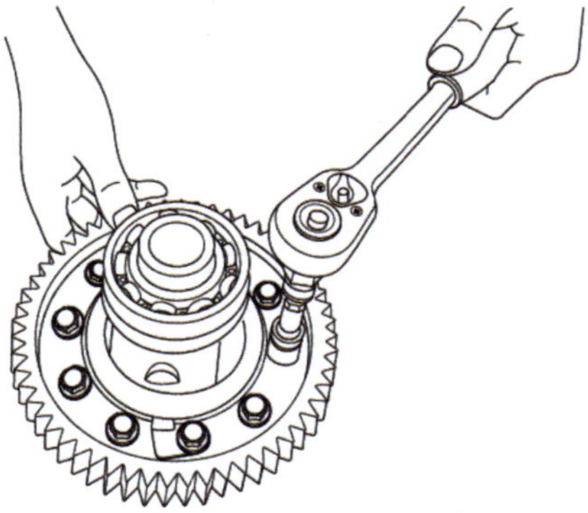

图 9.2-78　差速器的拆卸（一）

❶ 拆卸变速箱总成。

❷ 拆卸换挡控制机构总成。

❸ 拆卸拨叉轴。

❹ 从变速箱内部拆卸差速器总成。

❺ 拆卸主减速器从动齿轮 10 个固定螺栓。

❻ 找出行星轮轴锁止销位置（图 9.2-79）。

❼ 用通用工具取出行星轮轴锁止销（图 9.2-80）。

注意：锁止销的另一面有一个锁止钢球，在拆卸过程中防止钢球掉落。

❽ 取出行星轮轴（图 9.2-81）。

❾ 旋转行星轮。

注意：把行星轮按图 9.2-82 中箭头所示方向旋转 90°。

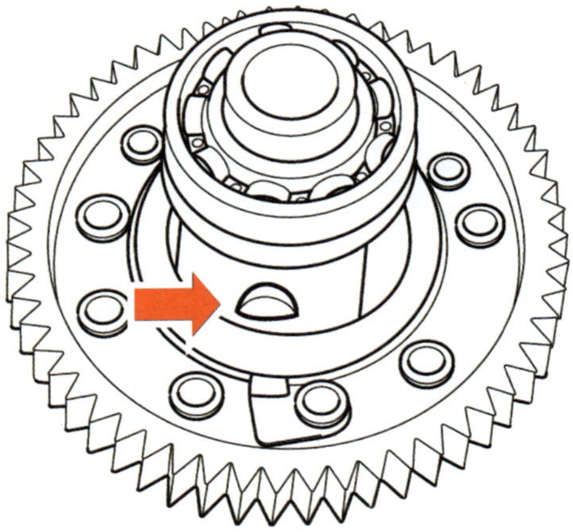

图 9.2-79 差速器的拆卸（二）

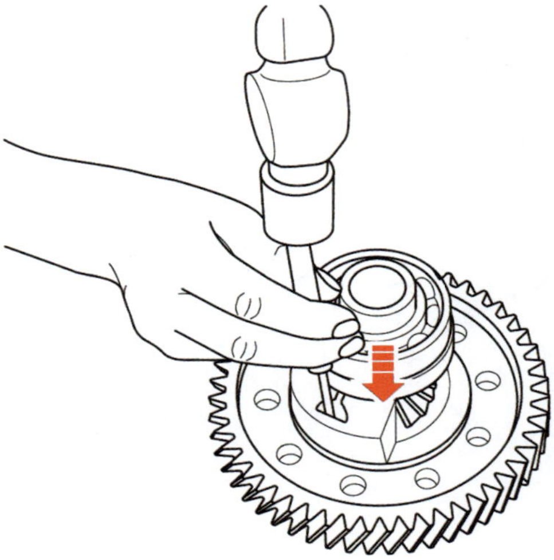

图 9.2-80 差速器的拆卸（三）

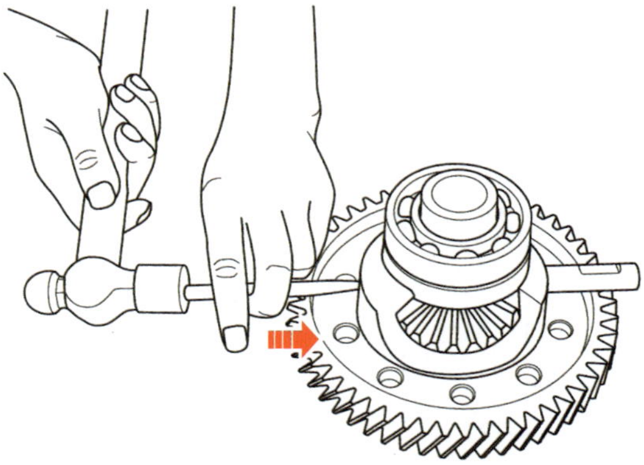

图 9.2-81 差速器的拆卸（四）

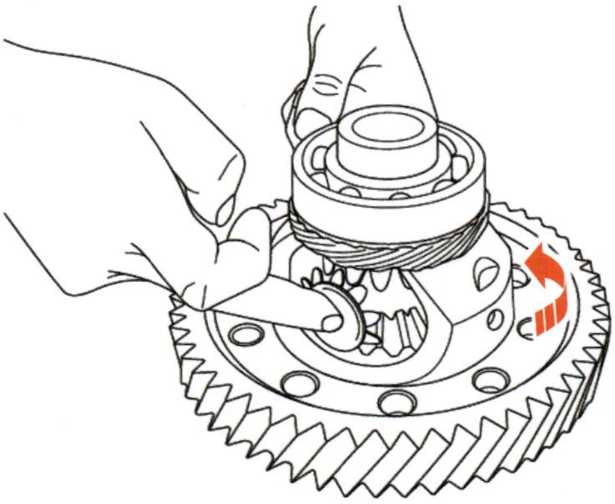

图 9.2-82 差速器的拆卸（五）

⑩ 取出行星轮（图 9.2-83）。
⑪ 取出右输出小齿轮（图 9.2-84）。
⑫ 取出左输出小齿轮（图 9.2-85）。
⑬ 取出主减速器从动齿轮（图 9.2-86）。

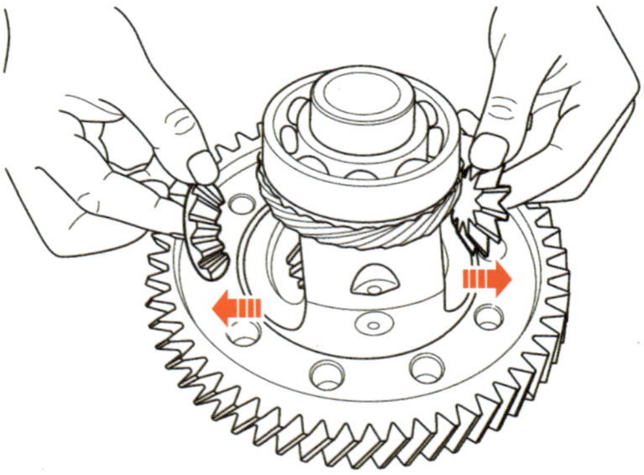

图 9.2-83 差速器的拆卸（六）

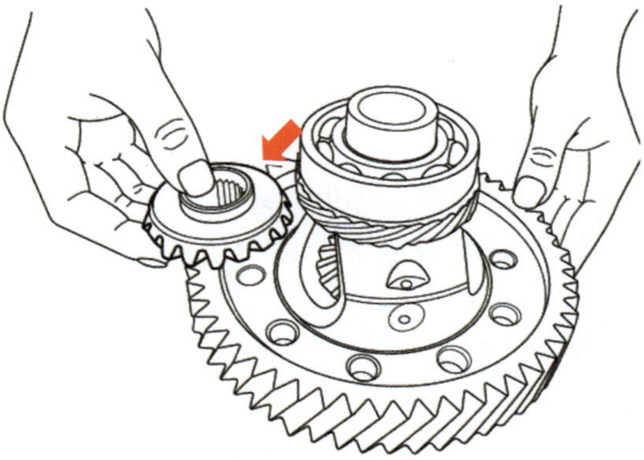

图 9.2-84 差速器的拆卸（七）

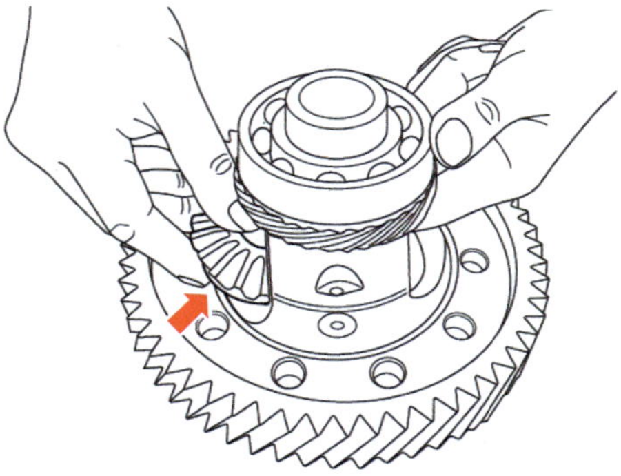

图 9.2-85　差速器的拆卸（八）

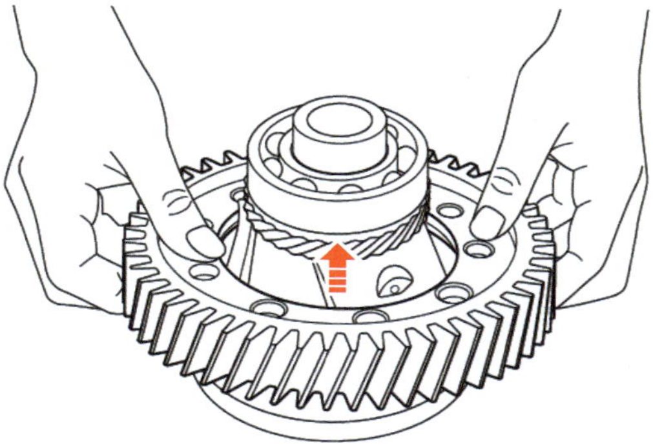

图 9.2-86　差速器的拆卸（九）

⑭ 拆卸后的行星轮及输出齿轮见图 9.2-87。

注意： 如果需要调整行星轮与输出齿轮之间的啮合间隙，可以调整垫片的厚度。

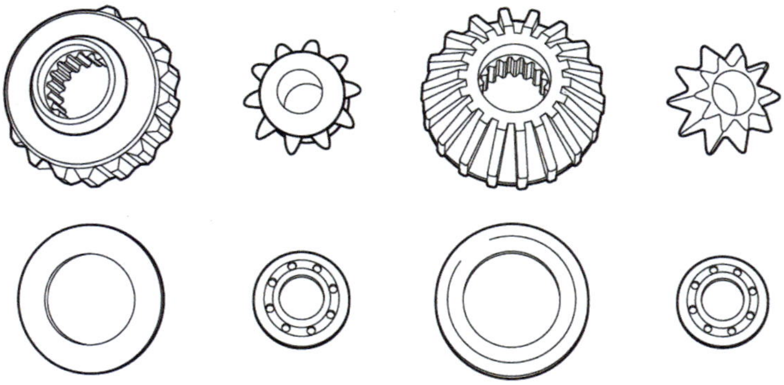

图 9.2-87　差速器的拆卸（十）

（2）安装差速器

❶ 安装行星轮。在安装过程中请注意行星轮及输出齿轮的垫片状态。如果需要更换差速器轴承，请使用专用工具安装轴承（图 9.2-88）。

❷ 安装行星轮轴。

❸ 安装行星轮轴锁止销。

❹ 安装行星轮轴锁止销钢球（图 9.2-89）。

图 9.2-88　差速器的安装（一）

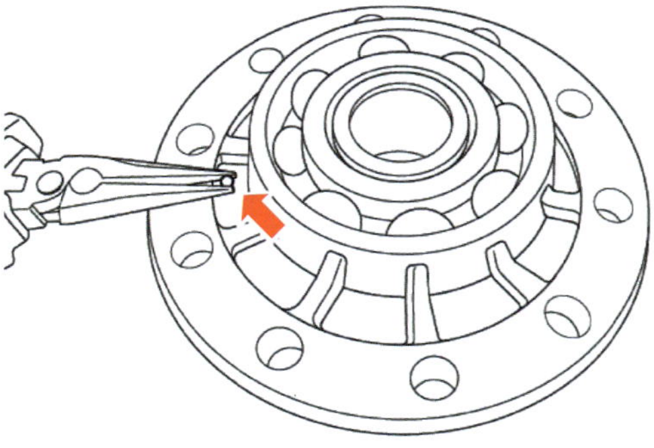

图 9.2-89　差速器的安装（二）

⑤ 用冲子锁上锁止销（两面）。

⑥ 安装主减速器从动齿轮（图 9.2-90）。

⑦ 紧固主减速器从动齿轮固定螺栓。在安装过程中确认行星轮轴两边的锁止片不要漏装，并按图 9.2-91 所示 1 ~ 10 顺序紧固螺栓。

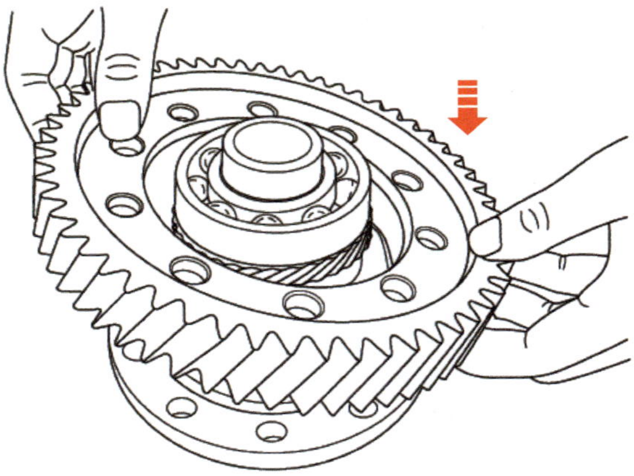

图 9.2-90 差速器的安装（三）

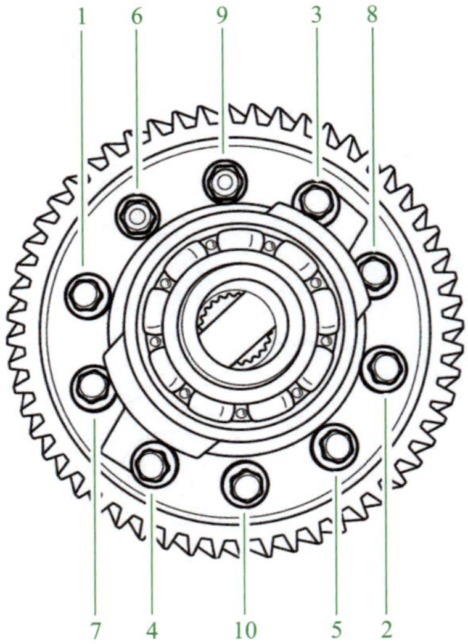

图 9.2-91 差速器的安装（四）

⑧ 安装差速器总成。

⑨ 安装拨叉轴。

⑩ 安装变速箱总成。

⑪ 安装换挡控制机构总成。

9.2.6 拆装自动变速器变矩器

❶ 在下列任何状况下，都需更换液力变矩器。

a. 液力变矩器轮毂焊接区外部漏油。

b. 液力变矩器轮毂刮伤或损坏。

c. 液力变矩器导套断裂或损坏。

d. 冲洗冷却器与冷却器管路后，发现有铁屑。

e. 泵损坏或转换器中发现有铁屑。

f. 定子单向离合器内部故障。

g. 过热导致离合器碎屑严重过多。

h. 滤网或磁铁上发现铁屑或离合器摩擦片材料，但装置中的内部零件却无磨损或损坏，则表示铁屑或摩擦片材料来自液力变矩器。

❷ 发生下列状况时，不需更换液力变矩器。

a. 油液有异味、变色，并且未发现有金属或离合器表面材料颗粒的迹象。

b. 车辆显示的里程数过高。此种异常状况可能是车辆在被过度使用的状况下运转（如出租车、运输或警用），液力变矩离合器减振器摩擦片过度磨损。

小贴士

在进行液力变矩器螺栓孔攻牙操作时，切勿攻牙过深，使液力变矩器表面凹陷，进而造成内部的锁定离合器运转异常。

9.2.7 拆装转向机

（1）拆卸转向机（液压）

❶ 举升车辆，拆卸车轮。

❷ 将储油盘放在转向器下接收动力转向油。

❸ 从动力转向器带横拉杆总成上断开进油管、回油管（图 9.2-92）。

❹ 转动转向盘使联轴器上的标记与短轴外壳标记对齐（图 9.2-93）。

❺ 拆卸机械转向管柱总成万向节螺栓。

❻ 拆卸转向横拉杆和球头固定螺母。

❼ 拆卸前副车架总成。

❽ 拆卸动力转向器固定装置的固定螺栓。

❾ 拆卸动力转向器与副车架的固定螺栓（图 9.2-94）。

❿ 从副车架上取下动力转向器带横拉杆总成。

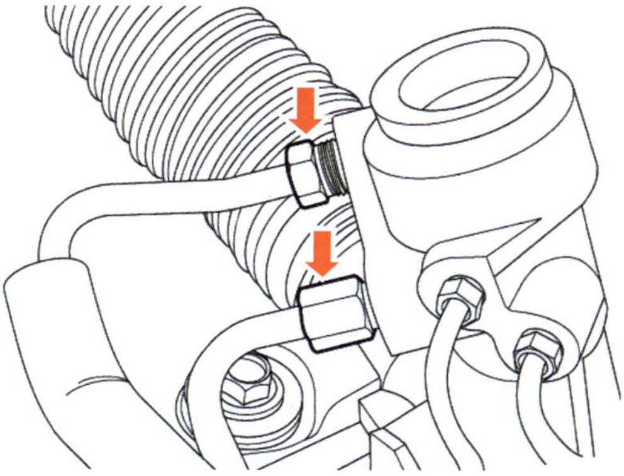

图 9.2-92　拆卸油管

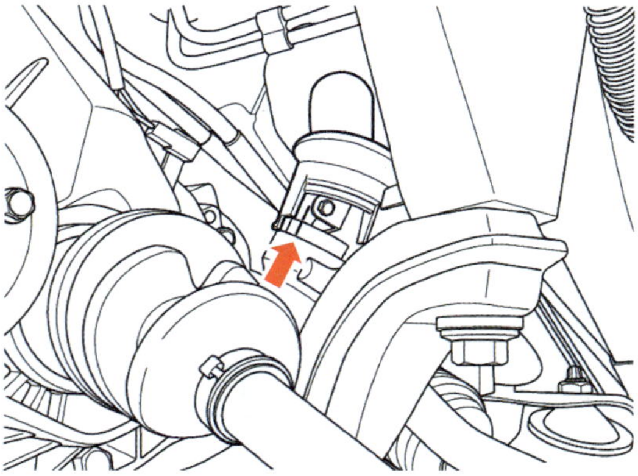

图 9.2-93　拆卸十字轴

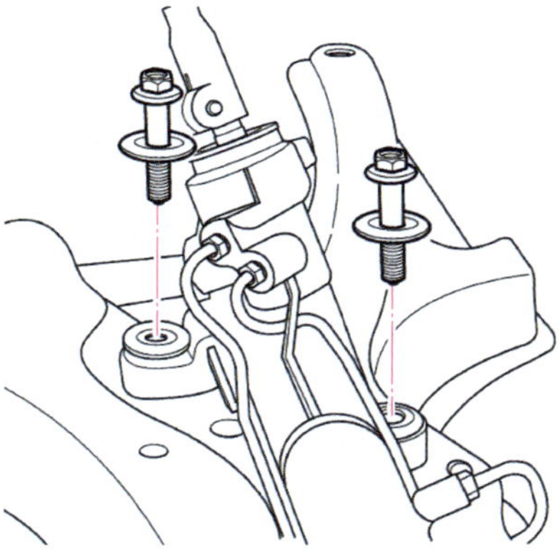

图 9.2-94　拆卸副车架固定螺栓

（2）安装转向机（液压）

按与拆卸相反的顺序安装。

10

第10章 汽车故障诊断与排除

10.1 发动机故障诊断与排除

10.1.1 冷却液温度传感器故障

（1）冷却液温度传感器的原理和特性 如图 10.1-1 所示，冷却液温度传感器信号用于识别发动机温度，并计算发动机的点火时间和喷油时间，是发动机工作的重要传感器。

冷却液温度传感器可以对来自 ECU 的电压信号进行调整，这是通过热敏电阻来实现的。调整后的信号作为发动机冷却液温度测量的输入信号返回给 ECU。当冷却液温度较低时，传感器的电阻值变大；而当冷却液温度升高时，传感器的电阻值变小（图 10.1-2）。将这种变化通过电路的连接转化为电信号输送给 ECU，ECU 根据输入的电信号来对发动机的喷油量及喷油时间进行修正，同时调整空燃比（冷机时供给较浓的可燃混合气，热机时供给较稀的可燃混合气），使发动机稳定而良好地工作。

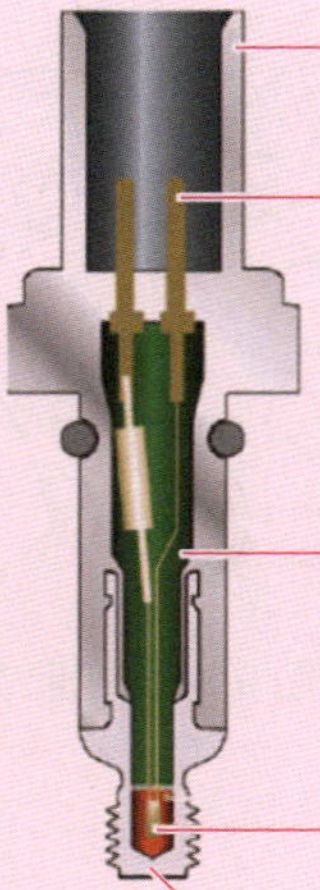

图 10.1-1 冷却液温度传感器结构

（2）冷却液温度传感器的故障诊断 发动机控制模块为传感器提供一个 5V 参考电压：冷车时电压升高，热车电压降低。通过测量电压变化，发动机控制模块可以确定发动机冷却液温度。

冷却液温度传感器故障会生成两个故障码：故障码 P0117，表示冷却液温度传感器电路电压过低；故障码 P0118，表示冷却液温度传感器电路电压过高。

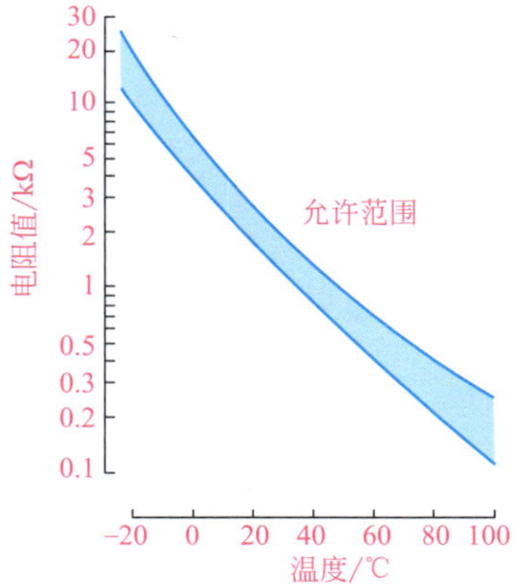

图 10.1-2　冷却液温度传感器（热敏电阻）特性

10.1.2　曲轴位置传感器故障

（1）曲轴位置传感器的重要作用　曲轴位置传感器（图 10.1-3）用于检测发动机转速、活塞上止点和曲轴的转角，这些参数是计算混合气空燃比和进行点火调节的主要控制参数。曲轴位置传感器将这些参数以信号形式发送给发动机电控单元，如果曲轴位置传感器发生故障，信号无法触发电子点火器（或 ECU）工作，将导致发动机没有点火指令，也不会喷油，此时发动机就不能启动（着车）。

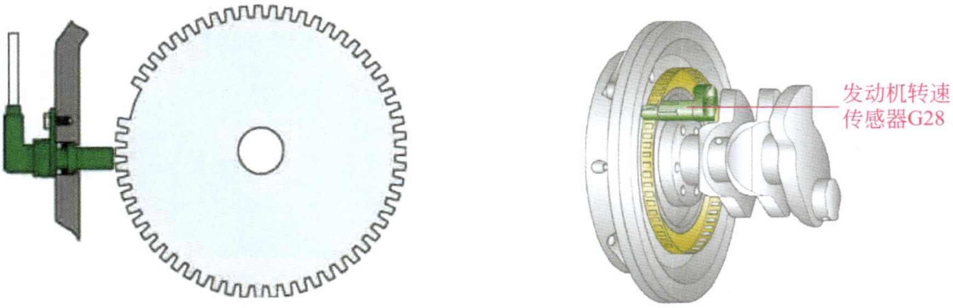

图 10.1-3　曲轴位置传感器

（2）曲轴位置传感器的工作原理　曲轴位置传感器一般为电磁脉冲信号式传感器，装在飞轮上，利用脉冲信号感应曲轴正时盘 58 齿的缺两齿位置，来判定曲轴旋转时发动机的转速和活塞的相对位置。发动机控制单元使用曲轴位置传感器提供的这些信息生成正时点火信号和喷射脉冲，然后分别发送给点火线圈和喷油器。

小贴士

曲轴位置传感器为重要的传感器之一，如果曲轴位置传感器因损坏而无法输出缺齿齿位的信号，会使发动机控制模块（ECM）无法判断曲轴位置，这将导致燃油系统及主继电系统无法运作。

（3）曲轴位置传感器故障诊断

❶ 故障生成

a. 如果启动发动机 2s 以上，凸轮轴位置传感器给出了发动机在旋转情况下的信号，而曲轴位置传感器仍无信号，则曲轴位置传感器会被设定故障码。

b. 在发动机达到某个转速以上时，系统自检检查 100 次中失败的次数为 10 次以上，且曲轴位置传感器信号没有高低变化时间超过 2 个脉冲，就会被设定故障码。

❷ 可能的故障原因

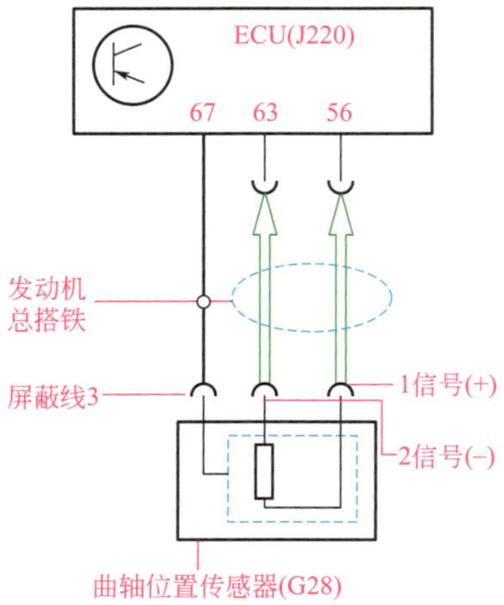

图 10.1-4　曲轴位置传感器电路

a. 曲轴位置传感器本身故障。

b. 曲轴位置传感器至 ECM 之间电路短路或断路。

c. 正时盘损坏。

（4）曲轴位置传感器检测及注意事项

❶ 检测其性能。检测曲轴位置传感器需要逐一检查传感头、信号发生盘、ECU 以及控制线束等有无问题。检测方法主要有开路测电阻、测量输出电压、采用示波器检测信号波形、采用模拟试验法检测、测量点火提前角等。

磁脉冲式曲轴位置传感器实质上是一个交流发电机，它是无源式信号发生装置，发出的信号电压是很微弱的，只有毫伏级，所以需要加装屏蔽保护装置（图 10.1-4），防止发出的微弱信号被外界干扰。

❷ 霍尔式曲轴位置传感器检测。对于霍尔式曲轴位置传感器，不能采取测量电阻的方法判断其性能好坏。霍尔式曲轴位置传感器有 3 个端子，一个是外供电源线，由 ECU 提供 5V 电源，一个是搭铁线，另一个是信号线。在一个霍尔式曲轴位置传感器中，包含霍尔元件、放大电路、整形电路以及输出电路等。

> **小贴士**
>
> 在维修资料中，通常没有给出霍尔式曲轴位置传感器的电阻参数，因此不能像对待磁脉冲式曲轴位置传感器那样去测量电阻。正确的方法是利用示波器，测试其输出的波形是否正确。

❸ 安装位置应精准。安装位置应精准，间隙得当。磁脉冲式曲轴位置传感器信号发生盘齿顶与传感头之间的气隙必须符合要求，否则难以感知磁力线的变化，将造成输出信号减弱或者无信号输出。

（5）曲轴位置传感器故障排除案例　普通霍尔式传感器有 3 根引线，分别为电源线、信号线和搭铁线；而大众 CC 车采用的新型霍尔式曲轴传感器只有 2 根引线，如图 10.1-5 所示，分别为电源线和信号线。新型霍尔式传感器输出信号的高、低电压不受速度影响，主要由 ECU 内部的电阻决定，电阻一定，高、低电压便一定，即使转速很低，发动机 ECU 仍能检测到输出信号电压，这就克服了电磁式传感器输出信号电压随转速变化而变化的缺点。

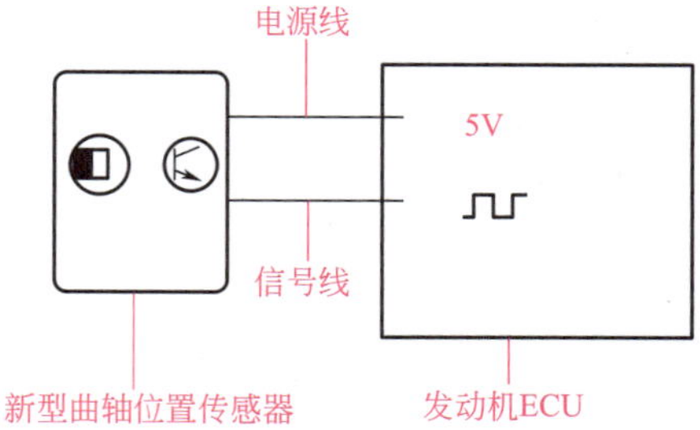

图 10.1-5　霍尔式传感器

10.1.3　凸轮轴位置传感器故障

（1）凸轮轴位置传感器故障影响　凸轮轴位置传感器（图 10.1-6）安装在凸轮轴同步运转的位置，提供凸轮轴位置信息。凸轮轴位置传感器对系统的排放影响很大，传感器出现问题的时候车辆启动困难，启动会出加速明显不良。

ECU 根据此信号以及曲轴位置传感器信号判缸，从而确定启动时第一次点火；确定点火次序，同时也用于分缸爆震控制。如果传感器出现故障，则发动机无爆震控制功能，同时各缸点火提前角均推迟。

（2）凸轮轴位置传感器故障诊断　实际凸轮轴位置与电子控制单元指令位置不匹配时，就会导致凸轮轴位置传感器产生故障。一种是电子方面故障；另一种如图 10.1-7 所示，即凸轮轴后端信号盘异物积存和凸轮轴后端信号盘损坏的机械故障。

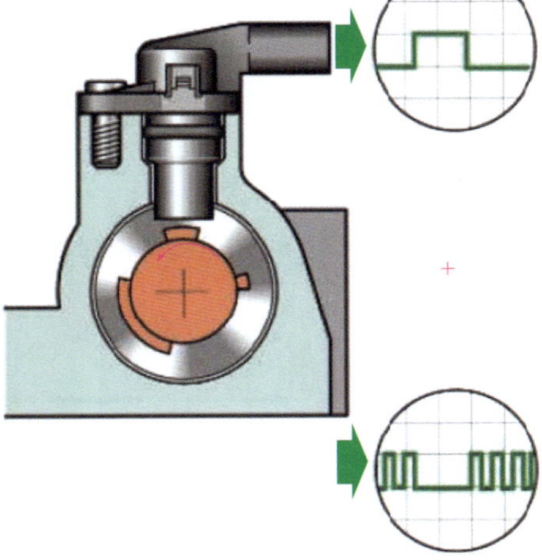

图 10.1-6　凸轮轴位置传感器

扫一扫

看视频

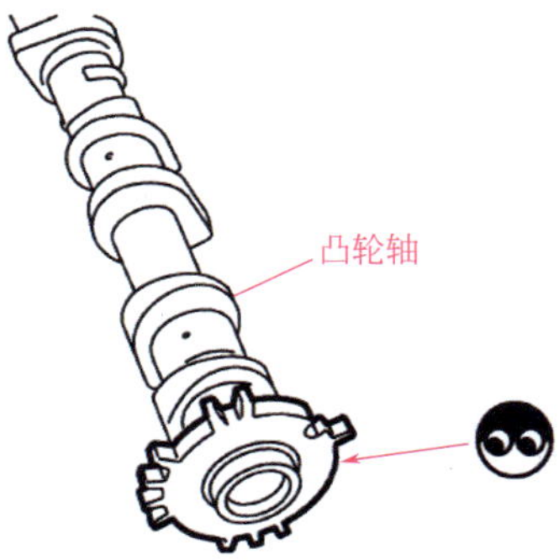

图 10.1-7　检查凸轮轴

10.1.4　空气流量计故障

（1）空气流量计发生故障的影响　空气流量计常见故障是信号电压过高或过低。空气流量计或其电路发生故障，如信号电压过高或过低、信号电压在测量范围内不正确，若 ECU 并没有判断出有故障，将会引起发动机失速。

空气流量计（图 10.1-8）用来检测引入到发动机的空气量（空气质量流量），是发动机控制单元计算点火时刻与喷油量的重要影响因素。

空气流量计的原理就是将进气量转换为电压。

（2）空气流量计故障码　空气流量计产生故障（码），一般有以下几种。

❶ 空气流量计内部断路，没有电压信号输出。

❷ 空气流量计接线端与电子控制单元之间的线束故障。

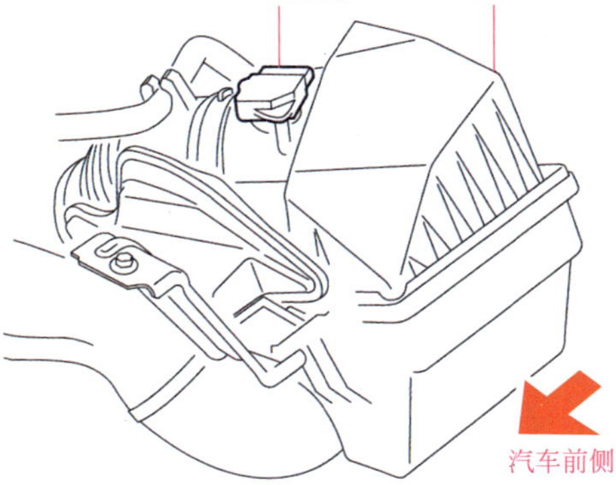

图 10.1-8　空气流量计

③ 主继电器与空气流量计之间的线束故障。

④ 空气滤清器过脏，集结的尘土和异物会影响空气流量计的准确性，但不一定储存故障码。

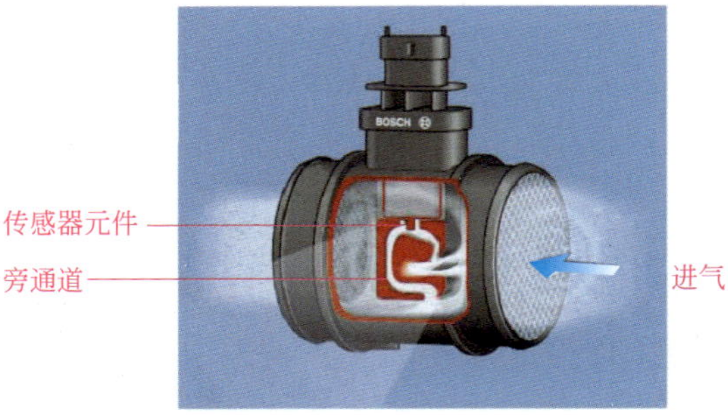

图 10.1-9　热膜式空气流量传感器

热膜式空气流量传感器（图 10.1-9）前格栅起到阻挡异物进入进气管的作用。热膜式空气流量传感器前格栅中间变形会导致空气经过前格栅时产生涡流，以至于不能检测涡流，涡流使热膜式空气流量传感器计量失准。涡流流过热膜时，带走的热量大，发动机 ECU 就会控制多喷油；涡流不经过热膜时，带走的热量少，发动机 ECU 就会控制少喷油。同样，热膜式空气流量传感器格栅上有尘土、杂物等同样会引起空气流量信号失准。

（3）空气流量计检测及注意事项　发动机 ECU 参考转速传感器和节气门位置传感器信号来判断空气流量信号是否正常，当出现空气流量信号的故障，而检查空气流量传感器及其电路又都正常时，则要检查发动机转速传感器和节气门位置传感器。

检查时需要检查空气流量传感器的波形，若波形不正常，需要检查空气流量传感器的电路。

10.1.5　氧传感器故障

（1）氧传感器发生故障的影响　氧传感器的作用就是在排气中检测氧气浓度。如果氧传感器信号一直偏大，发动机就会不断地降低喷油量，这时候，就会出现怠速波动幅度较大、加速无力。

（2）氧传感器工作原理

① 如氧化锆原件的氧传感器，当锆元件里面和外面的氧气浓度存在差别时，氧离子的运动产生了电动势。在化学计量的空气 / 燃油比边界值（A/F=14.7）时，电动势发生明显的变化（图 10.1-10）。

② 当锆元件温度过低时，不产生电动势。因此内部增加了一个加热器用于加热氧传感器，使氧传感器更容易启动。由于这个原因，即使在发动机冷启动之后，传感器也能即时高效地被激活，从而得到稳定的传感器输出。

③ 氧传感器的输出电压用于确定催化转化器是否老化和燃油喷射控制。

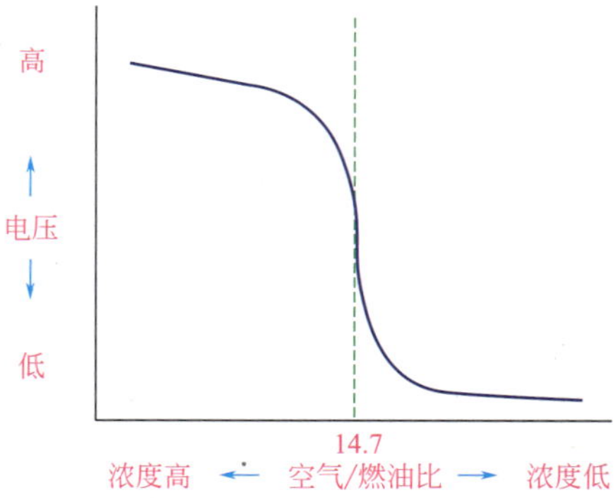

图 10.1-10　氧传感器特性

（3）氧传感器故障原因

① 前氧传感器（上游氧传感器）产生原因。

a. 氧传感器由于燃油中含硅而被污染。

b. 氧传感器信号电路开路。

c. 氧传感器本身故障。

d. 排气管或排气歧管泄漏。

e. 电子控制模块（PCM 或 ECM）故障等。

氧传感器（图 10.1-11）的作用是测定发动机排气中的氧气含量，以修正喷油量，从而使发动机获得最佳空燃比（14.7 ： 1）。加热型氧传感器监控器会跟踪氧传感器信号上升和下降过程中的电压变化速率。当电压变化速率低于校准值时，电子控制模块（ECU）就会开始修改空燃比，试图提高氧传感器的电压变化速率。如果 ECU 已经达到可以接受的燃油修正限制或者已超过可接受的燃油修正的时间长度，而仍然没有监测到可以接受的电压变化速率的话，该故障码就会出现。

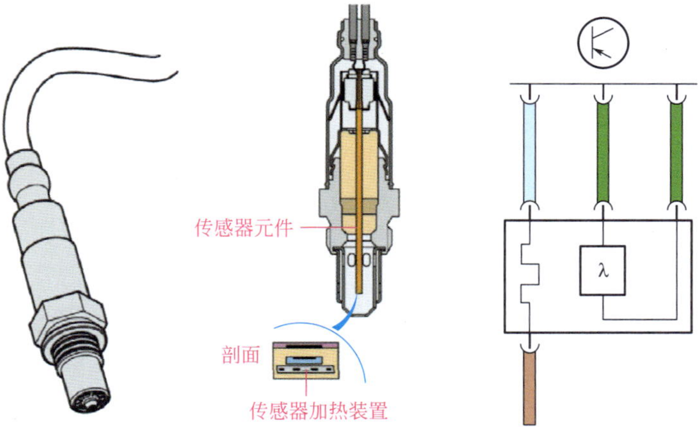

图 10.1-11 氧传感器

❷ 后氧传感器（下游氧传感器）产生原因。

电子控制模块（ECU）持续监测加热型氧传感器加热器，以确保没有开路、短路或电流消耗过度的情况。如果电流消耗超过校准的极限，或监测到开路或短路，故障码就会出现。故障原因包括氧传感器加热器电压电路开路或加热器接地线电路开路，由插接器内的油或湿气引起的信号交叉、氧传感器本身故障、电子控制模块（PCM 或 ECM）故障等。

❸ 氧传感器的铅中毒、硅中毒、汽油燃烧不完全、积炭油污等都会导致其失效而使数据流异常或产生故障码。

（4）空燃比传感器 空燃比传感器也就是宽带氧传感器，是一种电流限制型传感器，可以在所有浓度范围的废气（从浓到稀）中检测到氧气的浓度［空燃比（A/F），即全范围空气 / 燃油比］。空燃比传感器将废气中的氧气浓度转换为一个电流值，并将其发送到 PCM/ECM。PCM/ECM 根据所接收的电流值计算空气燃料混合气的 λ 值。

10.1.6 节气门故障

（1）节气门（位置传感器）故障的影响 节气门位置（TP）传感器采用了霍尔元件，内置于节气阀体，用来检测节气门的开启角度。行车中节气门会变脏，从而使得车辆怠速不稳，加速不良，冬天严重时候会使发动机启动困难。节气门见图 10.1-12。

（2）节气门工作原理 电子节气门（图 10.1-13）开度大小由 ECM 根据驾驶员控制的节气门踏板控制输入信号，以及其他各种传感的输入信号，计算出车辆在该时刻和该状态下所需要的发动机输出功率，并据此控制发动机的燃料供给（喷射）量，根据反馈信号修正控制参数，保证发动机工作在最佳控制状态。

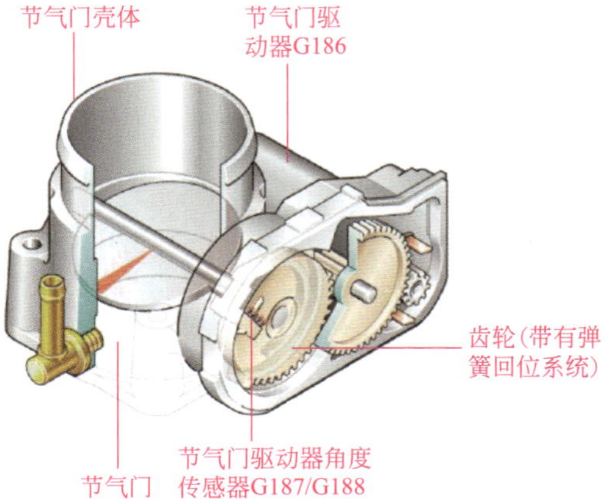

图 10.1-12　节气门示意图

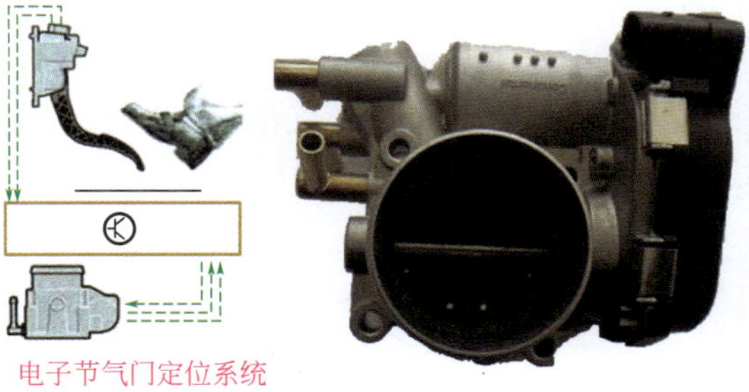

图 10.1-13　电子节气门

10.1.7　爆震传感器故障

（1）爆震传感器故障的影响　爆震传感器的作用是感知发动机爆燃情况，将信号反馈给控制单元，适当减小点火提前角，防止发机爆震燃烧。

爆震传感器发生故障会导致发动机功率下降，尤其换挡时会“闯车”，高速行驶驾驶不良。

（2）爆震传感器工作原理

❶ 爆震传感器利用半导体的压电特性把发动机中异常燃烧产生的振动转化为电压，并把电压输入到 PCM。

❷ 压电效应是指在压电元件表面的某一方向上受到拉伸负荷或压力时产生电势差的现象。发动机内的异常燃烧导致发动机振动，从而对爆震传感器施加拉伸负荷和压力。由于振动而发生变形所产生的电势差被作为爆震信号发送到发动机控制单元。

（3）爆震传感器故障

❶ 主要原因。点火提前角过大会产生发动机爆震。

❷ 其他原因。

a. 喷油器故障，混合气过浓。

b. 经常使用劣质汽油。

c. 发动机燃烧室内积炭过多，增大了压缩比。

d. 爆震传感器安装不到位导致的信号失准。

扫一扫　看视频

10.2　变速器故障诊断与排除

10.2.1　手动变速器故障

（1）离合器分离不彻底故障　故障主要表现在汽车起步时将离合器踩到底仍挂挡困难。

离合器自由行程很大，即使勉强挂上挡，挂挡时变速器内发出齿轮撞击声，且踏板没有完全放开前汽车就行驶，或发动机立即熄火。

检查离合器片和离合器压盘，对于上述故障现象，更换离合器压盘和离合器片会彻底解决。

（2）离合器打滑故障 离合器打滑有以下原因，一般也是更换离合器压盘和离合器片会彻底解决。

❶ 离合器踏板无自由行程或自由行程过小。

❷ 压盘弹簧过软或折断。

❸ 摩擦片磨损过薄、硬化，铆钉外露或表面沾有油污。

❹ 离合器盖与飞轮连接螺栓松动。

❺ 分离轴承套筒轴向移动不自如。

（3）离合器发抖故障 离合器发抖有以下原因，一般也是更换离合器压盘和离合器片会彻底解决。

❶ 分离杠杆内端高度不一，不在同一平面。

❷ 压紧弹簧弹力不均，个别弹簧折断，高低不等。

❸ 压盘或从动盘翘曲变形或磨损不均。

❹ 从动盘摩擦片油污、破裂、凹凸不平或铆钉外露、铆钉松动，从动盘减振弹簧松弛或折断。

❺ 发动机固定螺栓、飞轮固定螺栓、变速器与飞轮壳之间的紧固螺栓松动。

❻ 分离叉轴及衬套磨损过甚。双片式离合器中间主动盘传动销孔与传动销间隙不当，移动时阻滞。

10.2.2 自动变速器故障

10.2.2.1 汽车不能行驶故障

（1）故障表现 无论操纵手柄位于倒挡或前进挡，汽车都不能行驶；冷车启动后汽车能行驶一小段路程，但热车状态下汽车不能行驶。

（2）可能的故障原因

❶ 自动变速器油底渗漏。

❷ 操纵手柄和手动阀摇臂之间的连杆或拉索松脱，手动阀保持在空挡或停车挡位置。

❸ 油泵进油滤网堵塞。

❹ 主油路严重泄漏。

❺ 油泵损坏。

> **小贴士**
>
> ① 检查自动变速器内有无液压油。其方法是，拔出自动变速器的油尺，观察油尺上有无液压油。如有严重漏油处，应修复后重新加油。
>
> ② 检查自动变速器操纵手柄与手动阀摇臂之间的连杆或拉索有无松脱。如果有松脱，应予以装复，并重新调整好操纵手柄的位置。

③ 拆下主油路测压孔上的螺塞，启动发动机，将操纵手柄拨至前进挡或倒挡位置，检查测压孔内有无液压油流出。

④ 如果主油路侧压孔内没有液压油流出，应打开油底壳，检查手动阀摇臂轴与摇臂间有无松脱，手动阀阀芯有无折断或脱钩。若手动阀工作正常，则说明油泵损坏。对此，应拆卸分解自动变速器，更换油泵。

⑤ 如果主油路测压孔内只有少量液压油流出，油压很低或基本上没有油压，应打开油底壳，检查油泵进油滤网有无堵塞。如无堵塞，说明油泵损坏或主油路严重泄漏，应拆卸分解自动变速器。

⑥ 如果冷车启动时主油路有一定的油压，但热车后油压即明显下降，说明油泵磨损过甚，应更换油泵。

⑦ 如果测压孔内有大量液压油喷出，说明主油路油压正常，故障出在自动变速器中的输入轴、行星排或输出轴，应拆检自动变速器。

10.2.2.2 自动变速器打滑故障

（1）故障表现 起步时踩下油门踏板，发动机转速很快升高但车速升高缓慢；行驶中踩下油门踏板加速时，发动机转速升高但车速没有很快提高；平路行驶基本正常，但上坡无力，且发动机转速很高。

（2）可能的故障原因

❶ 液压油油面太低；液压油油面太高，运转中被行星排剧烈搅动后产生大量气泡。
❷ 离合器或制动器摩擦片、制动带磨损过甚或烧焦。
❸ 油泵磨损过甚或主油路泄漏，造成油路油压过低。
❹ 超越离合器打滑。
❺ 离合器或制动器活塞密封圈损坏，导致漏油。
❻ 减振器活塞密封圈损坏，导致漏油。

10.3 制动系统故障诊断与排除

扫一扫

看视频

10.3.1 轮速传感器故障

（1）诊断说明 车轮速度由主动式车轮速度传感器和编码器环检测。编码器环由永磁体组成。每个车轮速度传感器从电子制动控制模块接收12V的参考电压，然后将交流电方波信号传送给电子制动控制模块。当车轮旋转时，电子制动控制模块使用此方波信号的频率来计算车轮转速。

（2）故障检修和排除

❶ 电路测试。
❷ 连接器的修理。
❸ 测试间歇性故障和接触不良。

④ 线路修理。

⑤ 更换传感器或控制单元。

10.3.2 驻车制动器故障

驻车制动器（图 10.3-1）按钮位于中央控制台内，在选挡按钮（GWS）后面。驻车制动器按钮在手制动器操作逻辑中模拟。

通过拉起驻车制动按钮触发驻车功能。在发动机运转或车辆滑行时，驻车制动器通过 DSC，以液压方式作用到前后桥的盘式制动器上。

在自动驻车功能按钮失灵时，可能出现以下情况。

① DSC 控制单元中的故障记录。

② 组合仪表上出现检查控制信息。

驻车制动器按钮失灵时，预计将出现下列情况。

① EMF 控制单元内出现故障码存储记录。

② 组合仪表上出现检查控制信息。

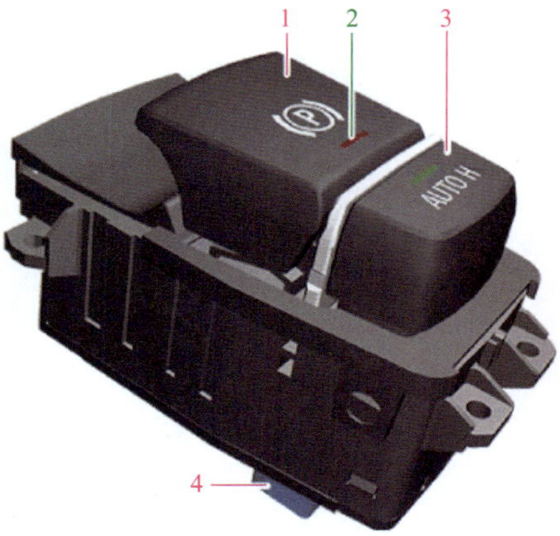

图 10.3-1 驻车制动器

1—驻车制动器按钮；2—功能照明灯；3—带有功能照明灯的自动驻车按钮；4—12 芯插头连接

10.4 空调系统故障诊断与排除

扫一扫

看视频

10.4.1 歧管压力表高压端加注制冷剂

（1）高压端加注制冷剂的特点和注意事项 高压端加注制冷剂的特点是安全、快速，适用于制冷系统的第一次加注，经过检漏、抽真空后的系统加注。注意，从高压侧向系统加注制冷剂时，发动机处于不启动状态（压缩机停转），不要拧开歧管压力计上的低压手动阀，以防产生液压冲击。

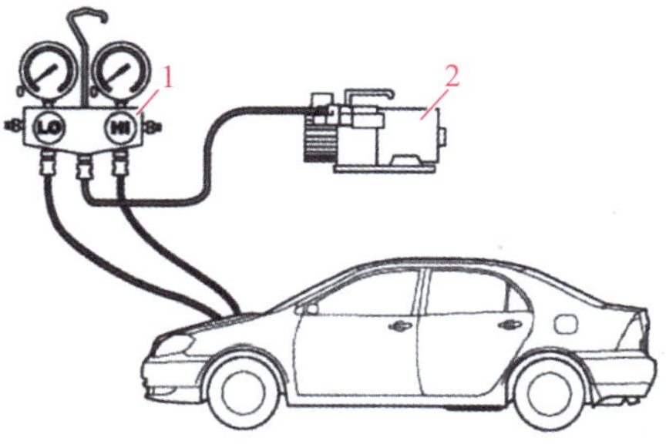

图 10.4-1 抽真空

1—歧管压力表；2—真空泵（压缩机）

（2）高压端加注操作步骤

① 当系统抽真空后，关闭歧管压力计上的高、低压手动阀。如图 10.4-1 所示，抽真空时，中间软管与真空泵连接。

② 将中间软管的一端与制冷剂罐注入阀的接头连接，打开制冷剂罐开启阀，再拧开歧管压力计软管一端的螺母，让气体溢出几分钟，然后拧紧螺母（图 10.4-2）。

③ 拧开高压侧手动阀至全开位置，将制冷剂罐倒立（图 10.4-3）。

④ 从高压侧注入规定量的液态制冷剂（各种车型加注制冷剂的量有所差别，一般在水

箱框架贴有加注制冷剂量的标签）。

❺ 关闭制冷剂罐注入阀及歧管压力计上的高压手动阀。

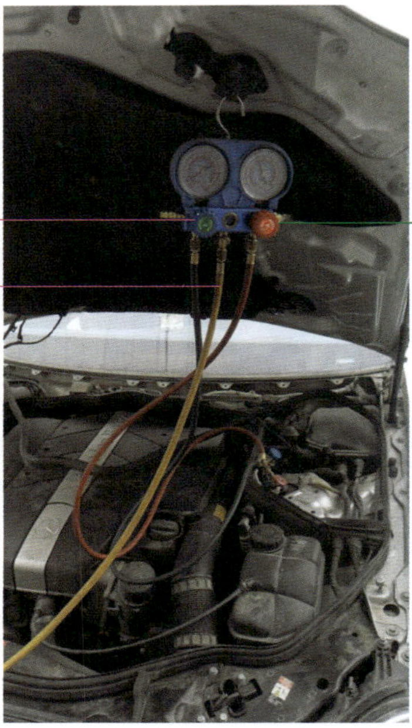

图 10.4-2　歧管压力表的使用

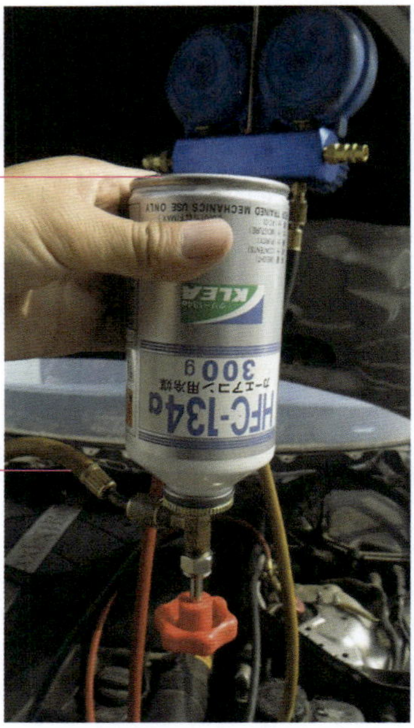

图 10.4-3　加注制冷剂罐

10.4.2　歧管压力表低压端加注制冷剂

（1）低压端加注特点和注意事项　低压端加注速度慢，适合在空调系统补充制冷剂的情况下使用。

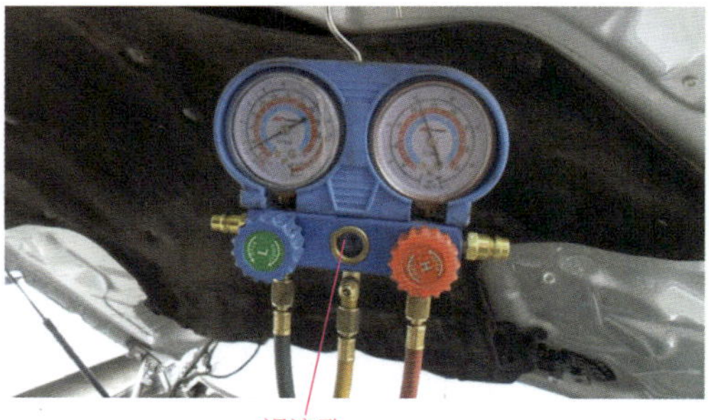

图 10.4-4　视液孔

（2）低压端加注操作步骤　通过歧管压力计上的低压手动阀，可向制冷系统的低压侧加注气态制冷剂。

❶ 连接好歧管压力表。

❷ 打开制冷剂罐，拧松中间注入软管在歧管压力计上的螺母，直到听见有制冷剂蒸气流动声，然后拧紧螺母，从而排出注入软管中的空气。

❸ 关闭手动高压阀，将制冷剂瓶直立，启动发动机，使空调压缩机运转，打开低压手动阀，使制冷剂从低压侧进入压缩机，当系统的压力值达到 0.4MPa 时，关闭低压手动阀和制冷剂罐开关阀。

❹ 将鼓风机开关和温控开关都调至最大。

❺ 再次打开歧管压力计上的手动阀，让制冷剂继续进入制冷系统，直至加注量达到规定值。

❻ 在向系统中加注规定量制冷剂之后，从视液孔（图 10.4-4）观察，确认系统内无气泡、无过量制冷剂。

❼ 加注完毕后，关闭歧管压力计上的低压手动阀，关闭装在制冷剂罐上的注入阀，使发动机停止运转，拆卸歧管压力表。

10.4.3 加注 / 补充冷冻润滑油

更换空调系统部件以及发现空调系统严重泄漏时，必须加注 / 补充冷冻润滑油。

加注 / 补充冷冻润滑油的操作步骤如下。

❶ 按抽真空的方法先对制冷系统抽真空。

❷ 选用一个有刻度的量杯，加入比要补充的冷冻润滑油还要多的冷冻润滑油。

❸ 按图 10.4-5 所示连接整个系统，将低压软管从表组一端卸下并伸进冷冻润滑油中，高压软管仍接高压检修阀，中间软管仍接真空泵。

❹ 开启真空泵，打开高压手动阀，冷冻润滑油便被徐徐吸入压缩机中。

❺ 按抽真空法加注冷冻润滑油后，还需要再对制冷系统抽真空、加注制冷剂。

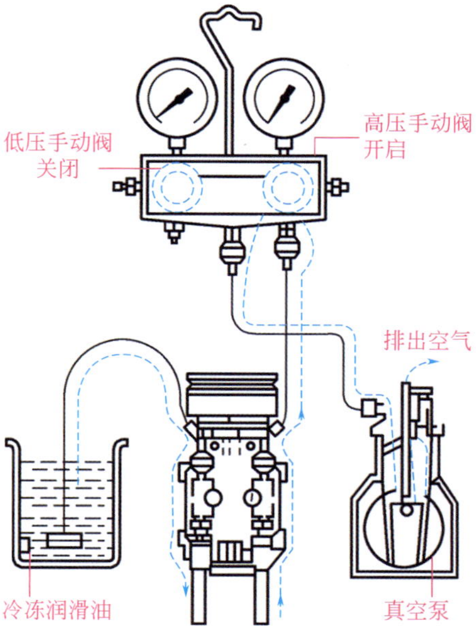

图 10.4-5 加注 / 补充冷冻润滑油

10.5 电气设备故障诊断与排除

10.5.1 起动机故障

10.5.1.1 拆卸和分解起动机

拆卸起动机的步骤参见本书 9.1.14 小节。

分解起动机的步骤如下。

❶ 拆卸电磁起动机开关总成（图 10.5-1）。

a. 断开引线：拆下定位螺母并断开引线。

b. 拆卸电磁起动机开关总成：拆下 2 个螺母并将电磁起动机开关拉到后侧；向上拉电磁起动机开关的顶端，从驱动杆中取出柱塞钩；拆下电磁开关。

❷ 拆下起动机磁轭总成（图 10.5-2）。

a. 拆下 2 个螺栓。

b. 拆下换向器端盖。

c. 分开起动机外壳，从起动机磁轭上拆下驱动杆。

❸ 拆下起动机电刷弹簧。

a. 拆解电枢上下板（图 10.5-3）：用台钳将电枢轴固定在两块铝板；释放卡销并取下板（用手指向上扳卡销，然后拆下板）。

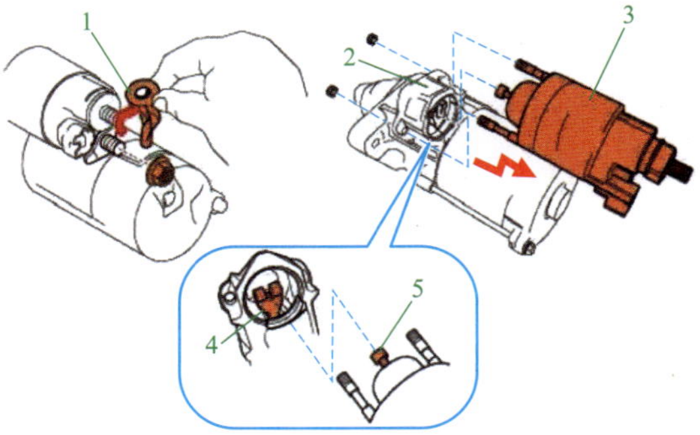

图 10.5-1　拆卸电磁起动机开关总成

1—引线；2—起动机外壳；3—电磁起动机开关；
4—驱动杆；5—柱塞钩

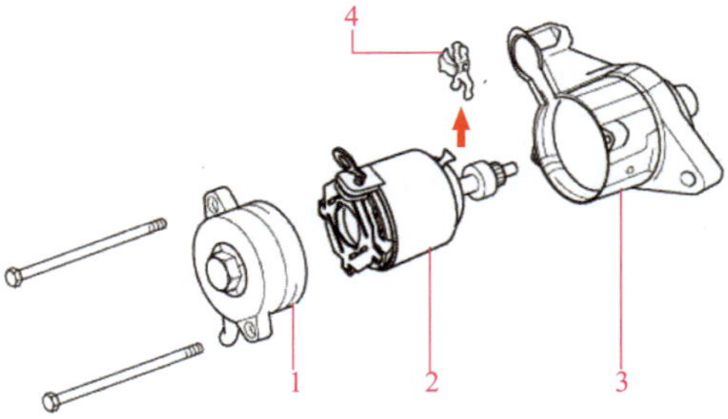

图 10.5-2　拆下起动机磁轭总成

1—端盖；2—起动机磁轭；3—起动机外壳；
4—驱动杆

注意： 请慢慢拆下板，否则电刷弹簧可能会弹出。

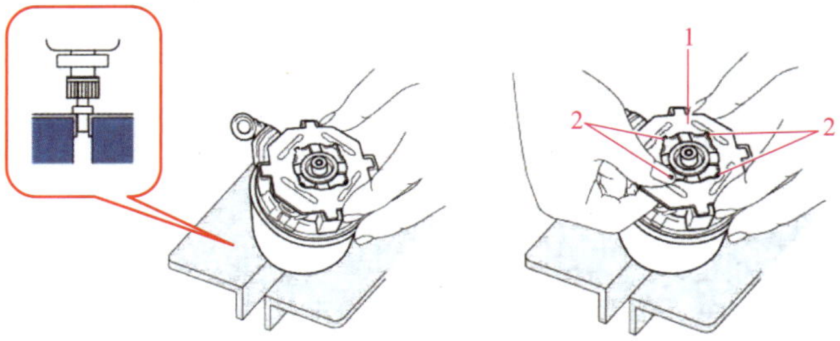

图 10.5-3　拆解电枢上下板

1—板；2—卡销

b. 拆下电刷（图 10.5-4）。用平头螺丝刀（或其他工具）压住弹簧，然后拆下电刷。

小贴士

① 执行此操作时请用胶带缠住螺丝刀。
② 为防止弹簧弹出，执行此操作时请用一块布盖在电刷座上。

c. 拆下电刷弹簧（图 10.5-5）。从电刷座绝缘体上拆下电刷弹簧。

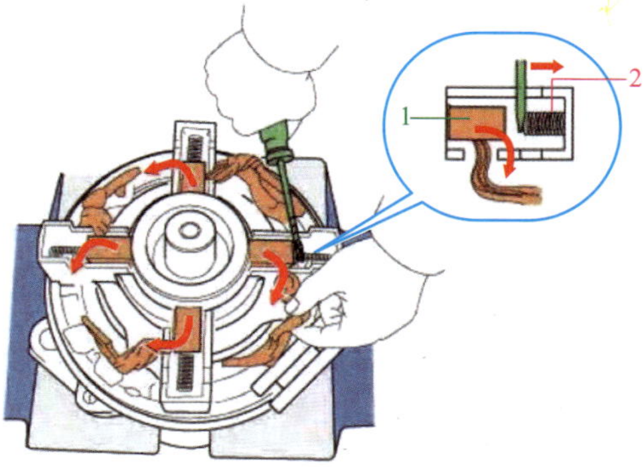

图 10.5-4　拆下电刷

1—电刷；2—电刷弹簧

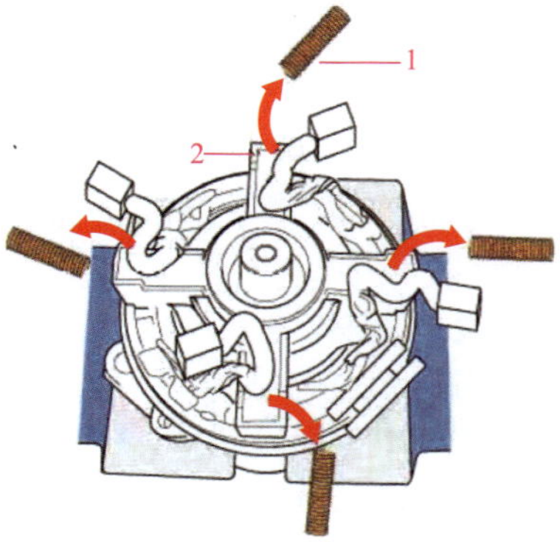

图 10.5-5　拆下电刷弹簧

1—电刷弹簧；2—电刷座绝缘体

d. 如图 10.5-6 所示，拆下电刷座绝缘体 1。

❹ 拆下起动机离合器。

a. 拆下止动环（图 10.5-7）：从起动机磁轭拆下起动机电枢总成，然后用台钳将电枢固定在两块铝板或垫布（垫布是为了防止损坏电枢）之间；用平头螺丝刀轻敲止动环，使其向下滑动。

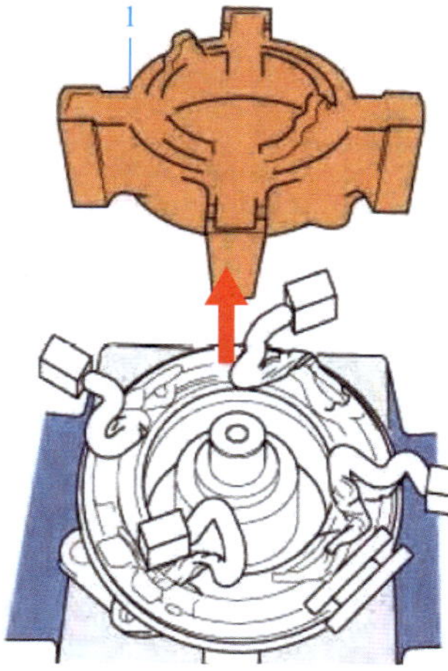

图 10.5-6　拆下电刷座绝缘体

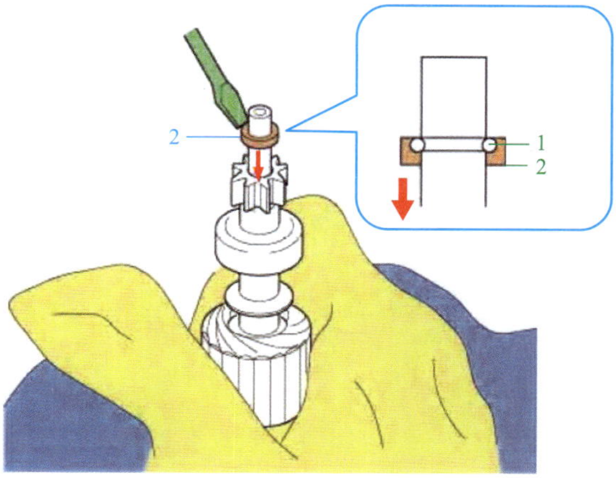

图 10.5-7　拆下起动机离合器（一）

1—卡环；2—止动环

b. 拆下卡环（图 10.5-8）：用平头螺丝刀打开卡环的开口；拆下卡环。

c. 从电枢轴上拆下止动环和起动机离合器（图 10.5-9）。

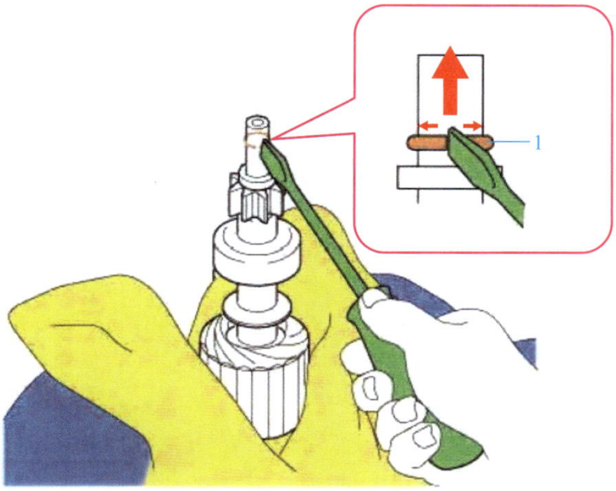

图 10.5-8　拆下起动机离合器（二）

1—卡环

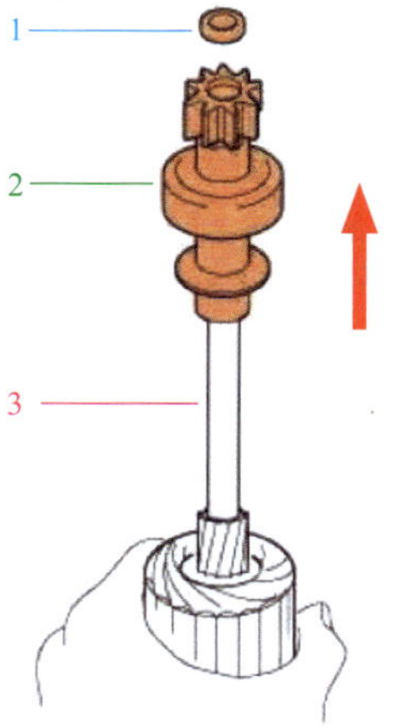

图 10.5-9　拆下起动机离合器（三）

1—止动环；2—起动机离合器；3—电枢轴

10.5.1.2　检查起动机

（1）目测检查　检查电枢线圈和换向器变脏的程度或是否烧坏（图 10.5-10）。

通过自转，电枢线圈和换向器接触到电刷，随后接通电流。因此，起动机的换向器很容易变脏和烧坏，换向器变脏和烧坏之后会干扰电流并妨碍起动机的正常运转。

（2）清洁 用抹布或者刷子清洁电枢总成。

（3）起动机电枢绝缘 / 导通的检查

❶ 检查换向器和电枢铁芯间绝缘情况（图 10.5-11）。

用万用表检查换向器和电枢铁芯之间的绝缘情况：电枢铁芯和电枢线圈之间的状态为绝缘，换向器与电枢线圈相连。

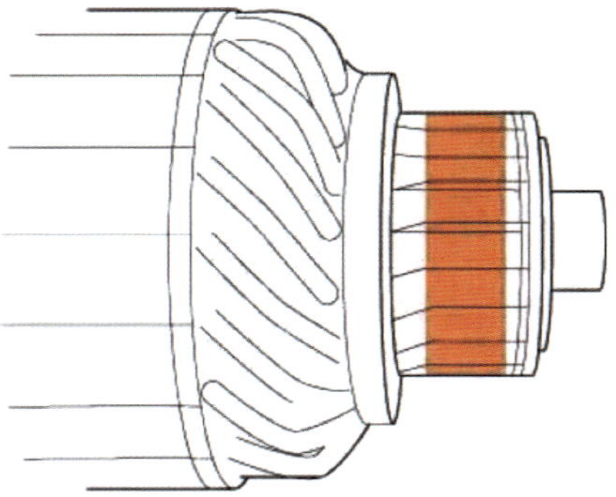

图 10.5-10　检查电枢线圈和换向器

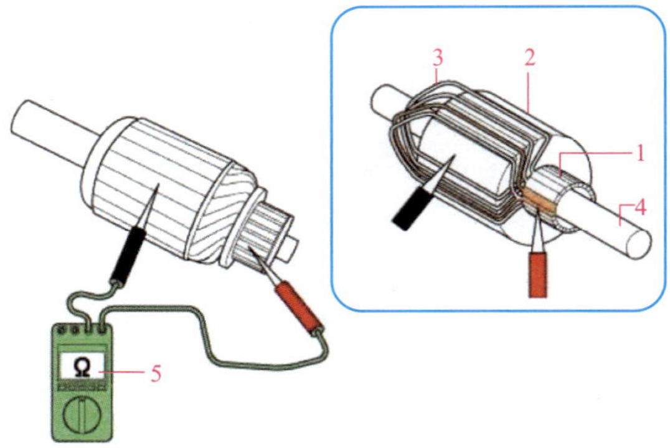

图 10.5-11　起动机电枢绝缘 / 导通的检查（一）

1—换向器；2—电枢铁芯；3—电枢线圈；4—电枢轴；5—不导通

❷ 检查换向器片之间的导通情况（图 10.5-12）。

用万用表检查。每个换向器片通过电枢线圈连接，如果零部件正常，换向器片之间的状态为导通。

（4）换向器圆跳动的检查（图 10.5-13） 用千分表检查换向器的跳动水平。

由于换向器的跳动量变大，换向器与电刷的接触将减弱。因此，可能会出现故障，例如起动机无法运转。

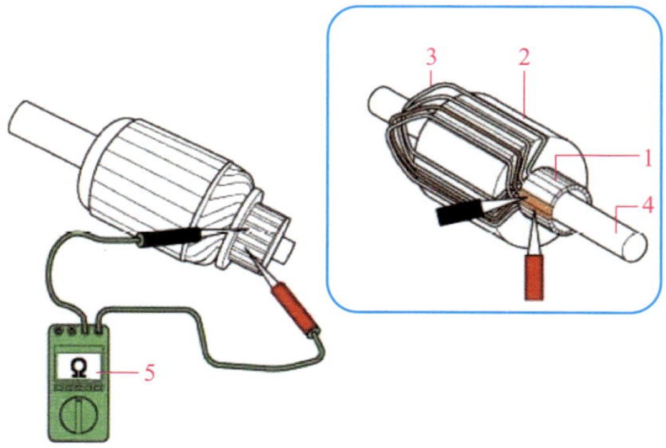

图 10.5-12　起动机电枢绝缘 / 导通的检查（二）

1—换向器；2—电枢铁芯；3—电枢线圈；4—电枢轴；5—导通

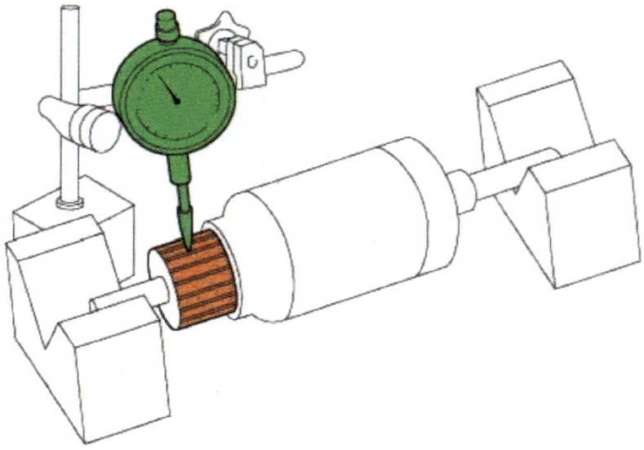

图 10.5-13　换向器圆跳动的检查

（5）换向器外径的检查（图 10.5-14） 用游标卡尺测量换向器的外径。

由于换向器在转动时要与电刷接触，因此会受到磨损。如果测量值超出规定的磨损范围，与电刷的接触将变弱，这可能会导致电循环不良。因此，可能会发生起动机无法转动和其他故障。

（6）检查凹槽深度（图 10.5-15） 用游标卡尺的深度测量端，测量换向器片之间的深度。

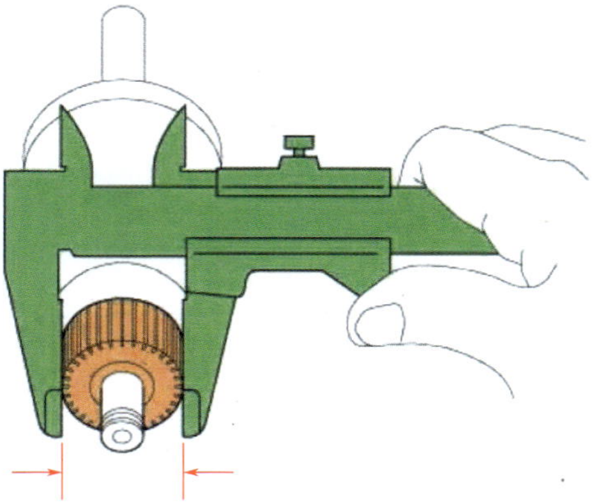

图 10.5-14　换向器外径的检查

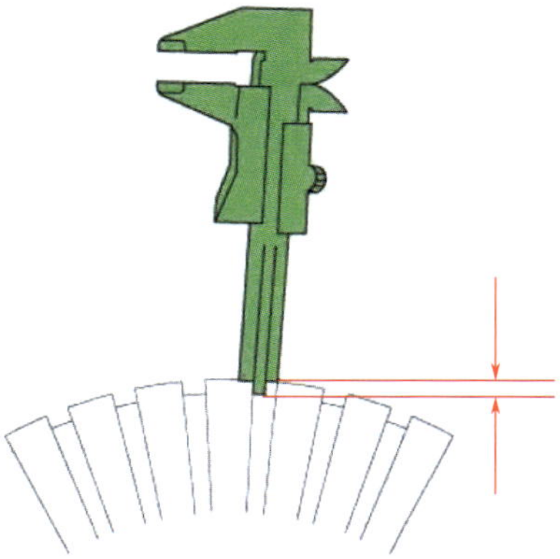

图 10.5-15　检查凹槽深度

（7）检查励磁线圈

❶ 检查电刷引线（A 组）和引线之间的导通情况（图 10.5-16）。用万用表执行下列检查。

电刷引线由 2 组组成：一组与引线相连（A 组）；另一组与起动机磁轭相连（B 组）。

a. 检查引线和所有电刷引线之间的导通情况。A 组的 2 根电刷引线导通，B 组的两根电刷引线不导通。

b. 检查电刷引线和引线之间的导通情况有助于确定励磁线圈中是否发生开路。

c. 检查电刷引线和起动机磁轭之间的绝缘情况有助于确定励磁线圈中是否发生短路。

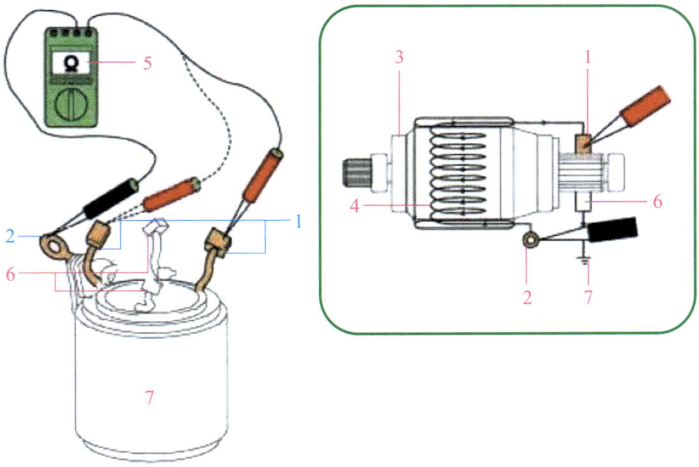

图 10.5-16　检查励磁线圈（一）

1—电刷引线（A 组）；2—引线；3—电枢；4—励磁线圈；5—导通；6—电刷引线（B 组）；7—起动机磁轭

❷ 电刷引线（A 组）和起动机磁轭之间的绝缘情况（图 10.5-17）。用万用表执行下列检查。

电刷引线由 2 组组成：一组与引线相连（A 组）；另一组与起动机磁轭相连（B 组）。

a. 检查引线和所有电刷引线之间的导通情况。A 组的 2 根电刷引线导通，B 组的 2 根电刷引线不导通。

b. 检查电刷引线和引线之间的导通情况有助于确定励磁线圈中是否发生开路。

c. 检查电刷引线和起动机磁轭之间的绝缘情况有助于确定励磁线圈中是否发生短路。

检查电刷方法如下（图 10.5-18）。

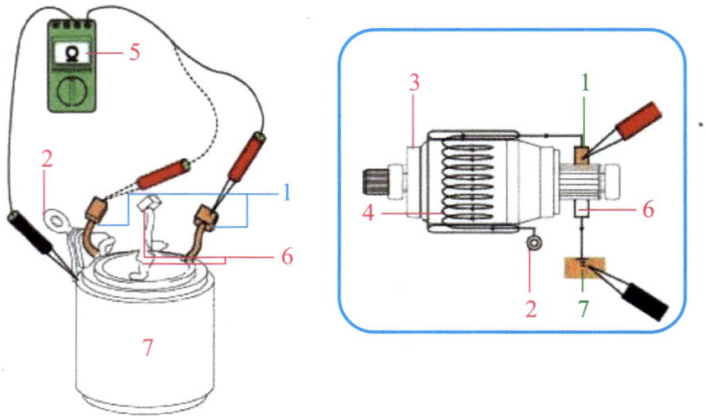

图 10.5-17　检查励磁线圈（二）

1—电刷引线（A 组）；2—引线；3—电枢；4—励磁线圈；5—导通；6—电刷引线（B 组）；7—起动机磁轭

电刷被弹簧压在换向器上。如果电刷磨损程度超过规定限度，弹簧的夹持力将降低，与换向器的接触将变弱，这会使电流的流动不畅，起动机可能因此而无法转动。

清洁电刷并用游标卡尺测量电刷长度。

a. 测量电刷中部的电刷长度，因为此部分磨损最严重。

b. 用游标卡尺的顶端测量电刷长度，因为磨损部位呈圆形。

c. 如果上述测量值低于规定值，请更换电刷。

更换电刷方法如下。

a. 切断起动机磁轭侧连接位置的电刷引线（图 10.5-19）。

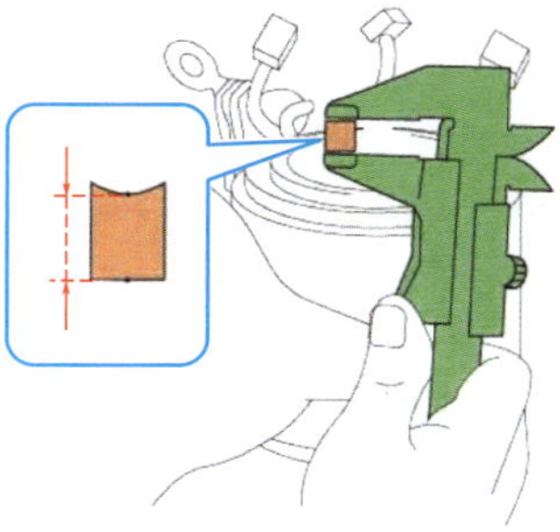

图 10.5-18　检查电刷

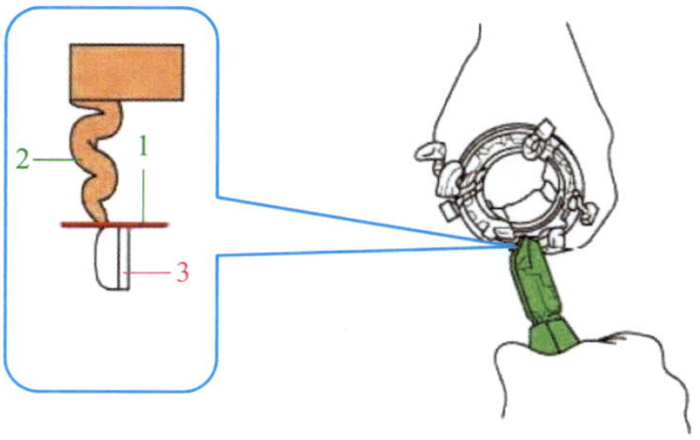

图 10.5-19　更换电刷（一）

1—切断；2—电刷引线；3—起动机磁轭侧

b. 用锉或者砂纸整形起动机磁轭的焊接面（图 10.5-20）。

c. 将带板的新电刷安装到起动机磁轭上，稍稍用力压一下，使其互相连接（图 10.5-21）。

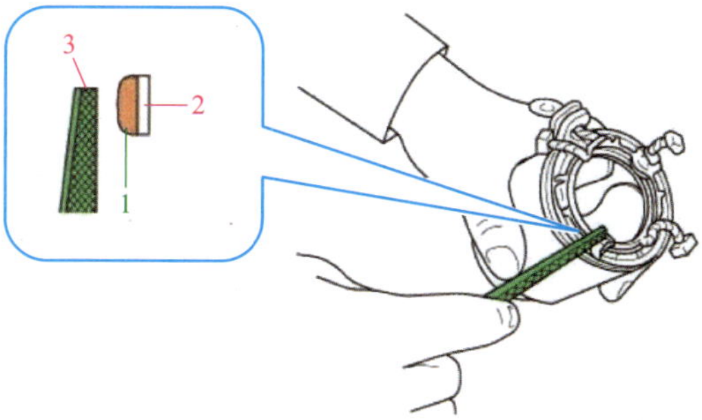

图 10.5-20　更换电刷（二）

1—整形区；2—起动机磁轭侧；3—锉

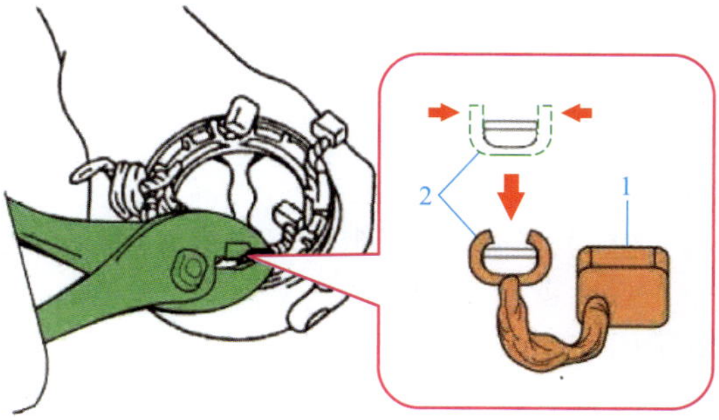

图 10.5-21　更换电刷（三）

1—电刷；2—板

d. 将新电刷焊接在连接部位（图 10.5-22）。焊接时请使用适量的焊料，注意不要接触到目标区域以外的地方。

检查离合器分总成的方法如下（图 10.5-23）。

检查起动机离合器的操作：用手转动起动机离合器，检查单向离合器是否处于闭锁状态。

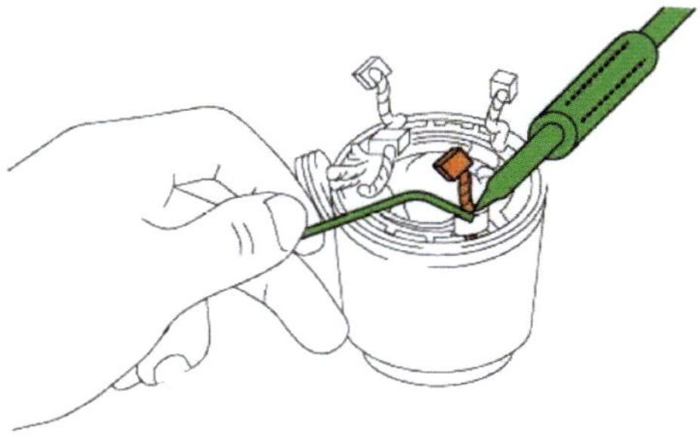

图 10.5-22　更换电刷（四）

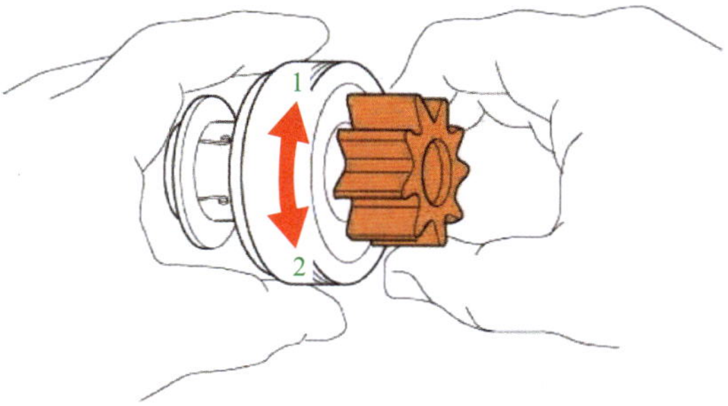

图 10.5-23　检查离合器分总成

1—自由；2—闭锁

小贴士

① 单向离合器仅向一个旋转方向传送扭矩。在另一个方向，离合器只是空转，不会传送扭矩。

② 发动机由起动机启动之后，发动机将会带动起动机。因此，单向离合器可以防止发动机带动起动机。

检查电磁开关总成的方法如下。

a. 检查电磁起动机开关柱塞回位情况（图 10.5-24）。

检查电磁起动机开关的操作：用手指按住柱塞；松开手指之后，检查柱塞是否很顺畅地返回其原来位置。

小贴士

① 由于开关在柱塞中，如果柱塞无法顺畅地返回其原始位置，开关的接触将变弱，因此无法打开 / 关闭起动机。

② 如果柱塞的运行不正常，应更换电磁起动机开关总成。

b. 检查电磁起动机开关的导通情况（图 10.5-25）。

用万用表检查端子 50 和端子 C 之间的导通情况（牵引线圈中的导通检查）：如果牵引线圈正常，则牵引线圈连接端子 50 和端子 C 之间为导通；如果牵引线圈断开，柱塞无法被引入。

检查端子 50 和开关体之间的导通情况（保持线圈中的导通检查）（图 10.5-26）：如果保持线圈正常，则保持线圈连接端子 50 和开关体之间为导通；如果保持线圈断开，可牵引柱塞，但是无法保持，因此小齿轮反复伸出和返回。

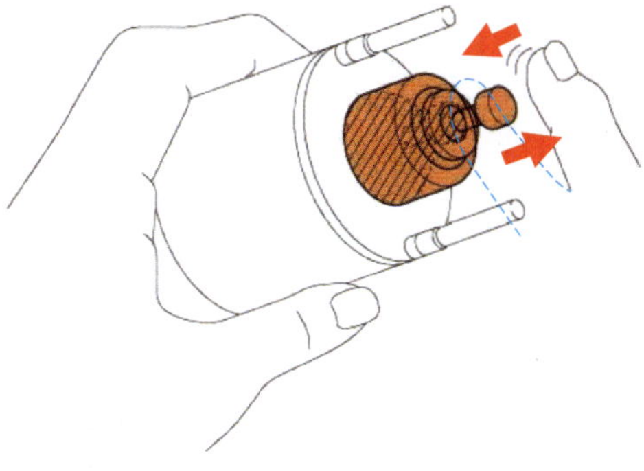

图 10.5-24　检查电磁开关（一）

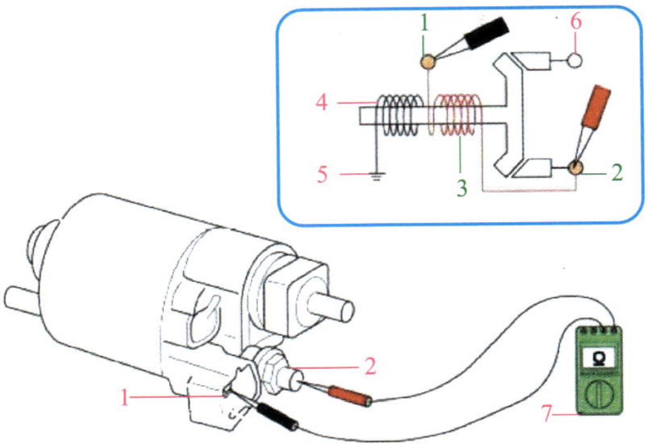

图 10.5-25　检查电磁开关（二）

1—端子 50；2—端子 C；3—牵引线圈；4—保持线圈；5—开关体；6—端子 30；7—导通

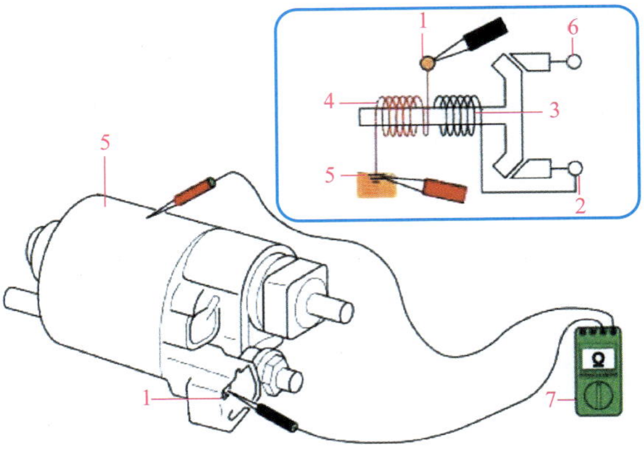

图 10.5-26　检查检查电磁开关（三）

1—端子 50；2—端子 C；3—牵引线圈；4—保持线圈；5—开关体；6—端子 30；7—导通

10.5.1.3 重新组装起动机

（1）安装起动机离合器分总成

❶ 在起动机离合器花键上涂一些润滑脂。

❷ 将起动机离合器安装到电枢轴上。

❸ 将止动环安装到轴上，较小的内径应指向下方。

❹ 将卡环对齐轴上的凹槽，用台钳拧紧，将其固定在轴上（图 10.5-27）。

注意： 如果用台钳拧得过紧，可能会损坏卡环或轴。

❺ 抬起起动机离合器，将其保持在该位置，然后用塑料锤敲打轴，将卡环装入止动环中（图 10.5-28）。

（2）安装起动机电刷弹簧　将起动机电枢总成安装在起动机磁轭上。安装起动机电刷弹簧。

❶ 用台钳固定住夹在两块铝板或者布之间的电枢轴。

❷ 安装电刷座绝缘体。

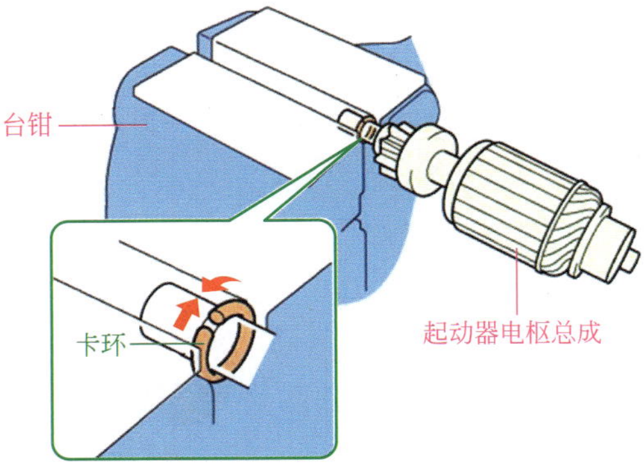

图 10.5-27　安装起动机离合器分总成（一）

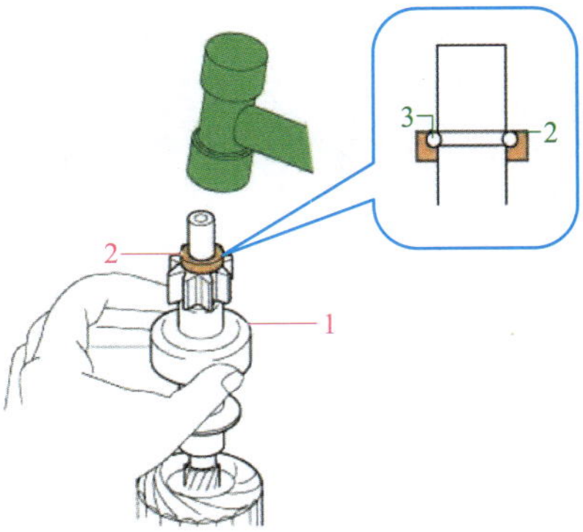

图 10.5-28　安装起动机离合器分总成（二）

1—起动机离合器；2—止动环；3—卡环

❸ 将弹簧安装在电刷座绝缘体上。

❹ 压住弹簧，同时将电刷装到电刷座绝缘体上（图 10.5-29）。

注意： 由于电刷受弹簧的推动，操作时请务必小心，不要让弹簧弹出来。用螺丝刀可以比较方便地压住弹簧。用胶带缠绕螺丝刀的顶端。

❺ 安装板。用手指按住卡销安装。

（3）安装起动机磁轭总成（图 10.5-30）

❶ 在驱动杆和起动机离合器互相接触的部位涂一些润滑脂。

❷ 将驱动轴放到轴上。

❸ 拧紧 2 个螺栓，将换向器端盖和磁轭安装到起动机外壳上。

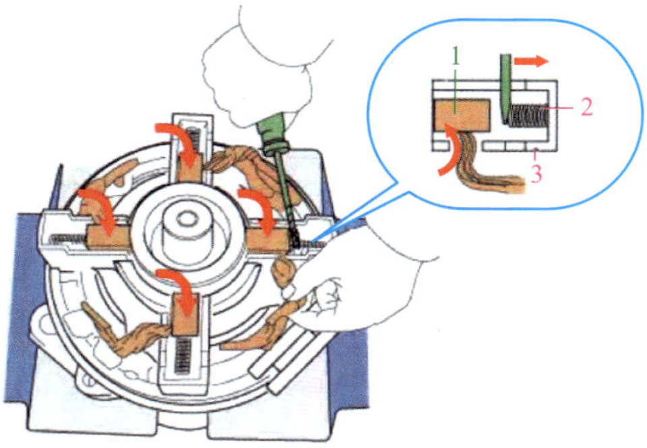

图 10.5-29 安装起动机电刷弹簧

1—电刷；2—电刷弹簧；3—电刷座绝缘体

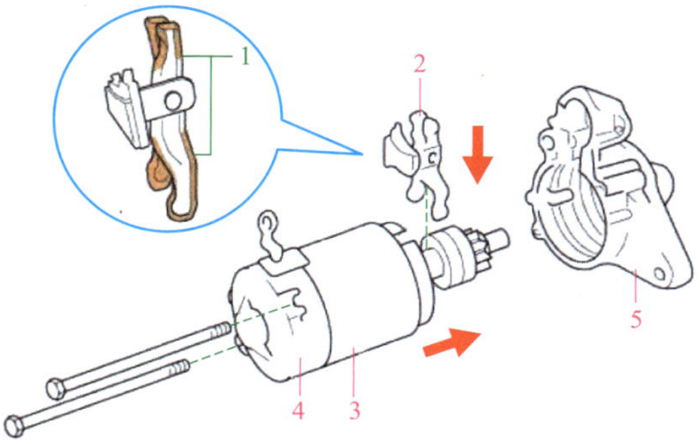

图 10.5-30 安装起动机磁轭总成

1—润滑脂；2—驱动杆；3—起动机磁轭；4—端盖；5—起动机外壳

（4）安装电磁起动机开关总成（图 10.5-31）

❶ 安装电磁起动机开关。将柱塞钩钩到驱动杆上，然后用 2 个螺栓将电磁起动机开关安装到起动机外壳上。

❷ 连接引线和螺母。

10.5.1.4 测试起动机

（1）牵引测试 目的是检查电磁起动机开关是否正常。

确认将蓄电池正极电压连接至接线端 S 并且起动机体接地时，起动机电动机的小齿轮伸出。如果起动机电动机的小齿轮未伸出，则维修或更换起动机（图 10.5-32 和图 10.5-33）。

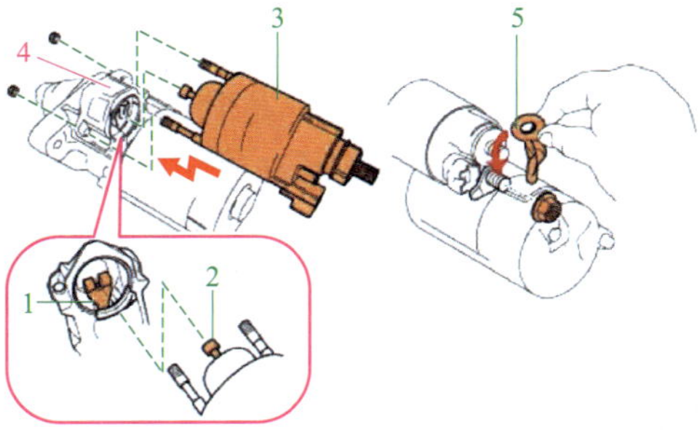

图 10.5-31 安装电磁起动机开关总成

1—驱动杆；2—柱塞钩；3—电磁起动机开关；4—起动机外壳；5—引线

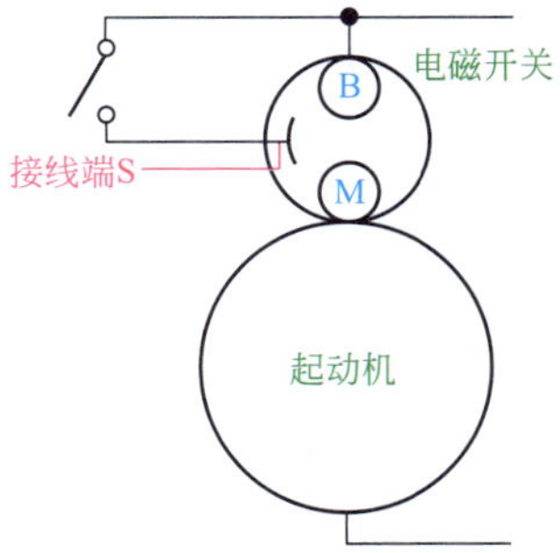

图 10.5-32 起动机接线柱位置

（2）返回试验测试（图 10.5-34）

❶ 从接线端 M 断开电动机的连接线。

❷ 将蓄电池正极电压连接至接线端 M，并将起动机机身接地。

❸ 用螺钉起子拉出主动小齿轮，确认它在释放时返回至其原来的位置。如果不返回，请维修或更换起动机。

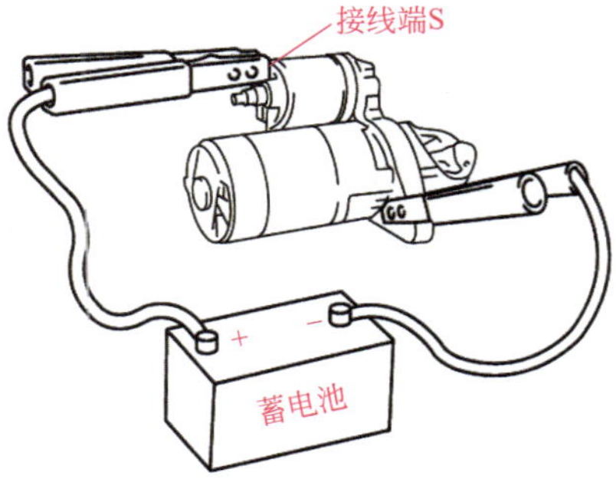

图 10.5-33　起动机牵引测试

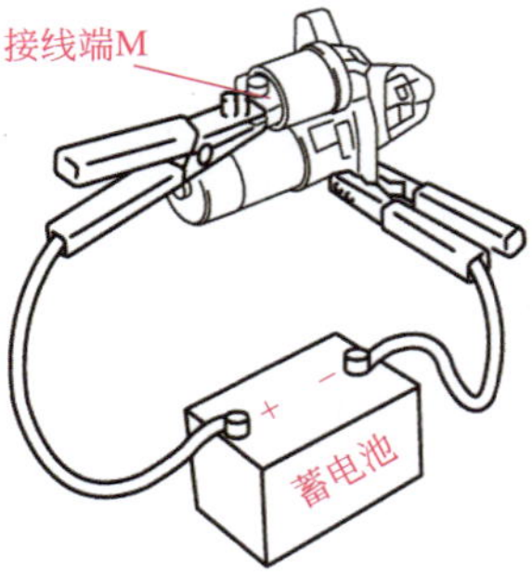

图 10.5-34　返回试验测试

（3）小齿轮间隙的检查　拉出主动小齿轮，让蓄电池正极电压与接线端 S 连接，且起动机机身接地。

小贴士

注意：请勿加电超过 10s，否则会损坏起动机。

10.5.1.5　安装并启动起动机

安装起动机的步骤参见本书 9.1.4。

启动起动机（车载检查）步骤如下。

❶ 确保蓄电池已充满电。

❷ 如果起动机转动顺畅，并且在曲柄处转动发动机时没有发出任何噪声，则为正常。

10.5.1.6　起动机故障诊断

❶ 如果冷车启动时启动无力，热车时很容易启动，表示起动机是好的，是蓄电池存电不足等故障。

当起动机启动时，由于大量的电流流出，蓄电池端子电压下降。尽管发动机启动前蓄电池电压正常，但是只有在启动时蓄电池有一定量的电压，起动机才能正常转动。

❷ 如果起动机空转良好，而驱动齿轮与飞轮齿环啮合后电枢不转动或转动无力，表示故障在蓄电池。

❸ 如果起动机通电后不空转或空转不自如，更不能带动曲轴，表示故障在起动机。

10.5.2　发电机故障

扫一扫

看视频

10.5.2.1　分解发电机

从发电机上拆下皮带轮，然后分解转子、整流器和励磁线圈。

（1）拆卸发电机皮带轮（图 10.5-35）

❶ 在皮带轮轴的末端安装合适的套管工具（发电机转子轴力矩扳手 A 和发电机转子轴

活动扳手B)。

将发电机转子轴扳手A和发电机转子轴扳手B拧紧到指定力矩，并固定在皮带轮轴上。

❷ 使皮带轮锁止螺母保持不动，相对顺时针旋转扳手来旋松皮带轮锁止螺母。然后拆卸皮带轮螺母和发电机皮带轮。

说明： 视情况，有些发电机皮带螺母只需要使用套筒扳手和花键（或六角）扳手，然后以相反的作用力拆卸即可顺利拆下螺母，取下皮带轮。

(2) 拆卸发电机转子总成（图10.5-36）

❶ 拆卸整流器端盖。

❷ 拆卸发电机转子总成：通过用锤敲打，从主动机座一端拆卸转子。

注意： 用锤子敲时，转子会掉下来，所以事先在下面摊开一块布料。

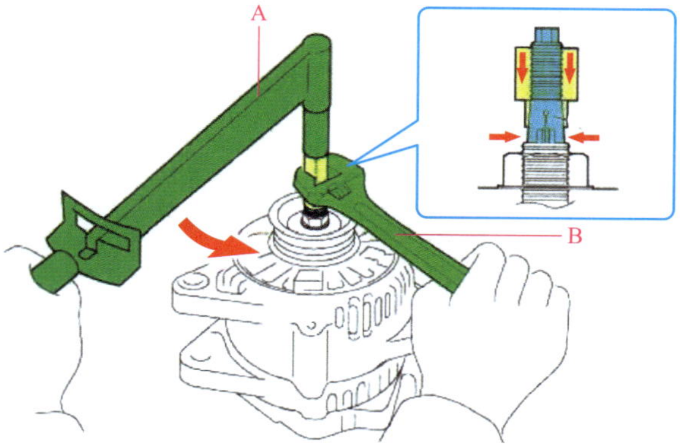

图10.5-35 拆卸发电机皮带轮

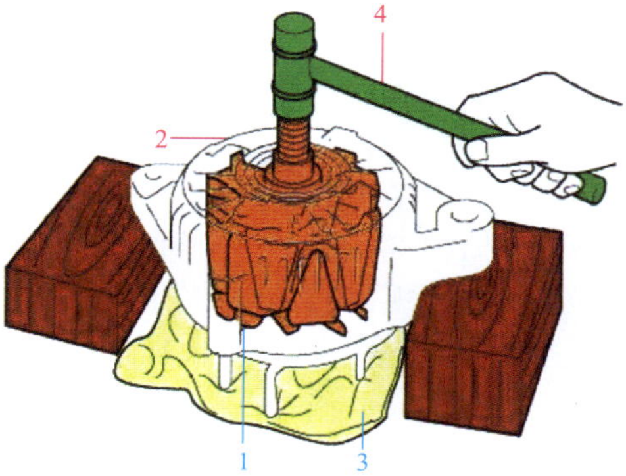

图10.5-36 拆卸发电机转子总成

1—转子；2—驱动端盖；3—垫布；4—锤子

10.5.2.2 检查和测试发电机部件

(1) 检查发电机转子总成（图10.5-37） 检查转子、整流器等部件是否导通。

❶ 目视检查。

a. 检查滑环变脏或烧蚀的程度。

b. 旋转时滑环和电刷接触，使电流产生。

c. 电流产生的火花会产生脏污和烧蚀。

d. 脏污和烧蚀会影响电流，使发电机的性能降低。

❷ 清洗。用布料和毛刷清洁滑环及转子。如果脏污和烧蚀明显，则更换转子总成。

❸ 检查滑环之间是否导通。检查滑环之间是否导通也就是检测转子绕组短路与断路。用数字万用表的低电阻挡检测两集电环之间的电阻，应有符合该车数据标准的电阻。如果阻值为“∞”，可以判定为断路；如果阻值过小，可以判定为短路。

a. 使用万用表检查滑环之间是否导通，如图10.5-38所示。

b. 转子是一个旋转的电磁体，内部有一个线圈。线圈的两端都连接到滑环上。

c. 检查滑环之间是否导通可用于探测线圈内部是否开路。

d. 如果发现在绝缘和/或者导通方面存在问题，则更换转子。

❹ 检查滑环和转子之间的绝缘。检查滑环和转子之间的绝缘也就是转子绕组搭铁检测。检查转子绕组与铁芯（或转子轴）之间的绝缘情况。用万用表电阻挡检测

两集电环与铁芯（或转子轴）之间的导通情况，正常应为“∞”。如果电阻为0，可以判断有搭铁故障。

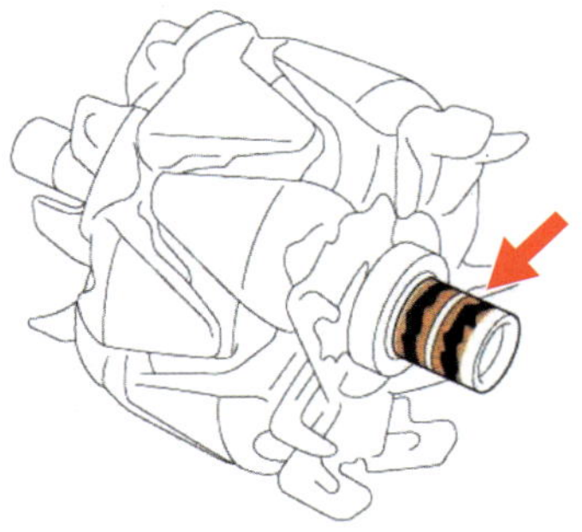

图 10.5-37　检查发电机转子总成

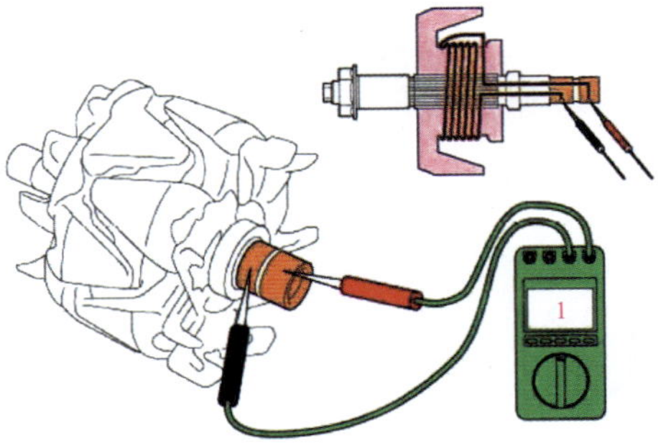

图 10.5-38　检查滑环之间是否导通

1—导通

a. 用万用表检查滑环和转子之间的绝缘，如图 10.5-39 所示。

b. 在滑环和转子之间存在一个切断电流的绝缘状态。

c. 如果转子线圈短路，电流会在线圈和转子之间流动。

d. 检查滑环和转子之间的绝缘可用来检测线圈内是否存在短路。

e. 如果发现在绝缘和 / 或者导通方面存在问题，则更换转子。

❺ 测量滑环（图 10.5-40）。

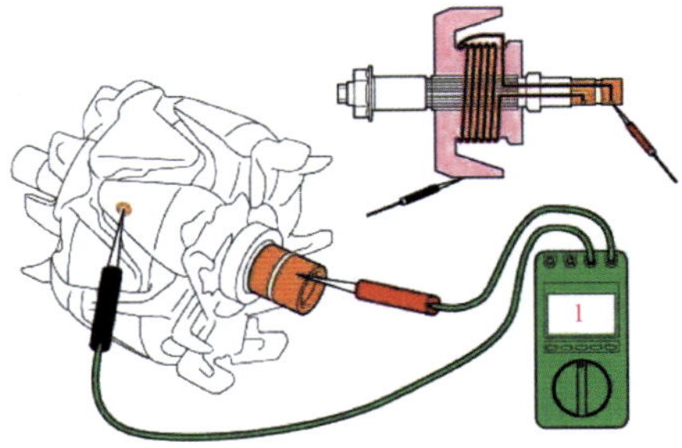

图 10.5-39　检查滑环和转子之间的绝缘

1—不导通

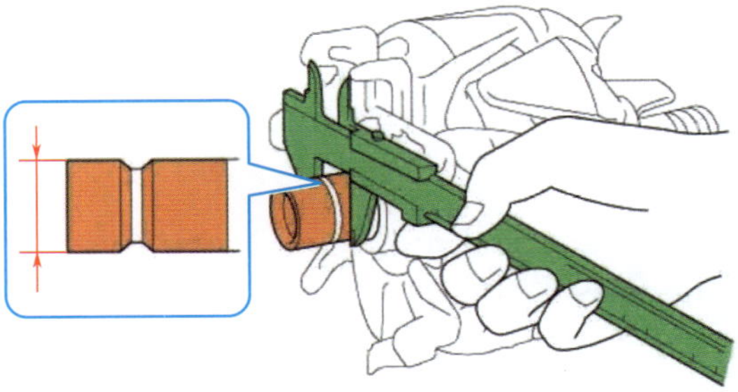

图 10.5-40　测量滑环

a. 用游标卡尺测量滑环的外径。

b. 如果测量值超过规定的磨损极限，则更换转子。

c. 旋转时滑环和电刷接触，使电流产生流动。

d. 当滑环的外径小于规定值时，滑环和电刷之间的接触不足，有可能影响电流环流的平稳。结果，可能降低发电机的发电能力。

（2）检查整流器的二极管（图 10.5-41）

❶ 使用万用表的二极管测试模式。

❷ 在整流器的端子 B 和端子 P1 到 P4 之间测量，交换测试导线时，检查是否只能单向导通。

❸ 改变端子 B 至端子 E 的连接方式，测量过程同上。

（3）检测定子　定子绕组短路与断路的检测：用万用表的低电阻挡检测定子绕组。正常时，阻值小于1Ω且两个检测值相等。如果阻值为“∞”，可以判定绕组断路；如果阻值为0，可判定绕组短路。

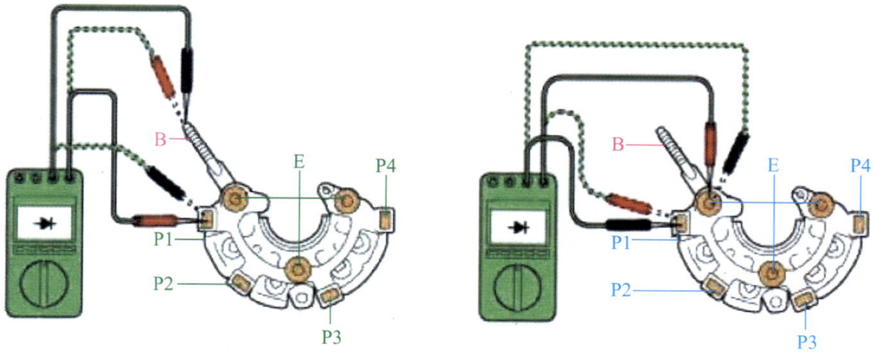

图 10.5-41　检查整流器的二极管

❶ 电路导通性测试。用万用表按照图 10.5-42 进行电路导通性测试，如果电路不导通，则更换定子。

❷ 接地测试。用万用表按照图 10.5-43 进行接地测试，如果电路能导通，则更换定子。

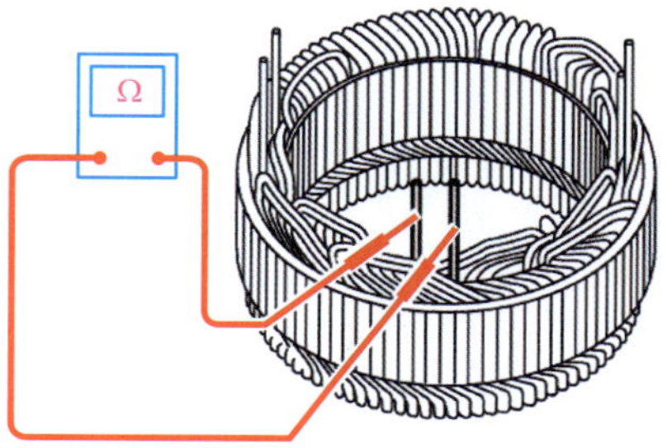

图 10.5-42　定子绕组的电路导通性检测

（4）检查发电机电刷座（图 10.5-44）

❶ 用游标卡尺测量发电机电刷的长度，检查发电机电刷座。

❷ 在电刷的中部测量（电刷的）长度，因为这个地方磨损最严重。

❸ 滑环接触电刷，当自身旋转时接通电流。因此，当电刷的长度短于规定值时，接触会恶化，影响电流的流动。因此，发电机的发电性能下降。

❹ 如果测量值小于标准值，则将电刷和电刷座一起更换。

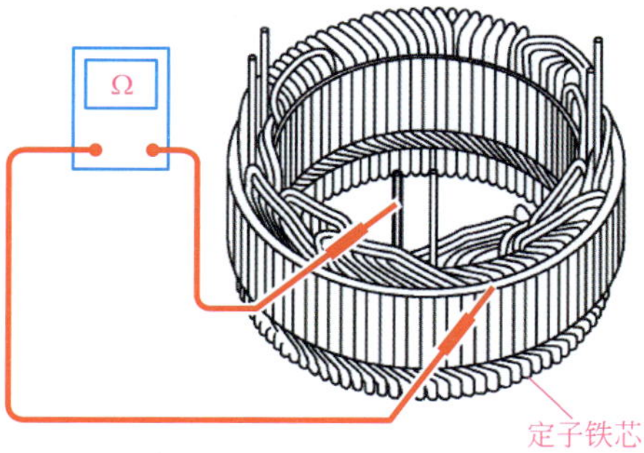

图 10.5-43　定子绕组的接地检测

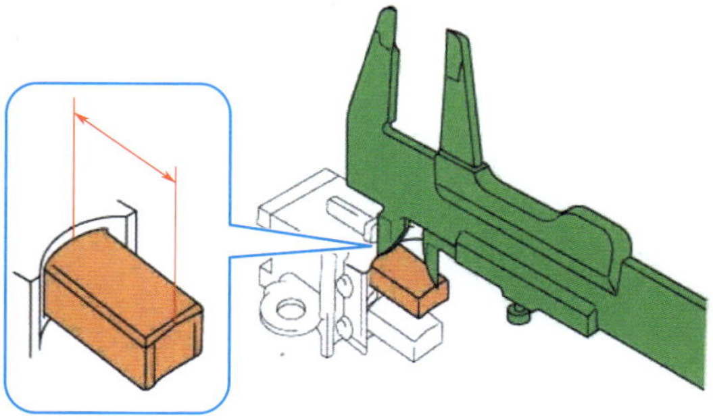
图 10.5-44　检查发电机电刷座

10.5.2.3 发电机发生故障的影响

交流发电机不发电会造成蓄电池严重亏电，从而导致启动时起动机无法工作。

交流发电机正常发电，必须具备两个条件：一是，励磁电路、定子绕组电路和整流器必须工作正常；二是，交流发电机转子必须旋转。在正常情况下，交流发电机工作时的输出电压应为 13.8 ～ 14.5V，蓄电池在发动机熄火后电压应为 12V 左右。

参考文献

[1] 御崛直嗣.汽车是怎样跑起来的[M].卢杨，译.北京：人民邮电出版社，2013.
[2] 刘世斌.汽车故障诊断快速入门一本通[M].北京：化学工业出版社，2023.
[3] 郭建英.汽车绿色维修技术　基础•应用•案例[M].北京：化学工业出版社，2023.
[4] 李玉茂.汽车发动机电控系统原理与维修[M].北京：机械工业出版社，2010.
[5] BOSCH公司.BOSCH汽油机管理系统[M].吴森，等译.北京：北京理工大学出版社，2002.